MITENG POIMOH

HINKHUA A POIMOH DINGTENG TUNKHAWM LAIBU

LAMMUANSANG TOMBING

Contents

Foreword   *vii*

Preface   *ix*

Khenpi 1na: Hotdamna Sawng Thumte | Hotdamna Nei Nai Lou Leh Theisiamloute A Ding

     1. Hotdamna Sawng Thumte Hilhchetna   3

     2. Gospel Tanchinhoih, Kha Hotdamna   31

Khenpi 2na: Khristian Hinkhua | Piangthak Khinsate A Ding Kia Ahi

     3. Bible Sim/ Khalam An   69

     4. Thumna Neih Khalam Nakna   81

     5. Pathian Biakna Leh Kikhopna   102

     6. Tangthupha Genna   118

     7. Bible A Dotna Haksa Taktakte   131

Khenpi 3na: Khristian Lungsim Chidam | Mi Khempeuh A Ding

     8. Lungsim Chidamloute Hinkhua   159

     9. Eden Huan A Kikhenna   174

     10. Psychologist Leh Khristian Counselling   185

     11. Counselling Kuate A Ding Ahia?   190

     12. Khristian Lungsim Chidamna Ding   207

     13. Khristian Lungsim Damloute Kepdan Ding   228

Khenpi 4na: Khristian Relationship | Khristian Hinkhua A Midangte Toh Kipolhna:

     14. Numei Leh Pasal Kibatlouhdan   243

     15. Tuailaite Theihtuak   251

     16. Nupa Kal Tawh Kisai   325

     17. Khristian Tate Kepdan Ding   366

Contents

18. Khristian Inkuan Chidam 402

Thukhitna 413

Laigelhtu toh Kisai 417

Bukim Growth Resources 421

Midangte awlmohna 435

FOREWORD

Ka nu ittak, Khawlzavung

Mihing lak a khovel leh vantung teng a suangmanpha a vang mahmah, nu nang na hi. Hiai laibu hong pian theihna leng nang n'on na kepna leh itna ziak ahi.

Nu, nang tuah bang haksatna leh beidotna nu tampite'n tuak ua, hileh leng thuak zoulou a tate ataihsan lai un, nang na tate it a, kingaihsiatna hi-in, taksa chidamlouhna tampi kal alungke lou in n'on na keplet touh thupi k'on sa lua hi.

Hinkhua a haksatnate ka maituah a phuzou lou a mahni hinna tanpha kilak ka tup lai in, Nu aw, nang tawp lou in ka lupna kiang a n'on thumsak a, kei a kigintakna teng abei khit nung in, nang kei ah gintakna n'on pia hi.

Kingaihsiatna ka tuah lai a itna kiningching n'on na piak, khatvei tei thupitak a pahtawina leh zahtakna liantak k'on pe ding chi a ka kichiamna kum 9 hita a , tun hiai laibu 'Miteng Poimoh' tungtawn in khovel a nu teng lak a thupipen na hihna leh na zahtakhuaina latna in hiai laibu 'dedication' nang ka hon pia hi.

PREFACE

'Miteng Poimoh' laibu bang ahi mahmah diam aw, chi a ka ngaihsut lai in, ka lungsim ah Bible hong ompen hi. Bible tuh siangthoua hoihbukim ahi. Pathian kha pansan a mihing khut a gelh ahi. Mihing ngaihdan leh hoihsakdan a gelh ahi kei a, Pathian hoihsak leh achihbangbang a gelh ahizaw hi. Achihleh Bible ban ah laibu hoih, mihingte a di'a kul leh poimoh diak kigelhna bang ahi diam aw, chi a ka ngaihsut nawn hi. Ka lungsim ah, "Purpose Driven Life" ahong suak nawn a (hiai laibu hoihtak ahi; nana sim ka hon deihsak hi), himahleh ka lungtunna leh kei lungsung a ka gel, ka laibu zon pen ka muhzohlouhtak in hiai "Miteng Poimoh" laibu kichi ka hon gelhkhia hi.

Hiai laibu gospel thu kia kigelhna ahi kei a, laibu sim mite'n gospel lam hon zottheihna ding uhbel atup-le-ngim pen ahi. Gospel tanchinhoihtak in akitakkhia a, himahleh alaibu tuam ah koihleng asimkha kivang kha thei chihman in, topic lungluthuai pipi, taksa vai leh leitung vai alengi poimohte toh ka hon bulhkhawm hi. Mite'n topic tuamtuamte asim lai un gospel poimohdan ahon theih khiakua, gospel chapterte ana sim ua, hotdamna angahlohna ding uh ngimna ahi.

Simtute'n kha hotdamna angah ban uah, Khristian hinkhua zatdan ding hoihtak atheih ua, lungsim, inkuan kikepdanding leh mi toh kitanauna (relationship) a chidamna aneihna dinguh deihsakna lianpi toh hiai laibu ka hon gelhkhiak ahi.

Hiai laibu sung a kigelhte bible toh kituak ding a gintak leh bible sinsakna toh kikalh omlou ding a pilvangtak a etchet leh bawldik ahi. Laibu gelh kipatma in kha thum sung vingveng biakin tuamtuam ah saptuam mite thumpih ding a puankhiak ahi a, saptuam mite'n akigelhma hi in akigelh lai hitaleh, azohtan a thumna tampi toh tuibuah a gelh ahi. Himahleh mihing i hihna ah, gelhkhelh leh maih khaka-om tham ding, simtute'n Bible sinsakna pen mah ana pomkip ding in i kingen hi. Kuamah doctrine gensiat leh kiselbuai theih denomination tuamtuam a pan doctrine-te sukhalou ding a, gospel leh Khristian hinkhua a Bible sim, thumna, biakin kai leh gospel (tanchinhoih) gen teng kia kigelh ahi.

Hiai laibu sung a kigelhte bible toh ana enkak inla, bible toh kituaklou a-omkhak zenzenleh, bible sinsakna pen ana lenkip zaw ding in ka hon ngen hi. Abiktak in, Khen 1na leh Khen 2na pen bible chang pansan bei a-omkhakleh ana pomlou ding in i kingen hi. Mihing bawltawm hotdamna pen a na piangthakkhak ding ka hon lauhpih a, bible hingleh zuau ngeilou pen mah pansan a na pianthak ding i kideihsakpen ahi.

Hiai laibu simdanding: Hiai laibu sim na pat chiang in chapter wise a na pai theih ka hon deihsak hi. Piangthaksa na hihleh leng gospel ana simthak in, siatna hon tun lou ding ahihman in, lin het lou a gospel sim thakding in ka hon ngen hi. Na hotdamna ki-etchet thakna inleng azat theih a, huchi loua leng gospel va sim thak in khalam hatna hon tun ding hi. Hotdamna toh kisai chiang deuh a na hon theihsuah zoh chiang in, Khristian hinkhua kizatdan ding na hon simtou nawn ding hi. Huai zoh chiang in lungsim chidamna, counselling toh kisaitheihtuakte, abiktak in lungsim chidamloute banah Counsellorte theihtuakte leng kigelhkhawm ahi. Pathian deihlouhdan a khovel counsellor-te chihdan paipih khakding alauhuai a, pilvanhuai mahmah ahi. Hiaite ban ah, tuailaite a di'a koppihzonna, nupa kal leh tate kepdandingte na hon sintou nawn ding a, atawppen a Khristian inkuan chidamtak a ki-etkoldanding na hon simtouh kia hilouin, atak a na hon zuihna tungtawn a Khristian inkuan chidam na hong suahtheihna ding a gelh ahi.

Himahleh,na hinkhua a kul leh taksap, akinoh leh akin poimohna neihleh bel, na poimohdan in huai chapter na sim thei veve ding hi. Hiai dan a na poimoh kin leh taksap chapter pen nasim a ahihleh leng, huai na simzoh chiang in chapter dangte abanban a na pai ka hon deihsak hi. Mihing khathinkhua a kul leh poimoh diak a kitheite kigelh ahihman in, hiai laibu simsuak lechin, na hinkhua a navak mahmah ding na hi. Hiai laibu simsuak ding in hamchiam in.

Khenpi 1na: Hotdamna sawng thumte | Hotdamna nei nai lou leh theisiamloute a ding

I

Hotdamna sawng thumte hilhchetna

Mi tampite'n theikhak lou sek uh:

Hotdamna akigen chiang in Khristian tamzaw in Kha Hotdamna leh Hinkhua a testimony thei khaklousek ua, mi tampite'n hinkhua a testimony pen Kha Hotdamna dan in na sang ua, meidil lut ding kitam mahmah kha ding hi. Achihleh bang ahia Kha Hotdamnai chih? Jesu Khrist in eite a di'a bang ahia hon sepsak chih i theih a i gintakna pen ahi. Eden huan a khelhna leh niteng khelhna toh kisai a kisikna, leh huai khelhnate Jesu Khrist in bang aloh a? chih theihchetna ahi. Bang ahia hinkhua a testimony? Niteng hinkhua a Pathian hoihna i tan pen, ahihkeileh special deuh a Pathian kha in asuk khakte ahi.

I theih siamna ding in tehkhinna ka hon lading. Teikhang a missionary a ka seplai in Home Crusade ka bawlna ah inteknu pen piangthak khin kichi in atestimony hiai bang in hon gen hi. "Ka tate neulai in, kataneupen nikhat hong damlou ek in chin, hospital ka hohpih uhi. Nek ding nei lou a om, nitaklam a ka thum ekleh ka theih ngei louhmi khat in panpihna sum hong pe mawk, na hospital omsung a na nek man ding in ana zang in, hong chi. Hiai apan Pathian omtaktak ahi, chih leh thumnate dawngtu om mah ahi chih ka gingta, chi hi."

Tua atung a kigen pen bang hotdamna ahi hia? Tamtakte'n Kha Hotdamna anasa om ding uhi. Himahleh hiai kidong in, Jesu Khrist in amah a di'a sepsak chih athei hia? Akhelhna toh kisai ahi hia? Kros toh kisai ahi hia? Khelhnate kiphawk a kisikna a-om hia? Tua atung a testimony kigenna ah hiai bangte omkhalou ahi. Huaiziak a hiai kha hotdamna hilouahi chih achiang hi. Hiai hinkhua hotdamna ahi a, Pathian in athumna adawng a Pathian nasep za-a-zamah ahi, himahleh vangam kaitheihna Hotdamna bel ahi kei.

I theih siamna ding in bible toh Hotdamna sawngthumte sutkhawm ni

1. **Kha Hotdamna-Siamtansakna:** [Tita2:11 Mi tengteng kiang ah hotdamna hontun in Pathian hehpihna ahong tungta ngal a;]
2. **Hinkhua Hotdamna- Sianthousakna (Khristian hinkhua/ Life):** [Tita2:12 Pathian limsaklouhna leh khovel duhgawlna khawng tawpsan in, tulai khovel ah kidek leh diktattak leh Pathian limsak in i om ding chih theisak in;]
3. **Taksa Hotdamna- (Thupisakna):** [Tita2:13 Lametna kipahhuai-IPathian thupitak Hondampa Jesu Khrist thupina kilakna tuh ngak in;]

#1 Kha Hotdamna-Siamtansakna:

[Tita2:11 Mi tengteng kiang ah hotdamna hontun in Pathian hehpihna ahong tungta ngal a;]

Hiai pen Kha Hotdamna ahi a, ei nasep ziak hilou, Pathian hehpihna ziak a Jesu Khrist tungtawn a hotdamna ahi. [Ephesate2:8

Ginna ziak a hehpihna a hotdam na hi ngal ua; huai leng noumau a suak ahi kei a, Pathian thawnpiak ahi; v9 Thilhih ziak ahi kei, huchi louin zaw mi'n asuang kha ding uhi.] Ei thum hat ziak hiam, kikhop tamziak hiam, thohlawm thoh tam ziak hiam ahi kei a, Jesu Khrist nasepsa ei khelhna toh kisai a ahon hotdamna va gintakna pen ahi. Khelhna thupha tawina tan ahi kei, huchihilou a khelhna thupha tawi ziak tan ana hileh bel Jesu Khrist kul lou ding hi.

Thugentu khenkhat in, thupha tawi unla huchi in vangam na kai ding uh, achi khasek ua, huai pen dikkim lou hi. Thupha tawi mahni, himahleh thupha tawinatan avangamkai theih hilou ahi. 50% gospel hipan ahi. Khelhna kiphawk ding, i khelhnate ziak a Pathian mai a mikhialmah kahi chih theih phot ding, khelhna ziak a meldil kai ding a leng 100% kipom agintak phot ding ahi. Hiai teng zohchiang a gospel (tanchinhoih) pen bible toh kituak, bible gendan a bil a zakding, gospel i zak laitak a thutak pen pom leh gintak ding ahi. Thutak tuh bible in khelhna bangchi hiam? Khelhna man bang ahia? Jesu Khrist kua ahia? Jesu Khrist in bang ahia ei a di'a hon sepsak? Asisan in ei bang hon loh a? chihtetoh kisai ahi. Judate'n bel kithoihna akhangkhang a, ana bawl uh ahita a, amau bel belam zatna nak theih lua uh ahi.

Khenkhatte'n pianthakna omzia leh bangchi pianthak ding hiam, chih leng athei kei ua, hotdamna deih lozezen in, diklou peuh in na zongkha uhi. Pianthakna kichi mihing thupukna apan piang ahi kei, [Johan1:12 Himahleh, amah kipahpih a pom, amin gingtate tengteng Pathian tate suahtheihna apia; v13 Huai mite bel sisan suan ahi kei ua, sa deihna suan leng ahi kei ua, mihing deihna suan leng ahi sam kei ua, Pathian suan ahi zaw uhi.] Sa deihna a piang leng hilou, sisan a piang leng hisam lou, mihing deihna a suan leng ahi kei uhi. Crusade khenkhat ah, "Jesu Khrist lal leh hondampa ding in sang in, huchi in na piangthak ding avangam na kai ding," khawng achisek ua, hotdamna pen zaw mihing thupukna hilou ahi. Mihing thupukna ana hileh bel Khristiante kua ahia meldil kai utding? I vekpi uavangamkai ut i hi ua, i thupuk vek mai kei ding ua; Kha Hotdamna pen mihing thupukna a piang ahihleh.

Hilua ei, a bible chang om mah ei, [Romte10 9: Na kam a Jesu Toupa ahi chih na gup a, misi lak a kipan Pathian in akaithou chih na lungtang a na gintakleh hotdam in na omding, chih.] Hiai bible chang pen abiktak in nungzui masate a ding ahi. Huai hunlai a huchia akam mahmah ua Jesu theih pihna thugente Rom sepaihte'n athah uh ahi. Apiangthak diktaklou mi inbel huai dan a kam mahmah a theih pihna thugen ngam lou ding ahi. Judate'n bel kithoihna akhangkhang a, ana bawl uh ahita a, amau bel belam zatna nak theih lua uh ahi.

Pa leh Kha Siangthou gingta khin uh i chih a, Jesu Khrist agintaklouh uh pen gingta leu aginna uh bukim himai ahi. Himahleh ei Zentelte a ding inbel huai dan ahi thei kei. Hoihtak a belam kizatna, sisan poimohna, khelhna thu leh Jesu Khrist nasep chiang deuh a kisinsakna masa lou in hotdam i hithei kei uhi. Huchi hi keileh bang ahia i gintakding? Pathian om ahi na chi maw? [Jakob 2:19 Pathian tuh khat ahi, na gingta maw? Na hih hoih e: dawite'n leng agingta ua, aling zel uhi, achiding.] Pathian i chih penkhristiante'n kigingta vek ahi. Dawite nangawn in gingta ua lau a ling hial uh ahi. Vaite milim bete na inn uah hong lut uh henla, baang a Jesu limlak kitak mu le uh, hiai Jesu ahi chih gen thei ding uhi. Jesu, Pathian tapa ahi chih lengathei ua, Pathian tapa ahi chi veve ding uhi. Achihleh amau piangthak mawle? Hi peuhmah lou. Jesu nasep pen atheih uh kia hilouagintak ding uh ahi, huai pen bible toh kituak a gospel kigen azak ding uh hi inchin, azaklai ua lungsim kihongsa a gospel angaihkhiak ding uh ahi. Kha Siangthou in apolh a, gospel azak pen uh Kha Siangthou panpihna toh agintak or asan theih chiang ua piangthak hipan ding uh ahi. I theih buailouhna dingin, pianthakdan ding bible chang toh i ensuklai ding hi.

Bangchi pianthakding?

1. *Piangthaksa Pathian misawl in tangthupha gending.*

[Romte10:14 Ahihleh, agintaklouhpi uh bangchi in alou ding ua? Athu azaklouhpi uh bangchi in agingta ding ua? Thuhilhmi omlou in bangchi in aza ding ua? v15 Sawl ahih kei ualeh bangchi in thu ahilh ding ua? Tanchinhoih kipahhuai tunte khe kilawm hina tel e! chih gelh bang in. v16 Himahleh, Tanchinhoih tuh avek un angaikhe kei uhi. Isai in, Toupa, ka thugen uh kua'n ahia gingta? achi ngal a. v17 Huchi in, ginna tuh zakna ziak in ahong om a, huan, zakna tuh Khrist thu kigente ziak in ahong om hi.]

Amasapen a Tangthupha kigenna a-om phot ngai ahi. Khenkhatte'n ka loukhoh lai a Pathian thu ka ngaihtuah tuahleh huchia kiphawksuah a piangthak ka hi, chisek ua, dik ahi diam, diklou? Hotdamna gen omloupi a mahni kia a hotdam theih mah ahi diam? Hotdamna gen omloupi in kua'n aza ding a, azak louhpi uh kua'n agingta thei ding ua, ahilhchian ding omloupi in kua'n atheisiam thei dia? Pathian sawlna tang a tangthupha gen a-om masak ngai ahi. Anuai a bible chang sim ni:

[Nasepte8:26; Huan, Toupa angel khat in Philip ahoupih a, thou inla, simlam a Jerusalem khua a kipan Gaza khua sunsuk lampi huai gamdai ah hoh in, achi a. v27 Huchi in, athou a, apaita. Huan, ngai in, Ethiopia gam a mi khat, Ethiopia kumpipa Kanda nuai a michilgeh laltak, agou tengteng kempa, Jerusalem khua ah Pathian be ding in ahohtou a, v28 apai lam in akangtalaia tu kawmin zawlnei Isai laibu asimsim hi. v29 Huan, Kha in Philip kiang ah, "Huai kangtalai va naih inla, vakithuahpih in," achi a. v30 Huan, Philip tuh michilgeh kiang ah ava tai a, zawlnei Isai laibu asim lai aza a, na sim a-omdan na thei hia? achi a. v31 Huan, ama'n, "Kuamah hon hilhchetlouh in bangchi in ka thei dia?" achi a. Huan, akiang a tu paisuak ding in Philip achialta a. v32 Huan, laisiangthou asim lai tuh hiai ahi: Goh dingbelam bang in amah api ua; Belamnou,amulmetpa ma a adaih dinden bang in ama'n leng akam aka kei; v33 Avuallelh lai in atung ah thu gen aphal kei uh; asuante tanchin kua'n ahon gen ding ua? Khovel a kipan in ahinna alaksak ngal ua, chi in. v34 Huan, michilgeh in, Philip ahoupih a, akiangah, "Zawlnei in hiai thu khawng kua thu agenna ahia, amah thu hia, midang thu?" ka hon dong ahi, achi a. v35 Huan, Philip in agen a, huai laisiangthou thu abul ah pan in, akiang ah Jesu thu ahilh a. v36 Huan, lampi a apai kawmun koi mun hiam tui omna khat atung ua; huan, michilgeh in, "En dih, hiai ah tui a-om, baptisma tanna ding bang in ahon dal khol a ahia?" achi a. v37 Huan, Philip in, "Na lungtang tengteng a na gintakleh, na hithei," achi a. Huan, amah adawng a, Jesu Khrist tuh Pathian Tapa ahi chih ka gingta, achi a. v38 Huan, kangtalai akhawlsak ua, anih un, Philip leh michilgeh, tui ah ahohsukkhawm ua; huan, Philip in amah abaptista hi.]

Atung a thil omdan suilehang, Ethiopia mi pen in bible, Isai a Jesu toh kisai a kigenkholhna sim ahi. Mahni a gospel tanchin theisiam a piangthak thei hileh bel Pathian in Philip sawl ding in ka gingta kei. Bible a hotdamna akigelh pen achian huntawklouh ziak a hotdamna gen ding mi Pathian in poimoh hiding in ka gingta kei a, amisiangthoute kipahman apiak ut ziak a misiangthoute Tanchinhoih gen dinga mohpuakna piak hi ding in ka gingta hi. Vansawltakte nangawn in tangphupha gen ding ut a lungngulh uh ahi. [1 Peter1:12 Huai thu in amau nasep kisep lou in, noumau nasep asem zaw uh chih akiang uah theih sak ahita, huai thute tuh van a kipan asawlkhiak Kha Siangthou panpih in tanchinhoih nou hon hilhte'n tu in ahon hilh ua, huai thilte tuh angelte'n leng vel a-ut uhi.]

Piangthakloute'n bible bangchituk in simmah le uh leng hotdamna toh kisai pen theisiam theilou uhi. Mihing pilna a hotdam theih i hihlouhdan achetna leng ahi. Huchi louhileh bible college a kai, ahihkeileh Bible a doctorate degree ngahte vangamkai vek ding uh ahi. [1 Korinthte 2:14 Khovelmi in Pathian Kha thilpiakte asang kei nak hi, ama ngaihdan in haihuai ahi ngal a, kha atheihchet ahihziak in atheithei kei himhim ahi. v15 Khami in bel thil bangkim achian zel a, amah lah kuamah in achian kei uhi.] Piangthaksate kia in khalam thilte theih siamnanei uhi. Khuak atheihna (head knowledge) nei mahlehang, huai in vangamhon tun lou ding hi. Hiai mihing pilna (head knowledge) pen Kha Siangthou tel lou a bible i sim chiang a bible i theihsiamdan ahi. Kha Siangthou panpihnalou a khalam thilte mihing pilna atheihsiam vual ding leng hilou ahi.

Tangthupha gentu om lou a i pianthak mawk intangthupha a i pa dingkua ahidi'a? [1 Korinthte 4:15 Noute'n Khrist a hon sinsakmi 10,000 nei hial leng uchin zong, pa tampi na nei kei uhi. Kei bel, tangthupha tungtawna noute' pa ka hi.] Hiai bible chang achiang huntawk mahmah a, tangthupha hon gente, tangthupha kua apan za i hi hiam? Tangthupha i na zakna ban ah i na pianthakna peni tangthupha a i pa ahi. Mahni kia bible kisim a piangthak i hih mawkleh tangthupha a i pa ding om lou ding hi.

Atung i gensa tengteng apan i theihsiam ding uh ahihleh Pathian misawl tangthupha gen a-om ngai masa hi; pianthakna ahong omtheihna ding in. Special revelation om lou chihna ahi diam? Sawltak Paul pianthakna enkik lehang, Pathian va kilak mah ahi. Himahleh huai tan in ahun kei, Pathian in Anania kiang ah Sawltak Paul asawl veve lai hi. Anania in Paul kiang a lampi aakituahpihpa Toupa Jesu toh kisai ahilhchian a, huchi in Kha Siangthou luahdimsaka hong ompan ahi.

[Nasepte9:1 Saul in bel Toupa nungzuite avau thu leh thah atup thu asekhe lailai hi. v2 Siampu Lianpen kiang ah ahoh a, Damaska khua a kikhopna inn tengteng a mite kiang a piak ding in lai angen a, lampi a mi kuapeuh amuh leh, numei leng, pasal leng, Jerusalem khua a hensa a ahon pitheihna ding in. v3 Huan, apai lai in, Damaska khua atun kuan in, thakhat in van a kipan akim ah vak ahong vak puap a. v4 Huan, lei ah apuksuk a akiang ah, "Saul, Saul, Bang achia nang hon sawi na hia?"chi in, aw aza a. v5 Huan, ama'n, "Toupa, kua na hia?" achi a. Huan, Toupa'n, "Na sawi Jesu ka hi; v6 Himahleh, thou inla, khopi ah lut in, huchi in na hih ding hilh in na om ding hi," achi a. v7 Huan, akiang a paite pau thei lou in adinghua, aw zaw azana ua, himahleh kuamah amu kei uh. v8 Huan, lei a kipan in Saul athoutou a; huan, ahong hahkhiakleh bangmah amutheita kei; huchi in akhut in akai ua, Damaska khua ah apilut uhi. v9 Huan, ni thum kho mulou in a-om a, bangmah adawn in ane kei hi. v10 Huan, Damaska khua ah amin Anania nungzui khat a-om hi. Huan, Toupa'n mengmu bang in akiang ah, "Anania," achi a. v11 Huan, ama'n, "En in, Toupa, hiai ah ka om," achi a. Huan, Toupa'n akiang ah, "Thou inla, Kongzing Tang achihna uah hoh inla, Juda innah, Tarsa khua a mi, amin Sual, va kankhia in.v12 Ngai in, athum laitak ahi; amin Anania mi khat alut a, amit hihvak ding in atung ah khut koih in amuta hi," achi a. v13 Huan, Anania in, "Toupa huai mi Jerusalem khua a na misiangthoute tung a atatsiat thu mi tampi kam ah ka za a. v14 Huan, hiai ah leng na minlou peuhmah henna ding in siampu lalte kiang a kipan in thu amu a," achi a, adawng a. 15 Himahleh, Toupa'n akiang ah, "Hoh mai in; Zentelte, kumpipate, Israel suante kiang a ka min puaklutna ding a ka belseh amah ahi; v16 Ka min ziak in gimna bangchia a thupi ahia athuak ding akiang ah ka theisak ding ahi," achi a. v17 Huan, Anania ava pai a, inn ah alut a, huan, atung ah akhut akoih a, "Unau Saul, na mit vakna ding leh Kha Siangthou dima na omtheihna ding in, Toupa, na hong paina lampi a na kiang a kilak Jesu in, ahon sawl ahi," achi a. v18 Huan, thakhat in amit a kipan lip bang in aketa a, amit hong vak nawnta hi. Huan, athou a, baptisma atangta hi. v19 Huan, an ane a, ahalhta hi. Huan, Damaska khua a nungzui omte kiang ah ni bangzah hiam khawng a-om a.]

Tangthu dang enlehang zong akibang ahi. Kornelia tanchin Nasepte 10 sung ah kimu thei hi. Kornelia pen Pathian in adeihsakziak a, vansawltak in ahoupih mah ahi. Himahleh vansawltak in tanchinhoih gen loua, Peter samsak ding a sawl zaw ahi. Gospel gen pen vansawltakte gen ding kiphallou mah ahi; Khrist a piangthaksate nasep ding kia ahih ziak in. Pathian in vansawltak zang in houpih mahleh atangthupha pen amisiangthou piangthaksate mah gending a koih ahi. Huaiziak a Peter in leng, mun gamlapi ah om mahlehva kuan a, tanchinhoih va hilh ahi. Pathian in direct a vansawltakte zang a mi houpih a Tanchinhoih agenna kimu lou ahi. Piangthaksate gen ngen ahi. Huaiziak a nang bangchi in na piangthak a chih kisutkik in, nang kia na om lai a piangthak na hihleh, ki-enchianthak in. Vansawltak hial toh kihoute'n piangthaksate gospel gen a pan piangthak thou uhi. Pathian in honhoupihna pen ka muanglel kei, hon houpih himah inteh. Himahleh direct a gospel bel hon gen ka gingta kei, atung a tangthui etna a pan leh gospel gen pen misiangthoute a di'a Pathian in asehtuam ahi.

2. Piangthaksa Pathian misawl in tangthupha agen bil a zading; ginna hong omdan ding ahi:

[Romte10:17 Huchi in, ginna tuh zakna ziak in ahong om a, huan, zakna tuh Khrist thu kigen ziak in ahong om hi.][Isai55:3 Na bil hon doh unla, ka kiang ah hong pai un; za unla, huchi in na hinna uh ahingding: huan, na kiang uah khantawn thu ka khungding, David kiang a huai hehpihna achiamte.]

Pentikos ni a Kha Siangthou ahong tun in bang ahih masapen uale? Tanchinhoih gen uhi, Peter in aw ngaihtak in tanchinhoih agen a, huai ni mah in mi 3,000 apiangthak uhi. Nasepte bung 1 leh 2na simlehna theisiamzaw lai ding hi. Khelhna thute, kisikna thute, Jesu Khrist nasep thute, leh Pathian itna leh hotdamna thute ahi, i zak ding.

[Nasepte2:14 Himahleh, Peter tuh sawm-le-khatte tohdingkhawm in, ama'n aw ngaihtak in akiang uah agen a, nou Judia gam a mite aw, nou Jerusalem khua a om tengtengte aw, hiai thei unla, ka thu leng ngai un, v15 Hiaite na gin bang un akham kei uh, zinglam dak kuana hi pan ahi. v16 Hiaite zawlnei Joel in agen ahi zaw. v17 Pathian in, ni nanungte ah hichi ahiding, mi tengteng tung ah ka kha ka buak ding a; huchi in, na tapate, na tanute un ka thu ahilh ding uh; na tangvalte un kilaknate amu ding ua, na putekte un mang anei ding uh. v18 Ahi, huai ni khawng in ka sikhapate, ka sikhanute tung ah leng ka Kha ka buak ding a, ka thu ahilh ding uh. v19Huan, tunglam van ah thil lamdang, nuailam lei ah chiamtehna ka musak ding a; sisan, mei, meikhu hu toh. v20 Ni mial asuak ding a, kha sisan asuakding, Toupa ni thupitak leh minthangtak ahongtun ma in. v21Huan, hichi ahong hi ding a, kuapeuh Toupa minlou tuh abit ding uh, achi, achih. v22 Nou Israel mite aw, hiai thu za un: Nazaret Jesu, Pathian in amah zang in na lak uah thil thupite,thillamdangte, chiamtehnate hih in ahon theichiansak hi;

nou ngei in tuate na thei ngal ua. v23 Huai mi Pathian vaihawm tel leh theih kholh bang in amansak ua, nou migiloute khut in kros ah na kilhden ua, na hihlumta uh. v24Huai mi, Pathian in sihna gaknate aphelsak, akaithouta a; ama sihna letdet vual ahihlouh ziak in. v25 Huan, David in athu agen a, "Ka ma ah chiklai peuh in Toupa ka mu gige a. Ka mangbatlouhna ding in ka taklam ah a-om ahi;v26 Huaiziak in ka lungtang anuam a, ka lei leng akipak a, ka sa lamentak in a-om behlap lai hi.v27 Misi khua ah ka kha na nuse kei ding a, muatna na misiangthou na musak sam kei ding hi.v28 Nangma'n hinna lampite na hon theisak a; nangma'n na mel in kipak in na hon hih dimding,"chi in. v29 Unaute aw, chikhahpa David thu laulou in na kiang uah ka gen thei hi; amah zaw asi a, vui leng avuikhintaua, ahan leng tutan in i kiang ah a-om lailai hi. v30 Amah tuh zawlnei ahi a, Pathian in akhal a mi kuahiam atutphah tung ah atusak ding chih kichiam in agen chih athei a; v31 huchi in, huai tuh atheih kholh him ziak in Khrist thohnawn ding thu agen ahi,"Misi khua ah nutsiat in a-om kei a, aluang in leng muatna amu sam kei hi,"chi in. v32 Huai Jesu tuh Pathian in akaithou nawnta ngei a, huai atheitei vek uni hi uh. v33 Pathian khut taklam ah pahtawi in a-om a, Kha Siangthou chiam Pa kiang a kipan in amu a, na muh uh leh na zak uh ahon buak ahi. v34 David zaw van ah akahtou kei, amah ngei in. Jehovah in ka Toupa kiang ah, "Ka taklam ah tu kinken in. v35 Na melmate na khepek ngakna ding a ka bawl masiah," achi, achi zaw hi. v36Huchi in, Jesu, na kilhden mah uh, Pathian in Toupa leh Khrist hikhawm in abawlta chih, Israel nam chih in kichiantak in thei uh heh, achi a. v37 Huan, huai thu azak un alungtang ua sut bang ahong hita ua, Peter leh sawltak dangte kiang ah, "Unaute aw, bangchi bang in ka hihta ding ua?" achi ua. v38 Huan, Peter in, akiang uah, "Na khelhnate uh ngaihdamna ding in lungsim khek unla, Jesu Khrist min in baptisma tang chiat un; huchi in, Kha Siangthou piak na tang ding uh. v39 Achiam tuh nou a ding leng, na tate uh ding leng, gamlapi a mi tengteng a ding leng, Toupai Pathian in akianga asap peuhmah te a ding ahi," achi a. v40 Huan, thudang tampi'n ahilhchian a,"Tulai khangthak thulimloute lak ah kihumbit un,"chi in ahasuan a. v41Huan, athu zui peuh in baptisma atang ua, huai ni in mi sangthum khawng behlap in a-om uhi.]

[Johan8:32 huan, "Thutak na thei ding ua, thutak in ahon suaktasakding," achi a.] Bible a thutak na thei ding ua, tua thutak in hon suaktasak ding achi a, bang ahia le huaithutak? [Johan17:17 Amau thutak in hihsiangthou in, na thu tuh thutak ahi.] Athu i chih pen Bible ahi a, Bible kha thutak ahi. Achihleh Bible i chih bang hi hiam? [Johan5:39 Laisiangthou na phat sim ua, asung a khantawn a hinna om ana gintak ziak un: huai laisiangthou tuh ka tanchin theih pihna lah ahi ngal a.] Jesu Khrist tanchin gelhna ahi zel hi. Genesis a pan Kilakna tan athutun ahihleh Jesu ahi, huai tuh Hinna ahi. Bible ah leng tangthu leh sermon tampi om a, himahleh thutak na thei ding uh a, tua thutak in noute hon suaktasak ding achih inbel, Jesu kia kawk ahi.

Tapa taimang tangthute khawng za a piangthak chih kha thil diklou ahi, tapa taimang tungtawn a lungsim kihonna honnei na hihleh thutuam. Jesu Khrist hotdamna theih siamna nei a, huai tanchinhoih nazak lai a Kha Siangthou panpihna toh tua thutak, Jesu nasep, nang khelhna teng lamang leh nang sik a si ahi, chih Kha Siangthou nasep tungtawn a na gintakleh hotdam hipan na hi. Crusade bawl khenkhatte'n, mahni tanchin khawng gospel sang in i thupi genzawsek ua, ei tanchin in kuamah hondam thei lou ahi. Gospel kia ahi, Jesu kia ahi, mi khelhna a pan hondam thei. Tangthupha, Jesu Khrist nasep leitung a hong pai naziak, ei khelhna toh kisai a bang ahia hon hihsak, chih vatheihna tan hilou, Kha Siangthou panpihna toh va gintak pen ahi Kha Hotdamna i chih. Tangthupha zaza lehang leng e'n Kha Siangthou nasepna ding a i lungsim i hon keileh, Kha Siangthou in nnahon sem thei lou ding a, i gospel zak pen kihotdampih tuanlou hi.

.

3. *Khelhna thu leh kisikna a-om ding ahi:*

Kisikna nei hetloupi a hotdamna i zak in omzia neilou hi. Kisikna i neihchiang in, i lungsim hong kihong taktak pan a, Kha Siangthou in hon sungluah thei pan hi. Hiai kisikna pen kibawltawm ding leng ahi kei a, bible in i hihna agente, bible toh kitehkak a kua i hia chih i theihchetna pen ahi kisikna kichi. Gospel (tanchinhoih) kigen ma a kigen teitei ding ahi. [Sam34:18 Toupa'n lungtang khasiate ava naih zelzel a, lungsim a kisik peuhmahte ahondam zelzel hi.] Kha Siangthou panpihnalou alah pianthak theih louh a, Kha Siangthou omtheihna ding a lungtang kisatheite hong kingaihniam phot uh ngai ahi.

Eimah in, thakhat a mikhial ka hi chi a va kisik guih theih hilou ahi. Bible thute zak phot a bible in bang ahia khelhna achih theih khiak phot a, [1 Johan3:4 Kuapeuh thil hihkhial tuh dan ah leng atalek hi; khelhna zaw dan a tatlekna ahi ngal a.] Pathian mitmuh a mi hoihlou khelhna a kidim i hihdan i kitheihkhiak chiang a kisik taktak thei pan ding i hi. Ei ngaihdan a khelhna i chih oma, bible in khelhna achih omhi. Ei ngaihdan sang a bible in khelhna achih pen i va pompih chiang akisikna diktak hong piang thei pan ahi. Huchi ahihleh bible ki-enchetsak ding chihna ahi. Ei-le-ei ki-etchet sang a bible in hon etchet mah hoihzaw ahi. Aziak bel huntawpni chiang a ei thu zang a Pathian in hon vaihawm ding ahi kei a, Ama thu (bible) zang a vai honhawm ding ahih ziak in.

.

Bang pen hotdam a om ahia?

Hiai kha hotdamna in i Kha sipen, Eden huan a khelhna ziak a Pathian toh kikhen pen Kha Siangthou tungtawn in hon hingsak nawn hi. Hiai kha hotdamna in, Khristian hinkhua hon kipansak thei a, taksa pumpi hotdamna leng hon pia hi. Khristian min pu mah lehang leng hiai kha hotdamna om lou in Pathian mitmuh a Khristian kihi nai lou ahi. Khristian hinkhua leng kizang siam lou in, kizang thei lou ahi. Piangthakloupi a Khristian hinkhua zat kichi haksa mahmah ahi. Kha Siangthou panpihnalou a Krisitian hinkhua zatzoh vual hilou ahi.

Hileh leng tu-le-tu a hotdam a ompen i kha hiphot ahi. Hinkhua leh taksa hotdam ahi nai kei, hinkhua hotdamna i chih Khristian hinkhua i gen pen ahi. Hiai san ah i nasep ding a-om a, ei nasep a i Khristian hinkhua kinga lian mahmah ahi. Hileh leng panpihtu Kha Siangthou in hon makaihna i zuihlehbel ahaksa het kei ding. Taksa hotdamna pen Rapture hun chiang a thil tung ding hipan ahi. Huai hunchiang in i pianpih khelhna pen in khelhna nei thei nawn lou ding a vantaksa a khenlamdang aom ding ahi. Huai taksa hotdamna a-om nailouh ziak a khelhna lunggulhna leh khelhna kibawl khakha lai ahi; i pianthak zoh nung aleng.

Pianthak zohnung a khelhna ziak a meldil kai theilou ding i hihleh, ut dandan a om theih ahi diam? Khelh nopsakna ah kibual denleng himailou maw? Tamtakte ngaihtuahna hi ding in ka gingta hi. Full gospel, maban khelh ngaihdamna pen genlouh ding ahi, mi'n khelhtheihna ticket a hon zang ding uh chih mitampite buaipih ahi. Himahleh mi piangthak diktakin bel khelhna a lutkik ding alungtang in a-ut nawn kei ding. Taksa utna in zaw alunggulhsak lai maithei, himahleh Kha Siangthou asung a ompen in aphalnawn kei ding hi. Khelhnate kisik a tawpsan nuam a Jesu Khrist mah bang a sianthou ut a piangthak khat in khelhna ataisan ding hi. Maban khelh ngaihdamna thei mahleh asual ngam kei ding.

[Romte6:1 Bang i genta di'a le? Hehpihna akhansemtheihna ding in khelhna ahi om nilouh ding ua hia? v2 Om nilouh lou hialding. Eite khelhna lam a sisa, khelhna ah bangchi in i hing thei lailai dia? v3 Eite Khrist Jesu a baptis lut a om tengteng asihna ah baptis lut in i om chih na thei kei ua hia? v4 Huaiziak in asihna a baptis lut a om in amah toh vuikhawm in i om uhi, huchia Pa thupina in misi lak a kipan a Khrist akaihthohtak bang a eite leng hinna thak ai khosaktheihna ding in. v5 Asihna kibatpih a amah tohi kizop khit ngal un, athohnawnna kibatpih in lengi kizom sam ding hi. v6Imihing lui akiang ah kilhden in a-om samta chihi thei; huchi a khelhna pumpi hihmanthat a a-omtheihna ding leh tua kipan a khelhna sikha ai omlouhna ding in. v7 Kuapeuh sisa tuh, khelhna lak ah asuaktata ngal a. v8 Huan, Khrist kiang ai sih sam takleh, akiang ahi hing sam ding chihi gingta ahi; v9 Khrist tuh misi lak a kipan kaihthoh in a-om a, asi nawn kei ding chihi thei ngal ua; sihna in amah tung ah thu aneita kei hi. v10 Asihna tuh khelhna lam thu ah khantawn a ding in khatvei kia asi ahi, ahinna bel Pathian lam thu ah ahing ahi. v11 Huchimahbang in nou leng khelhna lam thu ah sisa in kisep unla, Pathian lam thu ah bel Khrist Jesu ah hing in kisep un. v12 Huaiziak in, na pumpi uh duhgawlna thu mang ding in na pumpi si thei uah khelhna vaihawmsak kei un. v13 Na pumpi hiangte uh leng diklouhna vanzat ding in khelhna kiang ah pephal sam kei un; ahihhang in misi lak a kipan hing nawn bang in Pathian kiang ah kipia unla, na pumpi hiangte uh leng dikna vanzat ding in Pathian kiang ah pephal zaw un. v14 Banghanghiami chihleh, khelhna in na tung uah thu aneitakeiding, dan vaihawm a om na hi kei ua, hehpihna a vaihawm a om na hi zaw uhi.]

Kha pen hotdam himahleh leitung a i damsung a khelhna i bual ngeingei a ahihleh Pathian in i taksa tung hon gawt ding ahi. Kei mahmah in leng Pathian bawldikna bangzah vei hiam ka tuakta a, achin zongsat huai het kei. School a teacherte'n i thumanlouh chiang a hon zep theih mah bang un, huai sang a lauhuaizaw i pa Pathian in i taksa kia hilou, i lungsim leng suna thei a, i hinkhua khenglamdang thei ahi, chih phawk leng i khial ngam nawn kei ding uhi. Huchi a bawldikna ngaihsaklou a khelhna a kibual thouthou mipen in Satan kiang ah i taksa pekhe thei ahi, ahihkeileh i hinna la lel ding ahi. Leitung a Pathian pahtawilou a, tangthupha leng gen nawn lou a i om intuh, Pathian in vantung a hon samtou lel ding ahi. Huaiziak a piangthak kichi a kum tampi drug leh zu dawn a, numei pasal thangtatna a gamtang chih ka gingta kei hi. I khelh masak tung a pan hon bawldik ding a, huchi a bawldik zohlouh a khial suak den dingna hileh na hinna la zaw mai ding in ka gingta hi. Hiai anuai a bible chang sim ni, bangchi bang khelhna hileh zong i kha pen hotdam ahi. I khelh intuh itaksa in nasatak in athuak ding hi.

[1 Korinthte 5:1 Na lak uah kingaihna a-om chih thu athang vengvung hi; huchibang kingaihna Zentelte lak a leng om ngei lou, na lak ua mi khat in ama pa' zi akitenpih. v2 Huan, huai thil hihpa tuh na lak ua kipan delhkhiakna ding a lungngaih nak sang in na kisak theihpih zaw uhi. v3 Kei mahmah, pumpi in ka pang kei na a, kha ah zaw ka pang a, thil huchitel hihpa tuh tu in leng Toupa Jesu min in na lak ua pang bangtuk in ka ngaihtuahkhintahi.v4 Noumau leh ka khai Toupa Jesu thilhihtheihna a kikhawm in, v5 huchibang mi zaw, akha Toupa ni chiang a hotdama a-omtheihna ding in asa hihmang ding in, Satan pe lehang ka chi ahi.]

[Hebrute12:4 Khelhna douna sisan suak hial in na pangnai tadih kei ua; hasotna thu, tate taihilh bang a nou ahon taihilhna, nana mangngilhta uhi. v5 Ka ta, Toupa' sawina ngaineu ke'nla, ataihilh a na om in leng lungke tuan ke'n; v6 Toupa'n a-itteasawi nak a, ta a kipahpih tuh avo nak hi, chih. v7 Na thuak uh zaw noumaua ding ahi; tate tung a hih bang in Pathian in na tung uah ahih a; pa' sawilouh ta kua a-om ngei a? v8 Ta chihna teng loh a, sawina pen lohlou a na om un bel, tatak hilou in, sawn na hi ua akei dia. v9 Huai lou leng eite hon sawiding, i sa pate i nei uhi, huaite lah zahtak ngal hang a; huai sang a thupizaw in, i hinna ding in, khate Pa thuthu in i om kei ding ua hia? v10 Amau zaw ni sawt louchik, hoih asak bang zel un ahon sawi ngei ua, ama'n bel, asianthounai tan samtheihna ding in, i hoihna ding in ahon sawi zaw ahi. v11 Huan, sawina himhim thuak lai in kipahhuai in alang kei a, khasiathuaitak in alang zaw hi, thuak nung in bel huchi a sawizawt a omte a ding in gah khamuanhuaitak, diktatnatak asuaksak zel ahi.]

Kumpi David leng khelhna lian mahmahte lak ah chi nih in akhial a, himahleh meidil kai tuan lou ding ahi. Tualthahna lehangkawm khelhna abawl a, Pathian in nasatak in abawldik chih i mu hi. Atapa toh akidou a, akumpi gam nih akisuah a, atapa hinna alaksak lai hi. David kisik mahmah ahi, ni 7 sung an ne lou in, Toupa kiang ah ngaihdam ngen mahleh Pathian in athu tangtungsak veve hi. I khelhma in hiai thei ni, ngaihdam ngen lehang Pathian in hon ngaidam ding a himai chi in ngainep kei ni, Pathian in hon ngaidam mah in teh, hileh leng abawldikna om veve ding ahi. Huai hun chiang in David bang in kisikna diktak nei ni. Kumpi David atek nung a chilum nei zou nawn lou ahi a, akumpi gamsung teng a nungak melhoihpen taksa hoihpen atelkhia ua, kumpi David taksa hihlum ding a a-angsunga agiahsak uh ahi.

Himahleh kumpi David in ana khoih lou, azi bang a luppih lou ahi.

[1 Kumpipate1:1 Huan, David ahong upa a, ahong tek mahmahta; huchi in puan in akhuh zel uh, himahleh lum asa thei tuan het kei. v2 Huchi in, asikhate'n akiang ah, ka pu uh kumpipa a ding in nungak zong leng ung la: Kumpipa kiang chin ah om gige henla, kemleh; huan, na angsung ah hong lum henla, ka pu uh kumpipa'n lum ahon sathei ding hi, achi ua. v3 Huchi in, Israel gam tengteng ah nungak melhoih azong ua, Shunam mi Abisag ava mu ua, kumpipa kiang ah api uh. v4 Huai nungak amel ahoih mahmah a; kumpipa akem a, anek-tak abawlsaksek hi; himahleh kumpipa'n akithuahpih kei.]

[2 Samuel11:1 Huan, hichi ahong hi a, kum ahong kivei a, kumpipate kidou dinga akisakkhiaksek lai un, David in Joab asawl a, amite leh Israel mi tengteng toh; huan, Amon suante ahihmang ua, Raba khua a-um ua, David bel Jerusalem ah a-om hi.v2 Huan, hichi ahong hi a, nitak ninem in alupna a kipan David athoukhia a, kumpipa inn tung ah akahtou a: huan, inn tung a kipan in numei khat kisil lai amu hi; huai numei melhoihtak ahi.v3 Huan, David in mi asawl a, huai numei tanchin adongtelsak a. Huan, Eliam tanu, Beth-seba, Hit mi Uria zi ahi kei maw? achi ua.v4 Huan, David in mi asawl a, apita uh; huan, akiang ahong tung a, ana luppihta a, (ama kizenlouh laitak ahi a), huan, a-inn lam ah apai nawnta hi.v5 Huchi in numei ahong gaita hi; huan, nau ka paita, chi in David atheisak a.] Theihsiam behna ding in 2 Samuel 11 leh 12 simsuak in.

Bangchi pianthakding, bible thutak mah hi hia, mihingte'n kha kinei taktak mah hia, Pathian om taktak mah hia? chihte a next chapter ah i en ding.

#2 Hinkhua hotdamna- Sianthousakna (Khristian Life)

[Tita2:12 Pathian limsaklouhna leh khovel duhgawlna khawng tawpsan in, tulai khovel ah kidek leh diktattak leh Pathian limsak in i om ding chih theisak

in;]

Sianthousakna ahihleh kha hotdamna tangzou tate a dingkia ahi. Hiai ah thil bawlkhelh ziak a hotdamna mangtheilou ahi a, i pianthak a hon sungluah Kha Siangthou in hon nuse ngeilou ahi. [Ephesate1:13 Huan, noute, thutak thu, na hotdamna tanchinhoih uh ngaikhia a gin leng gingtate leng, amah ah chiamsa Kha Siangthou a chiamteh in na om uhi; v14 Huai Kha Siangthou beli gouluah ding tatna kimi luah mateng a, Pathian thupina ding a, khamna ahi.] Huai Kha Siangthou a chiamteh kihi ahi. Chiamteh i chih chiang in mang nawn lou ding a kepbitna ahi. Thukhun Lui hun lai in bel Pathian kha mite sung ah lut zel in pawtzel hi. Etsakna in Kumpi Saul tangthu a pan muh theih in om hi. Thukhun Thak ah bel Pentikos ni a Kha Siangthou kitang pen in hon nuse nawnlou ahi.

Khristiante'n Kha Hotdamna i mansuah theilai uh hiam? [Johan10:28; akiang uah khantawn ahinna ka pia; khantawn in amangthang kei ding ua, kuamah in ka khut a kipan hon sut sam keiding. v29 Amau hon pepa, ka Pa, mi tengteng sang a thupizaw ahi; kuamah in Pa khut a kipan asut thei kei ding. v30 Kei leh Pa lah pumkhat ka hi ngal ua, chi in, adawng a.] Jesu Khrist kampau a pan hotdamna mangthei nawnlou ahihdan chiangtak in i mu thei uhi. Kha Hotdamna pen toh kisai ei nasep ding a-om kei, gospel gintak ding hilel ahi. Kha Hotdamna leng i pianthak chiang a eimah kikep ahi kei a, Toupa Jesu'n akhut a hon kepsak ahi, kuamah in asutkhe thei kei ding hi.

Thukhenna i chih chinih a-om a, amasapen Pathian tate a di'a kipahman hawmna ahi a, anihna pen piangthak lou meidil kaidingte ahi. [Johan5:24 Chih taktak in, chih taktak in ka hon hilh ahi, kuapeuh ka thu za a, hon sawlpa gingta in, khantawn a hinna anei; siamlouh in a-om kei a, sihna a kipan apawt a, hinna ah alut zawta ahi.] I Toupa Jesu Khrist in khantawn a hinna ahon pia a, siamlouh in kuamah a-om keiding, mikhialte vaihawmna laltutphah ah leng adinghkei ding uhi. [Sam1:5 Huaiziak in mi Pathian limsakloute zaw vaihawmna ma ah adinghthei kei ding uh, mikhialte leng midiktatte kikhopna ah adinghthei sam kei ding uhi.]

[Hebrute9:12 thupi leh kimzaw pai tan in, ei a di'a khantawn a tatkhiakna mukhin in kelte leh bawngnoute sisan ziak hilou in, ama sisan ziak zaw in, Mun Siangthou ah setdetding in khatvei in ana lutta ngal a.] Kha Hotdamna pen tangtawn daih ahi a, pianthak khit nung a thil sia i bawl ziak a sutmang theih hileh bel tangtawn daih lou ding chihna ahi. Kha Hotdamna mangthei ahi chi a gente'n bel tangtawn omzia theisiam nailou ahi zaw ding uam? Tangtawn in pat hun nei lou a tawp hun leng nei lou ahi. Leitung kipatma a tangtawn om a, leitung tawp hun chiang a tangtawn omlai ding ahi. Huai pen abeithei lou ahi, chih theichian ni.

Khelhnate ziak a hotdamna mansuah theih hileh bel Jesu Khrist hong sih thakthak ngai ding ahi. Tu'n bel khatvei asihzoh in Pa taklam ah atuta a, khatvei sih set ahi. [Hebrute9:26 huchi hilou hileh, leilung piantung a kipan tamveipi thuakta ding hi; himahleh, tulai hun tawp ah kithoihna ding a kizang tawm in khelhna hihmangna ding in khatvei in set det ding in amah hong langta ahi.][Hebrute10:11; Huan, siampu chiteng in kawl a nisuak sim a nna sem in, khelhnate bangchik mah a hihmang thei lou kithoihna ngeingei lan gige in, adinghuhi. v12 Amah bel, khantawn a ding a khelhnate a di'a kithoihna khat kia alat nung in, Pathian taklam ah ava tuta hi,]

Khenkhatte'n pianthak nung a khelhna i bawl tamluat leh meidil kikai theilai achi ua, meidil kailouhna ding a khelhnate thupha i tawi zel ding uh, achi uh. Hiai bang a tangthupha diklou gente tawpsan ni. Khelh ngaihdam ngetziak a maw vangam i kai ding uh? Huchi ahihleh Jesu Khrist ahong sihna in gen nei lou ding hi. [Galatiate5:4 Nou dan a siamtan tumte aw, Khrist toh kikhenta na hi uh, hehpihna na puksanta uhi.] Hehpihna a hotdam, hotdamna athawn (Free Gifts) ahi chi tangthupha gengen a, mahni nasep avangam kaidan ding kisinsak zel khah thil diklou ahi. [Ephesate2:8 Ginna ziak a hehpihna a hotdam na hi ngal ua; huai leng noumau a suak ahi kei a, Pathian thawnpiak ahi; v9 Thilhih ziak ahi kei, huchi louin zaw mi'n asuangkha ding uhi.]

[1 Johan1:8 Khelhna ka nei kei, chi lehang eimah leh eimahkikhemi hi a, eimah ah thutak ta-om kei hi. v9 Ikhelhnate thuphai tawileh, i khelhnate ngaidam ding leh,i diktat louhnate tengteng silsiang ding in amah tuh amuanhuai in adiktat ahi.] Hiai bible chang, piangthak zoute a di'a gelh ahi. Piangthakloute'nakhelhnate uh thupha tawi a, ngaihdam anget un omzia neilou ahi. Toupa Jesu Khrist a hotdamna atan ngal kei ualeh ngaihdam ngetna in gen nei lou ahi. Piangthak zousate a dia bible chang ahi a, huaileng Pathian in hon ngaihdam khit ahi, ngen in ngen kei taleng zong.

Achihleh bangziak a ngaihdam ngen ding i hia le? I pianthak zoh chiang a i pa uh Pathian hita ahi, piangthak nailoute pa bel dawimangpa ahilai hi. [Johan8:39 Huan, amau akiang ah, "Kou pa Abraham ahi," achi ua, adawng ua. Huan, Jesu'n akiang uah, "Abraham tate nana hile uchin, Abraham thilhih na hihta ding uh. v40 Himahleh, Pathian kiang a thutak ka zak, nou hon hilhpa kei tu'n ah hon thah na tum ngal ua; Abraham in zaw hichibang in ahih kei. Nou zaw na pa uh thil na hih nak uhi," achi a.]

Pathian i pa ahih nung thil sia i bawl chiang a meidil a hon paihlai ding adiam? Ei mikhialte nangawn in zong, i tate'n thu amanlouh chiang un i that ngei uhia? Kihuchih ngeilou ahi maw, kitaihilh, bawldikna ding a zep apoimohleh kizep. Ei leng i pianthak nung Pathian pen i pa hita ahi. [Romte8:15 Lau a om nawn ding in sikha hihna kha na tang uh ahi ngal kei a; ta hihna kha na tang uh ahi zaw. Abba! Pa! chi a,i kikou chiang in,] Thil bawlkhelh ziak in hon taihilh in hon bawldik mah in teh, himahleh meidil a hon sawllut ngeilou ding ahi. Aziak bel i pianthakma a khelhnate kia Jesu tungtawn a hon ngaidam ahikei a, i pianthak zoh nung tangtawn a khelhna kibawl ding om laite leng hon ngaidam khin ahi. Piangthak khin i hita a, khelhna i bawl chiang a Pathian toh i kal ahoihpahna ding a khelhna i bawltepulak pah a, ngaihdam i nget chiang in, i kal hong hoih thei pah ahi.

Midangte tung a khelhna na bawl khakchiang in ngaihdam na ngetma na lungsim anuam hia? Nuam mahmah lou ahi, i khelhzoh chiang a i va pulak a ngaihdam i ngetchiang a huai i bawlkhelhnapa toh i kal hong lemkik pan ahi. Thupha i tawi ma, ngaihdam i ngetma a bel va kihoupih ngam taktaklou, kisuanlahna a kidim ahi. Huai ahi, piangthak zoute'n khelhna i bawl khakchiang a ngaihdam ngetding, thuphatawi ding akichihna, relationship bawlhoihna ding ahi zaw, vangamkai leh kailouh ding toh akisai kha kei.

.

Kha Hotdamna mangthei ding a mi'n agintakna bible changte enkhawm ni:

[Philippite2:12 Kaitte aw, hichi ahih ngal in, ka om lai kia hiloua, ka omlouh lai bang a leng, thu na man theih tak mahmah bang un, lau leh ling kawmin na hotdamna chiat uh semkhia un;] Lau leh ling kawmin na hotdamna uh semkhe chiat un achihpen, na sepkhiak kei ualeh na hotdamna uh mang ding chihdan a kingaihtuah kha i tam ua, hiai ziak a hotdamna mangthei ahi, chi a gen pawl ki-om ahi. Agen omzia tak ahihleh, na piangthak tunglai ua Pathian lungtaisak sawm a khelhna bawl khakding lautak a na ommah bang un, tu in leng tua mah bang in lau leh ling kawmin na hotdamna uh semkhia un chi hizaw ding ahi. Piangthakta na hihman un, piangthak tate bang in khelhna a na kibual khakding lau leh ling kawmin Pathian nnasem un chi ahizaw ding.

[2 Korinthte 7:15 Huan, na vek ua athu na mandante uh, lau leh ling kawma amah na kipahpihdante uh theigige in, alungsim tuh noumau lam ah anakten nawn semta ahi.]

Piangthak zoute'n Khristian hinkhua bangchi zatding? Khristian hinkhua bahsamlou a bangchi a kihatsak thak zelding? Dawimangpa bangchi dou ding? I taksa utna khelhnate bangchi kibawlhoih ding? chihte Chapter 3ah i sin ding uhi.

.

.

#3 Taksa Hotdamna (Thupisakna)

[Tita2:13 Lametna kipahhuai-IPathian thupitak Hondampa Jesu Khrist thupina kilakna tuh ngak in;]

Hotdamna sawng thumte lak aatawpna pen ahihleh taksa hotdamna ahi. Tua piangthak himah lehang leng i taksa khelhna a pan hotdam kihi nailou ahi. I pianthakma toh i pianthak nung, i taksa pen kibangtou denlai ahi. Rapture hong tun masiah, pianpih khelhna pen in hon nuse lou ding a, i Khristian hinkhua a i melma lianpen hong hitou suaklai ding ahi. Sawltak Paul in ka hih utlouhte ka hihkha nak, mi hehpihhuai hihna lawmlawm ing e, ana chih pen pianpih khelhna pumpi ziak ahi. Hiai bible chang simsuak in;

[Romte7:14 Dan tuh khalam thil ahi chihi thei ngal ua, kei bel sami khelhna a khotsa ka hi. v15 Thil ka hihpen, adan ka thei kei; ka thilhih zel pen, ka thilhih utlam ahi ngal kei a, ka thil huatlamtak ka hih zaw nak ahi. v16 Ka hih utlouh lam ka hih ngal in, dan ahoih chih pompih ka hita hi. v17 Huai chiang in, ka thilhihpen keimah hih ahita kei a, khelhna keimah a-om hih ahi zaw hi. v18 Keimah ah, huai tuh ka sa ah, thil hoih himhim ateng kei chih ka thei: thil hoih hih utna zaw keimah ah a-om na a, thil hoih ka hihthei kei. v19 Hoihna hih ka ut pen ka hih kei a, khelhna hih ka utlouhpen, ka hih zaw nak a. v20 Ka utlouh lam pen ka hih ngal chiang in, ahihpa kei ka hita kei a, khelhna keimah a ompen ahi zaw hi. v21 Huchi in, hiai dan ka hon theita; thil hoih hih ka ut lai in ka kiang ah gitlouhna ahong om nak hi. v22 Ka lungsim taktak in Pathian dan tung ah ka kipak ngal nak a; v23 Himahleh, ka sahiangte ah dan tuam a-om chih ka thei, huai in ka lungsim dan adou a, ka sahiangte a khelhna dan om kiang ah sal in ahon pi nak hi. v24 Mi genthei hi na lawmlawm ing e! Hiai sihna pumpi lak ah kua'n ahia hon suahtaksakding? v25 Jesu Khristi Toupa ziak in Pathian kiang ah kipahthu ka gen ahi. Huchi in, keimah tak in zaw ka lungsim in

Pathian dan ka sem a, ka sa in bel gitlouhna dan asem hi.]

Koi pen ahatzaw di'a...?

I pianthak ma toh i pianthak nung kibatlouhna ahihleh pianthakma in Kha Siangthou in hon sungluah kei a, taksa hatna toh mihoih kisawm hi. Ka pianthak ma pek a pan gospel gen leh gospel counselling pia ka hi a, huntamzaw ah mi ngaihdan leh hon muhdan uh kephoih tum in ka gim thei mahmah hi. Ka hongpianthak zoh chiang in bel, kei hatna amihoih ka sawmlai sang in, Kha Siangthou in hon sungluah a, awl in ka honghoihtou lel hi. Mihoih taktak na utleh pianthakna leh Kha Siangthou lou in zaw haksa nasalo ding. Hotdamna zongzaw mai in, na pianthak khitnung a thil bawlkhelhna neihleh hon bawl hoihtu ding Van Pathian neita na hih chiang in, khelhna na bawlma a 100% sawina tuak ding chih kitheita na hihman a, khelhna bawltawm zaw mahmah ding na hi.

Khelhna akibual kiklouhna ding in i taksa pen hilou, i sung a Kha Siangthou pen i hinkhua a vaihawmsak ding ahi. Piangthak zoute'n khelhna bawl kha thei lai, hileh leng bawllouhtheihna hatna Jesu a neita uh ahi. Pathian thugen siam mahmah khat in, "Vasa lenglai kuama'n kham thei lou, hileh leng i lutung a bu hon sep ding kidal thei ahi," achi hi. I hinkhua a khelhna teng bei hen i chih mawkleh i pianpih pumpi khelhna i sihsan ngai mawk ding ahi. I pianpih khelhna toh hinkhua zangmah lehang leng i sung a Kha Siangthoupen i kithunun sakleh khelhna in ei tung a bu hon sep chiang a ana kidal thei ding ahi.

Pasal khat in aktal vom leh akang nei hi. Hiai aknihte kisualsak a sum boat (betting) tungtawn in nek zong hi. Hunteng a hiai avom in zou ding achih chiang in avom in zouzel a, tutung akang in zou dingachih chiang in akang in zou zel hi. Agen mah bang a hong tangtung zel ahihna ah, akim ate'n lamdang sa in, nang bangchidan a kua pen in zou ding hiam chihna genlawk theih hiam, chi in dong uhi. Ama'n, "Na hon thil dot uh ahoulua. Azou ding a ka deihsak penpen an hoihtak in ka pia a, azou lou ding a ka deihpenhuai nizingkal an ka ngawlsak zel hi," chi in dawng hi. Huai aktalnihte bang in, ei sung a pianpih khelhna leh Kha Siangthou kidou den uhi. Anna piaktam zawkzawk hong hatzaw ding a, na hinkhua ah vualzou zaw ding hi. Khalam hatlou chichi ke'nla, bible simtam in, kikhawm tam in, gospel (tanchinhoih) gentam in, thumnate nei tam in, huchi hileh na sung a Kha Siangthou hong hatzaw ding a, pianpih khelhna tung ah vualtungtuang ding hi. Hiai bible chang simin;

[Romte8:1 Huaiziak in, tu'n zaw Khrist Jesu a omte a ding in, siamlouh tansakna himhim a-omta kei hi. v2 Khrist Jesu a Hinna Kha dan in khelhna leh sihna dan a kipan hon suaktasakta ngal a. v3 Sa ziak a dan ahatlouh a, ahih theih vuallouh tuh, Pathian in, ama Tapa ngei, khelhna sa giloubang pu in, khelhna thoihna ding a hon sawl in, sa a khelhna om tuh siamlouh atangsakta hi, v4 Sa dan zui lou a Kha dan zui zawte eimah a dan in angiat diktatna tuh tangtun a a-omtheihna ding in. v5 Sa dan a omte'n salam thilte a lunggulh nak ua, Kha dan a omte'n bel Khalam thilte a lunggulh nak uhi. v6 Salam thilte deih zaw sihna ahi ngal a, Khalam thil deih bel hinna leh khamuannaahi; v7 Sa deihdan zaw Pathian douna ahih ziak in. Huai tuh Pathian dan in a-om ngal kei a, om leng a-om thei kei himhim ahi.v 8 Huchi in, sa a omte'n Pathian akipaksak thei kei uh. v9 Himahleh, Pathian Kha noumau a a-om taktakleh, sa a om na hi kei ua, Kha a om na hi zaw uhi. Ahihhang in kuapeuh Khrist Kha nei lou zaw amah a ahi kei. v10 Khrist noumau a a-om ngalleh, khelhna ziak in pumpi asi ahi; kha tuh dikna ziak in ahing ahi. v11Himahleh misi lak a kipan Jesu kaithounawnpa Kha noumau a a-omleh, misi lak a kipan Khrist Jesu kaithounawnpa'n, noumau a om a Kha pansan in na pumpi sitheite uh ahihhing sam ding hi.]

Gingtute'n i ngaklah uh Rapture

Miteng vangamkai utchiat hileh leng asi nuam ki-omlou ahi. Himahleh sihna pen misiangthoute ading in atawpna ahi kei a, nopsakna kipat hun ahi. Sihna gal lam a vangam om a, huai mun a huchi zaw deuhleh chih om nawnlou ding hi. Tua hiai van leh leitung teng Satan nuai a koih ahi a, huaiziak in misiangthoute'n haksa i sa uhi. Diktat leng kimutha dahding, office a lawm-le-vual lak a nawlkhin a ki-om kha thei, adik genleng miteng huat a ki-omding. Thil hoih bawl haksa ahi. Leitung amial ahi a, asung a-omte'n leng mial lak a om nuamsa zaw uhi. Ei gingtute pen vak i hi ua, amau mial lak aathil bawlte uh i vakna in asalhvak chiang a ei hon mudah uh ahi.

[Johan3:19 Hiai tuh siamlouhna ahi, vak khovel ah ahong a, himahlehmi'n vak sang in mial a-itzaw uh; athilhihte uh agitlouh ziak in. v20 Kuapeuh thil gilouhih in vak aho nak, vak ah leng ahong pai kei hi; huchi louin zaw athilhihte alangkhading. v21 Ahihhang in, kuapeuh adik hih tuh athilhihte Pathian ziak a hih ahi chih alatna ding in, vak ah ahong zel hi, achi a.]

[Galatiate5:13 Nou, unaute aw, bawi hilouding in sap na hi ngal ua; himahleh, na bawi hihlouhna uh tuh sa a di'a lemtanna in zang kei unla, itna in akua-akua a di'a kisepsakte hi zaw un. v14 Nangmah na ki-it bang in na vengte na it dingahi, chih thu kam khat ah dan thu tengteng kimsak in a-om ngal a. v15 Himahleh, na kikeih ua, na kinektuah uleh na kinekgaihlouhna ding un, pilvang un. v16 Huchi in hiai ka chi ahi, Kha ah om un, huan, sa utna tuh na hihtangtung kei ding uhi. v17 Sa in Kha dou a-ut nak a, Kha in leng sa dou a-ut sam nak ahi; thilhih na tupte uh na hih theih louhna ding un huaite khawng a kikalh uh ahi ngal a. v18Himahleh Kha pi a na om uleh, dan nuai ah na om kei uhi. v19 Huan sa thilhihte tuh akilangchian ahi, huaite tuh hiaite ahi uh: ang kawmna, kingaihna, thanghuaina, hukna, v20 milimbiakna, bumna, huatna, kinakna, hazatna, hehna, kilanna, omtuamna, gintuamna,v21 deihgohna, tualthahna, zumunnopsakna, zukhamna, hichite khawng; huchibang a thilhih chingte'n Pathian gam atang kei ding uh, chi a tuma a k'on hilhkholh mahbang in, k'on hilhkhol ahi. v22 Kha gah ahihleh, itna, kipahna, lemna, thuak theih na, migitna, hoihna, muanhuaina, v23 nunnemna, kidektheihna khawng ahi zaw; huchibang kalh lam in dan thu piak himhim a-om kei hi. v24 Huan, Khrist Jesu ahitate'n tuh sa, alunggulhna leh aduhgawlna toh akilhdenta uhi. v25 Kha a hingi hihleh kha mah ahi om ding uhi. v26 Kitoutuah chiat a, kihaza chiat in, i kikoihlian kei ding uhi.]

Khristian hingal a, rapture i ngaklah keileh bel, khovel hindan ah i hing a, khovel nopna ah i kibual chihna ahi. Khovel toh kilemna bawlte'n khovel nuamsa ding uhi. [Jakob4:4 Nou angkawmhatte aw, khovel lawm hihna Pathian melma hihna ahi chih na thei kei ua hia? Huchi in kuapeuhmah khovel lawm hih ut tuh Pathian melma in akibawl nak hi.] Tangthupha gen i mohpuakna ahi chih phawklou mitampi i om uhi. Tangthupha gen pen Pastor, Missionary leh Evangelist-te a dinga koih, Khristiante lak ah khatvei leng gospel gen kha nailou kitam mahmah hi. Khenkhatte'n kam sese a gen ngailoupi, athu i zuihleh huai leng tangthupha genna ahi, chi in akisiamtan uhi. Pathian in na paulap asang diam? chih ngaihsun in. Huai tangthupha i kam mahmah a i genlouh in tuh haksatna tam kituaklou ding mah ahi. I kam a thangthupha i gen in tuh doutu ding leh i hinkhua a hatsakna i tuahding ahon tamdia pahdia vangam ngaihna leng om dingmah ahi. Hiai anuai bible chang sim ni, misiangthou gospel (tanchinhoih) gen a gimthuak a omte'n rapture kingaklah mahmah hi.

[Romte8:19 Thilsiam tengtengte'n, lamen mahmah in, Pathian tate hong latna angaklah mahmah ngal ua. v20 Thilsiam tengtengte thil thulim lou thuthu a om sak in a-omta uh; a-ut ua om ahi kei ua, lametnaomsakpa ziak ahi zaw hi; v21 Thilsiam tengteng leng siatna sikha a kipan suahtaksak in a-om ding ua, Pathian tate noplenna thupi a lut ding ahi ngal ua. v22 Thilsiam tengteng tutan in thum leh nauveina thuak in a-om uh chihi thei ngal ua. v23 Thilsiamte kia hilou in, eite ngei, Kha gahmasa tangte leng, ta hihna kilatna,i pumpi tatna ngak in i lungsim in i mau sam ngal ua.]

Glorification (Thupisakna):

Eden huan a Adam leh Evi in Hinna singgah ana neleuh Pathian thupina toh thupisakna tang ding uhi. Hiai hinna sing pen neleuh bel Satan in leng akhem thei nawn kei di'a, tangtawn a taksa hi in kha hitaleh si thei nawn lou ding a khenlam dang a om ding ahi uhi. Khelhna leh Satan khoih phak nawnlouh ding a Pathian thupina silhsak in a-om ding uhi. Himahleh Adam leh Evi in Pathian thusang a Satan thu ana zuizaw ua, Hinna singgah pen nelou in Sia-le-phatheihna singgah ana ne zaw uhi.

Huchia i puksiat nung in leng Pathian zahngaihna leh itna in a Tapa tang neihsun Toupa Jesu tungtawn in Kros ah honna zongkhia a, honna tanta hi. Hiai Jesu Khrist Hotdamna va sang pen Hinna singgah nek toh kibang ahi. Tangtawn a kihingta ding, vangam i tun chiang a Satan leh akaih zatamte meidil a omtading, eite hon khialsak thei ahihkeileh Pathian toh hon khen ding om nawn lou ding ahi. Vangam i tun chiang a sia-le-phatheihna singgah om nawn lou ding a, hinna singgah kia omta ding ahi.

[Isai40:2 Jerusalemte kiang ah lungmuan lamsang in thugen unla, agaldouna uh hih zoh ahita a, akhelhna uh ngaihdam ahi a, athil hihkhelh tengteng gun ding in Toupa khut a kipan amun nih in amuta uh chih hilh un.]

Atung a bible chang sim lehang, i khelhna man alehkhat a kidinzouta hi. Huai omzia tuh, dawr ah vanman naba a Rs.1000, nang na dit zohlouh ziak in, na lawmhoih khat in hon hehpihziakin, Rs.2000 in na bat va dintaleh na hotdamna leh hon tatkhiakna muanhuai mahmah ding hi. Huai toh kibang ahi, i Toupa Jesu Khrist in hon tatna alehkhat a pezouta ahi. Hiai a alehkhat a ditna ziak maw, eite hinna singgah va nek thak ngai nawnlou ding a Amah (Pathian) in athupina hon silhsaknop man ahi.

Alehkhat pen thupisakna (Glorification) ding a manpiaksa ahi. Eden huan ah bel, Pathian in mihingte enkhia in chin, ka thupina a ka silhsaktheihna ding in, ka enkhe di'a, hinna singgah pen ka thuman na toh hon nek ualeh, mihingte ka pahtawi pan ding chi hi. Jesu Khrist tungtawn a hon tat a maw, hon enkhe nawnlou ding ahi. Jesu Khrist i pomna pen hinna singgah nek toh kibang hita ahi. Rapture tun chiang a thupisak a ki-ompah ding ahi; mitphiat kal lou in Pathian mahbang mai a siangthou leh gensiat bei, taksa khelhna pen Pathian thupina a khenlamdang in om ding hi. Hiai anuai a bible chang simlehang achiang huntawk mahmah ding a, vantaksa lei taksa leng om ahi. Rapture omchiang a thil tungdingte leng chiangtak a kigelh ahi.

[1 Korinthte 15:50 Unaute aw, sa leh sisan in Pathian gam aluah thei kei ding a; muat thei in muat thei lou aluah sam keiding, chih, ka gen ahi. v51 Ngai un, thuguk k'on hilh ding hi:Ivek uni ihmu khol kei ding a, himahlehi vek un pengkul nanungpen gin chiang in, sawt lou kal in, v52 mitphiatkallou in, hihlamdang in i om vektading; pengkul ging ding ahi ngal a, huchi in, misite tuh muat thei lou a kaihthoh in a-om ding ua, eite leng hihlamdan in i omta ding uhi. v53 Hiai muat thei in muat theih louhna asilh ding ahi a, hiai sithei in leng sih theih louhnaasilh sam ding ahi. v54 Huchia, hiai muat thei in muat theih louhnaasilh a, hiai sithei in sih theih louhnaasilh hun chiang in, huai hun ngeingei in, zohna in sihna avalhzouta, chih thugelh ahongtungding hi.]

Hiai a thupisakna i chih tua khutchin vom chia leng athupidan ding kingaihsun zou lou hi. Tu'nbel pianpih khelhna toh i khosa a, huntamzaw in khelhna i bawl kha ua, i theih in i theih louh kal in leng i va bawl kha nak hi. Hiai a vantaksa i silh chiang in bel khelhna kithei nawnlou ding hi. Toupa Jesu Khrist mah kibangta ding ahi. Pathian thupina toh i kizep chiang un, Angelte sang a dinmun sangzaw leh thupizaw a bawl aki-om ding ahi. Hiai thupisakna bel piangthak tate teng a ding ahi. Piangthak zou phet in si lehang leng hiai thupisakna kitang veve ding ahi. Pathian toh omkhawm thei ding tuh, Amah bang a siangthou i hihmasak ngai ahi. Vangam ah kipahman tuamtuamte bel leitung a i nasep dungzui a hong kipe ding mah ahi.

Sawltak Paul in hiai thupisakna muchianpen hi:

[Romte8:18 Tulai a thuaknate peuh denchiang ai tung a thupina hihlat ding toh tehpih tham in kasep kei][2 Korinthte 11:23 Khrist nasemte ahi uhia? (Mihai bang in genta leng) ka hi sem; sepgimna bang ah thupi sem in, suangkul a tanna ah bang thupi sem in, vuakna ah bang akan aval in, sihna ah bang tamveipi. v24 Judate lak ah vuakna khatvei a sawmli ching lou nga vei ka tuak a; v25

Thumvei chiang a khet in ka om a, khatvei suang a den in ka om a, thumvei long siatna ka tuak a, zan khat leh ni khat tuipi ah taihmang in ka om a, v26 khualzinna ah tamveipi, luite lak a lauhuai, suammite lak a lauhuai, ka chipihte lak a lauhuai, Zentelte lak a lauhuai, khopi a lauhuai, gamdai a lauhuai, tuipi a lauhuai, unau takloute lak a lauhuai; v27 septawlna leh sepgimna,ihmutmohna ah tamveipi, gilkial leh dangtakna ah, angawlna ah tamveipi, khosik leh vuaktang a omna ah bang. 28 Huan, hiaite ban a kigenlou saptuam pawl tengteng ka ngaihtuahna ni teng a hon delh gige leng a-om hi.]Hiai bang tuk a Sawltak Paul in thuaknain chin,ama'n athuaknate ninneng bang lel a sim ahi; [Philippite 3:8 Hi taktak hi, ka Toupatheihna manpha ziak in thil tengteng ka tanta hi. Huan, thil tengteng ninneng bang phet in ka sim hi; Khrist ka tantheihna ding in,]

II

Gospel Tanchinhoih, Kha Hotdamna

Piangthak leh piangthaklou bangchi ki theihchet ding?

1. *I ginna toh kisai a ki-etchet ding:*

[2 Korinthte 13:5 Ginna ah na omna uh hiam chih noumau ngeingei ki-enchian zel un. Ahihkeileh, noumau ah Jesu Khrist a-om chih noumau ngeingei in na theichian kei ua hia? deihlouh na hih kei ngal uleh.] I hotdamna chiat uh enchian ni, ahuchih keileh den chiang in Rapture hongtung di'a, vangamkai ding a na kigintaklai in laktouh in omkha kei lehang poilo ding ahi. Hiai ginna i chih gospel gintakna ahi. Eimah denomination doctrine-te hilou in i hotdamna pen hi zaw ahi iki-et chetding. Khemna tenglak aalauhuaipen tuh mahni kikhemna ahi. Midangte'n hon khem ziak sang mah in Hotdamna thu toh kisai a mahni kikhemna ziak a meidil lut ding tam mahmah kha ding i hi, kivelchian ni.

[1 Korinthte 6:9 Ahihleh, mi diktatloute'n Pathian Gam aluah kei ding uh chih na thei kei ua hia? Khem in om kei un, kingaihhatte hiam, milim bete hiam, angkawmte hiam, mihukte hiam, tokohukte hiam,] Kuamah kikhem zousak kei ni. Hotdamna thu toh kisai ah, enchian inla, nang mahmah in athutak theichian in, sui peihlouh etchet peihlouh ziak khawng in migen teng gingta ke'n. Na vangamkai leh kailouh ding pen natheihchet ngai ahi.

2. *Meidil lauhna, sih lauhna leh hotdamna kimuanmohna:*

[1 Johan4:18 Itan ah tuh launa himhim a-om kei, itna kim in lauhna adelhkhe zaw zel hi, lauhna in gawtna hon ngaihtuahsak; alaumi tuh itna ah akim tadih kei ahi.] Itna i chih Jesu Khrist a nasep gintak ahi. Hiai a lauhna kigen pen khomial lauhna ahihkeileh sikha lauhna toh akisai kei hi. Khua asiat a, van ahong gin chiang in, kei sileng vangam kakai taktak mah diam aw? chia kingaihsun lai na hihleh kailou ding mah na hi. Rapture omtaktak hileh laktouh in ka omkha kei kha ding, chia lauthawng a om nahihleh leng hotdamna kitheichian nailou na hi ding hi.

Hotdamna nei taktakte'n huaidan a lauhthawnna kinei nawnlou ahi. Ka piangthak diktakma in keileng huaidan in kana buai a, ka hotdamna ka muanglel mahmah hi. Hiai bang a lauhthawnna na neihsungteng itna kim nanei naikei chihna ahi. Itna kim, Toupa Jesu Khrist hotdamna tak nasan chiang in bel za-a-za na kitheichian ding hi. Nang kitheihchet kia hilou in, na sung a Kha Siangthou in hon theichiansak ding ahi. Huai Kha Siangthou na neih keilehbel, na hotdamna muanglel lai ding na hi.

3. *Eimah in theihchetna neih ding:*

[1 Johan5:10 Pathian Tapa gingmi amah ahtheihna anei a Pathian gingloumi in amah tuh zuauthei in abawl ahi; Pathian in aTapa tanchin atheih sak agintaklouh ziak in.] Piangthak kichi hileh leng testimony gen thei lou, agenchiang aleng bible toh kituaklou khawng tam mahmah hi. Hotdamna i chih, gensiam leh siamlouh toh kisailou ahi. Sermon hilou ahi. Kha Hotdamna testimony i chi mimaltak a thiltuah (experience), Jesu Khrist toh na kituahdan genchetna ahi. Sawltak Paul leng a Pathian toh Damasca ah akituak ua, a hotdamna chiangtak in agen thei hi. Kumtampi khit nung in leng zan aathiltuahdan in chiangtak in agen thei hi.

[Nasepte26:9 Ke'n leng Nazaret Jesu min kalh lam in thil tampi hih leng hoih in ka na gingta nak a. v10 Huai bang Jerusalem khua ah leng ka hih zel ahi; huan, siampu liante kiang ah thu ka mu a, misiangthoute lak a mi tampi suangkul ah ka khum zel a; huan, ahihlup lai un, lemsa lam ah leng ka na pang zel hi. v11 Huan, kikhopna innteng ah ka sawi gige a. Jesu thu gensiatsak ka tum teitei nak hi, huan, atung uah ka giloumahmah a, gamdang kho pha hial in leng ka sawi zel hi. v12 Huchibang hih ding in, siampu lalte thu mu in leh, asawlna lai uh tawi in, Damaska khua ah ka hoh a. v13 Huan, i aw, Toupa, ka pai lai in, sun annek hun ahi a, van a kipan vak banghiam, nisa vak sang a vakzaw, keimah leh ka paipihte kim ah vak in ka mu a. v14 Huan, ka vek un lei ah ka puk ua, Hebru pau in, Saul, Saul, nang bang achi'a hon sawi? Sutna chiangzumte suih nang a di'a na ahi, hon chi in ka za a. v15 Huan, ke'n, Toupa, kua na hia? ka chi a. Huan, Toupa'n, na sawi Jesu ka hi. v16 Himahleh, thou inla, dingh in; hiai na thil muhte leh, na kiang a ka hong kilaknadingte toh, huai nna sem ding leh theihpih ding a nang hon bawl ding in na kiang a hong kilak ka hi; v17 Mi tengteng leh Zentelte khut a kipan ka hon humhingding; v18 Amit uh hihvak ding in akiang uah ka hon sawl ahi, huchi in mial tuh vaklam angatsan ding ua, Satan thuneihna Pathian lam angatsan ding uh, khelhna ngaihdamna amuhna ding uh leh ahon gintak ziak ua siangthou kaite lak a goutan aneihna ding un, achi a.]

Nungzui masate'n ahotdamna uh chiangtak in genthei vek ding uhi. Achihleh e'n tulai a Jesu Khrist Hotdamna chiangtak a gen theilou seding maw? I pianthak diktaklouh ziak uh ahi diam? Tuzingkal a na annek na gen thei diam? Gen thei ziauding na hi. Dakbangzah vel a anne, bang mehna hia chihkhawng gen theilo ding na hi. Thil thupilua leng hilou an nek toh kisai na thiltuahna gen theihleh tuh, na khelhna tengteng a pan hon hondamtu Toupa Jesu Khrist toh na kituahdan uh chiangzaw a gen theilou ding na diam? Meidil a pan vangamhon lutsak, huai Tanchinhoih na gen theih keileh tuh, abuailam hi ding na hi. Vangam nalut dekchiang a, vangamkongpi ah Angelte'n na testimony hon gen in chi mawkleuh buailou ding na hidiam? Nang mahmah in na genchet theih louh, ahihkeileh na gen sunsun chiang a bible toh kituaklou ahihleh piangthaklou mah hi kha ding na hi. Mawl leh pilna toh kisailou a, Jesu Khrist toh na kituak taktak hia or tuak taktaklou chih toh kisai hi. Na kituahpih taktak keileh gen ding theilou ding na hi.

4. *Kha Siangthou in hon sungluah ding:*

[Ephesate1:13 Huan, noute, thutak thu, na hotdamna tanchinhoih uh ngaikhia a gin leng gingtate leng, amah ah chiamsa Kha Siangthou a chiamteh in na om uhi;v14Huai Kha Siangthou beli gouluah ding tatna kimi luah mateng a, Pathian thupina ding a, khamna ahi.] I pianthak diktak chiang in huai hunmah in Kha Siangthou i tang uhi. Kha Hotdamna i chih kum tampi akivei khitnung a Kha Siangthou kingah ahi kei a, tangthupha i zak ni a, i gintakni mah a Kha Siangthou in i sihmatan hon sungluah den a, pawtkhe ngeilou ahi. Tanchinhoih theih siamna ding in camp tampivei telkhin leng na himaithei. Himahleh na khelhna tengteng Toupa Jesu Khrist in Kros a ana sihpihta, khelhna man sihna pen, kei mikhial si ding pen, Jesu Khrist in kei sik-le-tang a ana sihzouta, kei hotdam hita chih gintakna ahi. Huai na gintak ni mah a hotdam leh Kha Siangthou ngahna hi.

Thukhun Lui hun laibang in Pathian kha misung ah lut inapawtzel kei hi. Pentikos ni anungzui masate'n Kha Siangthou atanpen un anuse nawn kei himhim hi. Nuse mawkleh i sung a Kha hing pen asihkikngai ding hi. Eden huan a Adam leh Evi akhelhlai ua, Pathian Kha in taihsandan a ki-omkik ding hi. Kha Siangthou in hon nuse ngeingei lou ding hi, ei hatna leh Satan hatna in leng ei leh Kha Siangthou i sung a hon ompihpen honkhen thei ding om lou hi; anuai a bible chang simkhawm ni.

[Romte8:35 Khrist itna a kipan kua'n ahia hon khending? Gimthuakna in hia, lungngaihna in hia, sawina in hia, taam in hia, vuaktanna in hia, lauhuaina in hia, temsau in hia hon khending? v36 Nangmah ziak in nitum in thah in ka om ua; belam gohdingte bang a sim ka hi uh, chih gelh bang in. v37 Khen lou hialding, huaite tengteng ah, hon itna ziak in, vualtungtuangte sang a tungtuangzawi hi hi. v38 Sihna hiam, hinna hiam, angelte'n hiam,lalnate hiam, thilomlelte hiam, thil hong omdingte hiam, thilhihtheihna hiam, v39 sanna hiam, thukna hiam, thilsiam dangte himhim hiam in leng, i Toupa Khrist Jesu a om Pathian itna a kipan, hon khen thei kei ding chihdiktak in ka thei ngal a.]

5. Kha Siangthou i neih ziak in bible khalam toh kisai thute theih siamna kinei ding hi:

[1 Korinthte 2:14 Khovel mi in Pathian Kha thilpiakte asang kei nak hi, ama ngaihdan in haihuai ahi ngal a, kha atheihchet ahihziak in atheithei kei himhim ahi.v15 Khami in bel thil bangkim achian zel a, amah lah kuamah in achian kei uhi.]Kha Siangthou panpihnalou a Hotdamna itheihsiam louh mahbang in, Kha Siangthou tel lou in bible a Khalam thute kitheisiam lou ding hi.

Piangthak loupi a bible sim a thugen a kizat in thudik lou (wrong interpretation) leh diklou tampi pekhe ding hi. Aziak tuh piangthakloute'n asung uah Kha Siangthou neilou uhi. Abiktak in Jesu Khrist hotdamna simsim mahle uhleng theisiam theituanlou ding uhi. Pathian thu bible thuhing a siangthoupen, Kha Siangthou panglou a ahihna bangtuk akitheisiamlou ahi. Bible sim munziak in tuh na thei maithei, khuak atheihna (head knowledge) in lengtheihna na neimaithei, hileh leng na sung a khamuanna omtuanlou ding ahi. Jesu Khrist hotdamna tel lou in, huai khamuanna koi mah a pan nanei kei ding hi.

6. Ta bang a sawina tuak ding:

[Hebrute12:4 Khelhna douna sisan suak hial in na pangnai tadih kei ua; hasotna thu, tate taihilh bang a nou hon taihilhna, nana mangngilhta uhi. v5 Ka ta, Toupa sawina ngaineu ke'nla, ataihilh a na om in leng lungke tuan ke'n;v6 Toupa'n a-itteasawi nak a, ta akipahpih tuh avo nak hi, chih. v7 Na thuak uh zaw noumaua ding ahi; tate tung a hih bang in Pathian in na tung uah ahih a; pa sawilouh ta kua a-om ngei a? v8 Ta chihna teng loh a, sawina pen lohlou a na om un bel, ta tak hilou in, sawn na hi ua akei dia. v9 Huai lou leng eite hon sawiding, i sa pate uhi nei uhi, huaite lah zahtak ngal hang a; huai sang a thupizaw in, i hinna ding in, khate Pa thuthu in i om kei ding ua hia? v10 Amau zaw ni sawt louchik, hoih asak bang zel un ahon sawi ngei ua, ama'n bel, asianthounai tan samtheihna ding in, i hoihna ding in ahon sawi zaw ahi. v11 Huan, sawina himhim thuak lai in kipahhuai in alang kei a, khasiathuaitak in alang zaw hi, thuak nung in bel huchi a sawizawt a omte a ding in gah khamuanhuaitak, diktatna tak asuahsak zel ahi.]

Khelhna thei kelkul a bawl teitei hileh leng Pathian bawldikna dong ngeilou na hihleh piangthaklou chihna na hi. Piangthak diktak nahihlehbel, midangte toh khelhna na bawlkhawm chiang a, nang akhonung hiam a damlouhna leh hinkhua a haksatna tuak pah ding na hi. Na thil bawlkhelh nangleng phawksuah ding na hi. Pathian mai a kisik ding chin a ngaihdamna ngen ding na hi. Hiai bang thiltuah neingeilou na hihleh na hotdamna diklou ahi. Khamtheih chituamtuam zu, drugs, khaini, raza, nahzial, sikhar, leh omdan hoihlou guktakna, zuaugenna, leh adangdangte thei gegu a bawl chin a, lah Pathian bawldikna tuak ngeilou na hihleh bel piangthaklou khat na hikha zaw diam? Tua kigente akha asim, akum asimbawlta a himahleh Pa sawina tuak ngeilou nahihleh na hotdamna ginlelhhuai mahmah chihna ahi. Abiktak in polam a khelhna i bawlte za-a-za tawpsan theih ahi. I khelhna taksapum ate toh kisai ahihleh tawpsan theih mah, himahlehi khalam hatlouh chiang a vakibawl khasek ahi.

Atung ateng i gen khitnung akhat a na awkleh leng Hotdam lou na hichih kithei inla pom mai in, hotdamna i ngahna ding a piangthaklou mah kahi kichih masak ngai ahi. Piangthak diktak hiloupi piangthak dan a, hotdam hisa dan a gospel na ngaihkhiak leh hotdam hi ngeilou ding na hi. Na lungsim put diklou ahi. Ka pianthak diktakma a keileng camp leh crusade 30vei val tel khin ka hi. Himahleh piangthak ngei lou, aziak tuh piangthak dan ana kingaihsun den, misiangthou Jesu Khrist tatkhiakdan a kei-le-kei hotdamna ana kibawltawm ka hih chiang a, himahleh lungmuang thei ngei mahmah lou ka hi. Nangleng hotdamna thu tampi na thei maithei, midang teng sang in leng Jesu Khrist hotdamna theizaw na hi maithei, ahihkeileh na gensiamzaw maithei hi. Himahleh huai Kha Siangthou in na lungtang ahon khamuansak keileh, huai khamuanna na neihkeileh hotdam hi nailou na hi, chih kitheichian inla, kingainiam tak in hiai gospel tanchin ngaikhia thak in.

.

Khelhna tawh kisai:

[Romte 5:12 Huchi in, mi khat ziak in khovel ah khelhna alut a, khelhna ziak in sihna alut a, huchi mah bang in mi tengteng azelsuakta hi.]

Ahihkhial masapen Evi, Adam zi himahleh, Pathian thu Adam kiang a piak ahihman in, Adam in sia-le-phatheihna singgah anekma in khovel ah khelhna ahong lut naikei hi. Adam leh Evi in sia-le-phatheihna singgah anek ua, azi toh ama mit hon vak pan ahi. Vuaktang ahihlam uh hong kithei pan uhi. Huai tuh khelhna khovel a hong lutta chihna ahi.

[Genesis 3:6 Huchi in, numei in, singgah nek theih ahi chih leh, mit hiptak ahi chih leh, mi pilsak ding a singgah etlahhuai ahi chih atheih in agah khenkhat alou a, aneta a; huan, apasal kiang ah leng apia a, ama'n leng ane teita hi. v7 Huchi in, anih un amit uh hong vak a, vuaktang ahihlam uh hong kitheita ua; huchi in theipi nah akhuikhawm ua, puan akibawltawm uhi.]

Bible siam khenkhatte'n theigah a khelhna om hilou ahi, achi uh. Theigah a khelhna omziak a anekni uakipan khelhna asung ua lut ahi kei a, Pathian thuman louhna pen ahi, khelhna hizaw. [1 Johan3:4 Kuapeuh thil hihkhial tuh dan ah leng atalek hi; khelhna tuh dan a tatlekna ahi ngal a.] Eden huan ah dan khatkia a-om, "Sia-le-phatheihna singgah neklouh ding, na nek nini un na si ding uh," chih. Pathian thuman louhna pen ahi zaw khelhna hong kipatna, huai pen singgah nekna a hong kisemsuah chihman thu ahi.

Khenkhatte'n Adam leh Evi huai sia-le-phatheihna singgah anekuh hai-sa-asa pawl i om uhi. Himahleh amau maw naupang kum 7 nuailamte toh kibang ahi uhi. Asia-le-pha thei nailou uhi. Naupang kum 7 nuailam leng asia-le-pha thei nai lou ua, thil tuamtuam test nuam uhi. Ei pichingte dan a hiai ka bawlleh hoih, hiai ka bawlleh sia chih, leh khophawkna (conscious) nei nailou uhi. Amau sang a haizaw leh mawlzaw tuh maw, eite i hi. E'nbel Jesu Khrist hotdamna sang leng vangam kikai theiding, leh Amah kia hinna leh thutak ahi chih thei nazenpi aleng hotdamna lungtang teng toh kizonglou lai. Ei asia-le-pha theite nangawn in, hotdamna ding kingaih saklou ahih chiang a, bangziak a Adam leh Evi, sia-le-pha thei nailou pen va mohsa ding i hia?

Evi leh Adam akhelhni uapan i sung a Kha hing pen sita ahi. Pathian toh i kizopna pen suktan leh hihbei a omta ahi. Pathian in amah bang a hon siam, amah toh tangtawn a omkhawm ding a hon bawl pen hiai khelhna in Pathian toh hon khenkhia ahi. Pathian toh hon khentu pen 'Khelhna' hi a, amah itte toh hon khentu leng khelhna ahihman in, Pathian in khelhna ho mahmah ahi. Amah siangthou bukim ahi a, khelhna nengchik toh leng omkhawm theilou ahi.

[Isai59:1 Ngai un, Toupa khut hondam thei lou ding in tomsak in a-om kei a; abil leng za thei lou ding in angong sam kei: v2 Na thulimlouhnate uh noumau leh na Pathian kal ua kia in ahon khen ahi, bil a azaknoplouhna ding in na khelhnate un amai ahon liahsak lai ahi.]

Eite leh Pathian kal ahon khentu khelhna ahihman in, Toupa khut hondam theilou ahihkeileh abilte ngong ahisam kei, i khelhnate in honna dal hi zaw ahi. Hiai honkhentu khelhna pen lakkhiak ahih masiah siangthou bukim Pathian toh ki-omkhawm thei kei ding hi. Mikhat ziak a miteng mikhial kisuak ahi. Aziak tuh Adam suante ngen i hihziak ahi. Kei ut thu a Tombing ka hi kei a, ka Pa hon suangtu pen Tombing ahihziak ahi. Ka Pa leng a-utthu a Tombing ahi kei a, asuangtu ka Pu pen Tombing ahih ziak ahi. Tua behsuidan in sui toutou leng atawpna ah Adam kiang kitung vek ding hi.

Adam suan i hi chih chetna diak ahihleh khelhna i neihna uh ahi. Hiai khelhna toh i pian ziak un i tate khelhna bawldan ding sinsak kei lehang lengkuamah hilh ngailou a khelhna hon bawltou uhi. Zuaugenna, guktakna, hukna, angmasialna, huatna, enna leh adangdangte kuamah sinsaklouhpi a kinei vek mawk ahi. [Sam51:5 Ngai in, thulimlouhna a suktuah in ka om a; ka nu'n khelhna in honna pai hi.] Ei mihingte bel khelhna banghiam i va bawl ziak a mikhial kihi pan hilou in chin, khelhna toh piangkhawm i hihziak a khelhna kibawl in mikhial kihi ahi. Lei tung a i piankhit nung in khelhna khatvei mahleng bawl kha kei lehang leng, khelna toh na piankhawmpih pen ziak a meidil lut thouthou ding na hi. Himahleh tu'nbel, khelhna toh piang i hihmahbang in, khelhna bawl khalou khatleng i omkei uhi. Pathian mai a midiktat kuamah omlou, mihoih himhim khat leng ki-om lou ahi. I khelh masak ziak a mikhial kihilou in, mikhialsa a piang i hihman amikhial kihizaw ahi.

[Romte3:10 Kuamah midiktat himhim om kei uh, khat lel leng om het kei uh; v11 Kuamah theisiam himhim om kei uh, kuamah Pathian zong himhim a-om kei uh. v12 Ahiloulam ah apialkhintaua, bangmah a phatuamlou in ana om khinvek ua, kuamah thil hoih hih himhim a-om kei uh, khat lel leng a-om kei uh. v13 Agawl uh han kihongsa ahi a; alei un khemna thu agen ua, akamsung uah gulgu a-om hi. v14 Akam uh hamselohna leh thu kha in adim a,v15 akhe uh sisan suah ding in akinsuan uhi.v16 Alampi uah manthatna leh gimthuakna a-om a; v17 khamuannalampi leng athei kei uh. v18 Amit uah Pathian laudansiamna himhim a-om kei, chih gelh bang in.]

Adam suan i hi chihtheihchetna nihna ahihleh sihna ahi, hiai khelhna ziak a mitengteng kisi ding ahi, ginglou mite Buddistte hi in, Hindute hitaleh leitung a piangkhe taphot asilou ding kuamah om lou uhi. [Romte5:12 Huchi in, mi khat ziak in khovel ah khelhna alut a, khelhna ziak in sihna alut a, huchimah bang in mi tengteng azelsuakta hi.]

Adam suan i hi chihtheihchetna thumna ahihleh zumna kineilai hi. Adam leh Evi akhelh ma ua zumloupi uh, vuaktang a omna ua maw, zumlou uh ahi. Himahleh ei leitung a omteng in zumna kinei lai ahi. [Genesis3:7 Huchi in, anih un amit uh ahong vak a, vuaktang ahihlam uh hong kitheita ua; huchi in theipi nah akhuikhawm ua, puan akibawltawm uhi.]

Adam suan, mikhialsa a piang, i nu gilsung a khialsa a honna pai ziak un, khialsa a piang kihi ahi. [Sam51:5 Ngai in, thulimlouhna a suktuah in ka om a; ka nu'n khelhna in honna pai hi.] Huaiziak in, Pathian mitmuh a mikihhuaipi ngen i hi uhi. Sabon hoihhoih zang in, perfume mantam pipi kikap lehang leng, Pathian mitmuh a thanbang lel a kihhuai, tangtel toh kibang a honmu ahi.

[Job25:4 Huchi ahih chiang in Pathian lak ah bangchi in mihing adik thei dia? Ahihkeileh amah numei suan bangchi in asiang thei dia?v5 Ngai in, khapi nangawn in tetna anei kei a, amitmuh in aksite asiangthou kei hi. v6 Mihing, tangtel, bangchiphet in asiang kei zaw de aw; huan mihing ta, tangtel;]

Nang chiahchiah alian than hong om henla, tunitaklam ankuang sokkhawm in nekhawm ni hon chileh na ut diam? Ahihkeileh, zanpuan kikop in tunitak hon giahpih in chi in hon ngen taleh na ut diam? Ka utkei na chihzoh chiang in, amah va pai henla, sabon tampi zang in, tangal, perfume leh puan hoihhoih hon silh in, anihveina ding in hon ngen nawnleh na phal diam? Phal tuan teuhlou ding na hi. Ahihna, than pen mihing ahong hih photlouh in kigiahpih leh an kinek khawmpih utlou ding ahi. Giahpih in nitak chiah khoihkha leng, ngaihtuah ve ua, nalpelhpolhding, nuam het lou ding ahi. Ahihna than pen mihing ahong hihchiang in bel giahpih in annek khawmpih leng poi kisalou ding hi.

Hiai mah bang ahi, Pathian toh i kal uh. Sawm-a-khatte kipia, thumnate kinei, ngaihdam kingen, migentheite kipanpih, kikhawm gige, bible sim gige, thohlawm tampipi pelehang leng, Pathian mai a than bang lel kihi ahi. Mikhial i hihna pen i khen photkeileh Pathian kiang kitung theilou ding hi. I thil hoih hihte ahoihkei a bawl nawn kei ni chihna hilou in, i thil hoih hihte in i hihna mikhial pen midiktat leh Pathian tuk a siangthou honsuah theilou ahi.

[Job14:4 Thil nin a kipan in kua'n ahia thil siang lakhe thei? Kuamah in.] Eite Pathian mitmuh a thil ninte i hita ua, ei a pan thilsiang Pathian santak ding kipe khe theilou hi. Na tapa in buannawi leh ek khawng va khoih henla, khut silsiang lou in akhut in tanghou (bread) honpeleh nane ut diam? Bangchituk a nata ithuai mahlehleng huai tanghou (bread) pen nelou ding na hi.

[Job15:14 Mihing bang ahia, asianding? Numei a pan piang amah kua ahia adiktatding? v15 Ngai in, amisiangthoute ah muannaakoih kei a: ahi, amitmuh in vante asiang kei uhi.v16 Mi kihhuai leh sia, mi thulimlouhna tui bang a dawn, nak sian kei na sem in chia:] Bangziak a atung a bible changte'n numei suan chichi ahia? Numei suan aminloh khelkhelna ziak ahihleh mikhialsa a piang, khelhna toh piangkhawm agennopna ahi. Tui nin asung a thousi leh lungme kilaam om na dawn ut ding uam? Kihdakhuai ahi maw, ei leng Pathian a di'a santak lou kihi ahi, hiai tui nin akihhuai bang a ei leng Pathian mitmuh a kikihhuai ahi.

[Isai64:6 Mi nin bang in ka na om vekta ngal ua, ka diktatna teng uh leng puansilh nin bang ahi: ka vek un nah bang in ka vuai ua; ka thulimlouhnate un huih bang in ahon mutmang zel hi.] Kei bangleng diktat kisa mahmah ka hi a, nikhat HDFC Bank nuai a ATM a sum ka lakkhiak lai in, ka ATM Card ka thuahma in sum Rs.500 note bangzah hiam hong lengpawt mawk a, ke'n leng tawm inla a ka simleh Rs.4000 apha hi. ATM machine in hon liah ziak a, CCTV Camera inlahhon la khalou ahih chi'a, ke'nleng lungsim khat in, tawi a utut leina ding a zat mai ding hia ka chisim hi. Kuamah a kava guk leng ahi kei a, laleng ka khial di'a hia chi in, lak kasawmta hi. ATM a sum ka lakkhiak ding zah ka lak khitnung in, ka pawtkhia a, lampi lian ka tuntak in, kakisiamtan theita kei hi. Hiai sumtawmchik va lak ziak a ka damtheihna manloh hiam ahihkeileh maban a lakhs a sim sum ka muhding chan kha leng chi in ka lauthawng hi. Atawptawp in, DHFC Bank ah kava luttou a, Bank Manager pa kiang ah thil omdan hilh in, na ATM uh na check uh ngai ding ahi chi kawm in kava pia hi.

Mihing mitmuh in hiai kan a diktakna a-omdiam ka chi hial hi. Hileh leng maw, mihing mitmuh a dik hileh leng Pathian a di'a santak lou ahi. Kei mikhial thilhoih hih lel ka hi. Ka hihna, mikhial pen Pathian mitmuh a kikheng tuanlou ahi. Mihing diktatna tawpleng Pathian mai a puanse ninpen toh kibang ahi. Hiai [Isai:64:6 Mi nin bang in ka na om vekta ngal ua, ka diktatna teng uh leng puansilh nin bang ahi: ka vek un nah bang in ka vuai ua; ka thulimlouhnate un huih bang in a hon mut mang zel hi] akigelh, bible siamte'n agen chiang ua, tuikia hiam misisa akivui pahlouh chiang a anak leh bil a tui hong pawt om hiven, huaite nulna puansia ahi, chi uhi. Ganhing dangte sang a mihing kinamse zaw ahi. Huai bang a puansia kizang pen silhding in hong kisawl taleh kua ahia silh utding? Ei mihingte diktatna leng maw huai puanse nin toh kibang ahi, Patian a di'a silhtaklouh, santak louh ahi.

[1 Samuel16:7 himahleh Toupa'n Samuel kiang ah, amel lam hiam, asan lam hiam en kei un; amah zaw ka deihlouh ahi; Toupa'n lah mihing etdan in a-en ngal kei a; mihing in zaw polam a latdan a-ensek ua, Toupa'n bel lungtang lam a-en zawsek hi, achi a.] Pathian in ei mihingte et bang in a-enkei hi. Ei mihingte'n bel mel leh puam, apolam kilatdan aki-ensek nak hi. Zi leh pasal kizonna ah leng melhoihte'n mit hip baih ua, adeihleng tamzaw hi. Huai mahbang a Samuel in Israelte Kumpipa ding ava tel in, midang tengsang a sangzaw leh thahoihzaw va tel ahi.

Khovel leh Pathian vaihawmdan akibang lou hi. Khovel in thil sepsuahsate (action) kia a pan vaihawm thei ua, lungsim aom hilehleng sepsuah nailouhte mohpaih theilou uhi. Mi khat in alungsim a guktak ding asawmziak a guta chi a mat theih ahi kei hi. Pathian in thil kisemsuah leh kisemsuahlou lungsim a i ngaihtuahte nangawn toh kisai vai ahawm hi. Na lungsim a numei na etlah leh Patian mitmuh aangkawm khinta na hi.[Matthai5:27 Ang na kawmding ahi kei, kichi na zata uh. Ke'n zaw,v28 kuapeuh numei khelhpih utna toh en, alungsim in ang akawmkhintachih k'on hilh ahi.]

Mipiching abukim a piangkhat in neih kibanglou (opposite sex) a-etlah theih keileh, Doctor-te gendan a mibanglou hizel ahi. Mibatna ding inkhelhna neih ngaizel bang hi. Hiai ahi, khelhna toh i piankhawm ziak a pianpih khelhna pen a i omsung Pathian mai a mikhial akihih detna. Atak a angkawmlou na himaithei, ahihkeileh atak a angkawm, zi leh pasal neihma a nupa bang a thangtat khin leng nahi maithei. Pathian mai a kihhuailua ahi. Tuichim a leitung kigawtna ziak, Sodom leh Gommorah mei a akihaltumna ziak hiai angkawmna, taksa a khelhna hipen mai ahi.

Mi muhdan ah mihoih mahmah na hi maithei, himahleh kidiktatsak a na kiletsak leh Hotdam a omkhawmlou ding na hi. Kei leng class 3 kahih a pan Pathian thugen a inn tuamtuam a lut ka hi a, class 3 a pan class 10 tan kumteng a khatvei bek ka class ua Pathian thugen ka hi. Naupang chik a pan Pathian a di'a kizang leh khamtheih hi in kuva hitaleh nelou ka hi. Class 7 kahihlai in "Bible Kids Missionary" kichi bang ka classmate-tetoh kana bawl ua, class 8 leh 9 kum nihvel "Young Generation Fellowship" kichi ka school kaina 'Covenant School' a class tuamtuamte toh kana bawl uhi. Huai ban ah 'Life Word Fellowship-te lak ah kum 7 sungbang hoihtak in kava tel nawn hi.

Naupan chik a pan Pathian a di'a kizang den, piangthakdan a ana om den kha kahi. Piangthak lou va kichih ding a lah Pathian thulam alawm-le-vualte suan penpen kihizel. Bible thu lah thei kisa thou, ka high school kailai a Pathian thu toh kisai laibu 18 kana simbei ahi. Lungmuanna lah neilou, piangthak lou kichih dek chiang a lah khelhna thupilua ka bawlkhak ding mulou, hiai dan a kumtampi ana om ka hi.

Kei pen kihoihsaklua, midangte toh kitehkakden ka hih chiang a, thupi kisa, hoih kisalua in piangthak theilou na hidan ka hi. Mihing mai ah na mihoihna uh hoihmah ei, himahleh Pathian mai ah simtaklou ahi. Pathian in midangte toh hon tehkak a vai honhawm ding ahi kei a, Ama thu, bible zang a na tung a vaihawm ding ahi. Bible toh kitehkaksin mah dih, kua na hoihzaw in kua na siangthou zaw a? Nang apolam en a kihoihsak na hi hia? Pathian in apolam sang a i sunglam pibawlzaw a, i lungtangte enchian ahi.

[Jeremiah17:9 Lungtang bel thil tengteng sangin khemhatpen, hoih lou pumlum ahia; kua'n ahia theitheiding? Kei Toupa bel michih a-omdan bang zel uleh athilhih gah bang zelua peding a lungsim enkhepa, lungtang enchianpa kahi.]

Mihing lungtang a Pathian in akihmahmah chi sagih om hi. [Paunakte26:24 Mihuathatmi'n amuk in athehdalh a, alungtang in khemna apai. v25 Kilawmna thu agen chiang in, amah um ke'n; alungtang ah lah kihhuai sagih a-om ngal a:] Tua kihhuai chi sagihte bel i sihma tan i neih uh ahi. Zudawn leh drug i chihte bel tawpsan siang sipsip theih a, himahleh hiai kihhuai chi sagihte ahihleh i sung a-omden, i selsiamziak khawng leh Pathian lauhna ziak a i kidekte ahi. I hinkho zatna ah bangchik hun hiam teng a hong suakkhezel ahi. Pathian in hiaite mu gige a, kihhuai honsa lua ahi.

.

Pathian mitmuh a mihing lungtang kihhuai chi sagihte ensuk ni.

Kisak theih na: [Romte1:30 gensiatnate, migennate, Pathian huatlamte, kisak theih nate, kisatheimite, thil giloubawlkhete,] Mihing kisatheilou, damsung a kingainiamzou den kuamah i om kei uhi. Huntamzaw ah thil hoih ahi i chih ziak un kingaihniam i sawm chiat uhi. Himahleh i theih louhkal a kiletsakna in hon sungluah dimdemsek ahi. Hiai kiletsakna pen i sung a om gigesa ahi, i selmang sawm hang in i selmang zou ngeikei uhi. Kiletsakna pen Pathian in mihing lungtang a akih mahmahte lak a khat ahi. Mi kingainiam tawp i chihte leng maw, amai livei tan khawng va beng mah dih le, asung aomsa pen hongsoukhe ding hi.

Lungtang khauhna: [Romte2:5 Na chihmoh leh na lungtang khauh ziak in, hehna leh Pathian vaihawmna diktat hong kilatna ni chiang a ding in, na tung ah hehna na kikholkhawm tawm ahi.]

Kelte mah bang a mihingte lungtang leng kuah ahi. Pathian thu kigente za gige, talab, sikhar leh zu, omdan hoiha omdan ding chihte thei zenpi a zui tuan mahmahloute i hi uhi. Khristian-te i lungtang uh khauh keileh zudawn, drug addiction, leh chin zongsat hoihlou tuibuk muam, leh adangdangte kitawpsan khinta ding hi. Tua tuh Pathian thu i zakna, biakin a i kikhopna kum tampi hitamahleh hoihlou ahi chih i thei ngoihngoihte leng kitawpsan tuanlou hi. Hiai lungtang khauhna pen Pathian in kih hi. Mahni thulou thusa lou, midangte gen hoihzawk leng zui ut tuanlou, hotdamna thu kigen genleh leng thusimlou a thudonloute i hi.

Milim biakna: [Kolossate3:5 Huchi in, noumau a leilam thil deihna omte hihlum un, kingaihnate, nitnate, huknate, utna giloute, huaihamnate; huaihamna tuh milimbiakna ahi ngal a.] Khristian inkuan a pan piangkhia na hihleh atak in milim mai a bokkhup in milim na bekha naikei ahi maithei. Himahleh bible in huaihamna tuh milim biakna achi. Mipilte gendan a mahni ading kingaihsun theilou mi tuh mihai hizel ahi. Nang angsung ding leng khual theilou a na omleh tuh hausa ngeilou ding, lohching ngeilou ding na hi. Lah bible in huaihamna tuh milimbiakna ahi, achi ngal a. Huaiziak a eite'n milim va bekha kei lehangleng, kihuaiham vek ahih chiang a Pathian mitmuh a milem bete kisuak vek ahi.

Kamtam, thu iim theilou: [Paunakte20:19 Kuapeuh tangthugen bang a pai vialvial in thugukte akitheisak hi: huaiziak in kuapeuh amukte zapi a hong kithuahpih dah in.] Kam a ut teng pawng gen, milungsim sutnatkhak ding leng kiveng hetlou a pau, thuguk iim theilou mihing kihi ahi. Ukeng bang a hamham mai, beng abengseng, lungkim theilou ziak a Pathian tung a kipahthu gensang a lungkim louhna hauzawte i hi. [Jakob3:10 Kam khat mah a kipan in phatna leh hamsiatna apawtkhe nak hi. Ka unaute aw, huchibang thilte tua chi ding hilouhi.] Biakin sung a Pathian pahtawina lasa in inn tun chiang a sungkuante hamsiatna a kampau zang zelte i hi. Thuhoih leh thusia kam khat a pan pawtkhia, Pathian in akihmahmahte lak a khat ahi. [Jeremiah9:8 Alei uh sihna thal ahi a, khemna thu a gen zel, mi'n kam in a-inveng kiang ah kituahna thu gen mahleh, alungtang ah amah atang giugiausek hi.]

Thil gilou bawlkhete: [Romte1:30 Gensiatnate, migennate, Pathian huatlamte, kisak theih nate, kisatheimite, thil giloubawlkhete,] Huntampi a khelhna bawl ding a i kintaite khawng, mivan gu ding a i pai laite khawng, theih pihtu diklou gum ding a i kalsuante Pathian mitmuh in kihhuai ahi.

Tua bangteng i gen khitnung aleng dik kisa lailai a Pathian mai a mikhial hihlam kiphawk lou i hi hia? Khelhna a nakichet keileh hotdamna thu na zak in bangmah phatuamlou ahi. Kisikna diktak bible tungtawn a na neihkeileh piangthak theilou ding na hi. Khelhna thu toh kisai kuama'n gen utlou a, kuamah in leng kiza peihlou ahi. Mahni hoihlouhna leh diklouhna va ngaihkhiak pen thil nuam hilou ahi. Himahleh hotdam a na omtheihna ding a lungtang tengteng a khelhna bible gendan ahuaisiatdan (degree) tuk a na pomtheih a nakisik theih ngai ahi.

Mahni ngaihdan kia diksa a, bible in khelhna a gente haihuai sa hiam ahihkeileh pom utlou a na omlehbel hotdamna theisiam theilou ding, lungtang kisikna diktak omlou a Kha Siangthou in hon pawllou ding ahi. Kha Siangthou nasepna loungal a hotdamna kitheisiam theilou ding hi. [Sam34:18 Toupa'n lungtang khasiate ava naih zelzel a, lungsim a kisik peuhmahte ahondam zelzel hi.]

Bible in dan tatlekna khelhna ahi chi hi. [1 Johan3:4 Kuapeuh thil hihkhial tuh dan ah leng atalek hi; khelhna tuh dan a tatlekna ahi ngal a.] Hiai dan (Bible) pen ki-enchiansak thaklai ni, eite Pathian mai ah bang i hi ua chihtheihchet ngai ahi. Bible sung a dan (Law), hih in ahihkeileh hihke'n achih Thukhun Lui leh Thukhun Thak akigawm in 618 om hi. Huai teng sutding chileng sawt lutlo ding ahihman in, huaite khaikhawmtu thupiak sawmte en ni, huai thupiak sawmte lak ah leng mihing leh mihing kikal pen i ki-enchiansak sem ding uhi.

Thupiak sawmte hiai bang ahi:

1. *Pathian dang nei ke'n*

2. *Milem bawltawm lou ding*

3. *Pathian min mawk gen lou ding*

4. *Ni sagih ni khawl ding*

5. *Nu leh pa zahtak ding*

6. *Tual that ke'n*

7. *Ang kawm ke'n*

8. *Guk gu ke'n*

9. *theihpih diklou in pang ke'n*

10. *Na inveng eng ke'n*

Thupiak sawmte kilepdan enlehang thupiak asandan dungzui a kilem ahi. Khatna a Pathian dang nei ke'n chihpen lianpen a, hiai thupiak zuihlouh anuai a thupiak dangteng sang a huaisepen ahi. Khatna a pan lina tan Pathian leh mihing kikal ahi. A ngana a pan asawmna tan, mihing leh mihing kikal ahi. Mihing leh mihing kikal bangzah hiam bek in i suakta zou na uh hiam ki-enkhe ni.

Nu leh pa zahtak ding:

Mihing leh mihing kikal a thupiak masapen tuh nuleh pa zahtak ding ahi. [Ephesate6:1 Naupangte aw, Toupa ah na nute uh leh na pate uh thu mang un: huai tuh thil dik ahi ngal a.v2 Na nu leh na pa zahtak in, (hiai tuh thupiak chiam nei masapen ahi).v3 Huchi in nang a ding in ahoih di'a, lei ah leng na damsawt ding hi.] Neu a pan khelhna lianpen hi a kana theih tuh tualthahna ahi a, huai zoh angkawmna hi ding a ka gintak ahi. Himahleh thupiak sawmte kilepdan ensin mah dih, mihing leh mihing kikal a khelhna lianpen tuh nu leh pa zahtaklouhna ahi. Thukhun Lui i simleh nuleh pa thumangloute suang a denlup ding chihdan ahi. Hiai sihna khop khelhna ahi. Hiai anuai a bible chang sim in.

[Diuteronomi 21:18 Mi'n tapa phengphitak, helhattak nei bang hitaleh, anu leh apa thumanglou in, asawina uh limsak kei taleh:v19 Anu leh apa'n akaikhe ding ua, akho upate uh kiang ah akhokulh kongpi bul uah api ding uhi;v20Huan, akho upate uh kiang ah, "Hiai ka tapa uh phengphitak leh helhattak ahi a, ka thu uh leng amang nuam kei a; kizatbei hat leh khamhat mi ahi," achi ding uhi.v21 Huchi in khua a mi tengteng in suang in adenglum ding uhi; huchibang in na lak ua kipan thil hoih lou na hihmang ding uh ahi; huan, Israel mi tengteng in aza ding ua, alau ding uhi.]

Eilak ah kua ahia ka nuleh pa thu kamang gige chi ngam omding?Nu leh pa thumanlouhna tuh sihna khop khelhna ahi a, Pathian mitmuh a mihing leh mihing kikal a di'a khelhna lianpen ahi. Pathian mai a kei ka diktat i chi thei lai uhia? Ka nu leh pa thu ka mangkim sipsip i chi ngam uhia?

Tual that ke'n:

[1 Johan3:15 Kuapeuh a unau hua tuh tualthat ahi; tualthatmi kuamah khantawn hinna pai himhim a-om kei uh chih na thei ngal ua.] Mihing mitmuh in tual ka that kha ngei kei na chihleh na chi dik hi, himahleh Patian mai ah tual na that kha ta hia? Bible in unau hua tuh tualthat ahi, achi hi. Hiai i pompih thei uhia? Tualthat taktak dan in na kingaihsun thei hia? Ei muhdan taisan a Pathian chihdan i pom pen thildik ahi. Ei ngaihtuahnate sang a Pathian ngaihtuahnate lei leh van a kikhai ahi. [Isai55:8 Ka ngaihtuahte lah na ngaihtuahte ahi ngal kei a, na omdante leng ka omdan ahi sam kei, Toupa'n achi.v9 Vante lei sang a asanzawk bang in, na omdante uh sang in ka omdante asangzaw ngal a, ka ngaihtuahte leng na ngaihtuahte uh sang in asang lai hi.]Amah i tung ua leh thilsiam tengteng tung a vaihawmding pa ahihman in, ei chihdan hilou in, Ama'n ama thu Bible zang a vaihon hawm ding ahi a, Ama chih (Bible) gen pen i pom uh thildik ahi.

Unau na neihkei ualeh leng na kim nakiang uatengte na unau sanggam ahi vek uhi. Khatvei leng mi ka ho kha neikei chi ngami om uhia? Pathian mai azaw tualthat ngen a khelhna kinei ahi. Semkhe kei lehang leng, na heh mahmahlai a, hiai nu ahihkeileh hiai pa sisuk heh nachihtePathian mai a huai nu ahihkeileh huai pa thatkhintana hi. Tualthat a honna koih khintaahi.

Ang kawm ke'n:

[Matthai5:27 Ang na kawmding ahi kei, kichi na zata uh. Ke'n zaw,v28 Kuapeuh numei khelhpih utna toh en tuh, alungsim in ang a kawmkhintachih k'on hilh ahi.] Toupa Jesu Khrist leitung ahong pailai in, Farisaitekidiktatsak mahmah ua, khelhna nei lou khop a kingai uh ahi. Jesu Khrist in dan akhauhzaw sem hon piakbeh lap hi; khelhnate kiphawkkhiak a hotdamna Jesu Khrist tungtawn atantheihna ding in. Huaiziak mah in, Pathian muhdan honsiksak a dan in kan hi. Ang na kawmding ahi kei, kichi na zata uh. Ke'n zaw,kuapeuh numei khelhpih utna toh en tuh, alungsim in ang a kawmkhintachih k'on hilh ahi.Kuamah hiai a suakta zou ding i om kei uhi. Kuapeuh piching mibukim numei hiam ahihkeileh pasal hiam enlah thei lou tuh mibukim lou hizel ahi. I ngaihdan hikhol kei kha in teh, himahleh Pathian maiaangkawmkhin i hi. Mikihhuai khelhna a pumdimtei hi.

Dan bang ahia?

1. **Dan ziak in khelhna kithei:** [Romte 7:7 Bang i genta di'a le? Dan khelhna hia? Hilou hial. Himahleh, dan ziak atheih hi keileh, khelhna thei lou ding hi ing a; dan in, eng ke'n, chi keileh, eng chih thei lou ding hi ing a.]

2. **Dan hih asiangthou a, thupiak leng asiangthou a, adiktat in, ahoih hi:** [Romte 7:12 Huchi in, dan tuh asiangthou ahi, thupiak leng asiangthou a, adik a, ahoih hi.]

3. **Dan zuihna muangte khempeuh hamse thuakte ahi uh:** [Galatiate 3:10 Dan thilhih a kinga peuhmahte tuh hamse nuai ah a-om ngal ua; Dan laibu a thugelh tengteng bang a hih gige lou peuhmah tuh hamsiat in om hen, chi a gelh ahi ngal a.]

4. **Khat leltak a kipalpai mi peuhmah zong, Dan khempeuh palsat a moh ahi:** [Jakob 2:10 Kuapeuh in dan zui kim mahleh, mun khat a ahihkeileh ngal in tuh, avek in siam louh tang in a-om khinta ahi.]

5. **Dan = Limlang, Dan tungtawn a khelh phawkna om:** [Romte 3:19 Dan in bangpeuh agen, dan thuthu a omte kiang a agen ahi chih i thei ngal a; kam chiteng achih theihna ding in leh khovel a mi tengteng Pathian vaihawm a a-om theihna ding un.v20 Huchi in, dan thilhih ziak in mi kuamah amitmuh in siamtang in a-om kei ding uh; dan ziak in khelhna theih kimna hong om ahi ngal a.]

6. **Dan ziak in khelhna theih kimna a hong om ahi ngal a:** [Romte 3:20] Huchi in, dan thilhih ziak in mi kuamah amitmuh in siamtang in a-om kei ding uh; dan ziak in khelhna theih kimna a hong om ahi ngal a.

7. **Thuchiamna tuh, ahong om masiah tatleknate ziak in behlap in a-om a:** [Galatiate 3:19] Ahihkeileh, bangchi thu a dan tuh om ahia le? Chi suan, thuchiamna tuh, ahong om masiah tatleknate ziak in behlap in a-om a, angelte zang a palai khut a hihkip ahi.

8. **Dan a siamtan tumte:** [Galatiate 5:4] Nou dan a siamtan tumte aw, Khrist toh kikhenta na hi uh, hehpihna na puksanta uhi.

9. **Dan thilhih hilou in, ginna a mi'n siam tang:** [Romte 3:28] Huchi in, dan thilhih hilou in, ginna a mi'n siam tang in i sep uhi.

10. **Kuate meidil kai ding:** [Kilakna 21:8] Himahleh dawilokte leh gingtaloute leh, kihhuaite leh tualthatte leh, mingaihhatte leh bumhatte leh, milim bete leh zuautheite tengteng, amau tan tuh dil, mei leh kat a kang ahi di'a; huai tuh sih nihna ahi.

[Hebrute 9:27] Huan, mihing a ding in khatvei sih seh ahi, huai nung in vaihawmna a-om ding.

.

Gospel tawh kisai

Mikhialte tantu di'a chitna (qualification) kua'n anei a?

Ei mihingte sang a dinmun sangzaw ahih ding ahi: [Nasepte 4:12 Midang kuamah kiang ah hotdamna a-om kei, van nuai a, mihing sak lak ah, hon hondam ding min dang himhim a-om kei, achi a.] Lei leh vantung a eite hondam dinghong kizong ua om lou hi. Angelte lah ei sang a dinmun niamzaw ahi ua, amau hon hondam theilou uhi. Angelte dinmun tuh nasemtu (servant) ding a siam ahi ua, ei mihingte bel Pathian lawm ding a siam i hi uhi. I pianthak khit nungchiang a Toupa Jesu Khrist bel a, ta hihna honpia hilai ahi.

Ei tung a lianzaw omsun Pathian ahi. Pathian tapa hilhial, Pathian hihna dinmun nei gige khat in hon hotdam aleng ana kimuanglah, ana kingaihsak zou lou zomah lai hia! Ngaihtuah mah dih, Angelte'n hon hondam na hita leuh i muangkei mah ding maw. Sepaih sung a sapzaw in thuneizaw ua, anuai amautesang adinmun niamzawte'n asapte uh thu kalh a gamtang thei lou uhi. Pathian ngaihdamna i tantheihna di'a, ahoih bukim Pathian mah in hon tatkhiaklouhleh tatna bukim om theilou ding hi.

Khelhna nei lou mi: [1 Johan 3:5 Amah tuh khelhnate lamang ding in ahonglangta chih na thei uhi; amah ah khelhna bangmah a-om ngal kei a.] Mihingte ei-le-ei kihondam theilou i hi uhi. Ke'n nang hon hondam theilou, aziak tuh kei ka khelhna ka sih ngai ahi. Adam suan peuhmah khelhna toh piangkhawm i hi ua, huai khelhna ziak a ei-le-eikihondam thei loute i hi ua, midangte leng hondam theilou i hi. Akhial kha pen asiding, pa hi in tapa hitaleh, akhial kha pen asi ding kichi ahi. [Ezekiel 18:4 Ngai un, hinna tengteng kei a vek ahi a, pa hinna kei aa ahih bang mah in tapa hinna leng kei aa ahi: kha khial peuhmah asiding.] I vek ua mikhial i hihziakun, eimah khelhna ziak a siding ngen i hi uhi.

Eite hon hondam ding a chitna poimoh tuh amah akhelhna omlou ahihding ahi. Hon hondam ding pen in leng khelhna aneih mawk in tuh, kha khial peuhmah asih ding kichi ahih chiang a, eite hon hotdam theilou ding hi. Huaiziak a Toupa Jesu Khrist, amah a khelhna bangmah neilou eite hondam ding a chitna nei ahi. [2 Korinthte 5:21 Amah a Pathian diktatnai hong hihtheihna ding in, khelhna himhim thei lou amah tuh Pathian in eite ziak in khelhna in abawl hi.] Ei mihingte dan a khelhna Mary in apai ahi kei a, Kha Siangthou gaisak ahi. Khelhna aneihlouh thutuam hileh, khelhna leng thei kha lou ahi. Jesu Khrist amat lai un, Pilat kiang atonpih ua, Pilat in thumveitak ahoupih khit nung in leng akhelhna ding amuzou kei hi. Anuai a bible chang simkhawm ni.

[Luke 23:20 Pilat in bel, Jesu khah a-ut a, akiang uah thu agen nawn a.v21 Himahleh, akikou ua, Kros ah kilhden in, kros ah kilhden in, achi ua.v22 Huan, ama'n, athumveina ah akiang uah, Bang ding in maw? Hiai mi in bang ahia ahihkhelh? Sihna khop hial atung ah bangmah ka mu kei; huchi in ka vo ding a, ka khah maiding, achi a.]

Amah a utna aneih ngai hi: [Philippite 2:6 Amah tuh Pathian bangaom hinapi'n, Pathian toh kikim a om tuh thil khiaklah ding in asep kei a,v7 himahleh amah tuh ahong kihih awngthawl a, sikha bang in ahong om a, mihing bang a bawl in ahong om a;v8 Huchi in mihing mel ahon pu a, hong kihihneu in, si ding hial in leng thu bang ahon mang a, ahi, Kros a sihna nangawn.] Jesu Khrist i chih Pathian hihna nei ahi. Pathian i chih chiang a pat hun nei lou tangtawn mi, thilbangkim siamtu leh thilbangkim tung a vaihawmtu chihna ahi.

Neulai in Pa Pathian in aTapa Jesu Khrist ut lou pipi a leitung a eite hon hondam ding a honsawl hi ding in kana ngaihtuah hi. Naupangte leng dawr a vanleiding a i sawl chiang a ut lou pipi i sawldan deuhhi ding inkana ngaihtuah hi. Himahleh tua Philippite 2:6 i simleh amah hon ki-awngsut hi zaw ahi. Eite tankhe ding a utlouhna himhim nei lou, sawl hatziak leng hiloua, ama utna ziak a leitung a sikha bang a hong piang a eite tang a hong si ahi. Amelma i hihlai nangawn ahon itna ziak a than bang a kihhuai ei mihingte bang a hong piang a, kingainiamtakahong si ahi. Eite hon hondamtu ding a chitna, amah a utna om ahi.

.

Gospel: Tanchinhoih tawh kisai

Gospel i chih tanchinhoih, eite a di'a thu kipahhuai ahi. Eite i khelhnate ziak a siding lai, hehpihna ziak a hotdam i hi uhi. Ei leh Pathian kal hon khentu khelhna pen lakmangna toh kisai ahi. Pathian in hon it louh ziak a i khelh ziak ua hon taisan hilouahi. Amah siangthou bukim ahihna ah khelhna toh omkhawm theilou Pathian ahi. Ei bel hon it gige ahi a, ahuat pen ahihleh khelhna ahi. Ei amahbang asiamte, amah toh tangtawn a lawm ding a hon bawlte honho ngeilou ahi. I sung a om khelhna pen hi zaw ahi ei leh Pathian kal hon khentu. Hiai khelhna pen akilakmang chiang a Eden huan a Adam leh Pathian kipolhdan a kipawl thei nawn ding i hi. [Isai59:1 Ngai un, Toupa khut hondam thei lou ding in tomsak in a-om kei a; abil leng zatheilou ding in angong sam kei:v2 Na thulimlouhnate uh noumau leh na Pathian kal ua kia in ahon khen ahi, bil a azaknoplouhna ding in na khelhnate un amai ahon liahsak lai ahi.]

Khelhna a pan hon hondam thei omsun Jesu Khrist ahi chi i genta a, ama'n hon hondam ut chihleng i theita hi. Hiai hotdamna toh kisai i genlai in, lungsim kihongtakin i sim ding uh. Ahon hotdamdan leh bible a pan piangthak i hihtheihna ding in, bible chang mah i pansan ding hi. [1 Peter 1:23 chi sethei lak ah hilou in, Pathian thu hing gige leh om gige ah, chi sethei lou lak a piangthak na hi zaw ngal ua.]Kei thugen tungtawn a napianthakleh kei thutangtawn a om den lou ahi. Pathian thu akikheng ngei lou pen a pan piangthak le teh huai pen chise thei lou ahi. Lei leh van mang mahleh athu mangngei lou ding hi. [Matthai24:35 lei leh van amang di'a, ka thu ahihleh amang keiding.]

Khelhna man sihna ahi:

[Romte 6: 23 Khelhna man tuh sihna ahi ngala Pathian thilthawnpiak bel Toupa Kris Jesu ziakin khantawna hinna ahi.]Ei mihindan ah tuh khelhna man sihna hipah lou hi. Kum 5 sung jail tang ahihkeileh damsung jail tangte khawng, a case niam ahihleh jail tang ngai lou a sum aleng kitatkhiak theih hi lai ahi. Pathian dan ahihleh khelhna neuchik hi in lianpi hitaleh leng khelhna man sihna himai ahi. Pathian hinna ahi a, amah kiang lou a omna pen sihna ahi. Amah toh awmkhawm ding i hihleh amah bang a siangthou bukim ngai ahi. Khelhna nengchik toh leng omkhawm thei lou ahihman in, khelhna man sihna (Pathian toh kikhenna) ahi. A-omdantak tuh khelhna man sihna pen hon piaksak thei omleh ei hotdam kihi ding chihna ahi.

Ngaihdamna dan:

[Heb.9:22Huan, dan thu in bangkim phial sisan a hihsiangthou in a-om a, sisan suah lou in ngaihdamna himhim a-om kei hi.]Sisan suah lou in ngaihdamna himhim a-om kei akichi hi. Ei gintakdan in tuh ngaihdam ngenlehang hon ngaidam ding i chi uhi. Huaiziak a crusadeleh hotdamna campaleng ngaihdam nasatakakingen kha zel ahi. Asiatna bel om kei, himahleh mikhial ngaihdam ahihtheihna ding in sisan suah ngai ahi. Hiai Pathian dan ahi. Sisan suah lou in khelh ngaihdamna himhim a-om kei, huai sisan suah i chih tuh asih ding uh chihna ahi. Khelhna man sihna i chih toh kibang veve ahi. [Levitikas 17:11 Sa hinna pen sisan ah a-om ngal a: na hinna ding ua kilemna bawl ding a maitam tung a nou ka hon piak ahi: hinna ding a kilemna bawlna pen sisan mahmah lah ahi ngal a.]

Siampulian pen in khelhna suan:

Levitikas 16:21 Aron in kel hing lu tungah akhut langnih akoih ding a, atung ah Israel suante ginatlouhna tengteng, atatlekna tengteng, akhelhna tengteng uh tan in asamkhe ding a; huaite kel lu tung ah anga ding a, mi khat asehkholhsa un gamdai lam ah apimangding:]Mi khelhna abawl khakua, akisik chiang ua kel hiam, belam hiam siampu kiang a hon tawi ding un chin, siampu in akhutte nih huai thil hihkhialpa lutung a nga ding a, huai zoh chiang a akel ahihkeileh belam hontawi ganhing tung a nga nawn ding uhi. Huai pen etsakna ahi. Hiai pa khelhna pen hiai ganhingtung akisuan chihna ahi.

Achihleh kua asih ngaita ding ahiale? Khelhna man sihna ahih chiang in, akhial pen mihing hileh leng akhelhna potupen aganhing hita ahi. Huaiziak a ganhing pen in khelhna man sihna apiak ngai ahi. Khelh ngaihdamna sisan pen ganhing a pan alak ngai a, aganhing pen a gawl a tem a a-at ding uh, huai sisan pen kuang ah doh ding uhi. Ganhing sisan pen Mun Siangthou sung a siampute'n 7vei va theh ding uhi. Pathian in sisan amuhchiang a huaipa khelhna ngaidamta hi.

Thukhun Lui dan pen alim kia ahi:

[Hebrute 10:1 Dan thu in thil hoih, hong omdingte ataktak lahkhiakna nei lou in, alim kia aneih ziak in, kum teng a kithoihna ngeingei alat zelte un, hon naih mite bangchik mahabukimsak thei ngei lou ahi.]Hiai kithoihna pen abukim lou ahihman in, kumteng a kithoih ngai a, khelhna akibawl khakchiang in atuam a kithoih ngai lai ahi.

Ganhing sisante'n khelhna sawpsiang thei lou:

[Hebrute 10:4 Bawngpate leh kelte sisan in khelhnate lamang thei vual ahi ngal kei a.] Achihleh bangziak a Pathian in bawlsak thouthou e? Jesu Khrist, Pathian belamnou ahong paina ding leh athilhihding etsakna ahi. Israelte'n huai Pathian belamnou leitung a hong paichiang in ka khelhna lamang ding ahi chih gintakna toh abawlte kia ngaihdam ahi. Khelhna kisikte kia in ngaihdam ngetna thillat bawl zel uhi. Kisik taktakloute a di'a tuh mawk hih vual ding hilouahi. Abelam ahihkeileh akelte, aganhingte lak a hoihpen leh gensiatbei telkhe ding uh a, gamlapi a pan khe a siampute omna puanbuk ava zot ding uh ahi. Kisikloupi a khelh kithoihna pen Pathian in pom lou ahi. Maban a Pathian belamnou in ama khelhna lamang ding chih gintakna toh kithoihloute leng Pathian in ngaidam tuan lou ahi.

Gan sisan in khelhna lamang thei lou hiven, Amah a ding in pumpi abawlsak zaw hi:

[Hebrute 10:5 Huchi in, khovela ahonglut lai in, kithoihna leh thillat na deih kei a, kei a ding in pumpi n'on bawlsak zaw a:v6 Halmang a pumpiaknate leh, khelhna ding a kithoihnate khawng ah kipahna himhim na nei kei hi.] Jesu Khristtuh Pathian ahi a, Kha ahi. Kha pen taksapum nei in Kha Siangthou tungtawn in abawlsak ahi. Kha pen taksa hong suak chihna ahi. Bangziak a taksa nei a hong om ngai ahia? Eite hontankhe di'a, si thei taksa hon neih ngai ahi. Khelhna man sihna pen ahong buchinsaktheihna ding a taksa ngai ahi.

Theih pihtu Johan in chetna apia:

[Johan 1:29 Huan, azing in Johan in akiang aJesu hong pai in amu a,huan, agen a; "En un, Pathian Belamnou khovel khelhna lamangpa!"]Johan i chih kha nungzui Johan pen ahi kei a, Jesu Khrist a di'a lampi sial ding a sawl ahih ban ah theih pihtu ding a sehkholhpa,Baptis Johan pen ahi. Ama'n Jesu Khrist toh akimuhtuah masakpen in, Kha Siangthou in atheih sak ziak in agal a pan Jesu Khrist ahihlam ana thei hi. atheih kia ahi kei, theih pihtu nasep asemkhia hi, "En un, Pathian Belamnou khovel khelhna lamangpa," ana chipah hi. Anuai a bible chang sim mah dih -

[Johan 3:28 Kei Khrist ka hi kei, ama a misawl ka hi, ka chih, noumau mahmah hon theih pihte na hi uh.v29 Mouneipa tuh mou' pasal ahi; himahleh, mouneipa lawm dinga athu za tuh, mouneipa aw ziak in akipak mahmah a; en un ka kipahna atungta ahi.v30 Amah alian semsem ding a, kei bel ka kiam semsem ding hi.]

Jesu Khrist in asep ding semkhe taktak hi:

[1 Timothi 1:15 Khrist Jesu mikhialte hondam ding in khovel ah ahong pai chih ataksanhuai in alaktuak mahmah hi. Alak ua khialpen ka hi;] Kum 2,000 paita Jesu Khrist leitung a hong pai ahi, chih haihvuallouh in achiang hi. Aziakbel Jesu Khrist leitung a hong pianna in leitung kum kisimdan khenglamdang hi. Before Christ (BC) i chih Jesu Khrist pianma genna hi a, huai pen number tam a pan kitawm simsuk hiaihiai ahi. Leitung kibawl kum 5000 bang hitaleh, Jesu Khrist hong piang pen kum 1 hidaih ahi. Jesu Khrist sihkhit nung AD (Ano Domini) ahihkeileh"in the year of the Lord". Jesu Khrist leitung ahong pian a pan kum pen atamdan a kilehsim daih hi.Ama adan bang lou in, Jesu Khrist pian kum 1 hitaleh, Jesu pianzoh nung etsakna ding in 2023 November hita hi. Atheipihtute leng tutan omlai uhi, Khristiante tengteng huai Jesu si athou nawn ahi chih theih pihtute kihi ahi. Ke'nleng tua theipihtu nasep laigelh tungtawn a hon semkhia ka hi.

Toupa Jesu Khrist leitung a hong pai nangawn mikhialte hotdam ding chihahi. Ama thuaknate ziak aeite hihdam a ki-omahi. [Isai53:4 Ama'ni natnate pua in, i dahnate leng apo ngei a: himahleh e'n bel dahna khu, Pathian vuak, hihgentheih in i bawl ngal ua.v5 Ahihhang in i tatleknate ziak in amah liam in a-om a,i thulimlouhnate ziak in vuak sidup in a-om a:i lungmuannading in sawina atung ah akia a; avuakna golhte ah hihdam in i omta hi.]I khelhnate ziak a suak aom a, sisan hon suah ahi. Ka neulaiaJesu thuakna videoka etchiang in, ka hehpih ringot a, mikhat va huchi sat zezen leng ka chi a, kei a di'a hong thuak ahihlam ka phawkkha keisek hi. Rome sepaihte va mohsa mawk kei ni, Jesu Khrist leng va hehpih ringot kei ni. Athuakna ziak leh ahong sihna ziak nang leh kei khelhna ziak ahi chih phawk zawni.

Pianthak ma in Satan vuak leh satsidup ding khawng ka na sa hi. Himahleh ama hong thuakna pen Pathian lungkimna tan ahi a, Pathian vaihawmna eite'n khelhna pua ahih chiang a, ei hon sat ding tangteng, ei tung a vai ahawmding tang teng Jesu Khrist na sata, ama tung a vai ana hawm hidan ahi. Nang leh kei mohna ziak a Jesu Khrist in sisan ana suah ahi, khelh ngaihdamna himhim sisan suah louh in a-om ngei kei. [Heb.9:22 Huan, dan thu in bangkim phial sisan a hihsiangthou in a-om a, sisan suah louh in ngaihdamna himhim a-om kei hi.]

[Isai 53:6i vek un belam bang in i vakmang ua; eimah lampi tuam chiat ahi pialta uh; Toupa'n amah tung ahi vek ua thulimlouhna angata!v7 Amah nuaisiah in a-om a, himahleh akingainiam a, akam leng aka kei; belamnou goh di'a api uh bang leh, belam amul metmite maa adaih dide bang mai in; ahi, akam aka kei.]Eite belam bang in i vakmang ua, eimah lampi chiat ahi pialta uhi. Vakmang leh lampial i chih chiang in, thil hoih leng bawl thei nawn lou, Pathian kiang leng ei hatna a tung thei nawn lou chihna ahi.Eimah nopsakna leh hoihsakdan a gamta, Pathian leng phawk nawn lou ai om lai in, Toupa'n Amah (Jesu) tung a i khelhna teng uh ana suan (transfer) ahi. Jesu Khrist in ataksa a eite khelhna ana po taktak ahi. Eite khelhna ataksa aapuakziak in ataksa zep leh soisak in om a, eite siding lai, ei khelhna Toupa'n, Jesu taksa angata ahihman in, Jesu Khrist asih ngai teitei ahi. Khelhna man sihna i chih pen Jesu Khrist in Krosapeta hi.[1 Johan 2:2 Amah tuhi khelhnate thupha tawina ahi; eimah khelhna kia hilou in, khovel tengteng khelhna thupha tawina leng ahi.] [Johan 19:30Huan, Jesu'n uain thuk adawn khit in, 'Zoh ahita,' achi a. Huan, alu akun a, akha akhahta hi.]

[Luke 23:34 Huan, dak kuana khawng ding in aw ngaihtak in, 'Eloi, Eloi, lama sabakthani?'chi inJesu akikoukhia a, huai tuh, "Ka

Pathian, ka Pathian, bang di'a hon paisan?" chihna ahi.v37 Huan, Jesu tuh aw ngaihtak in akikou a, akha akhahta hi.]Hundang teng ah enlechin, Jesu Khrist in Pathian pen Pa chiden hi, himahleh Krostung a eite khelhnate pua ahihman in, ka Pathian ka Pathian chi in sam hi. Pathian in leng Jesu Khrist,Krosa akikilhden lai in taisan taktak ahi, khelhna toh Pathian omkhawm thei lou ahih ziak in. Jesu Khrist in ei khelhna tengteng pua ahih chiang aPathian in taisan mah ahi. Nang leh kei i khelhna ziak ua hon taisan ding pen Jesu Khrist in i khelhna pua ahih chiang a, Jesu Khrist ana taisanmahahi.

[Luke 23:38 Huan, Pathian biakin puanzak tuh atunglam a kipan in anuailam pha in hong kikek paisuakta.]Tempul sung a 'Mun Siangthou' leh 'Mun Siangthoupen' kichi atuam om a, Mun Siangthoupen sung a siampu lianpenleng kum khat akhatvei kia lut thei ahi. Huai leng nasatak aakihihsiang masakding, kithoihna bangzahvei hiam abawl masak ding ahi. 'Ka siangthou mahmahta' achih chiang a Mung Siangthoupen a lut pan ahi.theihchetsemna ding in anuai a bible chang enkhawm ni-

[Hebrute 9:1 Huan, thukhun masa mah in leng Pathian nasepna dante leh mun siangthou, hiai khovel mun siangthou tuh anei ahi.v2 Biakbuk abawl ua, tuah masak tuh khawnvak koihna bang, dohkan bang, tanghou koihna omna ahi; huai tuh Mun Siangthou achi uhi.v3 Huan, puanzak nihna khen ah biakbuk, Mun Siangthoupen achih uh a-om a;v4 huai lai ah dangka-eng gimlim halna bawm leh, thukhun bawm dangka-eng a luan a-om a, huai thukhunna bawm tung ah Manna omna dangka-eng belbang, Aron chiang sel bang, thukhunna bang a-om hi;v5 atunglam ah zahngaihna tutphah liah inthupina Cherubte a-om ua; [huaite khawng tuin akim sipsip in i gen thei kei ding.]v6 Huan huai thilte tuh huchibang a bawl ana hi ua, Siampute'n Pathian nna sem in, biakbuk tuah masak ah alut zel uh;v7 azom ah Siampu Lianpen kia kum teng in khatvei, sisan tawi louin alut a; huai tuh ama khelhna a ding leh mite khelhna a ding in alan zel hi.v8 Kha Siangthou in hiai atheisak: Mun Siangthou a lutna lam a kilang nai tadih kei a, biakbuk tuah masak tuh adin laiteng, chihpen;v9 (huai tuh tulai hun gentehna ahi). Huai bang zel in thilpiak leh kithoihnate leng alan zel uh, ahihhang in huaite'n sia-le-phatheihna lam ah abemi ahihkim thei kei hi:v10 huai tuh (nek dingte, dawn dingte, silh dingtuamtuamte toh) salam dante kia, bawlhoih hun ma a ding a, chih ahi.v11 Himahleh, Khrist bel thilhoih hong omdingte Siampu Lianpen ding a hong pai in, biakbuk, khut a lamlouh (huai tuh hiai thilsiamte lak a ahi kei chihna ahi)]

Hiai Mun Siangthou leh MunSiangthoupen kikal a puanzak kikhai ahi. Mun Siangthoupen sung a Pathian omna mun ahi. Siampu lianpen leng khelhna angaihtuahkhakleh huai sung a a-om lai, huai hun mah ahasi geih ding ahi. Pathian toh hon khentu huai puanzak pen Jesu Khrist asih zoh chet in atunglam a pan atawptan hong keksuak hi. Kuahiam in temta ahihkeileh sakol-batteh a atehkek uh leng ahi kei, Pathian in atunglam a pan amongtan akeksuaksak ahi. Ei leh Pathian kal hon khentu khelhna pen lakmang hita ahi, khelhna man sihna Jesu Khrist in Krosapeta ahihman in, eite hotdam kihita ahi.

Tu inbel Toupa Jesu Khrist mihing siampute dan in mihinglamsa tempul ah alut kei a, Mun Siangthoupen, Pa mai a amah sisan mahmah tawi in, thillat ava bawl hi. [Hebrute 9:12 thupi leh kimzaw paitan in, ei a di'a khantawn a tatkhiakna mukhin in kelte leh bawngnoute sisan ziak hilou in, amah sisan ziak zaw in, Mun Siangthouah set det ding in khatvei in ana lutta ngal a.]Jesu Khrist asih zoh in Pa Pathian mai ah ama sisan, khelhna om lou sisan, kelte leh bawngnoute sisan hilou, ama sisan mahmah Pa mai ava kithoihna a, ava kithoihtakziak in Pa Pathian in asisan apom a, tangtawn a tatna leh ngaihdamna honpeta hi. Hiai ahi 'ka Pathian lungkimta' i chih.

Leitung ahong pai nangawn mikhialte hondam ding chih ahi a, huai nasep zoukimta ahihman in, Pa taklam ah atuta hi. [Hebrute 10:12 Amah bel, khantawn a di'a khelhnate a di'a kithoihna khat kia alat nung in, Pathian taklam ah atuta hi.]Huaiziak a khelhna i bawl khakchiangakel leh belamte zang a va kithoih ngai nawn lou in, khatvei in Toupa Jesu sisan ziak in ngaihdam in i omta ahi. Pathian in hon ngaihdam takman in, i meldil kaipih ding khelhna khempeuh theigige nawn lou in, amangngilhta hi.[Hebrute 10:17 Akhelhnate uh leh atatleknate uh ka theigigeta keiding, achi ngal a.]

Ei mihingte'n midang i ngaihdam chiang un i simsek ua, khatveina, thumvei tan kia ngaidam ding i chisek uhi. Himahleh Pathian in bel Jesu Khrist sisan amuh a lungkimlua ahihman in, ei ngaihdam ngetziak hilou,ei pianma tham kum 2,000 lam paisa a atapa Jesu Khrist sihna tungtawn ahonna ngaidamta a, i khelhnate leng thei nawnlou ahi. Pathian zuau gen theilou ahi a, theigige nawn lou achihleh thei nawnlou himai ahi. Pathian mitmuha eite Jesu Khrist bang a siangthou kihita ahi; ama sisan a sawpsiang i hih tak man in. [Nambars23:19 Pathian zaw zuauhat mihing phet ahi kei, kisik hat mihing tapa leng ahi sam kei. Agensa ahih kei ding a hia? Ana gensa ahih pichin kei ding a hia?]

Pathian in hon ngaidam zou lou hiam ahihkeileh Jesu sisan ana pom lou hilehbel, ei hatna alah khelhna nengchik leng kisawpsiang thei lou, Jesu Kris hong sih zihzeh ngai ding ahi. Tu'n bel, Pathian in Jesu Khrist sihna leh asisan pomta ahihman in, tangtawn a hon ngaidamta a, i khelhnate leng thei nawn lou ahi. [Hebrute 9:26 huchi hita keileh, leilung piantung a kipan tamveipi athuakta ding hi; himahleh, tulai hun tawp ah kithoihna ding a kizang tawm in khelhna hihmangna ding in khatvei in setdetding in amah hong kilangta hi.[Hebrute 10:14 Thillat khat kia in hihsiangthousate khantawn a ding in ahihkimta ngal a.v18 Huchi in, huchibangte ngaihdamna omna peuh ah khelhna a ding in thillat a-om nawn kei ahi.]

[Isai 44:22Na tatleknate uh meipi hihmang bang in ka hihmangta a, na khelhnate uh mei hihmangbang in ka hihmang nalai hi; ka kiang ah hong kik nawn un, nou lah ka hon tanta ngal a, chi in.]Bangziak a Pathian in i khelhnate alakmangdan meipi toh tehkak hiam i chihleh, meipi aman chiang a nung-le-ma muh ding nawn om lou hi. Na khelhnate uh sikkilh lakkhiak dan in kalamangta chi mawklehbel sikkilh i bohkhiak chiang in asikkilh tumna ma kimu lai ding hi.

Hiai Isai 44:22 hoihtak in agrammar ana sim un, past, present leh future tense mu ding na hi uh. Pathian ngaihdamna pen tu i pianthak nitan lel ahi kei a, tangtawn a tatkhiakna ahi. I piangthak ni tankia hilehbel buaihuai mahmah ding hi. Ngaihdam nget in i khelhnate lamanglou hi. Ngaihdam nget ziak a Pathian ngaihdamna kitang hilouahi. Jesu Khrist sihna leh sisan ziak a hotdamna kitang hi zaw ahi. Theikhial kei ni, ei leh Pathian kal hoihna ding in ngaihdam ngen mahni. Himahleh ngaihdam ngetlouh ziak a meidil kai ding in kisinsak nawn kei ni uh. Pathian in ngaihdam nget ziak a honna ngaidam leh i khelhnate lamang ding hileh Jesu Khrist hong sih ngai lou ding ahi.

[Isai 43:25 Kei, kei mahmah, keimah leh keimah ziak lel a na tatleknate uh nulmangzelpa ka hi; na khelhnate uh leng ka theigige keiding.] Pathian in khelhna koi a pan athaimang a? Ama lungtang a pan maw? Ahihkeileh ei lungtang apan? Ama lungtang a pan i khelhnate lamang ahihman in, eite i pianthak zoh nung in leng i khelhnate uh kithei lai hi. Ei lungtang a pan i khelhnate lamang henla ama'n ana theigige laileh bangchitading? Amah vaihawmtu ahi a, hun tawpni chiang a hon mohpaihveve ding ahi. Tu'n bel amaha vaihawmtu ding pen in i khelhnate mangngilhta ahihman avaihawm nichiang aleng hon mohpaih nawn lou ding hi.

Khenkhatte'n kah sese ngai ding i saua, ahihkeileh tangpi mai a khelhna puankhiak sese ngaisa hi lehang ki-om hi. Hiaite hih teitei ngai om lou ahi. Na huchih khaklehasia bel ahi kei a, hileh leng apoimoh penpen tuh Pathian mai a khelhna kisikna i neih ding, hotdamna kigen chiang a lungsim kihongtak leh Kha Siangthou panpihna nget ding ahi. Hotdamna i zak a huai itheihsiam chiang a ginna pen hong om mai ahi. Thutak i theih chiang ava gintak sawmluat leng poimoh lou hi. Nitak chiang in nitak chih va gintak sawm ngai hetlou a, nitak ahi chih thei maihang a muanglel het lou a nitak ahihna gingta i hi. Aziak tuh khomialte mu i hih chiang a, thutak i theih chiang aginna in zuimai ding ahi. Huai ginna pen ahi apoimoh, huai ginna a-omtheihna di'a thutak gospel zak ngai ahi.

Tua gospel ka hon gente thutak ahi. Bible chang ngen zang a, bible mahmah toh ka hon thuahkhawm ahi. [1 Peter 1:23] chi sethei lak ah hilou in, Pathian thu hing gige leh om gige ah, hi se thei lou lak a piangthak na hi zaw ngal ua.]Hiai nagintak leh hotdam himai na hi. Nakah hiam ahihkeileh banghiam hong om ding in koihke'n, Jesu Khrist hotdamna itheihsiam a i gintak chiang a hotdam kihi mai ahi. Huai leng thil tawnpiak ahi. Va kah sese ngaihileh bel thawnpiak hilouding a, mittui a lohkhiakhi dingahi. [Ephesate 2:8 Ginna ziak a hehpihna a hotdam na hi ngal ua; huai leng noumau a suak ahi kei a, Pathian thawnpiak ahi;v9 Thilhih ziak ahi kei, huchilou in zaw mi'n asuang kha ding uh.]Hiai kha hotdamna pen ei nasep bangmah tel lou ahi. Ei nasep atel mawkleh thawnpiak hilouding a, sepkhiak hi ding ahi.

Pathian in i khelhna tengteng, ei akia hiloua khovel a mi piangmasapen Adam a pan piang nunungpending tan leng ngaidam ahihleh i vek uavangamkaimai lou ding maw? [Johan 16:9 Khelhna thute ah siamlouh atang ding uh, kei hon gintaklouh ziak un; diktatna thute ah siamlouh atang ding uh;]Khelhna thu a moh hon saklai omsun tuh Jesu Khrist i pomnalouh ahi. A-omdan zia na theih siamna ding un, tangthu khat ka hon gen ding. Pasal khat in apa sum saving teng aguksak ziak a apa hehlo mahmah in, tuni a pan kata nahi nawn kei, huchi in apa'n pawtkhia inla hong kik nawn ke'n chi a tapa nohkhia. Khakhat khawng hong hita, anu hospital a om atapa ngailua, apa'n leng ahehlai in nohkhe mahleh atapa hihna beituan lou ahihna ah, newspaper ah, "Katapa aw, napa'n hon ngaidamta ahi, inn ah hong kikta in, nanu leng damlou a hospital a ki-admit ahi. Akin thei tawp in hong kik in,"chi in thu suah hi. Himahleh atapa in huai news amuh in gingta loua, 'Kapa'n hon ngaidam ke'n teh' chi in kik kei taleh, apa'n ngaidam lou ahi diam? Angaihdamna kibang ahi, hileh leng atapa in angaihdamna tang lou hi zaw ahi.

Jesu Khrist nasep gingta nuam lou, mahni nasep dan zuihna tungtawn avangamkaisawm laite'n Pathian hehpihna apuksan uhi. [Galatia 5: 4 Dan pansan a diktansakna ngah sawm noute, Khrist a pan na pialmang ua, hehpihna na puksanta uhi.]

Jesu Khrist leitung a hong paina ziak tuh eite i khelhna ziak ua siamlouh hon tan ding leh thu honkhen ding ahi kei a, khantawn hinna honpiakna ding ahi zaw hi. [Johan 3:16 Banghanghiam chih leh, Pathian in khovel a-it mahmah a, huchi in aTapa tang neihsun apia hi, huchi a kuapeuh amah gingta tuh amanthatlouh a, khantawn a hinna aneihzawkna ding in. v17 Khovel siamlouh tangsak ding in Pathian in Tapa khovel ah asawl kei, khovel ama vanga ahintheihna ding in asawl ahi zaw hi.] Hiai nasep sem bukim zoutain Pa taklam ahatuta ahi. Nang na gintak noplouhleh,nang leh huai gintaklouhna ziak a meidil lut ding na hi.

Hiai Jesu Khrist nasep gingta peuhmah tangtawn in bit uhi. I hotdamna ei kikep hilou. Jesu Khrist in akhut a akep ahi a, kuama'n akhut a pan asuh theikei ding. [Johan 10:27 Ka belamte'n ka aw aza uh, ke'n leng amau ka thei a, amau ahon zui zel uhi;v28 akiang uah khantawn a hinna ka pia; khantawn in amangthang kei ding ua, kuamah in ka khut a kipan hon sut sam keiding. v29 Amau hon pepa, ka Pa, mi tengteng sang a thupizaw ahi; kuamah in Pa khut a kipan asut thei kei ding hi. v30 Kei leh Pa lah pumkhat ka hi ngal ua, chi in, adawng a.]

Hospital ah nupi khat ki-admit a-om a, asaptuamte'n va veh uh, akileh dek kuan ua memberte khatin damlou nu kiang a, "Pathian khut lentinten in aw," va chi hi.Damlou nu'n leng dawng pah a, "Ama'n kei khut len hi zaw ahi, hon khahsuahlou peuhmah ding ahi," chi in dawng kik hi. Hotdamna pen ei kisepsuah ahihkeileh ei kikep hilehbel mitampi in kimangsak kha ding a,tangtawn tatna hilouding hi. Tu'n bel, ei kikep ahi kei a, Toupa Jesu Khrist in hon kepsak ahi a, ama'n lah amangsak het kei ding chih i thei hi. Apepa, Pa Pathian bangkim tung a lianpen ahihman in kuama'n ama khut a pan suh lou ding ua, suhleng suhzou lou ding uhi.

Hotdamna a kipan a pialmang mi thumte

1. **Baihlam lua? Banghiam khat kahih ngai ahi:** Thil athawn a dong ngei lou mibang na hihleh hotdamna thawn pen pomhak sadiak ding na hi. Banghiam khatbek ka hihkeileh hithei lou ahi, chi a ngaihsun teitei lai na hia? Pathian nasep sang a nang

nasep muangzaw chihna na hi.Pathian nasepsa ahoih bukim pen ah kinga zaw inla, na sep nuamleh Khristian hinkhua a khelhna dou chihtak in dou inla, tangthupha nasatak in gen zaw in, hiai Kha Hotdamna pen athawn ahi. [Ephesate 2:8 Ginna ziak a hehpihna a hotdam na hi ngal ua; huai leng noumau a suak ahi kei a, Pathian thawnpiak ahi;v9 Thilhih ziak ahi kei, huchi louin zaw mi'n asuang kha ding uhi.]

2. **Hotdamzoh kahi keiding? Ka khelna lian lua in thupi lua:** Midang teng sang a khelhna lianzaw bawl dan a kikoih in, Pathian nasep muangzou lou. Nang khelhna pen lian sazaw in Pathian itna pen neusa zaw na hi hia? Jesu sisan pen khelhna nei lou sisan kia ahikei a, Jesu leng Pathian ahi chih phawk in, Pathian sisan in hon tatkhiak zohlouh ding khopa kikoih,bangziak a kithupisak na hia? Ke'nbel asisan takkhat lel in leng hon hondam zoulo ding a gingta ka hi. [Philippite 2:6 Amah tuh Pathian bangaom hinapi in, Pathian toh kikim a om thil khiaklah ding in asep kei a,]

3. **Tua pan Pathian nna hoihtak a kasepleh khatveitei hotdam ka hiding:** Mahni bible zuihzohna leh danzuihna a hotdam hih sawm, biakin kai, sawm-a-khat piak, leh adangdangte, thilhihhoihte ziak avangamkai sawmte hehpihna puksanteahi uh. [Galatia 5: 4 Dan pansan a diktansakna ngah sawm noute, Khrist a pan na pialmang ua, hehpihna na puksanta uhi.]

.

Hotdamna bang ahia?

1. **Khelhna tengteng ngaihdamna.** [Hebrute 10:17 Akhelhnate uh leh atatleknate uh ka theigigeta kei ding, achi ngal a. v18 Huchi in, huchibangte ngaihdamna omna peuh ah khelhna a ding in thillat a-om nawn kei hi.]

2. **Vangam paitheita.** [Johan:3:5 Jesu'n a dawng a, Chihtaktak in, chihtaktak in k'on hilh ahi, kuapeuhmah tui a leh Kha a piang ahih kei leh Pathian gam a lut thei kei. 6 Sa suan peuhmah sa ahi a, Kha

suan peuhmah kha ahi. 7 Na pianthak ngeingei ding ahi k'on chih lamdang sa ke'n.]

3. **Tangtawn hinna neita.** [Johan 3:16 Banghang hiam chihleh, Pathian in khovel a-it mahmah a, huchi in aTapa tang neihsun apia hi, huchi a kuapeuh amah gingta tuh amanthat louh a, khantawn a hinna aneih zawkna ding in.

4. **Pathian ta hita.** [Romte 8:16 Kha mahmah in, eimah kha toh, Pathian tate i hi chih hon theisak hi;]

5. **Piangthakta.** [1 Peter 1:23 chi se thei lak ah hilou in, Pathian thu hing gige leh om gige ah, chi se thei lou lak a piangthak na hi zaw ngal ua.]

6. **Kha Siangthou in hon sungluahta.** [Ephesate 1:13 Huan, noute, thutak thu, na hotdamna tanchinhoih uh ngaikhia a gin leng gingtate leng, amah ah chiamsa Kha Siangthou a chiamteh in na om uhi; v14 Huai Kha Siangthou bel i gouluah ding tatna kim i luah mateng, Pathian thupina ding a, khamna ahi.]

Khenpi 2na: Khristian Hinkhua | Piangthak khinsate a ding kia ahi

III
Bible Sim/ Khalam An

Bible tawh kisai theituak masate:

Bible i chi Pathian thusiangthou diktak ahi:

[2 Peter 1:20 Laisiangthou a thu genkholh himhim eimah kihilhchet ding ahi kei chih thei masa phot unla. v21 Thu genkholh himhim mihing thu a pawt ahi ngei ngal kei a, mite'n Kha Siangthou sawl in, Pathian kiang a kipan in agen zo nak uhi.] Thu genkholh himhim mihing thu a pawt ahi ngei ngal kei, mihing a pan pawt hileh bel hong tangtung lou ding hi. Laisiangthou kha seh 3 suah seh 1 thugenkholhna ahi a, bible dandan a laibu dang genkholhna kigelhna a-om kei hi. Athugen kikholte leng ahun dungzui in atangtung zel, atangtung nai lou omsun tuh hun tawp ni a thiltung dingte ahi. Tulai a i thiltuah tamtak leng bible thu tangtunna ahi. Bible a genkholhna hong tangtung, tulel a i tuah uh enkhawm ni;

Aigupta (Egypt) genkhawlhna:

[Ezekiel 29:13 TOUPA PATHIAN in hichi in achi ngal a; Kum sawmli nung in adalhna munte ua kipan Aigupta mite ka lakhawm nawn ding a, v14 Aigupta mite omdan ka hei ding a, apianna gam uh, Pathros gam ah ka kiksak ding; huan huai lai ah vualleltak in alal ding uh. v15 Lalna gam vuallel pen ahi ding, namte lak ah leng akilalsak nawn kei ding a; namdangte tung a thu aneih nawnlouhna ding un amau ka neusak sin ahi.] Hiai bible chang kigelh lai a Aigupta i chih gamhatpen leh khovel pumpi uksuak zou khop a gamhat ahi. Tulai a US Super power i chihte sang a leng hatzaw pek ding ahi. Laisiangthou in namdangte tung ah thu na nei kei ding a, gam neu leh gam hat lou na suak ding ana chi hi. Tua Aigupata i chih gam neu leh leikeu gam ahi a, kuamah tung ah vai ahawm nawn kei uhi.

Nuclear Galvan:

[Zekariah 14:12 Huan Jerusalem kidoupih mite tengteng Toupa'n agawtna ding hii bel hiai ahi ding; akhe ua adin lai un, asa uh amuat ding a, ahawm sung ah amit uh amuat ding, akamsung uah alei uh amuat ding hi.] Hiai Nuclear bomb agenna ahi a, hiai khovel a bomb hatpen ahi. Nuclear bomb khat 10-megaton kichite'n 2,500 kilometer sung leh vai suse zou ding a tuat ahi. Neuclear galvan i chih khovel a galvan hat penpen ahi a, gam 193 lak a gam 9 kia in aneih uh ahi. Second World War lai a Atom bomb i chihte sang a hat zotham ahi. Hiai bible chang kigelh lai in, pistol leh thau (galvan) tulai a i muhte uh kibawl nai lou ahi. Bible in nuclear galvan agenkholh tulai in kimuta hi.

Mihingte'n amau lungsim a pan piang a-utut uh gelh le uh bible thu tangtung lou tam mahmah ding hi. Hileh leng thu genkholh i chih mihing a pan piang ahi kei a, Pathian theih sak a mihingte'n agelh uh ahi. Bible teng ah i mu kei na a, hileh leng Pathian thu akiang ua gelh di'a hong tun masiah mihingte'n bangmah gelh thei lou uhi. Anuai a bible chang simkhawm ni.

.

• [Jeremiah:30:1 Jeremiah kiang ah **TOUPA a kipan thu hong tung,** v2 TOUPA Israel Pathian in hichi in achi, **"Na Kiang a thu ka gen**

tengteng laibu ah gelh in," chi in.]

- [Ezekiel 1:3 Kaldai gam a Kebar lui ah, **Buzi tapa siampu Ezekiel kiang ah TOUPA thu ahong tung a;** huai ah TOUPA khut atung ah a-om hi.]
- [Jona 1:1 **Amittai tapa Jona kiang ah TOUPA thu ahong tung a,**]
- [Zephaniah 1:1 Judah kumpipa, Amon tapa Josiah dam lai a, Kushi tapa, Gedaliah tapa, Amariah tapa, Hezekiah h tapa, Zephaniah **kiang a TOUPA thu hong tung.**]
- [Zekariah 1:1 Darias kum nihna, akha giatna in, Iddo tapa, Berekiah tapa, Zekariah, **zawlnei kiang ah TOUPA thu ahong tung a.**]

Bible sung a thutung 'Theme' kibang ahi:

Bible i chih mi tuamtuam 40 in agelh uh ahi a, huaite lak ah mipil penpen Solomon, ngasa beng mi Peter, Kumpi David, Doctor Luke leh hihna kibang lou ngen, pian hun leng kibang lou, mituamtuam in kum 1,600vel lut a agelh uh ahi. Thukhun Lui kum 1500vel lut a kigelh ahi a, Thukhun Thak kum 100vel lut a tuat ahi. Bible gelhtute hun kibang a piangkhawm ahi kei ua, Genesis gelhtu Moses asih nung Kilakna gelhpa,it Johan kum 1,450 khit nung apiang pan ahi. Room khat a tukhawm a, athil gelhdingte uh kikumkhawm a agelh uh hilouahi. Na lawmte toh mi 40 room khat ah tukhawm unla, topic kibang gelh le uteh leng na thil gelh uh kikalh tampi om lai ding hi. Himahleh Bible pen akikalh om het lou hi. Genesis a pan Kilakna tan thumal 7,88,280 (King James Version) ahi. Aidea kikalh om het lou, athupi kibang, Genesis a pan Kilakna tan, athupi poimohpen 'Jesu Khrist' thu kigelhna ahi.

[Genesis 3:15] Huan, nang leh numei ka hon kidousak ding a, na suante leh asuante leng ka kidousak laiding; huai in na lutang asidupsak ding a, nang ama khetul na sidupsakding, achi a]Genesis a pan Kilakna tan Jesu Khrist toh kisai ngen ahi. Na lutang asidupsakding, Jesu Khrist genna ahi. Kilakna en nawnlehang Jesu Khrist mah hizel hi. Thukhun Lui tuh Jesu Khrist hong pianna ding leh hinkhua azatdan dinggenkholhna ahi a, thukhunthak ah honsemsuah hi. [Kilakna 22:20 Hiai thilte theisakpa, ama'n, "Ahi: ka hong paipahding, a chi. Amen hong pai in, Toupa Jesu."]

Amizatte mihing tuamtuam 40 himahle uh Bible thutungte Pathian a pan ngen ahi.Omdan zia i matsiamna ding in, ka buailuat chiang in school principalte a dinglai kei mahmah in ka gelh man kei a, ka nuai asemte kiang ah hiai bang in ana gelh unla, huai school principal kiang ah ana pia un, kachi hi. School principal in ana simchiang in, hiai zaw nang khut a kigelh ahi a, nang gelh mah ahive, ana chi ngei lou hi. Aziak tuh athute kei lungsim a pan hoih kasakdan a gelh ahih vek ziak in, ka khut mahmah in gelh (type) kha kei leng lengkei laithon hi veve ahi. Hiai toh kibang ahi. Pathian hoihsakdan leh ama lungsim a omte kigelhna, Pathian hatkhum a piak hi a, huaiziak a Pathian thu ngen mah ahi.[2 Timothi 3:16 Laisiangthou peuhmah Pathian hatkhum a piak ahi a; huaiziak in, thuhilhna ding bang, taihilhna ding bang, bawlhoihna ding bang, diktatna lam a kichilna ding bang in aphatuam hi.]

Thukhun Lui leh Thukhun Thak kikal ah kizopna (connections) 63,779 om hi:

Judate'n Pentateuch (Genesis, Exodus, Leviticus, Number leh Deuteronomy) teng kia Pathian akipan thu za-a-za a apomlai un, ei Khristian Protestante'n bel Bible sung a laibu 66 teng dikkim leh Pathian a kipan ngenhi in i pom uhi. Sabbathte'n thukhun thak apom kei ua, Bible in leng asimtel kei uhi. Khristiankhenkhatte nangawn in Sawltak laikhak khenkhatte aging lel uhi. Thukhun Thak Pathian akipan ahi chih apom haklouhna ding bel, asung a kigelhte kikalhtuah leh genkholhna omte atangtunglou leh adiklou om lou ahi.

Kilakna (Revelation) bung leh bible khenkhat hun tawpni ding toh kisaite hong tung nai lou thil ahihman in, thil dang kigente tuh akigen bang in tangtungta hi. Thukhun Lui leh Thukhun Thak in kizoptuahna tampinei ua, akikalhna ding leng om lou hi. Thukhun Thak itheihsiam keileh Thukhun Lui in hon hilhchian thei a,

Thukhun Lui itheihsiam keileh Thukhun Thak in hon hilhchian thei hi. Thukhun Lui leh Thukhun Thak kikal ah 63,779 tak kizoptuahna (connections) om a, kisaikhatuahlua ua, Pathian thu tuak ahihdan kimu thei hi. Hiai bang ahong hih theih na, asung a thute hongpawtkhiakna kibang chihna ahi. Pathian a pan ngen ahih ziak ua 63,779 tak Thukhun Lui leh Thukhun Thak a kizoptuahna om ahi.

Bible i chih khovel a laibu sahpente lak a khat ahi:

Muslimte sahkholaibu Quran in thumal 77,500 nei a, tua kei laibu gelh (1,40,000 approx. words) sang in tawm zotham hi. Himahleh i Bible (King James Version) pen thumal 7,83,137 phazou hi. Tuai Bible tawite uh laipuan (paper) atangpi a laibu kisutnate zang a bawl ding hilehang sah lua ingiklo ding hi. Huaiziak a Bible kibawlna laipuan (paper) en lehang apan (thin) thei tawp leh azaangthei tawp kizang a kibawl ahi. Huchi louhileh tua kei laibu "Miteng Poimoh" sang in aleh sagih a sahzaw leh gikzaw ding hi.

Bible i chih khovel a laibu kizuakkhe tampen ahi:

Akisutdan in tuni tan chiang ahBible 5,00,00,00,000 (5Billions= 500 crores) kizuakkheta hi. Mihing gelh laibute lak a "The Little Red Book" kichi 90,00,00,000 (crores 90 lel) kizuakhe tampen hi. Kumteng in 10,00,00,000 copies (Crores 10) Bible kizuakkhia leh kisunkhe gige ahi. Khovel khangthu a di'a Author lohchingpen leh laibu zuakkhetampen 'Best Selling Author' tuh Pathian ahi. Laibu gelhte a di'a Bible leh agelhtu Pathian sang a ngaihsanhuaizaw ding om lou hi.

Bible Pathian thu amuanhuaidan

1. *Pathian thu Bible ahi hinna pe thei, Hotdamna diktak petu:*

[Johan 6:63 Hinna pia zaw kha ahi a, sa zaw bangmah ding in aphatuam kei; na kiang ua thu ka gente tuh kha ahi a, hinna leng ahi.]Laisiangthou thute'n mihingte kiang ah kha hinna pethei uhi. Bible zang lou a hotdamna gente muang lou uh ahi a, bible mah pansan a, bible thute tungtawn a hotdam na hihleh na hotdamna dik chihna ahi. Ataktak aleng athu mah ahi misisa hinna pia, Lazar sihzoh ni 4 nung in athuzang in akaithou nawn hi. [Johan 11:43 Huan, huchi aapau khit in aw ngaihtak in, "Lazar, hong pawt in," achi a, akikou a. v44 Huan, misi tuh akhut akhe, han puan a tuamsa in ahong pawtta a, amai leng kinulna puan a tuam ahi. Jesu'n akiang uah, "Phel unla, paisak un," achi a.]Hiai Pathian thumah ahi, mi hotdamna leh Kha Siangthou petu diktak i chih. Ei mihingte agentu lel kihi ahi. Kuamah hinna i pe thei kei a, kuamah i piangthaksak thei kei. Pathian thuhing i gen chiang ua mite hong piangthak hi zaw uh ahi.

2. *Mihinna kheng thei Pathian thu ahi:*

[Hebrute 4:12 Pathian thu ahing a, thil ahihthei a, namsau hiamtuah bangchibang sang in leng ahiamzaw a, hinna leh kha, guhlawi leh guhngek tuamkhen hilhel khop in asun thei a, lungtang a ngaihtuah leh tupte atheipah ngal thei ahi.]Zite'n na pasalte uh hinna na khen nop ualeh bible sim pihpih le uteh, amau a-ut kei ualeh leng nang simsim mai in, Pathian thu ahi hinna kheng thei, nang hatna in kuamah kheng thei lou hi. Pathian thu lou in nang mah lehang nang hatna ziak in na kheng zoukei ding. Hinkhua kining leh haksa na sak luat chiang in bible simtam in, huai in hinna thak leh na hinna hon kheng ding hi.

3. *Pathian thu om den ding pen ah kinga in:*

[Matthai24:35 lei leh van a mang di'a, ka thu ahihleh amang keiding.]Pathian thu om den ding i chih chiang in,bible a paper pen genna ahi kei, athute hong tangtung vekding, tangtawn a diksuak ding chihna ahi. Muh theih tengteng nikhat nichiang in hong beivek ding a, i taksa hi in, van a aksite hitaleh muh theih teng beisak vek in hong om ding hi. Pathian thubel avek sipsip, akigelh dan chetchet, baihlua leng hilou, kailua leng hilou in hong tangtung vek ding hi. Hiai thilbangkim tung a thunei leh thilbangkim tung a vaihawm, nitawp nichiang a kizang laibu pen sim in sut leng leitung a laibu omteng kigawmleh leng amanphatna tuk zou nai lou ding hi. Bible a ginna nga a, athute zui mi, mihampha ahi.

4. *Hotdamna leng Pathian thu a pan ahi:*

[1 Peter 1:23 chi sethei lak ah hilou in, Pathian thu hing gige leh om gige ah, chi se thei lou lak a piangthak na hi zaw ngal ua.]Pathian thu ahing leh om gige, chise thei lou lak a pan piangthakte mihampha pente hi uhi. I pianthak lai in i thugenna ah bible chang i pansan hia? Bangchituk in thugen siam in mittui luangsak ziahziah mah lehang leng, Bible chang a pan nei lou a, i hinkhua khawng hon gen a piangthak i hihleh i hotdamna diklousa ahi. Thugentupa thiltuah (story) leh ama hinkhua toh kisaite khawng gospelching hilouahi. Jesu Khrist toh kisai kia gente i pom ding uh ahi. Jesu Khrist hotdamna leh atanchinhoihsang a thupizaw dan a kikoih a, Jesu Khrist leng gen kha khol lou a crusade leh Pathian thugente muang nawn kei ni.

5. *Pathian thu i hinna ahi:*

[Matthai 4:4 Himahleh, ama'n, "Mihing tanghou kia in ahing kei ding a, Pathian kam a thuchin pawt in ahing zawding, chih gelh ahi,"chi in adawng a.]An kia nelehang phatuamlou hi. Ni khat nichiang a kisi ding a tangtawn gawtmun kilut thouthou ding a, kihingtuan lou ding hi. Pathian thu i nek a i gintakleh an nek dingnei lou in silehang leng tangtawn a kihing ding ahi. [Johan 6:63

Hinna pia zaw kha ahi a, sa ahihleh bangmah ding in aphatuam kei; na kiang ua thu ka gente tuh kha ahi a, hinna leng ahi.]

6. *Bible sim kichi khalam nawitui ahi:*

[1 Peter 2:2 naungek suak thakte bang in khalam nawitui bangmah toh hellouh lunggulh un, huai a hotdamna muh dong a na khantheihna ding un.]Ipianthak tung in naungek tohkibang i hi. Taksa a piangtung naungekte'n leng anu nawitui anek mah bangun, ei leng i pianthak chiang in nasatak in khalam nawitui Pathian thu ne masa ni. Biakin leh Pathian nasepna a i kizatnop taktakleh bible nasatak in sim phot in, bangzah vei hiambek busuah phot ni, huai chiang in bang ahia dik leh diklou khenkak theiin thupitak in zat tak i hong suak ding hi. Sunday school teacher ding leh upa kitelna khawng leng qualifying nature bible niteng a bung 3 tan bek sim gige mi ahihkeileh bible busuah zoumi chihdan hileh hoih ding hi.

Piangthak tung i hihleh Johan a pan Juda kikal atawm tawp in nga vei bek simsuak phot ni. Bible sim ngei lou ahihkeileh piangthak tung i hihleh chang khat khawng sim a meditation hun nai lou hi. Niteng in bung kal 3 bek sim gige in iKhristianhinkhua zat hoihna ding in, Pathian thugen a kizang ding i hihleh bung kal 6 tan bek sim gige ding ahi. Johan a pan Juda kikal sawmvei khawng na hon sim zoh chiang in, i utleh chang khat kia in leng meditation bawl pat theih ding ahi.Johan a pan Juda kikal in Khristiante kibulphuhna (foundation) leh poimoh masakpente hiai bible bung kikalte ah kimu thei vek hi. Khristianhinkhua i zat dikna ding in, hiai kikal 5vei bek sim masak teitei ding ahi. Hiai i zohchiang in, Genesis ni khat a bungkhat a simtouhding, Matthai nikhat a bungkal khat, Paunakte niteng a bung kal khat sim nawn ding ahi. Hiai dan in sim lehang niteng a bung 3 simhi ding hang a, kumtawp chiang a bible busuahkihi ding ahi.

Bible sim ngei lou in sim sunsun chiang a chang khat kia a i meditatemawkleh lakdiklouh (wrong interpretation) baihsam lua ahi. Tamveipi i simzoh chiang in bel bible theitamta chihna hi a, chang khat kia meditatelehang leng huai bible chang toh kinaihpih tampi theita ding hang a, huai bible chang khat pen akigelhna ziak leh kuate a di'a gelh, bang gennopna hiam (meaning) chih theisiamta ding i hi.

.

Bangziak a bible sim gige ding i hia?

1. Pianthak ma a lungsim ninte leh omdan hoih lou teng suksianna ding, Pathian thu pen tuisiangthou dan a zat a kisilsiang gige ding ahi:

[Sam119:9 Valnou in, bangchi in ahia a-omdan ahihsiangthouding? Na thu bang zel a a-omdan venghoih in. v98 Na thupiakte'n hon doute sang a pilzaw in hon bawl a; khantawn a ka kiang a a-om gige nak ziak in. v99 Hon hilhte tengteng sang in pilna ka neizaw ahi; na thu theih sakte ka ngaihtuah nak ziak in. v100 Tekte sang in ka theisiamzaw ahi, na thuzohna thute ka vom hoih ziak in. v101 Na thu ka zuihtheihna ding in lampi gilouhimhim ah ka khete akalsuan ka phal kei hi.v102 Na vaihawmna lak a pan ka pial kei; nang na hon hilh ziak in. v103 Na thute ka kam a ding in khum hina tel e! ahi, ka kam a ding in khuaizu sang in akhumzaw hi. v104Na thuzohna thute ziak in theih siamna ka nei zel: huaiziak in omdan diklou peuhmah ka hua hi.v105 Na thu tuh ka khe a ding in khawnvak ahi a, ka lampi a ding in vakna ahi. v106 Na vaihawmna diktatte zui ding in ka kichiam a, ka hihkip lai hi. v107Nakpitak in hihhaksat in ka om a; TOUPA aw, na thubang zel in hon hihhalh in.]

Piangthak zou phet hilehang leng bible sim chin zongsat a i bawl pah keileh i hinkholui a kik baihlam mahmah ding ahi. Bible sim pen zongsat a i neihleh Pathian thute'n i hinkhua hon uk dinga, i theih louh kal a mikipumkhek hong suak ding i hi.Ei hatna a Khristianhinkhua zat diksawm lou in, bible sim gige in Pathian kimapisak zawni, huchi in diktak leh sianthouna lam leh Khrist batnaahi khangtou ding hi.

2. Pathian thu sim gige, lungsim a Pathian thu kikemsakte Pathian in thumnate hon dawng ding ahi:

[Johan 15:7 Nou keimah a na om gige ua, ka thu leng noumau a a-om gigeleh, na ut peuh uh ngen un, nou a ding inhih in a-om zel ding hi.]Pathian thu sim ngei lou lah thumna a utteng i gen chiang a i thumna hon ngaihkhiaksak lou ahi. Eite leng ama thugente bildoh lou a limsak lou i hih chiang a, bangziak a ama'n hon limsak ding ahia? Pathian kiang a thumna i neihchiang a, Pathian houpihkihi a, bible i sim chianga Pathian in hon houpihna ahi. Thumnaneiden, ngetna neiden,dawnna a-omlouh chiang inhehthoh mawk lou in bible sung ahdawnna ding zong ni, bangziak a hon dawng lou ahia, chih bible ah kigelhlua ahi.

3. Galte i zohna di'a bible sim ding ahi:

[Joshua 1:5 Na damsung teng kuamah himhim in hon nangzou keiding: Mosi kiang a ka om bang in, nang kiang ah leng ka om tei sin hi; ka hon zuausan kei ding a, pai leng ka hon paisan sam kei ding hi. v6 Hattak leh hangtak in om in: asuante uh kichiam a piak ka na chiamsa gam, hiaite lah na luahsak sin ngal a.]Israelte'n Kanaan alut dek un, Kanaan a mi ana omsate milian leh tha hoih ngen ahi ua, amullit uhi. Hiai mite na zohnop ualeh exercisete, kungfute, leh temta vaidan kisin un achi kei, gal na zohtheihna dingun, ka thute'n na kam nuse kei inla, kadanthute asun azan in sin un, achi hi. Niteng a hinkhua i zatna un, haksatna tuamtuam i tuak ua, Satan khemna hi in, taksa khelhna utna hitaleh, bible sim gige pen asuahtakna omsun, galvan hoihpen ahi. Lungsim ninte leh taksa utnate ei hatna a douzou lou ding i hi. Nitengabible sim gige, chin zongsat in nei lehangi hinkhua hong paidik ding ahi.

4. Pathian lauhdan kisinna ding in bible sim ni:

[Diuteronomi 17:19 Akem ding a, adamsung teng asim zel ding ahi, hiai dan leh hiai thuseh tengteng pom a, zui a, hih ding a TOUPA a Pathian laudansiam akisin theih a:]Khristianlah hi ngal bible sim ngei lou i chihtezaw, Pathian lauhna neitam lou ding uhi. Pathian lauhna tawmchik i neihleh awlsamtak a khelhna bawlkha ding i hi. Pathian lauhna i neihkeileh khelhna ibawl khakchiang aleng kisikna tentun nei lou ding i hi. Eimah deihdan a om dinghang a Pathian thute'n hon mapi lou ding ahi. Pathian thu bible i hinkhua i kipisaklouh chiang in ning kitelna om a, manna bei kisakna leh thawmhauna om ding hi. Bible simloupi alungsim a suangtuahna (instinct) khawng zang inkal suan kei ni, athutak (fact) bible ah zongkhia in Pathian chihdan zui zaw ni hang.

5. *Bible chang atam thei tawp sim in by heart in:*

Ngapi gilsung a Jona a-om lai in, Pathian' bible chang a by heart sa gen ahi. Ngapi gilsung amial bikbek ding a, bible leng sim thei lou ding ahi. Himahleh ama'n bible chang ana theih sate gensuah in, Pathian in akisikna angaikhia a hotdamna pia hi. Ei leng bible chang atam theitawp zila thei in, huai in i hatsak huntawp ni in leng hon hondam theilai ding hi. [Jona 2:1 Huan, Jona, nga gilsung a kipan in, TOUPA a Pathian kiang ah athum a. v2 Hichi in achi a,"Ka haksatna ziak in TOUPA ka sam a, ama'n hon dawng a; Sheol gilsung a kipan in ka kikou a, nang ka aw na za a. v3 Thukpi ah, tuipi sunggil ah nang na hon pailut a, tui tampi ka kimvel ah a-om a; na tuikihot leh na tui kisep tengteng in hon tum zel hi. v4 Huan, na mitmuh a kipan paihkhiakka hi a; himahleh na biakin siangthou lam ka nga nawnding,"ka chi a. v5 Tuite'n ka hinna tan in hon umkimvel ua; tuithuk lah ka kim ka vel ah a-om hi;loute'n ka lu atuam suak hi. v6 Tangte taw ah ka paisuk a; lei in khantawn a ding in akalhnate'n hon khakkhum a; ahihhang in nang, Aw TOUPA ka Pathian, kohawm a kipan ka hinna na lakhia hi. v7 Kasung a ka hinna abah lai in, TOUPA ka theigige ding a: Ka thumna na biakin siangthou ah na kiang ahong tung hi. v8 Thil thugina lou zuau lel limsakmite'n amau chitna alehngatsan uhi. v9 Ke'n zaw kipahthugenna aw toh na kiang ah kithoihna ka landing; Hotdamna TOUPA aa ahi, chi in. v10 Huan, Toupa'n nga ahoupih a, Jona gam ah alokheta hi.]

Bible sim poimohlua ahi. Pathian lungsim theih siamna ding a bible kia in hon hilh thei hi. Pathian toh i kal ahoihtheihna ding a bible sim tam ngai ahi. Thupukna dik i laktheihna ding a bible sim tam ngai ahi. I lungsim siate leh i hindan hoihloute bawlhoihna ding a bible sim tam ngai ahi. Midangte toh i kal ahoih zawk semna ding in bible sim tam ni, ei lungsim leng kingaihsiatna leh lungimna in hon umchiplou aadikzaw a hon pitheihna ding in bible sim tam ni.

IV

Thumna neih Khalam nakna

Thumna tawh kisai theituak masate

1. Thumna kichi khalam nakna ahi:

[1 Thessalonikate 5:17] Tawp lou in thum un;]Huih diiklou in seconds bangzah na om zou dia? Training laloute second 30 a pan minute 2 atam tawk in om thei uhi. Khovel a tuinuai a huih diiklou a om sawtpen in minute 24 leh seconds 37 omzou hi. Huih diik lou a dakkal khat leng om zou ki-om lou hi. Thumna pen Khristiante ading in nakna ahi. Tawp louathum ding inbible in hon sinsak hi. Bangchidan a tawp lou a thum theih ding hiam? Mitsi den a thumna neiden mai ding maw? Huai bang ding hilouahi.

Thumna neih i chih Pathian toh kihouna ahi. Niteng hinkhua zatna alungsim aPathian koih kawma nnasep ding ahi. Nungak leh tangval hong kingaih chiang ua alungsim uah anungaknu ahihkeileh atangvalpatham den hi. Pathian in amah itpenanei ding in hon sinsak hi. [Matthai:22:37Huan, ama'n akiang ah, Toupa na

Pathian tuh na lungtang tengteng in, na kha tengteng in, na lungsim tengteng in na it ding ahi, chih. v38 Huai tuh thupiak thupipen leh poimohpen ahi.]Pathian zaw kha ahi a, munteng a om gige ahi. Nang amah na ngaihtuah a, amah na itpenleh amahtoh kipawl gige, kihou gige chihna ahi.

Bible a ginna a mihangsante thumna neitamte leng ahi uh. Khalam a bahsam het lou a Khristianhinkhua i zatnopleh thumna chin zongsatin i nei ding a, i pibawl ding ahi. Covid 19 hii alenlai teng thumna neih ka chau a,annekdek chiang a thumna neihleng by heart sa teng kigen maimai, lungsim leng pangkeina,chin zongsata thumna neihpen hoihkei chi in, ka lunglut mahmahlouh ngal in thumna ka nei kei hi. Hiai dan a thumna ka tawm neihleh ka khalam hong bahpah hi. Lupmanangawn a thumna neih ding linleh thumna nei louinleng ka ihmu suk zel ahi.

Khatvei ka biakin kikhop lai in Pastor pan 'thumna chin zongsatding ahihdan, niteng a thumna neih ding, i lunglutlouh hun deuhle omtheimah ahi. Hileh leng thum gige ding,huai ahi bible in hon sinsak ut," ahon chileh kana kimukhia hi. Huai ni a pan thumna hoihtak in ka neitouta hi.

Daniel nikhat in thum vei athum gige hi. Zingkal teng in Job in asungkuante ading in thumna anei a, azi leh tate Pathian mai ahalan gige hi. Hiai a thum i chih chiang a annekma a minute khat khawng i thumte gen ding in agintakhuai kei. Lungtang tengteng toh kipahthu genna leh ngetna nei uh ahi.

2. Toupa thumna study bawlkhawm ni:

[Matthai 6:9 Huchi in nou zaw hichi bang in thum un: Ka Pa uh van a om, na min kizahtak hen. v10 Na gam hongtung hen. Na deihlam vana akihih bang in, lei ah leng kihih hen. 6:11 Tuni'n ka nek khop uh an hon pia in. v12 Kabatte uh hon ngaidam in, kou leng ka leibate uh ka ngaihdamtak bang un. v13 Khemna ah hon pilut ke'nla, giloulak ah hon hu zaw in, chi in.]

Ka Pa uh van a om- Hiai Toupa thumna nei theidingte tuh piangthak diktakteahih ding ahi. Ka Pa chi a Pathian sam theidingte tuh hotdam tate ahi uh.

Na min kizahtak hen i chih tuh thupiak sawmte lak aathumna ahi. Pathian min amawk inlou ke'n chih tuh zahtakna piakna ahi.

Na lalgam hon tung hen i chih chiang in, tua khovel leh muh theih teng Satan khut a piak vek ahi a, khelhna in khovel teng zelsuak ahih chiang a, Pathian gam hong tung hen i chih tuh i pianthak chiang a hotdamna sangte sung a Pathian Kha teng ahi. Gospel tungtawn a na lalgam kikeklian hen chihna leng ahi. Huai zoh, Rapture leh khovel tawpchiang a hiai leitung hihsiat a om ding, huai zohchiang a Pathian in siamthak ding a, huai hong tungmeng hen chihna leng ahi.

Na deihlam van a akihih bang in, leitung ah leng kihih hen- Pathian deihdan bang a? Atapa tungtawn a lei leh van khat a gawm ding, huai ahi adeihlam. Hiai na deihdan leitung ah leng kihih hen, thupina leh lalna i piakna uhleng ahi.

Tuni in ka nekkhop uhanhonpia in, agen nop tuh, zingchiang ding toh kisai nang khut ah kakoih in, ka hon muang hi, chihna ahi. Tantawk a lungkim ding a ngetna leng ahi. Kalkhat ahihkeileh kha khat annek ding hon pia in chi a kithum ngei lou ahi. Kum khat annek dingneilehang nuam kisa lo ding a, Pathian kimangngilh kha ding hi. Tuni annek ding kia ngen i hih lam thei in, huaiziak in maban saupi gel in kilungkham saksak nawn kei ni in, Toupa tung ah kinga in.

Kabatte uh hon ngaidam in, kou leng ka leibate uh ka ngaihdamtak bang un- Ei leh Pathian kal, leh mihingkal bawllemna ahi. I hihkhelhte kisikkhawm a gen ding ahi. Khelh ngaihdamlouh neite'n Toupa thumna gen thei lou uhi. Huchi louin zaw Pathian kiang a zuau gen ahi kha ding uh. Toupa thumna neih ma in kua ahia ka ngaihdamlouh om hiam chih ki-check masa in, Toupa min in ngaihdamna puangkhia in, i lungsim bek in, "Toupa hiai mipa ahihkeileh hiai minu ka tung a akhelhna nang min in ka ngaidamta," chi in gen masalehang. Mi ngaihdamlouh nei kawma thumna i neihleh Toupa'n hon dawng lou ding ahi.

Khemna ah hon pilut ke'nla- Khelhna bawlkhak ding i lauh petmah ding uh ahi. Pathian in khelhna ahi ahuat, Pathian huatpen e'nlengi huat ding ahi. Khelhna a i kibual chiang in, i utlouh tantan in hon gamtangsak a, i thuaklouh ding tantan in hon thuaksak lai ding hi. Pathian kiang a khemna nangzou ding a ngetna i piak ding ahi.

Giloulak ah hon huzaw in i chih chiang in thil hoih lou bawlte'n hon suknat ding uh hiam, ahihkeileh ei amah lak a thil sia bawl ding a tel lou ding a ngetna ahi.

Lal leh thilbawltheihna, leh thupina tengteng tangtawn a nanga hita hen, Amen-Thumnaneihatawpna pen Pathianpahtoinaazohkhiat ding ahi. Hiaiigenchiang in, eimahhinnalengPathiankiang a kipekhiaihihdanmangngilhkeini, Pathianthilhihtheihna akingaknaleng ahi.

3. *Toupa Jesu Khrist min zang a nget ding ahi:*

[Johan 16:23 Huai ni chiang in nou kei bangmah na hon ngen kei ding uh. Chihtaktak in, chihtaktak in, k'on hilh ahi, Pa kiang a bangpeuh na nget uleh, keimah min in nou ahon pe ding hi. v24 Tutan in ka min in bangmah na ngen nai kei uh; ngen un, huchi in na mu ding uh, na kipahna uh akimna ding in.]Ei sang mah in Toupa Jesu Khrist toh Pa Pathian akinaih zotham ua, pumkhat ahi uhi. Ei minzang a thil i nget sang in, Toupa Jesu Khrist, eite hondampa leh atapa minzang in ngen lehang hon dawng zotham ding hi. Pa Pathian peni Toupa Jesu Khrist tungtawn a i pa honghipah ahi. Pathian ta hihnai Toupa Jesu Khrist tungtawn a i tan uh ahi. Bangziak a Jesu Khrist minzang a ngetna nei ding i hia?

Eite'n Pa bangchikmah a kimu kha lou a, himahleh Toupa Jesu Khrist toh achiil a pan ana omkhawm leh pumkhat ahi uhi. Nang pa toh na kinaihna sangin, Jesu Khrist toh Pa Pathian kinaizaw ua, kithulak zotham uhi. Ka theih ngeilouh khat in sum Rs.10,000 hon ngen mawk taleh ana pe ut lou ding ka hi. Himahleh hiai pa'n na best friend sanggampa ka hi chi henla, ka best friend in phone tungtawn a huai mipa a dingsum hon ngetsakleh ana pe utzel ding ka hi. Ka mizahtak leh ka it khat min a thil hon ngen ahihziak in ka it ngam kei ding hi. Hiai toh kibang ahi, Jesu Khrist min i zat chiang in, i Toupa Jesu Khrist mahmah in leng Pa kiang a eisik-le-tang a honna ngetsak lai ahi. [Johan 14:13 Huan, ka min a na nget peuhmah uh ka hih zelding, Pa Tapa a pahtawi a a-omtheihna ding in. v14 Nou ka min a bangpeuh na hon nget uleh, huai tuh ka hih zel ding hi.]

4. Kha Siangthou i sung a om pen in hon na thumsak zel ahi:

[Romte 8:26 Huchimah bang in, Kha in i hatlouhna ah hon huh zel; bangchia thum ding ahia chihi thei ngal kei ua; himahleh Kha in mauna gen vuallouh in hon thumsak zel hi.] Na thum chiang in, nangkia thil ngen a thum nahi kei a, Toupa Jesu Khrist in leng ama min nazat ziak in Pa kiang ahhonna ngetsak zel a, Kha Siangthou asung a ompen in leng nang hon theichian ahihziak in, na thumkhaklouh leh thumdan dingtanphana theih louh lai in lengPa kiang ah honna thumsakzel hi. Hiai thei kawmin kimuangngamtak in thumna nei zel ni.

5. I thumnate mukhinsa a kigingta kawm a thum ding ahi:

[Marka 11:23 Chih taktak in k'on hilh ahi, kuapeuh mah in, hiai tang kiang ah, na kisuan inla, tuipi ah na kipai in, chi a, alungtang a ginglelloua agen tuh atangtung ngeingei ding chih gingta peuhmah in agen bangbang amu ding uh. v24 Huaiziak in k'on hilh ahi, bangkim na thum ua na nget peuhmah uh musa in kiging unla huchi in, na mu ding uh.]Thil hoih na nget nakleh Pathian in hondawnglou in a-om kei ding. Thumna poimohdan ka nu a pan ka sin ahi a, class 2 kahihlai a pan in zingkal teng in biakin ah thumna kava nei gige hi. Thil 4 ka ngen gige:Laisiamding, Missionary hih ding, Kungfu siamding, leh Zi hoihtak neih ding. Huai kum in bangmah ka thumna dawn in a-om kei. An nek ma, lupma hi in, thohphet chianghitaleh,hiai teng li a ding inka thum ngitnget hi.

LAISIAM ding a thumna -Class 3 ka hih in, ka Unu'n state dang a sumzong ding a hon omsantak in kei lai hon hilh ding a-om nawnkei a, laisimna toh kisai mohpuakna (responsibility) tengka hongkilak a, lai hoihtak in ka hon kisim hi. Kanu zingkal teng a mehzuak a kuankhia ahi a, kei toh kanau kia om ka hihman un, ke'n an huan, insung nasep leh laisimte kei-le-kei kana kibawl angai hi. Huai kum a pan laisim lam ka honghahpan a, lai ka hongsiamtou hi.

MISSIONARY ding a thumna-Class 3 kum tawp lam mah in Hotdamna (atak tuh hilou), Kha hotdamna dan deuh a kana theih dan in ka piangthak a, class 3 a pan class 10 tan, ka classroom uah kumtawplam teng in Pathian thu ka gen hi. Bible Kids Missionary kichi class 7 kahih in ka lawmte toh ka pan ua, class 8-9 sung teng 'Young Generation Fellowship' ka dinkhe nawn ua, Chairman in ka pangtou hi. Naupang chik a lawmte toh Pathian thugenakizui kawikawi ka hi ua, biakin mun tuamtuam ah leng tuailai kikhopna a hunzang ding leh special number pe ding in hon chialzeluhi. Class 7 khawng ka hihlai a pan gospel counselling lawm-le-vualte toh kana pantou khinta hi. Ka thumna khatna leh nihna Pathian in hon dawng ahi.

KUNGFU SIAM ding a thumna-Kumtamtak ka thum khit nung, class 5 ka zil kum in, Kungfu ziltheihna chance ka mu a, kungfu zil lel khat ka inn kiang uah hong om kha a, amah va zui in ka va kingenlut hi. Kum 3 val bang thumna a hoihtak a ka na thumtak ziak in, ka mavang lua a, Master Khamsuan deihsakna leng ka tang hi. Kha nga lel ka zil a pan ama Assistance Master ding in honna zangtou pah a, kum nga sung ka pangtou hi. Kungfu pen Covenant Children's Homete'n 2006 a pan ana pat uh ahi a, himahleh amau lak a Master patheihna leh siamna teng zilsuak kuamah om lou uhi. Kungfu chi 4: Karate, Aikido,Kendo Stick, leh Sword teng sinsak mahlehhuai teng zilsuak ama studentte lak ah ana om nai kei ua, kei huai teng a Blackbelt certificate dong masapen kahi. Ka sinpihte blackbelt dong thei ding mi nga bang ka hi ua, himahleh adangte'n ahunbei ma atawp om, atawptan sinsuak hileh leng blackbelt ding a ching asaklouh man in Master pan pe nuam lou hi.

ZI HOIH nei di'a thumna-Atung a thumnate dan a hiai leng hon dawngpah ding a ka kilametahi. Kei kha family issue ziak a kum

4/5 vel school kai hak ka hi a, ka class pawlpihte sang in kum 4-5 in ka upazaw hi. Class 10 kasim in kum 19 ka hita a, keileng ka hongkitangvalsak (romantic)pianta hi. Numei kichi toh kilawmthuah ngei lou leh pawl ngei lou ka hi a, hiai lam area nana na tuh ka mawl petmah hi. Zingkal 4:30AM a pan 7AM tan, nitaklam 3:30PM a pan 5PM tan kungfu zil zel ka hi a, kiginni a NCC vaia zingkal lam buai, sun hun pen singchih ding po zel in, Pathian nichiang a Pathian thugen leh Fellowship ka kizatnate a buai zel ka hi. Nungak saina ding hun leh lawm polhna ding hun nei lou ka himai. Mi thuah siamna (intra-personal skill) leh nungak saidan lam ah tuh zero ka hi.

Class 9 ka hih in, first love (chidek leng lah ama'n hon deih lou ahih chi'a), ka it masakpen ka hon chi maiding, numei khatka try hi. Kum 3 bang delhzui ka hi a, himahleh ama'n hon deih mawngmawng kei hi. Huai hun lai in ka theisiam kei a, ka typhoid vei toh amah kasai hong kituaktou kha zomah,depression nasatak ka hon neihloh hi. Himahleh Pathian in ka depression zang in tuni a ka tunna ding tan hon tungsak zaw ahi diam, ka chi a, ka kipak hi. Thumna teng Pathian in i chihdan ngen a hon dawngkim lou ahi. Hon dawng lou ahi kei, hon dawng mah ahi. Hileh leng ei chihdan leh ei chih hun abel hon dawng sesekhol lou, ka chihnaahi. Hiai laibu ka gelhtan in kum 28 single ka hita a, zi ding toh kisai thumna neidenlai ka hi. Ka zi ding toh kisai a honna thumpih utte'n honna thumpih unla, phone call a thumna hon neihsak ut a na om ualeh leng poisalou ka hi. Thumna ngaina mi ka hi a, mi thumsak ut mawngalengPastor leh Reverend va zuanzel ka hi.

6. *Thumna neih ma a midangte ngaihdam masak ding ahi:*

[Marka 11:25 Huan, thum a na dinpeuhmah chiang un kua tung ah leng thupoi banghiam na neih uleh ngaidam un; na Pa uh van a om in leng na tatlekna uh ahon ngaihdamtheihna ding in. v26 Ahihhang in na ngaihdam kei ualeh, na Pa uh van a om in leng na tatleknate uh hon ngaidam sam kei ding hi, achi a, adawng a.]Etsakna ka hon peding, nang ta nihna nei a, amau akisual zoh chiangun kilemloupi in thil hon ngen le uhnape diam? Na deihsak diam? Amau kal hong kilem masa uhenla, huai zoh chiang in kithutuak in hon ngenleuh kipe ut zotham lou ding ahi. Thil nget i chih tuh i nget pen i tantheihna di'a, deihsakna tan masak ngai hi. Pathian kiang a thil nget leh thumna na neih dek chiang in, ngaihdam louhna neihleh ngaidam masa in, nang hatna a ngaidam zou lou ding na hihleh, thumna nei inla ngaihdamtheihna hatna ngen in honpe ut lo ding ahi.

Pathian kiangkia hilou in ithil hihkhelhna pen kiang ah leng ngaihdam nget kul ahi. Khenkhatte'n Pathian kiang a ngaihdam ka ngetnakleh hun achi ua, hileh leng huai Pathian deihdan hilouahi.[Jakob 5:16 Huchi in, hihdama na omtheihna ding un, na khelhnate uh thupha kitawituah unla, kithumsaktuah zel un.]I bawlkhelhte tung ah leng thupha kitawituahding, e'nleng amau i tung a khelhna hon neih khakte uh ngaihdam ding ahi. Huchibang inbawllehang Pathian in i thumnate hon ngaikhe ding ahi.

Chinatna i neih chiang a bang bawlkhelh nei kha ka hi diam aw, chi a kivel pahpah ding ahi. Khristianhingal lah khelhna kichi buai abuaipih khalou, dou leng dou lou, khelhna douzou ding a leng panpihna ngen ngei lou hun khop ki-omkha ding ahi. Chi anatchiang a damdawi ne in huchi hongdam ding a kikoih ngal, Pathian in bang ding a hon deih ahi diamaw, chih ngaihsutna khat leng nei lou a kidamkhe zel. I chinat teng bek in bang bawlkhelh nei ka hia, chi in kingaihsutna hun bek in zang thei lehang manpha mahmahkha ding hi. I chinatlouh chiang alah mahni kivel leh kisuutna hun nei lou akihih chiang a, damlouhna pen hoihzawkna ding inzang phatuam thei chiat lehang damlouh manleng om deuh ding ahi. Pathian in hon houpih ut ziak a atuam a hon koih ahi diam? I damchiang a nasem a kibuai theilua i hih chiang a, amah ngaihsak man lou kihimaitheiahi. Huaiziak a i nasepte a pan tawldamna (rest) honpe cheuh in, huai kawma hon houpih ut hikha thei ahi. Damlouh chiang bek a Pathian a di'a lungsim honsa a omgige ding ahi.

7. *Thupiakte i zuihleh i thumnate dawn a om ding ahi:*

[Johan 15:1 Kei grep gui dik tuh ka hi, ka Pa akempa ahi.v2 Kei a hiang gahlou peuhmah alamang a; agah peuhmah ahah siangthou a, hong gah tam semna ding in. v3 Na kiang ua ka thu gen ziak in tu'n ah leng na siangthou khin pah uhi.v4 Keimah ah om gige un, kei leng noumau ah ka om gigeding. Hiang, grep gui a a-om gige keileh amah in agah theikei bang in, nou leng keimah a na om gige kei uleh, na gah thei kei ding uh.v5 Kei agrep gui tuh ka hi, nou ahiangte na hi uh; kuapeuh keimah a om gige a, kei leng amah a ka om gige na, huai mah tuh tampi'n agah nak hi; keimahlou in lah bangmah na hihthei kei ua.v6 Mi kei a a-om gige keileh, hiang bang a paihkhiak in a-om a, avuai nak hi; huan, atom ua, mei ah apai ua, akang nak hi.v7 Nou keimah a na om gige ua, ka thu leng noumau a a-om gigeleh, na ut peuh uh ngen un, nou a ding inhih in a-om zel ding hi.v8 Hiai ziak in ka Pa tuh pahtawi in a-om, tampi a na gah un; huchi in ka nungzuite na hi ding uh.v9 Pa'n kei hon it bangmah in k'on it hi; ka itna ah om gige un.v10 Nou ka thupiakte na zuih uleh ka itna ah na om gige ding uhi, ke'n ka Pa thupiakte zui a, a-itna a ka om gige mah bang in.]

Thupiak i chih bible genna ahi. Kha Hotdamna ding a bible zuihna tungtawn avangam i kai sawm hamsiat kilohna ahi. Himahlehi pianthak nung a Bible thu va zuihpen khalam hatna leh Jesu Khrist bat zawk semna ahi. I zuih zohlouh ziak a meidil kai thak ding chihna hilouahi. [Kolossate 1:13 Ama'n tuh mial thuneihna lak a kipan hon suaktasak in, a Tapa ittak gam ah hon kaisakta;v14 Amah ah tuhi tatkhiakna uhi mu uni khelhnate ngaihdamna tak. v15 Amah tuh muh theih louh Pathian batpih, thilsiam tengteng a piang masapen ahi a;]

Jesu Khrist tungtawn a hiai khovel kizoukhintaahi. Jesu Khrist tungtawn inhiai bible sung athu omsa teng kizuikimta hi. [1 Johan 5:1 Jesu, Khrist ahi chih gingta peuhmah Pathian suahsak ahi; kuapeuh asuaksakpa it in asuahsak leng a-it nak.v2 Hiai ah Pathian tatei it chihi thei, Pathianiita, athupiaktei zuih in. v3 Pathiani itna tuh hiai ahi, athupiaktei zuihna; athupiakte tuh ahaksa ngal kei a.v4 Pathian suahsak peuh in khovel azou zel ngal a; hiai ahi khovel tung a vualzohna,i ginna.v5 Jesu tuh Pathian Tapa ahi chih gingmi kia ngallou, kua'n khovel azou zel a?]Ei vazuih kim ahi kei a, Jesu Khrist, homdampa ding a i san chiang a ama sepsa teng, ama hoihna tengkoppihi hi uhi. Ama'n hon zohsaksa teng Khristianhinkua a i tottouh hilel ahi.

8. *Lepchiahna tel lou a thum ding ahi:*

[Matthai 6:5 Huan, na thum chiang un, mi lepchiahte bang in na hih ding uh ahi kei; mi'n amuhtheihna ding un, kikhopna inn bang ah kongzing kathuam laitak bang ah dingh kawmin thum a-ut tuan sese uhi. Chih taktak in k'on hilh ahi, akipahman uh amuta uh. v6 Nang zaw na thum in, na dantan sunggil ah lut inla, na kongkhak inla, na Pa aguk a om kiang ah thum in,huchi in napa aguk a hon mu in ahondawngding. v7 Huan, na thum un, Zentelte bang in gentuan mawkmawk kei un: apautam ziak ua zak a om ding akisa uh. v8 Huaiziak in, amau bang in om kei un, amah na nget ma ua na Pa un bangbang ahia na khawkna uh atheigige ngal a.]Pathian kiang a i thum chiang in, i thumnate kia za isa kha ding e, i lungtang a omteng leng musuak leng thei ahi. Lungtang a omtaktak lou ngen thumna pen lepchiahna hipah ahi. Akilawmsakna ding lel aleng thumlouh ding ahi. I nget nop omleng ngen ngam lou a leng omlouh ding, kilawmsakna a na vualzawlnate ziak a kipah thu ka hon gen chihchih mawklouh ding ahi.

Thumna i chih Pathian toh kihoulimna ahi. I thil ngetna leh ngaihdam ngette achian (specific/clear) ding ahi. Ngaihdam leh thil nget mikiang ah va gen in, akep kia gen lehang honna ngaidam diam? I thil nget honna pe ding uam? Lungtang tawng a pan ngaihdam i nget chiang a akepkia gen ngei lou i hi, ibawlkhelhna mun chet leh na kisikdan mittui naptui toh ngaihdam ngen zaw i hi. Thil ngeti neihchiang inleng, i zatna ding leh i ditkikdan ding tanpha chiang deuh a kigen masasek ahi. I kilempihlouhte kiang a thil nget kingen ngei lou ahi. Huai mah bang a Pathian kiang a thil nget i neih ma in, ama huatte ho phot in, amah lungtuah sawm ni, Pathian kha ATM machine dan a emotion nei lou hilouahi. Thil ngette hon pia bang hileh i zatnading tanpha leng hoihtak a gen ding ahi a, i nget honpia bang hitaleh Pathian toh i kal hihse lou ding i hihdan hoihtak a hanchiam (commit) ngai ahi.

9. Midiktat thumna Pathian in ngaikhia hi:

[Jakob 5:17 Midiktat thumna in thil thupitak ahih zel hi. Elija leng eimah piandan bang pu mihing mah ahi, amah tuh vuah zuklouhna ding in phatuamngaitak in athum a, huan, kum thum leh khaguk sungteng leitung ah vuah azu kei hi. v18 Huan, athum nawn a, van in vuah azusak a, lei in agahte hon suaksakta hi.]Thilhihkhempeuh a zulhzau louhding, chitaktak a semding, zuau gen louding, i thumna pen dawn ahihmasiah thum tawplouh ding ahi. Midiktatlou thumna kihhuai ahi. Na lawmte mi zuihzau leh zuaugen hat khat in leitawi ding in na kiang ah sum 10,000 hon ngenleh na phal diam? Mizuihzau leh midukdak lou na hihleh thumna neihlouh ding chihna hiloua, thum inla na diktat louhnate thupha tawi in, na ngetnopte'n gen in, ban ah midiktat hithei ding a panpihna leng nget ding ahi. Kisikna tak na neih a, diktat louhnate na nutsiatleh Pathian in hon ngaikhe ding ahi.

10. Pathian in mikingainiam thumna sang hi:

[Luke 18:9] Huan, midiktat hih kigingta a, midang tengteng musit kuate hiam kiang ah hiai gentehna thu leng agen a: v10 Pathian biakin ah thum ding in mi nih ahohtou ua; khat Pharisai ahi a, akhat penSiahkhonmi ahi. v11 Pharisai adingha, amah kia in hichibang in athum a: Pathian, midang, anegute, dikloute, angkawmte bang ka hihlouh ziak leh, hiai Siahkhonmi bang leng ka hihlouh ziak in na tung ah ka kipak hi. v12 Nipikal khat teng in nihvei an ka ngawl zel; ka neihteng sawm-a-khat ka pe zel a, achi a. v13 Siahkhonmi'n bel gamlatak a dingh in, vanlam leng adak ngam kei, Pathian, kei mikhial, ka tung ah zahngai in, chi in, a-awm akitum a. v14 K'on hilh ahi, amasa sang in huai mipen tuh siamtang in a-inn ah apaikheta. Kingaithupi peuh aniam ding ua, kingainiam tuh pahtawi in a-omding, achi a.]Kei bang leng ka thil hoih bawl khakte mikiang a gen nuamsa leh kiphat hatmi ka hi, hileh leng Pathian toh ka kihou chiang in bel ka huchi zezen kei hi. Thil hoih i bawlte mihing mitmuh a thupi leh akilawm tham ahi. Himahleh Pathian mai a gentak lou ahi. I thil hoih bawlte ziak a Pathian tung a kisathei vual hiloui hi. Thil hoih bawltheihna ding a utna, hun leh tha hon petu amah ahi. [Philippite 2:13 Amah lungtuak ding a, noumau a hon utsak leh hon semsak ding a hihpa tuh Pathian ahi ngal a.]

Bangchi a kingainiamtak a thumna neih theih ding ahia? Hiai a bible chang i sim bang un, i diktatna leh thil hoih bawlte suang lou in,Siahkhonpa bang ai khelhna leh thulimlouhnate phawkkawmathumna neih ding ahi.Pathian in mikisathei leh kihoihsakte thumna ngaikhelou hi.

11. *Lungtang in khelhna apahtakleh Pathian in hon limsak lou ding hi:*

[Sam66:18 Ka lungtang a thulim lou ka limsakleh Toupa'n hon ngaikhe kei ding a.]Thumna a thil nget i bawlma in, ei-le-ei kidong sin lehang, tulaitak a bang khelhna ahia ka buaipihpen leh ka pahtakpen? Khelhna bawl gige kawma thumna neih zaw Pathian in hon limsak lou ding hi. Khelhna nei het lou a thumna nei ding chihna hia le? Hi peuhmah lou, si leh sa a i khosak sung i taksa pen pianpih khelhna ahi, i khalam ahatlouh zek chiang a khelhna bawl zui pahkhate i hi. Za-a-za khelhna beisa a thumna neih i chih pen thilhithei hilouhi. Rapture hong omchiang a tua i pianpih khelhna pen khelhna nei lou taksa a hong kisiam thak ding ahi. Huai ma sungteng bel, hiai pianpih khelhna toh ki-omkhawm den ding hi. Himahleh i lungtang in khelhna apahtakleh bel i thumna dawn a omlouding hi.

Khelhna tawpsan sawm, lungtang a pan hoih lou ahi chih thei kawma bawl kha teitei i hihleh khelhna pakta ihi kei a, tawpsan

sawm a panla a tawpsan zou nai lou i hizaw hi. Pathian kiang a kisik
a ngaihdam ngen kawma, huai i hatlouhna pen ahatna honpiak
ding ngen leng hon panpih ding hi. [1 Johan 1:8 Khelhna ka nei kei,
chi lehang eimah leh eimahi kikhem a, thutak tuh eimah ah a-om
kei hi.v9i khelhnate thuphai tawileh,i khelhnate, ngaidam ding leh,i
diktat louhnate tengteng silsiang ding in amah tuh amuanhuai in
adiktat ahi.]

12. *Nang mah thuthu hi zaw hen chih theih ngai ahi:*

[Matthai26:36 Huai zoh in amaute toh mun khat Gethsemani achih
uh atung ua: huan, ama'n tuh anungzuite kiang ah, "Pam a ka va
thum kal in hiai ah na tu un," achi a. v37 Huan, Peter leh Zebedai
tapate nih apituam a, lungkham in hong mangbang mahmahta a.
v38 Huan, akiang uah, "Ka kha alungkham mahmah a, sihna khop
hial ahi; hiai ah om unla, hon venpih un," achi a. 39 Huan, neukha
in malam ah ava pai zek a, bokkhup in, "Ka Pa aw, ahih theih liaileh
hiai nou in hon pel mahmah hen; ahihhang in keimah thu hilou
in, nangmah thuthu hi zaw hen," chi in athum a.]Ei mihingte'n
i mailam hun ding minute nga lel leng kithei lou hi. Thei bang
hilehang accident chihom ngei lou ding ahi. I mailam hun ding i
theih louhmah bang in, ei a di'a thil hoih leng i thei kei uhi. Pathian
thil bangkim mu, i mailam hunteng mu suak gige Pa i neih man in i
hampha uhi.

Amah itpen in nei gige lehang ama'ni mailam hunte ei hoihna
ding ngen in bawl thei hi. [Romte 8:28 Huan, Pathian a-it mite,
ama'n aseh banga asapte a ding in, ahoihna ding un bangkim in
asepsak chiat chihi thei hi:]Hauhsaknai ngen a,i nget nini in honpe
taleh sum kepdanding leng i siamlouh, kimangthangsak pah ding
ahi. Ahihkeileh siatna tampi huai sumzang a bawl kha ding leng
kihih thei ahi. Pathian in i muhlouhteng leng mu a, i zaklouhteng
leng za gige ahi. Amah muanglehang ama'n hoih asak hun a hon
dawngnading ahi.Ka thil ngette kei a di'a thil hoih lou hon tuntu
ding ahihleh hon dawng dah in chih ngam ngai ahi.

Inget ziak a hon piak ding thil khenkhat a-om a, i nget hetlouh a leng hon piak ding a-om hi. Huih, nisa, vuahtui leh adangdangte pen mihoih leh mikhialte tung ah piak kibang in pe gigehi. Himahleh thil dangte bel i nget ana ngak a, i ngetma teng hon pe lou hi.Huaiziak a kisuanglahlou tak a ngetnget mai ding ahi. Anget pen asia hilouahi. I hoihna ding i ngetkhak om ding a, huaite honpe ding ahi. Asia deihziak hilouhileh leng ei hoihlouhna ding i nget khak a-om ding,huaite hon pe lou ding hi.

[Matthai 7:7 Ngen un, piak in na om ding uh, zong in na mu ding uh; kiu un, ahon hon ding uh; v8 kuapeuh angen in amu ua; kuapeuh azong in amu ua; kuapeuh akiu tuh hon in a-om ding uhi. v9 Ahihleh, nou khawng, kuapeuh na tapa un tanghou hon ngen taleh, kua'n suang na pe ding ua? v10 Ahihleh, ngasa hon ngen taleh, kua'n gul na pe ding ua? v11 Huchi hileh, nou migi lou in bawn, na tate uh thil hoih piakna dan na theih un, na Pa uh van a om in angente thil hoih pe zaw semsem lou ding hia?]

"Ahihhang in keimah thu hilou in, nangmah thuthu hi zaw hen, chi in," Jesu thum hi. Hiai chih theih nak poimohlua ahi. Hiai bible chang simkhawm ni, keimah thu hilouin, nangmah thu hi zaw hen chih poimohna i theih suahna ding un; [2 Kumpipate 20:5 Kik nawn inla, ka mite heutu Hezekiahkiang ah gen in, TOUPA, na pu David Pathian in hichi in achi, 'Na thumnate ka za a, na khitui kia leng ka mu hi; ngai in, ka hon damsakding; ni thum ni'n TOUPA inn ah na hohtouding. 6 Huan, na damsung kumte kum sawm-le-nga in ka sausak ding a; huan, nang leh hiai khopi Assuria kumpipa lak ah ka humbit ding a; huan, keimah ziak leh ka sikha David ziak in hiai khopi ka humding,'achi, chi in. 2 Kumpipate 21:1 Manassehalal pattung in kum sawm-le-nih a upa ahia; Jerusalem ah kum sawmnga-le-nga alal: anu min Hephzibi ahi. v2Huan, Toupa'n Israel suante ma a adelhkhiaksa namte'n thil kihhuaitak ahihsekte uh bang, TOUPA mitmuh in thil hoih lou pipite ahihseka. v3 Apa Hezekiahin ahihsiatsa mun sangte adingsak nawn a; Israel kumpipa Ahab hih bang in Baal maitamte adingsaka, Aserahte abawl a, van a om tengteng abia a, a nna uh asem hi.v 4 Toupa'n Jerusalem ah ka min ka omsakding, achihna TOUPA innah maitamte abawl a. v5 TOUPA innhuangsung intual nih ah van a om tengteng a ding in maitam abawl a, v6 Huan, mei ah atapa alutsak a, aisante bang aching a, bumte bang ahih a, dawi aisansiam zawlte leh bumsiamte aguaiguai hi: TOUPA mitmuh in thil hoih lou thupi mahmah a hehsak ding in ahih naksek hi.]

Hezekiahin Toupa nang thuthu hi zaw hen ana chi khalehbel Israelte'n kumpi gilouHezekiahtapaManasseh nei kha lou ding uhi. Pathian in i thumna teng hon dawn kimlouh hamphathuai hi zaw ahi.

Atung a i gen tengteng tunkhawm hiai bang chang ahi:

[Sam34:13 Na lei tuh giloulak ah veng hoih inla, na muk tuh khemna thu gen lou ding in veng hoih in. v14 giloupaisan inla, thilhoih hih in; lemna zong inla, adelh in delh in. v15 Toupa mit in midiktatte lam a-en gige a, abil in asap uh za ding in angaikhe gige hi. v16 Toupa mel in thil hihkhialte adou naknak a, amau theih gigena tuh lei a kipan ahihmangthang ding in. v17 Midiktatte akikou ua, huan Toupa'n ana za a, amangbatna tengteng uah ahonkheta hi.v18 Toupa'n lungtang khasiate ava naih zelzel a, lungsim a kisik peuhmahte ahondam zelzel hi.]Pathian in thumna adawnnading in thil tampi akigawm a, hiaite ahihleh: Jesu min a thumding, gingta tak a thumding, khelhna thupha tawi ding leh midangte ngaihdamding, amah thu i sung a tensakding, lungsim a khelhna pakta louding, khelhnate thupha tawi photding, midiktat hiding, kingainiamtak a thumding, leh nang chidan dan hihen chih theih ding ahi.

Pathian in i thumnate hon dawng gige ahi a, himahleh ei chihdan ahi khelkhel kei hi. Pathian in thumna adawndante- Awle tu mahmah in, awle ahun atunchiang in, awle hiai dan hoihzaw hiai dan in aw, nang hoihna ding in hiai zaw hidah hen aw, chi in hon ngaikhia in hon dawng zel hi. Ahondawn dandan ei a di'a hoihpen ahi chih thei kawmin gintakna toh pom ding ahi.

.

Thumna kidawng lou i chihte toh kisai:

[2 Samuel 12:13 Huan, David in Nathan kiang ah, "TOUPA tung ah thil ka hihkhialta," achi a. Huan, Nathan in David kiang ah, "Toupa'n leng na khelhna a koihmang samta; na si keiding. v14 Ahihhang in hiai na thilhih a Pathian gensiatna lemtangtak TOUPA melmate a di'a na bawl ziak in na lak a piangnaupang asi ngeingeiding,"achi a. 15 Huchi in Nathan in a-inn lam ah apaisanta hi. Huan, Uria zi in David asuansak tung ah Toupa'n akhut akha a, achi ana mahmahta hi. v16 Huchi in David in naupang a ding in Pathian kiang ah angen ngutngut a; huan, David in an angawl a, alut a, zankhua in lei ah alum hi. v17 Huan, a-inkote lak a upate athou ua, lei a kipan a kaithou ding in akiang ah ava dinghua; himahleh athou nuam kei a, akiang uah leng ane sam kei.v18 Huan, hichi ahong hi a, ani sagih ni in naupuang asita hi. Huan, David sikhate'n naupang asita chih ahilh ngam kei ua, "Ngai in, naupang adam lai in akiang ah thui gen ua, angaikhe nuam ngal kei a, naupang asita chih bangchi in i hilh ngam di'a, bang chichi hiam in akihih khading,"achi ua.v19 himahleh David in asikhate kisimhou amuh in naupang asita chih atheita a; huan, David in asikhate kiang ah, "Naupang sita hia?" achi a. Huan, amau, "Sita," achi ua. 20 Huchi in lei a kipan David athoutou a, akisil a, sathau akinilh a, apuante akheng a; huan, TOUPA inn ah ahoh a, Pathian abia; huan, a-innlam ah apai nawn a, huan, an akan a, ama ah alui ua, aneta hi.]

David nasatak a ni 7 sunganleng ne lou a thumna nei ahi. Himahleh Pathian in dawng lou, himahleh ata hong sihtak in, athoukhia a akisilsiang a an anekkhit in Pathian abia hi. I chih bang a thumnate Pathian in hon dawnlouh ziak a Pathian biak tawpsanlouh ding ahi. Pathian tung a vui chihtekhelhna ahi. Bangkim tung a thuneipa'n na thumna dawnlouhna ding a thu nei lou hia? Na ngetna ziak leng ama'n thei mahmah a, na ngetdan leh na lunggulh gilouteziak aleng hon dawng lou hithei ahi. [Jakob 4:3] Na ngen ua, na nget diklouh ziak un na mu kei uh, na nopsak bawlna ding ua zat na tup ziak un.]

Sawltak Paul in leng thumvei tak Pathian kiang ah ngetna abawl a, himahleh Pathian in ka hehpihna nang ding in ahun chi hi. [2 Korinthte 12:8 Huai thil tungtang thu ah hon awngsuttheihna ding in Toupa thumvei ka ngen a. v9Huan, ama'n ka kiang ah, 'Ka hehpihna nang ding in ahun hi, ka thilhihtheihna hatlouhna ah ahi hihkim a a-om,' achi a. Huchi in, Khrist thilhihtheihna ka tung a a-omtheihna ding in kipaktak in ka hatlouhnate ka suang zaw ding hi.]

Sawltak Paul in Pathian nna asepdani thei chiat ua, amah chiang a 195 vei tan sat a ompa ahi. [2 Korinthte 11:23 Khrist nasemte ahi uhia? (mihai bang in genta leng) ka hi sem; sepgimna bang ah thupi sem in, suangkulh a tanna ah bang thupi sem in, vuakna ah bang akan aval in, sihna ah bang tamveipi. v24 Judate lak ah vuakna khatvei a sawmli ching lou nga vei ka tuak a; v25 thumvei chiang a khet in ka om a, khatvei suang a den in ka om a, thumvei long siatna ka tuak a, zan khat leh ni khat tuipi ah taihmang in ka om a, v26 khualzinna ah tamveipi, luite lak a lauhuai, suammite lak a lauhuai, ka chipihte lak a lauhuai, Zentelte lak a lauhuai, khopi a lauhuai, gamdai a lauhuai, tuipi a lauhuai, unau takloute lak a lauhuai; 27 septawlna leh sepgimna,ihmutmohna ah tamveipi, gilkial leh dangtakna ah, angawlna ah tamveipi, khosik leh vuaktang a omna ah bang. v28 Huan, hiaite ban a kigenlou saptuam pawl tengteng ka ngaihtuahna ni teng a hon delh gige leng a-om hi.]Himahleh Pathian tung ahSawltak Paul vui lou in phun leng phunlou hi. Nang khatvei bek Pathian min in sat na tuakta hia? Thumna hon dawnlouh ziak a vui thei hilouna hi. Nang sang a thuakzawte leng athumna uh dawn a a-omlouh chiang un Pathian nuaksan leh amah tung ah vuilou uhi.

Pathian kiang a thumna i neih chiang a kivel kawmding ahi. I thumna neih hon dawnlouhna ding a gamta khial lou ding a pilvangtak a Khristianhinkhua zat sawm ding ahi. Ka thumna Pathian in hon dawngkei na chih chiang in hiai thumna chapter pen vel thakthak in, bible changte tungtawn a Kha Siangthou houpihna tang ding na hi. Thil hoihi ngette ahon dawn masiah thum ding himai ahi. Na pasal zu dawn atawptheihna ding a thum nahi hia, ahihkeileh na pa zudawn atawptheihna di'a thum? Midang khatpeuh a di'a thumna na ngetsakleh na thumna alohchin masiah Pathian in thum ding a hon deih ahi. Toupa ka thumna na hon dawn masiah thum ding kahi. Ka pasal/zi/ta ahoih masiahthumna a hon ngen ding kahi, chi a Pathian na buan ding ahi. Ahun tun chiang a Pathian in hon dawng dinga, hong hoih mai ding uhi.

Pathian in na thumna hon dawnlouh pona a na omleh, na khalam anaupanglai a theisiam lou na hikha thei hi. Na khalam na hong pichin hun chiang atheih siamna nahon nei ding hi. Pichin sawm in nasatak in na Khristianhinkhua ahpanla inla, kal suantou zel in.

.

.

Bangchik hun chiang a thum ding ahia?

Thumna neih i chih hunteng a thum ding ahi a, himahlehthumna neihna ding a hun poimoh kasak diakte ka hon taklang ding hi.

1. Haksatna tuah hun chiang in:

Pathian kiang a panpihna leh thuaksiamna, dohzohna, lungnemna i chihte nget theigige ahi. I haksatnate lamang ding a i nget sang in i haksatnate phuzou ding inngen zaw leng ahoih ding hi. I thiltuah haksa teng lamang ding in Toupa chial angai kei a, ahaksate phuzou ding a hatna hon pe ding a nget ding ahi. Hinkhua thil haksa leh vangsiatnai tuah hun chiang in, i lungsim in theisiamlou leh pomsiamlou a,huai hun chiang in zanihmut ahaksa a, kingaihsiat abaihlam hi. Huai hun chiang in theisiam leh pomsiam thei dingin Toupa kiang ah ngen in, i lunggimna teng amah kiang ah ngakhia in, hileh kitawldamthei ding hi.

2. Thupukna bawl ding chiang in:

Koppihzonna, khualzin dek, nekzonna leh hinkhua a thupukna poimoh diaktei lak dek chiang in Toupa kiang ah lankhe masa ni, "Bang thupukna na hon deihsak a, nang hoih nasak penpen thupukna hon bawlsak in," chi a thum ding ahi. Toupa Jesu Khrist in, "Kei deihdan hilou in nang deihdan hizaw hen," achih thil dik ahi. Ei mihingte'n i maban toh kisai minute khat lel leng i theilawk kei ua, bang a i hoihna ding leh bang hong tung dingchihtei thei kei uhi. Bangkim theipa leh i maban leng ama deihdan a siam thei Pathian kiang ah i deihdante ngakhelehang hoihpen ding hi.

Naupang kum 12 mi in kitheisaktak a thupukna asiam chiang in pilna lehtheihna kisam ahihman in thupukna amah a di'a hoih lou la kha theiahi. Ei mihingte Pathian a di'a naupang kum 12 mi sanga leng mawlzaw, eimah hoihna ding leng kigel thei lou lehtheihna kisamtei hi. Pathian in honita, ei i kitheihchet sang a ama'n hon theichianzaw lai a, i hoihna ding ei sang a theizaw ahihman in amah khut ah thupuknate lankhe zel ni, thupukna lakma athupukna dik la thei ding a panpihna nget ding ahi.

3. Khemna tuah chiang in:

Ze-etna leh khemna i tuah chiang a thumna neih zel ding ahi. I taksa bukim lou in nopna leh zalenna lunggulh a, mahni kithunun leh adik a gamtangte a ding inhonna daltu in pangsek hi. Jesu Khrist leng Getsemani huan a a-om lai in ataksa achau a, zingchiang a vuakleh gawt a om dingahi chih theilawk in a-ut kei hi. Himahleh i Toupa Jesu Khrist in Pathian kiang ah panpihna angen a, huchi in angelte'n hong hihhat ua, ataksa in mahni kihehpihna leh nopsak utna pen Pathian deihdan zui in hongkithunun zou hi. Khelhna bawl ding a khemna leh zolna i tuah chiang in, ei hatna muang in dou kei ni, Pathian kiang a panpihna ngen in a-angelte leng hon sawl thei ahi.

4. Kipah chiang in:

Pathian vualzawlna i donte ziak a kipahthu gentam ding ahi. [1 Thessalonikate 5:18 Bangkim ah kipahthu gen gige un; huai tuh noumau lam thu ah Khrist Jesu ah Pathian deihlam ahi ngal a.]Hun haksat hun leh i ginna ahatlouh hun chiang in thil bangkim i tung a tungte i hoihna lam ngen a tung ding a gintak ahaksat hun in kipahthu gen dingi linsek uhi. Himahleh Pathian in ahoih leh hoih lou i tung a tungte ziak aamah kiang a kipahthu gen ding a hon deih ahi. Job in 'Ka Pathian a pan thil hoih kia ka kilamet ding amaw!' ana chih bang in e'nleng i lungtang a Pathian a pan ahoih leh sia kitang thei ahihdan theisiam kawmleh, asia leh ahaksa i tung a hong tun chiang in leng Pathian hamsiat mai lou in, pahtawi dan kisin leng atawp chiang a Job vualzawlna tan bang alehnih kidong ding hi. Kipahthu gen i chih i Toupa Jesu in leng adeihdan ahi.

Mitdel mi sawm ahihdamte lak ah khat kia ava kik a, Toupa Jesu kiang ah kipahthu ava gen hi. Mitdel midang kua kipahthu genna chang theiloute sang in, kipahthu gendi'a kik pen apakta zotham hi. Ei mihingte'n leng kipahthu genna chang theite kipahpih ini panpih nuam zotham a, kipah thugen tamte toh kisia lua leng ki-om lou hi.

[**Luke 17:11** Huan, hichi ahong hi a, Jerusalem khua a apai sin lai in, Samari leh Galili gam akheng a. v12 Huan, koi khua hiam a alut ding in, mi phak ngenta, sawm in ana dawn ua, huaite tuh gamlatak ah adingh ua, huan, aw ngaihtak in, v13 "Jesu, Heutupa, ka tung uah zahngai in," achi ua. v14 Huan, ama'n amaute amuh in, akiang uah, "Siampute kiang ah va kilak un," achi a. Huan, hichi ahong hi a, apai lai un ahong siangthou chiat ua. v15 Huan, alak ua khat in dam chih akitheihtak in, aw ngaihtak a Pathian phat kawm in akik nawnta a; v16 huan, akhebul ah abokkhup a, akipahthu agen a; huai mi tuh Samari mi ahi. v17 Huchi in, Jesu'n adawng a, "Mi sawm hong siangta hilou na hi uh maw? Kuate koi ah? 18 Pathian phat ding a kik nawn, hiai theih louh mi kia lou ngal kuamah muh a om lou uhia?" achi a.]

Kipahthu i gentam ziak ini suploh ding khat leng a-om kei, himahleh kipahthu i genlouh ziak a i tan dinglai leng suploh thei i hi. Vualzawlna tamsem idon nopleh Pathian tung leh i mihinpihte tung ah kipahthu gen tam in, thil thupitak hon bawlsak chiang kia in kipahthu gen sawm kei ni, thil neuchikte tung ah kipahthu gen tam lehang atawp chiang in thil thupitak ziak a kipahthu gen ding hon neitou ding i hi.

V
Pathian Biakna leh Kikhopna

Kikhopna i chih mi hiai zah aphak teitei ding chih om lou hi:

[Matthai 18:20] Mi nih hiam thum hiam ka mina akikhopna peuh uah alak uah ka om zel ngal a, achi a.]Sabbathte akikhop chiang ua pasal sawm bek aphak kei ualeh program kipan theilou ahi. Ei Khristiante bel mi nih leh thumi om ualeh leng biakna pat theih ahi. Toupa Jesu'n ka min a mi nih leh thum na kikhopna peuh uah na lak ua ka om ding chi hi. Bangziak a 'ka min a'chi khelkhel ahi diam? Khristian i chih Sahkhua (Religion) ahi kei hi. Sahkhua (Religious) i chih mihingte'n Pathian i zonna uh ahi. Himahleh Khristian i chihtePathian in Jesu Khrist tungtawn a mihingte hon zonna ahi.

Jesu Khrist min zang theidingte tuh Jesu Khrist hotdamna tang a lal leh hondampa ding a sangte ahi. Jesu Khrist a piangthaksate mi nih leh thum akikhopkhawm ualeh lengamau lak ah Toupa Jesu Khrist va tel ahi. Piangthak loupimi 1,000 val kikhawm in kimutuah leuh leng amau lak a Toupa Jesu Khrist a-om keileh bangmah gen nei louahi. Hiai kikhopna pattheihna ding a pianthak masak ngai chihna ahi. Saptuam in bang chituk in ki-register lehang leng, Jesu Khrist lal leh hondampa ding a i sanlouhleh leitung kia a saptuam member kihi ding ahi.

Piangthak tate kikholhna ah Pa, Tapa, leh Kha Siangthou leng tel ahi:

[1 Johan 1:3 koute'n ka muhsa uh leh ka zaksa uh mah noute kiang a zong k'on puang uhi, huchi a noute'n zong koute toh kithuahna na neihtheihna ding un; koute kithuahna bel Pa toh a Tapa Jesu Khrist toh kithuahna ahi.]I pianthak ni apan Kha Siangthou kitang vek ahi. Huaiziak a Kha Siangthou a bible chang kigelh kei mahlehei sung a-omsa ahi. [Ephesate 1:13 Huan, noute, thutak thu, na hotdamna tanchinhoih uh ngaikhia in gin leng gingtate le uchin, amah ah chiamsa Kha Siangthou a chiamtehna hi uhi;v14 Huai Kha Siangthou beli gouluah ding tatna kimi luah mateng a, Pathian thupina ding a, khamna ahi.]

Biakinsung hi in, saptuam innvehna ah hitaleh, i kikhopkhawm chiang un Pa, Tapa, leh Kha Siangthou i lak ua tel gige ahihlam i phawk uhia? Tulai biakna kikhop chiang bang a upate hi in mipite hitaleh atamzaw ki-ihmu phial ahi. Pathian zahtaklouhnaleh biakna limsaklouhna pung dedeuhta hi. Salam hat deuhdeuh,khalamkikeniam hiaihiai hi. Thugentute'n leng mipi maipha zong in, atom thei tawp a thugen sawmta uh. Pathian suklungkim sawmna tawmta, mipi suklungkim sawmna tamzawta hi. Mipite'n leng Pathian aw sang a tawp baih leh tawp hak kibuaipihzawta.

Mahni nopsakna liai tan a biakna kizangta ahi. Saptuam mipite kilung awilouhna a-omleh kikhawmloupah, biakna leh saptuam paidan hoih i sak keileh kikhawm ngaihsak nawn lou pah kihita. Thugenpa'n sawt agen a, thugen asiam keileh kikhawm utlou mawk. Pathian maipha etding, amah kipahsak tum a kikhop ding ahihlai a, heutute maipha khawng zongzaw mawk. Pathian be di'a kikhawm i hih lam kimangngailh dekdek ahi.

Mihing kipolhlimna tamkhop a-om, huaite lak ah huchibang ahva om kha ni, hileh leng biakna leh saptuam vai ah tuh hiai bang a gamtat khelhna ahi. I kikhopkhawmna uai Chief Minister pa uh hong telleh amah mai in i lusu ngam ding uhia? Mihing mai a huchi i hih ualeh i kikhopteng ua i lak a thil bangkim siampa leh thil bangkim tung a thuneipa hong tel ahi chih phawk lou ihi uhia? Pa Pathian, Tapa Pathian leh Kha Siangthou Pathian i lak ua om gige ahi. Alusute leng amu a, thungaikhelou a kihouhoute leng akihouna uh aza a, Pathian aw ngaikhelou a thil dang lungsim a ngaihtuahte leng athei hi.

Biakinsung a omdan leh biakna toh kisai i kithunun thak uh poimohlua ahi. Ihmut leh lusuk i chih penchin zongsatkhat ahi. Ana enlehangalusute kikhop teng a lusu ding uh ahi. Amau poi sa nawn lou uh ei voi, upate bang in saptuam upahihna suang a kuama'n bangmah hon gen kei na in teh chihbawl a ihmu hiathiat mai, i biakpa Pathian akipakna diam?Lou khou ding a kuan, loubuk a ihmu den,nitaklam chiang a bangmah sem lou a kuante toh kibang ahi. Kikhawm a Pathian thu ngaikhe ding a kuan in, hileh leng thugen sungteng lusu, azoh kuan chiang a khanglou zel. I zumna ding ua hiai bang gen ka hi. Pathian lungkim lou ding ahi, i biakdan uh. Kei mihing leltak leng huchi in honbe le uteh ka lungkim keihial ding.

Kikhop tawp phet a Shikhar, Raza, Khaini, Tuibuk, Nahzial, leh atuamtuamte kipan pah, inn tun ding leng ngakzou lou. Upa tamtak mitsiphuai tuntun tam mahmah ahi. Khenkhatte'n biakin compound sung a nahzial tep, zu dawn, leh Sunday school khawng a tepleh muam ngam leng kitamta. Saptuam vai a blanket sawp a kuan in, tuailai makaite zu dawnkhawm chih khawng. Pathian mitmuh a amitsiphuaidan ding ngaihtuah ni, ei mihingte mitmuh aleng huchi khop a poi i sak theih leh Pathian, ei sang a siangthouzaw leh thuneizawpa adi'n bangchituk in akihhuai in muhthadahhuai dia?

Kikhop apoimohdan:

[Johan 15:1 Kei grep gui dik tuh ka hi, ka Pa akempa ahi. v2 Kei a hiang gahlou peuhmah alamang a; agah peuhmah ahahsiangthou a, agah tam semna ding in. v3 Na kiang ua ka thugen ziak in tu'n ah leng na sianghtou khin pah uhi. v4 Keimah ah om gige un, kei leng noumau ah ka om gigeding. Hiang, grep gui a a-om gige keileh amah in agah theikei bang in, nou leng keimah a na om gige kei uleh, na gah thei kei ding uh. v5 Kei agrep gui tuh ka hi, nou ahiangte na hi uh; kuapeuh keimah a om gige a, kei leng amah a ka om gigena, huai mah tuh tampi in agah nak hi; keimahlou in lah bangmah na hihthei ngal kei ua. v6 Mi kei a a-om gige keileh, hiang bang a paihkhiak in a-om a, avuai nak hi; huan, atom ua, mei ah apai ua, akang hi. v7 Nou keimah a na om gige ua, ka thu leng noumau a a-om gigeleh, na ut peuh uh ngen un, nou a di'a hih in a-om zel ding hi.]Jesu Khrist grep gui diktak ahi a, Pa Pathian ahuan kempa ahi. Hiang (Khristiante) amah a gah lou peuhmah alamang a, agah peuhmah ahahsiangthou hi; agahtam semna ding in.

Gah i chih Khagahte ahi: [Galatiate 5:22 Khagah ahihleh, itna, kipahna, lemna, thuak theih na, migitna, hoihna, muanhuaina,v23 nunnemna, kidektheihna khawng ahi zaw uh; huchibang kalh lam in dan thu piak himhim a-om kei.]Hiaite i sung a i neih chiang un, midangte'n Toupa Jesu Khrist ei a mu thei pan uh ahi. Khagahte om lou khelhna gahte ngen toh tangthupha genleng, kuama'n sang nuam lou ding uhi. Gospel 5na ei i hi a, mi'n ei hinkhua hon sim masa ua, huchi aalunglut ualeh Gospel laibu dangte sim uhi. Hiai Khagahte tup-le-ngim tuh gospel (tanchinhoih) gen ding ahi. Midangte hiai khagahte tungtawn a gospel (tanchinhoih) hilh ding a hon deih ahi. Khagah hauh ahau hileh leng gospel gen pen Pastor leh Missionaryte nasep ding kia a koih in, gospel gen kha lou a i omleh i khagah pen azatna ding diktak a kizang kha nai lou chihna ahi.

Amaute agah uah athei mai ding uhi: [Matthai 7:16 Amau tuh agah uah na thei ding uh. Khauling nei gui ah grep gah alou ngei ua hia? v17 Lenling ah leng theipi alou ngei ua hia? Huchi mah bang in sing hoih peuhmah agah ahoih nak a; sing sia tuh agah ase nak. v18 Sing hoih agah se thei kei, sing sia lah agah hoih thei sam kei. v19 Sing chih gah hoih lou peuh tuh aphuk ua mei ah apai uhi. v20 Huaziak in amau tuh agah uah na thei mai ding uh.]Piangthak loupia Khagahte neih theih louh ahi. Mihing hatnaa i bawltawm theih natan om kha mah in teh, huai mihing hatna a kibawltawmte khagah hilouahi. I pianthak khit chiang a Kha Siangthou in i sung a nnasem in, i Khristianhinkhua Kha Siangthou i kipisak chiang a, tua khagahte awl a hong gahtou mai ahi. Piangthakloute'n hiai khagah pen amau hatna a sepkhiak ding ana sa ua, khenkhatte'n, "Pianthakna leng hutlou nek toh kibang, kidek ding tamlua ka piangthak peih kei, khawng chi uhi." Ei hatna a kidek ahihkeileh thil hoih lou i bawlte tawpsan ding i hi kei a, Kha Siangthou in i sung a nna hon sem ding aawl a hong siangthou ding i hi.

Hiai gah i chih pen Jesu Khrist a i kizopdetleh hong piang thei pan ding ahi. Jesu Khrist a om ding i chih bang genna ahia? Pa Pathian, Tapa Pathian, leh Kha Siangthou Pathian koi aha-om uale? Khristiante kikhopkhawmna ah a-om uhi. Huai tuh biakna munte a omchihna ahi. Abiakin leh tempul gen ka hi kei a, Khristiante kimuhkhawmna mun peuh a om ahi.

Jesu Khrist leng Pathian hizen napi in, leitung a hong pai lai in Rambo dan in tangkhat (single)kia in nna hong sem kei a, anaseppih ding nungzui sawm-leh-nihte atelkhia hi. Jesu Khrist Pathian tapa nangawn in leng amah kia a nnasemlou a nungzui 12te toh (team work) semkhawm uhi. Kikhawm ngei lou a ka pianthak nakleh i chihleh maw, Pa, Tapa, leh Kha Siangthou Pathian omna a pan ei-le-ei kisatkhia i hi. I gah thei kei ding hi. Khristianhinkhua pen mimal a omtuamna(isolation) hiloua, gingtute toh omkhawmna ahi. Gingtute toh pangkhawm a nasepna ahi. Gamsa bangleng alom a a-om chiang ua bit uh ahi. Himahleh gamsa khat atuam deuh a a-om ngeingeileh sahangte an ding a ngim (target) hipah ahi. Saptuam leh biakna taisan kei ni, mundang ah bitzawkna om het lou ahi.

Saptuamte i chihkhelhna a pan sawpsiangsa, khelhna a pan tatkhiaksate genna ahi. Mibukim leh gensiat beite genna hilouahi. Bukim leh gensiat bei ding a Kha Siangthou in asinsak lellelte genna ahi. Mikhial Jesu Khrist tungtawn a sianthou sawmte kipumkhawmna ahi. Asung a omsate leng sianthou lam manohkhawm,apolamte a di'a gospel genkhawmte ahi uhi. Hoih bukim ding a kineplouh ding ahi. Saptuam demdem in ama'n lah panla tuan lou, amah leng atawp a kikhawm peih nawn lou a om chihtethil dik hilouahi.

Ahoihna ding in adiklouhna gen thamni, upate hi in saptuam memberte khelhna nasatak in taklangleapoikei. Khat-le-khat bible tungtawn a i akisiansuah ding uh thil dik ahi. Himahleh ami hong hoihlouh ziak hiam ahihkeileh midangte'n bible azuih louhziak ua ei Pathian taisan thei vual hiloui hi. I taksa leh biakna in Pathian lungkimsak sawm in pan lani, ei kikhopna bek Pathian in santak asakna ding in, hoihtak in ei lam kibawl in, bible zui inhinisawmzaw ding uh.

.

Hun tawp lam hita ahih chiang a, hiaite hong tung ding mah ahi:

[2 Timothi 3:1 Huan, hiai thei in, ni nanung lam ahte hun haksa pipi ahong om ding hi. v2 Mi amau ki-itte bang, dangka deihtate bang, ki-uangsakte bang, kisatheite bang, Pathian gensete bang, nu leh pa thu mangloute bang, kipahna dan theiloute bang, siangthouloute bang, v3 itna pianpih neiloute bang, buaina bawlte bang, hekte bang, kidektheiloute bang, mihuhamte bang, hoih deih hetloute bang, v4zuautatte bang, kingaisang bang, thunung khualloute bang, Pathian it sang a amau kipahna kia itzawte bang hi ding ahi ngal ua; v5 Pathian limsak batna anei ding ua, himahleh athilhihtheihna ataksang kei ding uh; tua bangte nungngatsan in.]Pathian limsak batna i chih, kikhop ngaihsak leh saptuam sung khawng aleng dinmun poimoh taktak neih, hileh leng hotdamna diktak nei lou hong om dingmah ahi. Piangthak diktakloute'n ataksa khelhna uh thutuam hileh apolam a khelhnate, tep-le-muam leng ngawl zou lou ding ua, saptuam memberte a di'a mitsiphuaipi in hong om dinguhi.

Khatvei ka Sunday school a seppihte kiang ah aw nemtak in tep-le-muamte tawpsan sawm ni, biakin compound sung leh saptuam meeting vel neihchiang in hon hih nawn dah un, ka chihleh ahon dawnkikna uh ka ngaihtuahna toh akibang het kei hi. Tep-le-muam bawl lou Sunday school heutute lak a kei kia ka hikha a, adangteng hong pangkhawm unchin, 'Nalh lou ahi mahve, ka hon sawm ding uh,' chih sang in, kei hon doubawl mawk (attack) uhi. "Nang na bawllouh ziak a agen nuamsa na hi, khelhna dang leng a-omthou voi,bangziak a huaite gen louhon chi uhi." Kisikna leh maizumna khat leng nei lou a, tep-le-muam teng toh Pathian nasepkhawm poi kisa ban nawn lou hi.

Saptuam vai hileh biakna vai hitaleh midittat kitawm deuhdeuh, Govt. office kia ahi kei, saptuam vaikhawngah leng mihoihte'n mun kinei tawm deuhdeuh abangta. Kei leng za-a-za dik ka kisak ziak a hiai bang thil hon gen ka hi kei, kei ah diklouhna leh Pathian mai a ka kihhuaina tampi om mah. Hileh leng khelhna ngaihnepna leh khelhna tuakzohna (tolerance) saptuam sung ah lian gawp, huai in hon hihsia ahi. Khelhna i bawl chiang inkisik in Pathian kiang ah ngaihdam ngen pahpah ni, huai ahi ahoih.Khelhna bawl in, khelhna bawl lam leng phawk lou khop hial dan a va ompen ahi ka dem. Kisikna lungtang nei kitawmta ahi.

Tua bible chang [2 Timothi 3:1-5]pen Khristian hiloute lak kia a thil tung ding a i hisap ualeh, hisap diklou dingi hi uh. Ei Khristiante lak ah leng hong pung hiaihiai ding a, khelhna thu (topic) kigen tawm deuhdeuh ding a, agen sunsunte leng huat a ki-om ding ahi. Tua ka laibu gelh ziak a hon hua leng hunkhop a-om moh kei ding hi. Aziak bel miallak a thil bawlte tuh tangpi mai a mi theih ding a taklang ka hih chiang a, hon huaom kha ding ahi. Leitung leh asung a om mite kise deuhdeuh ding a, mimaltak a deihsakna toh i kihilh theih tuh, huai asia bawlte lak ah pansawm kei ni chi ut i hi zaw.Bible i kipisak sang ua, khovel kipisak zaw i hih chiang ua, huchi ding him ahi. Biakin a thugente'n leng bible thutak gen sang a khovel vai leh amau hinkhua gen khawng nuamsazawuhi. Mipi angaikhetute'n leng bible thutak siangthou in ahoihlouhnate uh taklang ahih chiang anuamsalou in, khovel leh thil tuamdaih kigennate paktazawuhi. Thugentute'n Pathian maipha sang a mipi maipha zong a athugen hun uh hong tung ding a, hong tung leng ahikhintahi.Khrist pahtawina piaksang a mahni kipahtawi utna hong lianzaw ding hi.

.

Lungsim mun khat a i kikhopkhawm chiang un, ahotdam lel peuhmah, Toupa'n niteng in i kiang uah hon behlap zel hi:

[Nasepte 2:42 Huan, sawltakte hilh in, kithuah in, tanghou balkham in, thum in phatuamngaitak in a-om nilouh uhi. v43 Huan, michih in alauta ua: sawltakte'n thil lamdang leh chiamtehna tampi ahih ua. v44 Huan, agingta peuhmah in bangkim akikopkhawm uh. v45 agoute uh, athilneihte uh azuak ua, deihdong ching lel chiat in avek ua kiang ah ahawm zel uhi. v46 Huan, niteng lungsim munkhat in Pathian biakin ah phatuamngaitak in a-om zelzel ua, a-innlam uahte leng tanghou balkham in, nuam leh lungkim in, a-an uh ane zel ua, v47 Pathian aphat ua, mi tengteng kipahlam in a-om uhi. Huan, ahotdam lel peuhmah Toupa'n niteng in akiang uah abehlapsak zel ahi.]Lungsim munkhat a i kikhop kei ualeh hotdam lelte Pathian in hon behlap thei lou ding hi. Kithutuak a lungsim mun khat a i om uhleng tangthupha genna hipah ahi.

Saptuam kituak thei lou, kigen siasia, thudik-thutak zonkhiak chih om lou, mahni gintak thu ut peuh pawng gente ziak a saptuam akhan ding zah a khangthei lou ahi. Thu hoih lou saptuam sung aalen dingleh thildik hihen, zuau thu leh gintak thu khawng mawk tuah kawikawi kei ni, Pathian deihdan hilouahi. Khelhna vai toh kisai adik-atang in vaihawm ni, iimkei ni, amah lungtangtak a kisik ahihleh tangpi theih a puankhiak ngai se lou ahi. [Matthai 18:15 Huan, na unau in na tung a thil ahihkhelhleh, pai inla, amah leh nang kia theih in akhelhna hilh in; ahon ngaihkhiakleh na unau tuh na zou ahiding. v16 Ahon ngaihkhiakkeileh midang khat hiam nih hiam na kiang ah na pi di'a, huchi in thu chiteng theihpih mi nih hiam thum hiam kam a hihkip a a-omtheihna ding in. v17 Huan amau leng angaihkhiaknopkei uleh, saptuamte kiang ah tun in; huan, saptuamte leng a ngaihkhiaknopkeileh, amah tuh nang a ding in Zentel leh siahkhonmi bang hi hen.]Nu leh pa thuhilhna ngaikhelou, saptuam upa leh pastor pa thuhilhna leng limsaklou a om tuh tangpi theih a akhelhna puanzak ding mah ahi.

.

Saptuam kikhen lou dingpi tuh i hi:

[1 Korinthte 3:1 Huan, unaute aw, khamite kiang a gen bang in na kiang uah thu ka gen thei kei hi; samite kiang a gen bang in ka gen zaw, Khrist a naungekte kiang a gen bang lel in. v2 An gum hilou in, nawitui in k'on vak a, an gum na nek theih nailouh ziak un; ahi, tu'n leng na ne thei nai kei lailai uh; sami na hih lailai ziak un. v3 Na lak ua kihazatna leh kiselna a-om nak ziak in sami hi lai in mihing bang aom lai hilouna hi uh hiam? v4 Mi khat in Paul pawl ka hi, midang in, kei zaw Apollo pawl ka hi, na chih laiteng uh mihing lel hilai hilouna hi uhiam? v5 Apollo kua ahia? Paul leng kua ahia? Nasemmi, noumau hon gingtasakmi lel ei ve ua, huai leng Toupa'n apiak bang zel in ahi.v6 Ke'n ka suan a, Apollo in tui in avak a, himahleh Pathian in akhangsak ahi. v7 Huchi in, akhangsakpa Pathian kialou ngal, asuanpa bangmah ahi kei, tui a vakpa leng bangmah ahi tuan kei. v8 Huan, asuanpa leh tui a vakpa pumkhat ahi ua, himahleh, amau sepgim bang zel in, amau kipahman amu tuaktuak ding uh. v9 Koute zaw Pathian nna seppihte ka hi ngal ua, nou bel Pathianlouma na hi uh, Pathian inn lam leng na hi uhi. v10 Pathian in hehpihna hon piak bang zel in innlam heutupen piltak bang in ke'n suangphum ka lem a, midang in atungah inn alam hi. Himahleh mi chih atunga alamdan ding ah pilvang chiat hen. v11 Suangphum lepkhitsalou ngal suangphum dang kuamah in alem thei kei, huai suangphum tuh Jesu Khrist ahi. v12 Huan, suangphum tung ah kuapeuh in dangka-eng in hiam, dangka in hiam, suang mantam in hiam, sing in hiam,loupa in hiam, buhpawl hiam in lam taleh, v13 michih nasep tuh ahonglang ding hi. Ni in hihlang ding ahi ngal a, meia akilakding ziak in; mei ngeingei in mi chih nasep bangchi bang ahia chih ahilhchian ding hi. v14 Kua nasep leng atunga alampen a-om gigeleh, huai mi'n kipahman amuding. v15 Kua nasep leng akatleh, huai mi'n atan ding hi; amah taktak zaw hotdam in a-omding, Himahleh, mei a paisuak bang in.]Tu'n doctrine tuam leh denomination tuamtuam in i om ua, Pathian mitmuh ah bel khovel mi leh amisiangthoute kia chi nih in hon mu hi. Piangthak tate denomination khat in omkhawm kei lehang lengei i hi uh Khristiandiktakte, piangthak diktakloute pen na denomination kibangleh leng amau Khristiandiktak hilouahi uhi.

Khristian inkuan a i pian ziak in i min na omna saptuam denomination ah hon kikhum (register)maithei, himahleh vangamai min kikhum lou (register)dinghi. I pianthak matengvangama i min kigelh lutlou ding hi.Piangthak diktakloupi a kikhopna a hong telte ziak a saptuam buaibuai leng himoh lou ahi. Piangthak diktaklouteng kivelchet a, apianthak mateng uh gospel sinsak hileh huai ah i saptuam uh chidam leh siangthou ding hi. Piangthakloute hong kikhawm kei uhen chi hiloui hi, himahleh ahotdamna chiangtak a gen thei lou leh a-omdan a hotdamna chiang lou mizaw saptuam a dinmun lensak dah ni, apianthakna alou thei lou (compulsory) dan in dinmunlettheihna ding inzangleng kibawlkhial lou ding hi. Piangthak diktak tuh tep-le-muam ah leng asiangthou ding ahi.

Piangthak tung ahihleh ngolh sawm a (struggle) abuailaitak ahi thei atheihsiam natan omthei. Atawpsiang hun ngak dingahi. Pianthakna kumtamtak hita, tawpzou lou kichite zaw apiangthak kei uh chihna hilel ahi. Pathian in sawina nasatak pe dingahi, atawp masiah, tua ama'n sawina leng tuak nawn lou a ching zongsang a kumtamtak tep-leh-muam bawl ahihleh gintaklouh ding ahi. Huai tep-le-muam kisum zou lou khat saptuam vai a i zatleh Pathian minse lo ding hi. Naupangte'n aheutute uh tep-le-muam ahih lai mu ding ua, amau leng ahi ding mawng sa ding uh a, khenkhatte'n ka heutute'n leng bawl na uh chih paulap a hon bawl ompah ding uhi. Bible sim gige naupangte'n Pathian leh asaptuam muhsiatna leh kikhop tawpsanna a leng zangkha thei uh ahi. Mi kipalpaihna a panlouh sawm ding ahi. Huatna, enna, leh adangdangte bel i pianpih khelhna ahi a, za-a-za i paihmang theih uh hilouahi. Teple-muamte ahihlehi paihmang theih uh ahi. Hiaite bek in siangthou sipsip ni uh.

.

Saptuam i chih bang ahia?

Saptuam i chih Khrist pumpi ahi a, ei gingtute Khristkahiangte i hi:[1 Korinthte 12:12 Pumpii chih khat ahi a, hiang anei a, pumpi hiangte tengteng, tam mahle uh, pumpi khat ahi ngal a; Khrist tuh huchibangmah ahi hi. v13Ivek un pumpi khat a om ding in Kha khat a baptis in i omta ua – Judate hiam, Grikte hiam, sikhate hiam sikha lou hiam- huani vek un Kha khat a kipan dawnsak in i omta ngal ua. v14 Pumpii chih hiang khat kia ahi ngal kei a, hiang tampi ahi zaw. v15 Khepek in, khut ka hihlouh ziak in pumpi a pang ka hi kei, chileh, huai thu ziak in pumpi a pang lou ahi tuan kei. v16 Huan, bil in, mit ka hihlouh ziak in pumpi a pang ka hi kei, chileh, huai thu ziak in pumpi a pang lou ahi tuan kei. v17 Pumpi tengteng mit hi vekleh, ging zakna pen koi ah a-om dia? Avek in ging zakna hileh, gim zakna pen koi ah a-om dia? v18Himahleh Pathian in hiang khempeuh pumpi ah a-utna peuh ah a-omsak chiatta hi. v19 Huchi in, huai tengteng hiang khat kia hileh, pumpi pen koi ah a-om dia? v20 Ahihhang in hiang tampi ahi zaw uh, himahleh, pumpi khat kia ahi ngal ua. v21 Huan, mit in, khut kiang ah, "Bangmah in k'on deih kei," achi thei kei; luin leng khepekte kiang ah, "Bangmah in k'on deih kei," achi thei sam kei hi. v22 Ahi, huchih naksa'ng in, pumpi hiang hat ding a kilawmloupente akiphamohzaw mahmah uhi; v23 Huchi in, pumpi hiang pahtawi thamlouh zaw ai sehte, huaite ngei tuhi pahtawizaw uhi; huan,i hiang kilawmloute'n kilawmna thupizaw amu zel uhi; v24i hiang kilawmte'n bel huchibang a hih akiphamoh kei uhi. Pathian in, kilawmna nei lou hiang tuh pahtawizaw in, pumpi tuh a lemkhawmzaw ngal a,v 25 Huchi a pumpi a kikhenna himhim om lou a, ahiangte'n kibangtak a akibuaipihtuah theih zawkna ding un. v26 Huchi in, hiang khat in athuakleh, hiang tengteng in athuakpih zel a, hiang khat pahtawi a a-omleh, hiang tengteng in akipahpih zel hi. v27 Huchi in noute Khrist pumpi pen na hi ua, ahiangte na hi chiat lai uhi.] Na taksa pum a na kheme na suk khakchiang in, na taksa pumpi teng pangkhawm in hihdam sawm uhi. Kingaihsakna leh kipumkhatna om ahi.

Saptuam sung ah leng khelhna bawl a-omleh saptuam pumpi pangkhawm aapanpih ding uh ahi. Haksatna tuak om hi in, damlou om hitaleh saptuam member teng in ngaihsakna apiak ding uh ahi. Saptuam upa khat nahzial tep a-omleh saptuam kikhopkhawm chiang a thumpih ding a i puan ding uh ahi. Puanlouh aleng mipi in anahzial tep atheih sa uh ahi. Kisuk zahlakna leng ahi kei a, saptuam pumpi pangkhawm a khelhna i doukhawm ding uh ahi.

Saptuam masate enton lehang, amau kingeingaihtuah ua, kihehpih siam ua, ki-ittak a khosakhawm uh ahi. Tulai saptuam tuh organization mihing thil patkhiak dankhat a pai gawptain chin, hoih lou hi. Khat damlou omleh leng saptuam in theihpih pah lou ua, kal khat khawng ahong damlouh zom chiang a akal nawn hiam in saptuamte'n vehna nei pan uhi. Adamlouh nitak hiam ahihkeileh azing nitak tan in bialtu Upa in vehpah henla, va thumsakpahleh deihhuai hi. Adam lou pen in leng ka saptuamte'n, ka upapa un hon it in hon khongaih e, chih alungsim a apianthakna ding in, kingaihsakna punsak ding ahi.

Ahoh baihleh hoh hak thutuam hileh, i va hoh chiang in saptuam in hihdan a kinei 'sepsuahna ding a hong hoh uh ka hi,' chi nawn keini. 'Pathian in honita, saptuampihte'n ka hon it ua, na damlouhna ka hon thuakpih ua hon thumsak dek ka ahi uh,' chi zaw ni. Chil lou hial in itna kipetuahin, itna kampau zang mun zosem ni.

Biakna i chih i taksa pumpi deih leh utte kilatkhiakna ahi:

]Romte 12:1 Huchi in, unaute aw, Pathian zahngaihna ziak in, kithoihna hing leh siangthou leh Pathian lungtuak ding in na pumpi uh kilan ding in k'on ngen ahi; huai tuh na biakna dan ding him uh ahi. v2 Hiai khovel dan bang in om kei unla; Pathian deihlam a hoih leh, lungtuahhuaitak leh, hoihkim, na theih teltheihna ding un, na lungsim uh athak a om in hong lamdang zawta un.]Jesu Khrist in hihna thum, Kumpite' kumpi, Siampu hihna leh Pathian belamnou hihna nei vek hi.

Eite leng i pianthak ni a pat ama hihna kikopte i hi uhi. Khatvei tei, rapture zoh chiang in eite kumpi i hi ding ua,i Toupa Jesu Khrist kumpite'kumpi i hi ding hi. Jesu Khrist mahbang in siampu i hi chiat uhi. I pianthak ni un, siampu ding a Kha Siangthou thaunilh tang ngen i hi uhi. Damloute i thumsak thei a, bible i kisim thei a, i khelhnate Pathian mai ah ngaihdam i kinget theita uhi. Pathian toh eikal a mihing dang kigolh angai nawn kei hi. Jesu Khrist, Pathian Belamnou ahihmah bang in, eite leng belamnou kithoihna ding a kizang ding i hi. Jesu Khrist in ei mikhialte hotdamna ding aataksa hon pekhia a, ataksa deihtelna leh ataksa utnate thatchimit hi. Eite leng amah a hotdamna i tan un, amah toh vuikhawm leh thoukhawm i hi uhi. [Kolossate 2:12 Baptisma a amah toh vui na hita ngal ua, huaimah ah misi lak a kipan a Pathian nasep gintak ziak in amah toh kaihthoh na hi uhi. v13 Huan, noute na tatleknate leh na sa uh zeksumlouh a si na hi ua, noumau ngei tuh amah toh hon hingsak ahi; v14i tatlekna tengteng hon ngaidam a, batna lai thupiak a gelhi tung ua om, eimah hon dou gige tuh athaimangta ngal a; huai ngei tuh kros a kilhlum in alakheta hi. v15 Huan, lalna leh thuneihnate suankhia in, huai kros ah huaite tuh zou in alangtang in theih sakna azangta hi.]

Itaksa pen piangthak nailoute hongpianthakna ding ua belamnou bang a i latkhiak ding uh ahi. Pianken khelhnate hihlup tawmtawm ding ahi. Apoimoh leh i taksa martyr asi ding a i piakkhiak belamnou i hihna ahi. Pathian deihdan leng ahi. Niteng a pianken khelhna Pathian kiang a latkhiak gige, i pianken khelhnate tangtung lou ding a Pathian thuneihna i piakpen kithoihna hing leh siangthou ahi. Na lungtang a lal tutphah a nang tu lou a Pathian na ot (tutsak) pen kithoihna siangthou ahi.

Kha leh thutak a Pathian biak ding ahi:

[Johan 4:20 Kou pipute'n hiai tang ah Pathian abe zel ua; himahleh, nou bel, "Mihing in Pathian abiakna mun ding uh Jerusalem khua ah a-om," na chi sese ua, achi a. v21 Huan, Jesu'n akiang ah, "Numei, ka thuhilh gingta in, hiai tang ah chitchiatlou leng, Jerusalem khua chitchiat ahlou leng Pa na biak hun uh atungdekta. v24 Pathian zaw Kha ahi; abemite'n kha leh thutaka abiak ngeingei ding uh ahi," achi a.]Pathian zaw Kha ahi a, abemite'n kha leh thutak i biak ngeingei ding uh ahi. Kha leh thutak i chih bang ahi di'a le? Kha Siangthou a kidim ding leh thutak (Bible) chihdan zui a i biak ding uh ahi.

Khenkhatte'n Jesu in leng wine (zu) adawn vele, zudawn khelhna hilouahi, achi ua, hileh leng bible hoihtak in sim ni; [Ephesate 5:18 Huan, uain kham in om kei un, huai ah tuh kideklouhna a-om ngal a; Kha a dim in om zaw un,]Judate a di'a zudawn khelhna hiloumah ahi. Amau chiindan ahi. Jesu Khrist leng wine (zu) adawn ziak a khial hi tuan lou ahi. Bible tangtunsakna ding aadawn ahi. Himahleh tu'n bel, Juda leh Zentel kichi om nawn lou a Jesu Khrist saptuam kia omta ahi. Ephesate i chihKhristiante a di'a gelh ahi a, ei Khristiante a ding in bel zudawn khelhna mah ahi. Bible in Kha a kidim a, zudawn lou ding a hon sinsak leh hon hilh ahi.

Kha a kidim i chih bang chihna ahia? Bible sim ding, thumna hoihtak a neih gigeding, kikhopna awlmoh a kikhop gige ding leh tangthupha puanzak ding chihte ahi. Bible deihdante zuiding, Jesu Khrist in ki-ittuahnalou ngal kuamah bangmah ba kei un achih mah bang a itna akidim ding chihna ahi. Khagahte atam theitawp i hinkhua a gahsak sawmding, pianpih khelhna pen bangmah lou a koih a, khelh utnate sukchimih zel ding ahi. Hiai ahi Kha a kidimna diktak.Ama'n hon makaihna di'a i hinkhua a Kha Siangthou mun awnding, i lungtangte hon ding,thumangtak a omdan kisin ding ahi. Hiai ahi thutak leh Kha a biakna i chih; Kha deihdan leh bible chihdan a hinkhua zat.

Kikhopnate tawpsan lou in khelhna a pan kiveng ni:

[Hebrute 10:25] Khenkhat hihdan bang ai kikhopnate uh tawpsanlou in, kihasuantuah zaw ni; ni hong nai hulhul a na theih un kihasuantuah semsem un.]Pathian protection zone a misiangthoute lak a om ahi. Atuam a i omchiang a hon humbit thei kei chihna hilouahi. Hileh leng kikhawm ngei lou, biakna limsak lou leh saptuam limsaklou a i omleh khelhna nangzou lou, douzou lou ding i hi. Khelhnate i dou zoh a lungsim i silsiangtheihna ding in kikhawm gige ni in, kikhop taisan kei ni. Pa Pathian, Tapa Pathian leh Kha Siangthou omkhopna misiangthoute kipolhkhawmna taisan kei ni. I taihsan nini misiangthoute lak a Pathian thuhing kigente kitangkha nawn lou ding chihna ahi.

Khristianhinkhua mahni kia a zang a khalam hat a hat chih omngei lou hi. Gingtute thumnalou a,i tangthupha genna a leng kihat lou ding hi. Khelhna leng douzou lou ding i hi. Kikhopna i tawpsanleh bible sim leh thumna neihleng thadahpah ding i hi.Ipianthak ma a i hinkho lui va tawn nawn a khelhna i bawlsate va bawl nawn baihlam lua ahi. Kikhopna i chih gingtute a di'a i hospital ahi a, khelhnai neihte kiphawksuahna leh Pathian thuzang a i lungsim ninte silsianna ahi.Eimah hatna muangaKhristianhinkhua zang lou in, Pathian muang in amah omna ah om den ni, huai misiangthoute kikhopna ahi.

Khenkhatte bang in, inkuan a kikhoplouh chin zongsatin nei mawk uhi. Lawmpa zui a nungak ka helna khat uah, anu leh pate'n, "Kou Khristmas ni leh kum thakni khawng kia kikhawm ka hi uh," chi mawk uhi. I sungkuante leng huchi aomkha maithei ahi, ahihkeileh i inkiangte huchi a om uhia? Hiaite lawi in, kikhoplouh chin zongsat in nei uhi. Kikhoplouh khawng khelhna in leng ngai lou uhi. Ei Khristiante lak ah huchibangte a-omlouh ding ahi.

Kha 6 tan khawng kikhawmlou a omte saptuam a pan nohkhiak leh thunun ding ahi. Akha masa kha guktan va veh zel in, thumna toh hong kikhoptheihna ding unpang ni, amau leng kikhawm ding in va tawnzel in, himahleh kha 6 tan a lengsaptuamte kivaikaihna thusimlou leh ngaihsaklou a-omleh saptuam dan bang a thunun ding ahi. Khristianka hi chi ngal a, Pathian biak ut louhna lungtang i neihpen uh khelhna lian mahmah ahi chih saptuamte'n phawk thak ni uh. Saptuamte'n hangsantak a pan i lak ngam ngai ahi. Mipi maipha zong lou in Pathian maipha zong zaw ni. Huchi a kikhawm peihloute tung ah vaihawm lehang khamtheih a kibual leng ki-om man lou ding ahi.

Naupangte exam chiang ua biakin kikhawmsak lou a inn a laisimsak chiindantekoi a pan i lak uh ahi diam? Naupangte i thil zilsak hoih lou lua ahi. Pathian biakna sang in i laisim poimohzaw chih kisinsakna chi khat ahi. Kikhop thulhsang in, i kikhop teitei ding ahi. I hinna honpia a, laisiamna honpetu, damtheihna honpia Pathianahih chiang a, amah i lungkimsak zawk ding ahi, chi a kikoppihteitei ding i hihlai in, ei lawi in tuh Pathian lauhlouhdan dingkisinsak kha kihi ahi. Huchi nawn kei ni uh, Pathian laudan kisinsak thak ni uh, ahuchih keileh eimah i hi avangseding.

VI
Tangthupha genna

Leitung a i damsan bang ahia?

Nuamtak a khosa a hinkhua zang ding maw? Mihoih khat hih ding maw? Milohching khat suah ding maw? Ne leh dawng ding lel in maw? Bang ahia leitung a i pianna san, i damna san? Hiaite khawng ahih khakleh mihehpihhuai mahmah khat i hi ding hi.

Nugilsung a kha 9 i nute in honna pai ua, bang ding a kisakkholhna ahia? Piangkhe ding a kisakkholhna ahi. Naupang a pan 20 val,i graduate tan lai i sim ua bang ding a kisakkholhna ahia? Tu nung chiang a zi-le-ta neihchiang leh kum 70/80 tan i damsung ding in kisakkholhna ahi. Achihleh i pian a pan i sih dong bang ding a kisakkholhna ahia? I sihzoh nung a tangtawn a di'a kisakkholhna ahi. Damlai a tangtawn a di'a kisakhol khaloute mihehpihhuai ahi uh.

I pianthak ma a i damsan, leh leitung a i pianna ziak tuh Jesu Khrist a hotdamna muh ding chih ahi. Hiai Jesu Khrist a hotdamna i maih khakleh belIAS hi hial in, Doctor hia, MA sawmvei pass lehang leng, meidil ahi i tangtawn munding. Nu-le-pate'n i tate class 10 hon zoh ding kal i ngaklah mahmah ua, huai zoh hong graduate ding kal, huai zoh Govt. sepna/job hoihtak khat hon neihkal uh i ngaklah nawn uh. Hileh leng i tate uh hong pianthak kaluh i ngaklah ngei hia? Ka tapa, ka tanu bangchikchiang in Jesu Khrist ahotdampa in hon sang mah diamaw, chi in i ngaklah in i thumsak ngei hia?

.

I pian tung a pan i pianna san, i damna san tuh Jesu Khrist a hotdamna ngah ding ahi:

[Johan 6:27 An mang thei phet zong in phiaphia kei un, khantawn a hin pha a om gige ding an, Mihing Tapa in ahon piak ding zong in phe zaw un; Pa Pathian in amah achiamtehta ngal a, achi a, adawng a. v28 Huan, amau akiang ah, "Pathian nna ka sep theihna ding un thil bang a hia ka hih ding uh?" achi ua. v29 Huan, Jesu'n akiang uah, "Pathian nasep hiai ahi, amisawl gingta le uchin," achi in, adawng a.] Israelte'n Pathian nna ka sep theihna ding un bang ahia ka bawl ding uh chi in Toupa Jesu Khrist ana dong uhi. Jesu Khrist in amah misawlpa up (gintak) ding chi in adawng hi. Pathian nna i sep masak ding uleh i bawl theih masak om pen tuh Jesu Khrist a hotdamna tan ahi. Pianthak ma a lah thil hoih kibawl thei lou a, Pathian in leng i thil hoih bawlte san tak sa lou a, Kha Siangthou lah kinei lou ahi. I pianthak zoh nung chiang a Kha Siangthou kinei a, thil hoih bawlte leng Pathian a di'a san tak hita a, Pathian nasepna ding a Kha Siangthou a thaunilh kihita ahi.

I pianthak zoh nung chiang a bang ahia i damsan? Bangziak a pianthak zoh nung a leitung nusia a mun nuamzaw a kipaitou pah mai lou ahia?

[Matthai:28:19Huaiziak in, kuan unla, nam chih a pan nungzuite bawl unla, Pa leh Tapa leh Kha Siangthou min in baptis unla,]I damna ziak pen i pianthak chiang a kikhenta ahi. Jesu Khrist van akahtouh lai in, athukhah tawpna (last) pen tuh namchihte lak ah pai unla nou nungzuite kithehzak unla ka hotdamna tangchinhoih va gen unla, nungzuite bawl un chih ahi. Ei khristiante mun khat a omchipding chi kihilouhi. Ararat tang a Noah long akingak zoh in, Pathian gamteng ah kithehzak unla pung un achi hi; [Genesis 9:1 Huan; Pathian in Noah leh atapate avualzawl a, akiang uah chi tampi suang ding in hong pung in, lei luahdim un;][Genesis 11:3 Huan, "Kisa un; tekleii bawl di'a, hoihtak in i halding,"akichita uhi. Huchi in, suang sik in teklei anei ua, suang hukna sik in, long nai anei uhi.v4 Huan, "Kisa un, khopii bawl di'a, innsang avum van sun ding in i bawl di'a, i mini thangsak ding uh; huchi louin zaw lei pumpi ah hihdalh in i om khading,"achi uh.]Thumang lou in munkhat ah teng den uhi, hiai ziak a pau tuamtuam kineih loh ahi.

Namchih a nungzuite bawl in kal suanchiat leng bang chituk in Khristiante i khanghat ding uamaw? I pianthak khitnung uh tangthupha kia gen dinga leitung adam laii hihlam i phawk uhia? I sihnung kum 100 nung kuama'n honphawk kha nawn lou ding ahihlam i kiphawk uhia? Tu'n lakhs leh crores in nei lehang leng i tusawnte'n hon thei pha lou ding uhi. I pu' pa i thei ban hia?

Tu'n buildinghoihtaktak lam lehang lengkum 20-30 kan zangkha man lou ding i hi. Kum 100 nung chiang a kuama'n hiai ei building lam ahihlam leh ei aaahihlam leng phawksaknawn lou ding uhi. Pathian nna i septe ahihleh tangtawn daih ding hi. [Marka 16:15 Huan, akiang uah, "Khovel tengteng ah pai unla, thilsiam tengteng kiang ah Tanchinhoih hilh un. v16 Agingta a baptisma tang tuh hotdam in a-om ding a; gingta lou tuh siamlouh tang in a-om ding.]Mikhat tangtawn mun ding khenglamdangsak thei i hi. Tangthupha in mikhat meidil kai ding penvangamtunpih theih ahi.

.

Sihna lam zuan a paite hondam ni:

[Paunakte24:11 Sihna lam a puakmanga omte suaktasak in, huan thah a om ding a mansate nangma'n suaktasak in.] Mahni inkuante leh it-le-ngaihte bek khongaih in, i itte bek hotdam sawm ni. I muh ngei lou leh i tanau hiloute va khual banlou i hihleh leng, nungak-tangval kingaizawngte'n mahni nungak leh tangvalte chiat beek tangtawn lampihilh ni. Itna taktak kanei i chihleh bangchidan a i ngaih, i mi it meidil lam zuan apaite kaikik louding? I zi i pasal it i kichih a, ei piangthak diktak i kichih nakleh bangziak a ei kiang aomden khovel ai itpente meidil a pai di'a phal ding? Omkhawm den leh kitheituah lua i hina a, ei hon thulak khol lou thei a, huntamzaw bang a chiamnuih genkhawm a kithuah leng i hi thei, huai bang ahihleh ei sese in tanchinhoih hilh ngai lou ahi. Crusade leh hotdamna campomchiang a tel ding a nget pahpah maiding, ahihlouhleh counselling a Pastor leh Counsellorte kiang zotpih theih gige ahi.

Gospel (tanchinhoih) mihingte a ding ahi a, mihingte puanzak ding a mohpuak (duty) ahi:

[1 Peter 1:12 Huai thu in amau nasep kisep lou in, noumau nasep a sem zaw uh chih akiang uah theih sak ahita, huai thute tuh van a kipan a sawlkhiakKha Siangthou panpih in tanchinhoih nou hon hilhte'n tu'n ahon hilh ua, huai thilte tuh angelte'n leng vel a-ut uhi.]Angelte'n leng hiai tanchinhoih tuah khak(experience) a-ut uhi. Himahleh Jesu Khrist hotdamna pen ei mihingte a dingkia ahi a, atangthupha puanzak leng ei mihingte khut a ngak (piak) ahi. Anih tuak a thil thupi mahmah ahi. Ahotdamna tang pen Pathian thawnpiakteng lak a thupipen ahi a, huai zoh anihna bible ahi.

Toupa Jesu Khrist in hon hotdamna pen athawn ahi a, aman i piak ding vual leng hilouahi. Amah a hotdamna tangteng kiang a athupiak thupipen tuh namchih lak ah pai unla ka tanchinhoih va gen un, chih ahi. Hotdamna pen athawnpiak himahlehtanchinhoih genna leh Khristianhinkhua pen athawn ahi kei hi. Aman pia a thilhih a lei ngai ahi.

Jesu Khrist van akahtouhlaianamchih kiang a tangthupha gen ding achih pen a hon chial (request) hilouahi. Ama sisan atatsate kiang a thupiak (order) apiak, nagotna thupi (great commission) ahi.

Tamtakte'n hiai thupiak zuih ngeingei ding ahihlam leng i phawk kei ua, mun khat ah tengden in tangthupha puangzak kha kei lehang lengpoi lou chi khop in hinkhua i zang ua, Pathian deihdan hi het lou ahi. Tangthuphapuanzaklouh,thil dangteng khelhna sang in lianzaw lai in ka sep hi. Khenkhatte bang in Pastor leh Missionary, Evangelistte kia mohpuaksa hang a, amau khut kia a ngansiah i bang uhi. Yes, amau tuk a hotdamna hilhchian thei lou i hi maithei, hileh leng hilhchian thei ding a kisak ngai ahi. Pianthak tung a ginna bible changteng toh hilhchian thei nai lou i hihleh Jesu Khrist in hon hotdamna testimony gen a panla thei i hi. Ahihlouhleh i sungkuan leh i lawm-le-vualte camp leh counsellorte kiang apii thei i hi. Inkuan a hotdam nai lou a-omleh huaite a di'a nasatak a thumna a pan theih ahi.

Hun tawp kuan ahita, bible i sim a thil tungte toh i bulhtuahleh rapture tunna ding kum tam in sam nawn lou ding hi. Tu mahmah a leng hong paithei ahi. Kei ka kingaihtuahdan a tuh teksih nawn lou peuhmah ding a kikoih ka hi. Asawt tawp in kum 30i nei banlai diam? Manipur a phaizang mite leh singtang mite i kibuai lai ua, biakin tampi hon halsak ua, lungsim na thou mahleh rapture hong tungleh i biakin teng uh azatna bei hong hi ding ahi. Tua a crores crores lam seng a biakin lam hun kasa nawn kei, biakin lam ahoih kei ka chihna lam hilouahi. Biakin lam mah ni, hileh leng abiakin hoih lam in ki-el nawn kei ni, biakin budget tawm thei tawp seng in bawl in i saptuam sum atamzaw missionary nasepna ah zangzaw in, missisonary tamsem sawlkhe ni, chi nuam i hi zaw hi.

Hun bei dektaahih chiang a, saptuamte'n leng i nasepdan i khen hun hita. Tua biakin i bawl thakte kum 100 lam kizang nawn lou ding hi. Ginna nei i kichihleh i ginna dan in gamtang ni. Rapture naita chi a mipite kiang a kisik ding a sawlsawl, hileh leng biakin thupi taktak kum 300 aleng se mawk lou ding a crore asim seng a bawlbawl lai, i sinsakna leh i ginna toh kituak lou ahi. [Jakob 2:14 Ka unauate aw, mi'n ginna ka nei chimahleh, thilhih aneih keileh, bang aphatuam dia? Huchibang ginna in amah ahondam thei di'ahia? v15 Unaupa hiam, unaunu hiam, vuaktang a om in aniteng annek ding tasam le uh, v16 huchi in na lak ua kuahiam in akiang ah, khamuangtak in pai unla, lumtak leh vahtak in awm un chi unla, asa a di'a thil kiphamoh pe tuan keile uh chin bang a phatuam dia? v17 Huchi bangmah in ginna leng thilhih nei lou a amah kia a a-omleh asi ahi.]

Rapture naita ahi i chih a i gintakleh anaitaktak dan in khosa ni, gamtang ni, sum tampipi bank a account khol hun hi nawnlou ahi. A crores a sim sum nei lehang leng rapture tun ma a zangbei man nawn lou ding i hi. Missionary nasepna in zang zaw invangamah gou kholkhawm zaw in, rapture hong tungleh bangteng bangmah lou suak ding ahi. Seperate administration i chih leng rapture omleh bangmah ding hi nawn lou ding hi. Business sumdawng mite'n project thupi taktak a crore asim i muhnadingte rapture hongtungleh bangmah lou suak ding ahi. Drugs addicts leh zungolveite leng bang chituk in zu duh in drugs duh le uh leng rapture hongtungleh, huai zoh nung asawt tawp a kum 3 leh akim kia dawn thei lel ding uh ahi. Huai zoh chiang a meidil gawtmun a tangtawn a bye bye hita ding ahi.

Na bawlkhatpeuh a pan break hon la zual inla, kingaihtuah in, piangthaksa hi in piangthak lou na hihleh leng, kingaihtuah in, rapture hong tung thutleh bangchi ding? Na sungkuante kuakuavangamkai ding inmansa in om ua, nang gospel (tanchinhoih) genna a pan mibangzah in hotdamna amu ua? Nang nasepkhiak a pan mibangzah in vangamamu ding ua?

Tangthupha gen ahih nakleh lungdamhuai ahi:

[Philippite 1:12 Unaute aw, tu'n ka tung a thil hongtungte, Tanchinhoih a hanna ding ahong tung uh ahi chih na theih uh ka deih hi; v13 Huchi in inpi vengpawl tengteng leh adang tengteng kiang ah Khrist a ka kolbuhna tuh akichianta hi; v14 Ka kolbuhna a kipan a Toupa muannanei in unaute lak a tampite tuh lau lou a Pathian thu gen ding in nakpitak in ahong hangsan deuhdeuhta uhi. v15 Khenkhatte'n hazatna ziak leh thangpaihna ziak in Khrist thu atangkoupih ua; huan khenkhatte'n lah hoih asak ziak in agen ua: v16 Pawl khatte'n itna ziak in, Tanchinhoih dikdan gen ding aom ka hihdan thei in, agen ua; v17 himahleh pawl dang in kikhenna ding in Khrist atangkoupih ua, ataktaklou in, ka kolbuhna a ka thuakna behlap tum in. v18 Bang apoi a? Kong bangkim a Khrist akigenkhiakphotleh, akhemkhem hi in ataktak hileh zong huai ah ka kipak ahi.]Tangthupha gen thildang teng sang a poimohpen (priority) ahih ding ahi. Khenkhatte'n hazatna ziak leh thangpaihna ziak, kikhenna di'a, hoihsak ziak, itna ziak a Tangthupha akigen nakleh bang apoi a? Tanchinhoih kigen ahih photphot nakleh kipahpih ding ahi.

Ka high school kai lai a hotdamna thu khawng mi inn tuamtuam a ka gen chiang a, khenkhat in, tanchinhoih gen nang mohpuak hilouahi, chi in honna chi ua, khenkhat in Pastorte mun awn ve hon chi uhi. Ke'n mun ka ot ngai lou ahi, amau agen nop ualeh gospel genna ding inn naktam lua, pastorte'n leng nasatak in gen uh henla, saptuam mite'n leng nasatak in tangthupha tangkoupih chiat uhen aw. Tangthupha ka gen ziak a kua ahia hon iplah theiding? Toupa Jesu Khrist in tangthupha gen ding a piangthak tate teng mohpuakna kikim apiak ahi. Ke'n tangthupha ka gen keileh, ni tawp nichiang a ka genlouh man Toupa Jesu kiang a ka hilhchet (explain) ngai ding ahi. Ke'n tangthupha kagenleh hun tawp ni chiang a kipahman ka san ding kuama'n hon tuh thei lou ding ahi. Tanchinhoih gen lou a Toupa Jesu mai a din chiang a maizumaom hiaiut uh? Ahihkeileh tanchinhoih gen ziak a kipahman sang a pahtawi hia itel zawk ding uh?

Ahun leh hun lou in tanchinhoih gen in:

[2 Timothi 4:2Thu tuh gen in; ahun ah bang, ahun lou ah bang leng pangzel in; thuakzoutak a thuhilh kawmin asiamlouhdan uh theisak inla, taihilh inla, hasuan in,]Ahun leh hun lou a bangchi gen theih ding? Tanchinhoihtheihchetmahmah ngai a, bible chang pansandingte leng by heart ngai ahi. Kiginlouh lai chih neihlouh ding ahi. Mansa a tangthupha gen di'a i om gige ding uh ahi. Camp ka telna a senior pastor khat, athugenpi pen tuh hilou,anitawpni (last day) a hong tel kha a-om a, thugenpa'n leng pastorpa leng om hiven, ama'n leng counselling honpe thei in teh chi a, group tuamtuam ahon koih. Huai pastorpa mah toh ka omkhawm kha ua, ama'n honna theisiam un ka gospel gen a ka kizatlouhna sawt simta bible chang ka theih sa teng leng mangngilh simta ka hi, hon chikhia a, ka muannaakeniam mahmah hi.

Khatvei lawmte inn a ka pawtleh ka classmate nu pen kikhawm in ana hoh a, anu kia inn a bible sim in ana om hi. Ke'nleng hunlemtang chete chi in, hotdamna thu ka kikuppih pah a, kei testimony ka gen a, khamuangta tawldamta ka hihdan ka hilh hi. Huai zoh in ama testimony ka gensak a, agen zoh in, 'na lungsim ah tawldamna leh khamuannadiktak na nei hia le,'chi in ka dong hi. Ama'n leng ka kiginglel zel achih ziak in, khelhna leh hotdamna ka sutpih khit nung in ahon theisiam a hong piangthak hi. Ka classmate lawmnu pen kikhop tawp a lazil suak ahong tungchet hi. Ka va hoh masakni pen ahi a, anu leng kamuh patna ahi. Tangthupha gen ding abang in hon dal ahia? Bangmah in hondal kei, kava hilhchian a, amah leng hong piakthak mai hi.

Hundang khat ah, ka lawmte inn a kava pawtlehImphal a pan pasal khat kum khat leng pha nai lou Khristianhipan khat zin(mikhual) ana nei ua, ahohnate'n leng nang Pathian thugen a kizangsek na hi a, amah leng Khristianhong hipan kihoulimpih in hon chi uhi. Ke'n leng hunlemtang in kala pah a, ama'n Paite pau thei lou ke'n Meitei pau thei lou zel ka hihna ah, English in gospel ka houlimpih pah hi. Jesu Khrist bang hih di'a leitung a hong pai ahia chihte leh khelhna man sihna, Jesu Khrist ei sik-letang a Krosa hong si ahihdante ka genpih a hon theisiam hi. Huai hunlai a biblical counselling leh psychological counselling training bangmah nei nai lou ka hi. Gospel katheihsiam pen, ke'n ka muhchet mahmah pen hilhchian a, kawkmuh hilel ka hi. Hiai ding a certification course va zoh ngai khelkhellou ahi, i bawl theih leh hoihlua. Hileh leng midangte hilhchettheihna di'a, e'n chiangdeuh a i muh a Jesu Khrist toh i kituah (experience) masak ngai ahi zaw.

Piangthak diktak i hihleh, tangthupha puanzak pen 100% i mohpuak ahi, tangthupha puanzakna in pastor leh missionaryte sang in i dinmun aniamzaw tuan kei hi. Tanchinhoih gentheihna ding tan a bible chang leng thei lou i hihleh bel khalam a naupang mahmah chihnai hi. Denomination tuamtuamte'n doctrine i neihte sang a gospel (tanchinhoih) gen theih pen poimoh zotham ahi. Ginna akigen chiang a denomination tuamtuamte'n doctrine pen gen ahi kei a, tanchinhoih i gintakna tup-le-ngim pen in nei hi. I hoih bukim chiang a gen ding in koih kei ni, hiai leitung ah kimihoih ngei lou ding ahi. Sawtak Paul enve ua, nungzuite nasatak a sawia, hileh leng ahong pianthak nung akum a sim kiveisak lou ahi. Tangthupha gen pah ahi.Tangthupha i chih Jesu KhristKrosa si taktak ahi, kei khelhna teng pua a khelhna man sihna pen hon piaksakta, kei hotdam hita, chih theih pihtu nasap ahi. I pianthakleh e'n le gen theih nei i hi. I tangthupha gending,bang in hon dal ahia? Bang in hon dal ahia?

Tangthupha puanzak ding a hon ngaihsakloute paisan ding ahi:

[Luke 10:5 Huan, inn na lutna peuh uah a masapen, "Hiai inn ah khamuannatung hen," chi unla.v6 Huan, huai ah khamuannata a-omleh na khamuannathu uh atung ah a-om ding a; a-om keileh na ang uah ahong kik nawnding. v7Huai inn ngen ah om nilouh unla, ahon piak peuh uh ne in dawn un; nasemmi tuh loh mu tak ahi. Inn teng ah ban hoh kei un.v8 Huan, khua na lutna peuh uah hon kipahpih uleh, hon lui peuh uh na ne ding ua; huai a damlou omte leng na hihdam ding ua; v9 akiang uah, "Pathian gam na kiang nai uah hongtungta," na chi ding uh. v10 Khua na lutna peuh uah hon kipahpih kei uh leh akongzing uah paikhia unla, v11 Na kho leivui uh ka khepek ua baang leng na tung uah tatsiang ung e; himahleh Pathian gam ahong naita chih thei un, na chi ding uh,v12 K'on hilh ahi, huai ni chiang in huai khuate thuak sang in Sodom khua thuak ding adan a-omzawding,]Tangthupha puangzakni, huai lel ahi i nasep ding ahon guan, nagot thupi.

Tangthupha gen i mohpuak ahi a, apianthaksakna pen Kha Siangthou mohpuak ahi. E'nkuamah pianthakna kipe thei lou a, kuamah Kha Siangthou kiguan thei lou ahi. Atangthupha itheihsiam pen kigen thei lel ahi. Pathian thuhing leh om gige pen bible thu i gen a pan thu i gen chiang a, athu in hinna pia hi zaw ahi. Ei thu hilou, Pathian thuhing pen a pan mi hong piangthak uh ahizaw; [Hebrute 4:12 Pathian thu ahing a, thil ahihthei a, namsau hiamtuah bangchibang sang in leng ahiam a, hinna leh kha, guhlawi leh guhngek tuamkhen hilhel khop in asun thei a, lungtang a ngaihuah leh tupte a theipah ngal thei ahi.]

Hotdamna camp i bawl chiang un, piangthakatawm luatleh lohsam kisa mawk, naktak a campertechiil chihte diklou hi. Thumna in pang thak ni, apoi kei, hileh leng mi hotdam leh hotdamlouh pen ei thilhih theih hilouahi chih,theichet ding ahi. Khat leng piangthak om keileh leng lohching kihiveve ding ahi. Tangthupha i genkhiak photleh i sep ding kisem hiphot ahi. Kha Siangthou nasepna tungtawn a hong piangthak a-om ualeh nak kipahhuai lua, hileh leng ei hatna a mi va kipiangthaksak thei lou ahi a, huai i pom siam ngai ahi.

Pathian in mi va piangthaksak un achi kei a, tangthupha gen un chi zaw ahi. Ei lawi tuh mi piangthak atawmleh lohsam kisa, mahni moh kisa, anawn chiang a tangthupha gen ding leng litbawl mawk. Pathian Kha Siangthou in alungsim ahonsaklouh khawng ei hatna a va hon sawm teitei, angaikhetupen leng lungsim kihong lou a om, hiai bangte taihsan phot ding ahi. Hundang a kihou thak ding hizaw ahi. Amah leng thum di'a sawlding, e'n leng thumna a phawk det ding, Pathian kiang a hunlem dang nget zaw ding ahi. Hiaite buaipih sang a Pathian in hon sawlnate a va hoh zaw ding ahi.

Jona tangthupha genna enkhawm ni:

[Jona 3:1 Huan, Jona kiang ah TOUPA thu ahongtung nawn leuleu a. v2 Thou inla, Ninevi khua, khopi thupitak ah hoh inla, thu gen ding k'on chih va tangkoupih in, chi in. v3 Huchi in, Jona athou a, TOUPA thu bang in Ninevi khua ah ahohta hi. Ninevi bel khopi thupi petmah, nithum pai aching hi. v4 Jona ni khat pai chiang khopi sung ah ava lut phot a, tua pat ni sawmli in, Ninevi hihman ahi sin hi, chi in, akikou a. v5 Ninevi mite'n Pathian agingta ua; an ngawl ding chi in apuang ua, alak ua alianpen a kipan a neupen tan in sai-ip puan asilh uhi. v6 Huai thu Ninevi kho kumpipa bil ahongtungta, alaltutphah a kipan in athou a, alalpuan asuah a, sai-ip puan asilh a, vutlak ah atuta hi. v7 Kumpipa leh amiliante thupiak in kumpipa'n Ninevi kho sung ah thu puang in apulakta. Mihing hiam, gan hiam, bawnghon hiam, belamhon hiam in bangmah chiam kei uh hen;ne in tui leng dawn kei uh hen.v8 Mihing leh gante'n sai-ip puan silh zaw uh henla, nakpitak in Pathian sam uh hen: ahi, michih in amau lampi hoihlou leh akhut ua hiamgamna lehngatsan uh hen.v 9Imanlouhna ding in, Pathian lunghei in lungsim kilehhei in, aheh mahmahna a kipan akilehhei kei ding chih kua'n ahia thei? chi in. v10 Huchi in, Pathian in athilhihte uh en in, alampi hoih lou uh alehngatsan uh chih amu a; akiang ua achihsa, Pathian in hih atup thil hoih louleh ngatsan a; ahihta kei hi.]

Jona in huai khomite a-itlouhdan i thei uhi. Dukdaktak a gen ding agintakhuai hetkei, akho sung a paisuakna ding a ni 3 sung lut ahi a, tai kawm a gen leng hithei ahi. Bang teng hileh athugen pen Pathian thu ahi a, ahing a thil abawl thei hi. Pathian in hon sawl ahih nakleh va pai in tangthupha gen in, athu ahinleh hinlouh ding ei chitna (quality) a kingalou ahi. Koisan, koi mun, koi mite alungsim a na awlmoh gige, tangthupha na va gen utna, alungsung a hon phut a-omleh Pathian in hon sawlna hithei ahi. Ana ngaikhia inla asawlna limsak in, Jona bang a Pathian in hon sawlna a na va hoh masiah na hinkhua lamzang lou ding hi.

Tangthupha gen ziak in van ah sethei lou kipahman thupitak a-om hi:

[2 Korinthte 11:23 Khrist nasemte ahi uhia? (mihai bang in genta leng) ka hi sem; sepgimna bang ah thupi sem in, suangkulh a tanna ah bang thupi sem in, vuakna ah bang akan aval in, sihna ah bang tamveipi. v24 Judate lak ah vuakna khatvei a sawmli ching lou ngavei ka tuak a; v25 thumvei chiang a khet in ka om a, khatvei suang a den in ka om a, thumvei long siatna ka tuak a, zan khat leh ni khat tuipi ah taihmang in ka om a, v26 Khualzinna ah tamveipi, luite lak a lauhuai, suammite lak a lauhuai, ka chipihte lak a lauhuai, Zentelte lak a lauhuai, khopi a alauhuai, gamdai a lauhuai, tuipi a lauhuai, unau takloute lak a lauhuai; v27 septawlna leh sepgimna,ihmutmohna ah tamveipi, gilkial leh dangtakna ah, angawlna ah tamveipi, khosik leh vuaktang a omna ah bang. v28 Huan, hiaite ban a kigenlou saptuam pawl tengteng ka ngaihtuahna ni teng a hon delh gige leng a-om hi.]Pathian in hon sawlna ahih ziak a lamzangtak a haksatna bang mah tuak lou ding chihna hilouhi. Pathian in amisiangthoute leitung a haksatna thuak phal ahi. Khrist ziak a sawina leh haksatnai tuahte Pathian lungkimna ahi.

Sawltak Paul tuk anungzuite athuakzaw omding in ka gingta kei, hileh leng Sawltak Paul in alungkimlouhdan leh haksa asakdan gen ding buaipih lou in tangthupha abuaipihzaw hi. Huai naksang in Toupatheihna thupi tunung toh teh in, thil bangkim manna in ka sim achi hi. [Philippite 3:7 Ahihi hitaleh, thil kei a di'a punna peuhmah Khrist ziak in manna in ka simta.v8 Hi taktak hi, ka Toupatheihna manpha ziak in thil tengteng ka tanta hi. Huan, thil tengteng ninneng bang phet in ka sim a Khrist ka tantheihna ding in,]EiteKhristian i kichina ua, mi kampau sia leng thuak zouloute i hiuhi. Khalam ai naupandan uh maw, Sawltak Paul tuh 195 vei (39X5) Judate-apat chiang a sat tuakta ahi. Hileh leng athuaknate tangkoupih lou a Jesu Khrist hotdamna tangkoupih ahi. Ei lawi tuh USA ah thugen a va zinleng, i thugennate a Jesu Khrist sang mah a USA i va zinna khawng kitangkoupih zaw sim mawk hi.

Khristianhinktehua gahsuangtak leh manphatak a zat i utleh tua akigen teng; Bible sim gigeding, thumna neih gigeding, kikhop gige ding leh tangthupha gen ding chihte khat leng paihtuam nei lou in bawltou in, Toupa Jesu Khrist in anungzuite omdan ding adeihdan ahi.

VII
Bible a dotna haksa taktakte

Tangpi theinop dotna liante

Dtn.: *Pathian kua ahia? Pathian kua bawl ahia?*

Dnn.: Ei mihingte thil siam i hi a huaiziak tak in thil teng kisiam ding in gintakna i nei uhi. Mihingte'n Pathian hihna leh athupina chiang mu ban hi lehang Pathian ahihna neu lua hi ding ahi. Pathian hihna tak leh athupina chiang i muh batlouh leh i theih batlouhna pen Pathian thupina hizaw ahi. Kuahiam khat siam nahi mawkleh a Pathian hihna bei ding a, asiamtupa pen Pathian hi zaw ding hi. Muh thei leh muh theih louhteng ama siam ngen hi a, amah a pan ngenahi. Amah ma in kuamah a-om kei a, amahlou a pan suak khat lel leng a-om kei hi.

Muh thei thil teng in kipat hun nei ua, kipat hun nei lou thilsiam himhimom louhi. Tuai muh theih teng thilsiam ngen hi ua, khovel leh thil kimu thei teng hong piankhiakna ding in kipatna hun ngai a, kipatna hun nei lou a hong mawk om bangmah om louhi. Tua hun i zat lel pen in leng kipatna hun nei a huai tuh tangtawn akipan hun (time) hong kipankhia ahi. Tangtawn i chih kipat hun nei lou a tawp hun nei lou ahi. Huai tangtawn i chih tuh Pathian ahi. [Sam 90:2 Tangte pian ma, leitung leh khovel na bawlkhiakma in leng; khantawn a kipan khantawn pha in leng nang tuh Pathian na hi.]

Tangtawn kikal a tua i muhtheihte hun (time) khat hong kibawlkhia ahi. Thilsiam teng in asiamtu ngiat ua, asiamtu om lou in thilsiam bangmah hong om thei lou ahi. Himahleh Pathian pen thilsiam ahi kei a asiamtupa ahi chih phawk ni, thilsiam leh asiamtupa kikal itheihsiam louh chiang in Pathian leng ei bang a thilsiam khathi ding in i ngaihtuah ua, Pathian kua siam ahi diamchi in dotna i bawl khasek uhi. Pathiantheihchetzawkna ding in bible chang bangzah hiam enkhawm suk ni.

.

1.

Thuneipen, a-ut dandan a gamtang thei (Omnipotent)

- Daniel 4:35 Huan lei a tengte tengteng bangmah lou bang a ngaih ahi ua: huan van sepaih pawl leh lei a tengtengte lak ah adeihlam bang in ahih zel a: kuamah in akhut alen thei un, akiang ah, "Bang ding a hih na hia?" achi thei kei uh.
- Sam 33:6 Toupa thu in vante siam ahi a; huai a omte tengteng leng akam a hu a siam ahi uhi.

2. *Mun teng a om suak (Omnipresent)*

- Sam 139:7 Na kha kiang a kipan in koi ah ka pai dia? Na ma a kipan koi ah ka taimang dia? v8 Van ah kahtou ning chi le'ng, huai ah lah na om ngal a: Sheol ah lupna bawl ning chi le'ng ngai in, huai ah leng na om zel ngal a. v9 Zingkha zak in, tuipi tawp pek ah va om ning chi le'ng; v10 Huai ah leng na khut in na hon pi ding a, na khut taklam in hon len ding ahi ngal a.

3.

Thil bangkim thei, hun paisa, tuhun leh maban leng thei suak (Omniscient)

- Isai 46:10 Ke'n atung a kipan in atawpna ding uh ka gen a; pha ka sak adingh suak ding a, ka deihlam tengteng ka hih vek ding, ka chi a:

4.

Pat hun nei lou bei hun nei lou a tangtawn mi, a-om gige ding (Eternal)

- Diuteronomi:33:27 Khantawn Pathian na kibukna ahi a, nuailam ah khantawn ban a-om, melmate lah ahon satmang ding a, "Hih mang in," achi.
- Sam 90:2 Tangte pian ma a, leitung leh khovel na bawlkhiak ma in leng; khantawn a kipan khantawn pha in leng nang tuh Pathian na hi.

5.

Tehpih ding nei lou, kikimpih om lou hi (Uncomparable)

- Isai 40:25 Kua toh hon teh a, kua kimpih lel a hon sep dek na hi ua? Misiangthou in achi, v26 tunglam khawng ah na mit uh haksak unla, huai thilte khawng kua siam ahi hiam en un; ama'n sepaihte kizomzom in apikhe zel a, amin chiat un asam zel a; ahatna thupina ziak leh thilhih theihna lam a ahat ziak in khat lel leng kim lou a-om ngei kei hi.

6.

Zuau gen thei lou Pathian (Can't lie)

- Nambars:23:19 Pathian zaw zuauhat mihing phet ahi kei, kisik hat mihing tapa leng ahi sam kei. Agensa ahi kei di'a hia? Ana gensa ahih pichin kei di'a hia?

7.

Asiangthoupen, khelhna toh omkhawm thei lou (Holy)

- Isai 6:3 Huan, Sepaihte TOUPA asiangthou hi, asiangthou hi, asiangthou hi, leitung pumpi athupina in adim, chi in, akikoutuah sek uhi.
- Isai 59:1 Ngai un, Toupa khut hondam thei lou ding in tomsak in a-om kei a; abil leng za thei lou ding in angong sam kei: v2 Na thulim louhnate uh noumau leh na Pathian kal ua kia in ahon khen ahi, bil a azaknop louhna ding in na khelhnate un amai hon liahsak lai ahi.

8.

Miteng sang a lianpen leh thupipen (Greatest)

- Johan 10:29 Amau hon pepa, ka Pa, mi tengteng sang a thupizaw ahi; kuamah in Pa khut a kipan asut thei kei ding hi.

9.

Apilpen leh atheipen ahi (Wisest)

- 1 Korinthte 1:25 Pathian haina mihing sang in apilzaw a, Pathian hatlouhna leng huai mihing sang in ahatzaw naknak hi.

- Isai 55:8 Ka ngaihtuahte lah na ngaihtuahte ahi ngal kei a, na omdante leng ka omdan ahi sam kei, Toupa'n achi. v9 Vante lei sang a asan zawk bang in, ka omdante na omdante uh sang in asangzaw ngal a, ka ngaihtuahte leng nang ngaihtuahte sang in asang lai hi.

10.

Hun in Pathian uk lou a, Pathian in hun (time) uk zaw hi (Control time)

- Marka 2:27 Huan, amah mah in, akiang uah, khawlni zaw mihing a di'a bawl ahi, mihing bel khawlni a di'a bawl ahi kei.
- 2 Kumpipate 20:5 Kik nawn inla, ka mite heutu Hezekiah kiang ah gen in, TOUPA, na pu David Pathian in hichi in achi, "Na thumnate ka za a, na khitui kia leng ka mu hi; ngai in, ka hon damsak ding; ni thum ni'n TOUPA inn ah na hohtou ding. v6 Huan, na damsung kumte kum sawm-le-nga in ka sausak ding a; huan, nang leh hiai khopi Assuria kumpipa lak ah ka humbit ding a; huan, keimah ziak leh ka sikha David ziak in hiai khopi ka hum ding, achi," chi in.

Dtn.: Satan leh mihing kibatlouhna bang ahia?

Dnn.: Khenkhatte'n Pathian leh Satan atehkaksek ua, Pathian hih theih Satanin ahih theih louh omsun tuh misisa kaihthoh khawng achi ua, azuau man uh ahi. Satan i chih thilsiam ahi a, Pathian i chih asiamtupa ahi. Satan in bangmah Pathian thu lou in ahih thei kei a, Pathian vaihawmna nuai a gamtang leh ni tawpni chiang a mohpaih a om dingahi. Pathian kuamah toh kitehkakngei lou a, tehkakpih ding leng nei lou ahi. [Isai 40:25 Kua toh hon teh a, kua kimpih lel a hon sep dek na hi ua?Misiangthou in achi,v26 "Tunglam khawng ah na mit uh haksak unla, huai thilte khawng kua siam hiam en un; ama'n tuh sepaihte kizomzom in apikhe zel a, amin chiat un asam zel a; ahatna thupina ziak leh thilhihtheihna lama ahat ziak in khat lel leng kim lou a om ngei kei uhi."]

Satan i chihakhelhma inLucifer ahi a, Angelte lak a Pathian toh kinaipen, Pathian in suangmantam a athop leh melhoihpen a asiam ahi. [Ezekiel 28:13 Pathian huan, Eden ah na teng a; suangmantam chiteng in na kithuam a, sardion, topaz suang leh diamond, beril, onik, zasper, saphir, emeraldi, karbankul, aphumkipna leh agelh kilawmna dangka-enga bawlte, nang siam ni a bawlsate.]Himahleh mihingte taksa bel Jesu Khrist taksa toh kibang a kaihthoh in omdinga, Pathian thupina a kithuam ding ahi. [Philippite 3:21Ipumpi thulim lou tuh ama thupina pumpi toh kibang ding in, ahon bawlthaksakding, thil bangkim ama thuthu a a-omsaktheihna thilhihtheihna in.]

Angel i chihte Pathian lawm ding ahihkeileh tapa gouluah ding a siam ahi kei ua, sawltak (servant) ding a siam ahi uh. [Hebrute 1:7 Huan, angelte tungtang thu ah hiai agen a; "Ama'n zaw a-angelte huih in asuaksak a, anasemte leng meikuang in asuaksak hi," chih. v14 Amaute tengteng tuh nasepna khate, hotdamna gouluahdingte a di'a nasem ding a sawlkhiakahi kei ua hia?]Ei mihingte bel Pathian melpu asiam leh Pathian toh kipawlkhawm ding a siam i hih ua, i khelhzoh nung in Jesu Khrist tungtawn in tapa hihna hon pe lai hi.

[Genesis 1:26 Huan, Pathian in, i kibatpih in, ei mahmah bang in, mii bawl di'a, amau tuipi a ngasate tung ah, tung a leng vasate tung ah, ganhing tung ah, leitung tengteng tung ah thui neisakding, achi a. v27 Huchi in, Pathian in amah kibatpih in mi asiam a, Pathian kibatpih mahmah in ahi asiam; pasal leh numei asiamta hi.][Johan 1:12 Himahleh, amah kipahpih a pom, amin gingtate tengteng Pathian tate suahtheihna apia;]

Satan khatvei akhelhleh khophia tuk a kin a mohpaih leh agawtna ding Pathian in bawlsak a, [Luke 10:18 Huan, ama'n, akiang uah, *Khophia bang in Satan Van a kipan a hong kia ka mu.*][Matthai:25:41Huaikhit in, aveilam a mite kiang ah leng, "Hamsiat thuakte aw, *khantawn mei diabol leh asawltakte ding a abawl* uah hon paimangsan un;"]Khovel leh muhtheihte abawl ma nangawn in i hotdamna ding lemgelkhintahi. [Ephesate 1:4 Amah mai a siangthou leh dembei a om ding a *leitung pian ma a eite honna teltak bang ngei in.*]

Satan akhelh in Pathian in tangtawn meidil abawlsak a, mihingte akhelh in ama Tapa tang neihsun eite hon hondam ding in hon pia hi.[Johan 3:16] Banghanghiam chihleh, Pathian in khovel a-it mahmah a, huchi in aTapa tang neihsun apia hi, huchi a kuapeuh amah gingta tuh amanthatlouh a, khantawn a hinna aneihzawkna ding in. v17 Khovel siamlouh tangsak ding in Pathian in Tapa khovel ah asawl kei, khovel ama vanga ahintheihna ding in asawl ahi zaw hi.]

Angel leh thil siam dangteng a-aw zang a abawl ahi a, himahleh mihingte abawl in akhut mahmah zang in abawl hi. Mihingte toh kisai ahih nakleh za-a-za amah hong tel ahi. Pathian Kha ahi pen taksa nei a abawl a, mihing than bang lel a kihhuaite melpu in eite sik-le-tang in hong si hi. [Hebrute 10:5 Huchi in, khovela ahonglut lai in, kithoihna leh thillat na deih kei a, kei a ding in pumpi n'on bawlsak zaw a:]

Satan i chih ei mihingte mah bang a maban theih kholhna neihilou ahi. Ei mihingte'n vangam i kai leh meidil i kai ding itheihchet mah bang in, Satan in leng hun tawp ni chiang a meidil a kai ding theikhol a, thil dang toh kisai minute khat lel leng theih kholhna nei lou hi. Satan in maban theih lawkna nei hileh Job va khem lou ding a, Toupa Jesu Khrist leng ni 40 leh zan 40 an angolh lai a va khem lou ding ahi. Khemzou lou ding chih thei sa a va khem ahi kei a, huai in Pathian thupina tung ahihman in akhemzohlouh ding chih atheih sa a va khem lou ding hi.

Mihingte'n tuh i hun paisa teng kithei nawnvek lou a, atamzaw kimangngilh zomah hi. Himahleh Satan in bel ahun paisa khat lel leng amangngilh kei a, athei vek hi. Mihingte kigim thei aihmut kipoimoh hi. Himahleh Satan i chih kha hi a, agim thei kei a,ihmut apoi kei hi. [1 Peter 5:8 Pilvang unla, limsak un; na melma uh diabol, humpinelkai humham bang in anek theih ding zong in avial vakvak hi;]

Dtn.: Bangziak a Pathian in sia-le-pha theihna sing bawl ahia?

Dnn.: Pathian in athupina ahon thuam utin chin, Satannangawn in hon eng ahi. Pathian toh tangtawn a hingkhawm leh tengkhawm a ama thupina ahon thop ding pen, thil thupi lua ahihman in hon ze-et (testing) masak ngai ahi. Pathian thil bangkim thei ahihman in khelhna a i puk ding leng theikhol khin a, huaiziak a leitung abawl ma nangawnaJesu Khrist in hon hotdamna ding leng lemgel khin ahi. [Ephesate 1:4 Amah mai a siangthou leh dembei a om ding a leitung pian ma a eite honna teltak bang ngei in.]

Dtn.: Bangziak a Pathian in Eden huan a pan Adam leh Evi nohkhia ahia?

Dnn.: Adam leh Evi akhelh khit nungun Eden huan a pan nohkhia a, lei kawm ahEden huan aselmang hi; [Ezekiel 31:16 Namte leng apuk ging ah ka lingsak a, kokhuk a paisuksate kiang a Sheol a ka paihkhiakni in; Eden sing tengteng, Lebanon sing hoih tata, tui a vak tengteng lei nuainungpen ah lungmuang in a-omta uh.] Aziak ahihleh mihingte'n hinna singgah ne kha leuhataksa uh sih thei nawn lou ding a Pathian toh tangtawn in om khawm thei nawn lou ding uhi.

Hiai avenna a Adam leh Evi akhelh zoh phet ua Eden Huan a pan nohkhia a a-angelte avensak ahi. Pathian in hon itna ziak a Adam leh Evi sawlkhia hi zaw ahi. [Genesis 3:24 Huchi in pasal adelhkheta a; huan, hinna sing lampi veng ding in Eden huan suahlam pang ah cherubte leh mei namsau kilek zualzual a-omsakta hi.]

Dtn.: Kaina in Abel athah khit nung a ataimangna lam a zi bangchi neih theih ahia?

Dnn.: Adam tapa piang masapenKaina ahi a ama nuai ah Abel ahi. A-upa pen in anaupa athah khit nung in, Kaina taimang a, ataimangna lam ah zi nei hi. Azi koi a pan ahia? Khenkhat in angelte zi a nei ahi chi a pang pawl a-om uhi. Itheihsiam ding khat tuh, Kaina pen kum khat taimang ahi kei a, huai hunlai amite kum 500 val ngendam uh ahi. Adam leh Evi in ta tampi aneih beh ua, atate hong kiteng ua huchi a leitung a hong kithehzak uh ahi. Kaina zi pen leng ama naute tanuteahihkeileh atute or atusawntehi ding ahi. [Genesis 4:17 Huan, Kaina in azi a-ompih a; huchi in, agai a, Enok anei hi: huan, khua asat a, akho min ding in atapa tamsak in, Enok achi hi.]

Adam in ta nih kia nei lou a, huai Genesis chapter 4 na tan a tapa nihkia neihi zaw ahi.Huai khit nung a ta tampi neih beh in, huaite lak a Seth a pan khanggui hong kisim ahi. [Genesis 5:4 Huan, Seth aneih nung in Adam kum zagiat adamlai a: tanu leh tapate anei nawn lai hi.]

Enok ahing avangamkai pen hilou ahi i gen uh, Enok i chih mi nih a-om ua, ahing avangamkai pen Jared tapa ahi. [Genesis 5:18 Huan, Jared in, kum za sawmga-le-nih ahih in, tapa Enok anei a:]

Dtn.: Pathian om taktak mah ahi diam?

Dnn.: Pathian om taktak leh om taktaklou i chih chetna ding in bible sut ngai hi. Bible pen ama thu hi a, ama thugente adikleh om taktak mah ahi chih i theichian ding uhi. [Genesis 1:1 Atung in Pathian in lei leh vante asiam.]I etleh thil bangkim siamtu a Pathian hong ki-introduce ahi a, thil siamtu ahihleh asiamdan agenchet theih ngai ahi. [Hebrute 3:4 Ahang bel, inn peuhmah mi khattei lam hi a, ahihhanga, bangkim lampa bel Pathian ahi.]Huaiziak a bangkim lampa Kei ka hi, akichih ngalleh agenchet theih ding ahi. Scientistte'n khovel leh asung a-omte abawl kei ua, a-omsa suitute ahi ua, Pathian bel thilbangkim bawlpa ahi.

Bible in khapi in vak nei lou ahihdan scientistte'n khapi a mi asawlkhiak ma ua 1960s thei lou ua, himahleh Pathian abawltupa'n kum 3,000 val masang in ana genkhintahi. [Job:25:5Ngai in, khapi nangawn in tetna anei kei a, amitmuh in aksite asiangthou kei hi.]

Scientistte'n khapi a mi asawlkhiak ma ua 1960s thei lou ua, nidanglai amite'n van pen khatkia om ahi ana chi ua, himahleh

Thukhun Lui a Nehemiah laibu in van khat kia om lou ahihdan ana gen a, vante khat sang a tamzaw ahihdan ana genkhintahi. Tua van a satellitei sawlkhiak khit nung in van khat kinei lou a (Troposphere, Stratosphere, Mesosphere, Thermosphere, Exosphere), van i chih adandan tampi om ahihdan kitheikhia hi. [Nehemiah 9:6 Nang TOUPA na hi, nang kia mahmah; van, vante' van, asepaihte tengteng uh toh, lei leh atung a om thil tengteng, tuipite leh asung ua om tengteng na bawlta a, avek un na hawi a; huan van sepaihte'n nang ahon bia uhi.]

Pathian in leitung bawl mahahih chiang a, abawldan leh akoihna mun leng chiangtak in gen thei hi. Universe a mal (north) lam a mun awng (black hole ziak) a-om a, huai mun a leitung koih a, bangmah lou in ka khai achi hi. [Job:26:7 Ama'n mallam mun awng tung ah aphalhkhia a, huan bangmah lou tung ah lei akhai hi.]Tua Scientistte'n i milky way pen Universe a di'a amal (north) lam a om ahi chih leng hon suikheta ua, hiai mallam mah a nisa asi in black hole (mial bekbukna) kibawl chih leng hon theikheta uhi.

Leitung bem ahihdan a bible in chiangtak a Job tungtawn in ana taklang a, Christopher Columbus in 1450s vel a long (ship) tungtawn a khovel afan suak masak zoh a pan leitung bem ahihdan mihingte hong chiang pan uhi. [Job:26:10 Tuite tung ah, khovak leh khomial kigitna ah, kawlmong akaikual hi.]Leitung bem a pek lou ahi chih achetna dang ahihleh Jesu Khrist in ahong kik nawn na'ng rapture omdan ding agenna ah lengtheihchet theih hi. Rapture i chih mitphiat kallou a thil tung ding ahi a, Columbus khovel pumpi long a khual azinma a mite gintakdan a leitung pek bang hileh rapture omchiang a nitakahihkeileh sun kia kizang ding a, tua bel khat lumlai, khatlou nasem lai, buh gawizansak lei i chih chiang a leitung abem ziak a khenkhatte a di'a sun hi a, khankhatte a di'a nitak ahihdan kichian pah hi. Anuai a bible chang simkhawm ni-

[Luke 17:34 K'on hilh ahi, huai zan in lupna khat ah mi nih a-om ding ua, khat lak in a-om di'a, khat nutsiat in a-omding. v35 Numei nih buh gawizan in a-om ding ua, khat lak in a-om di'a, khat nutsiat in a-omding. v36 Pasal nihlou ah a-om ding ua; khat lak in a-om di'a; khat nutsiat in a-omding, achi a.]

Laisimte'n na thei ding ua, leitung kibawl tung a leihul (earth) munkhat a omkhawm pen Pangaea kichi a, tuipi leng munkhat a omkhawmtePanthalassa (tuipi) kichi hi. Himahleh lei nuailam ate awl a hong kikhin chiang un awl inleitung hong kikhendalh a, tuipi leng leihul kikal a hong luanglut in, tua khovel pumpi map en lehang,India leh Australia bang tuipi in khen hi. Hiai leitung kikhen ahi chih pen scientistte'n 1980 kum vel ahon theihsuah pat uh ahi. Himahleh i Bible a kum 4,000 val paisa in ana kigelhkhintahi. [Genesis 10:25 Huan, Eber in tapa nih anei a: khat min Peleg ahi a, adamlai in lei lah khen in a-omta ngal a; anau min Joktan ahi.]Khovel a tuichim atunkhit nung in (Genesis bung 6), tuipi in khovel pumpi tuamsuak ua, hiai ziaka leitung maite (surface)hong nip (soft) a kikhen zak thei uh hi ding a gingta ka hi.

Black hole i chihAlbert Einstein in 1916 kum a ana genlawk masak ahi a, "black hole" thumal 1967 kum a American astronomer John Wheeler piak ahi. Black hole i chih chiang in aksi asih chiangahong puaktam a, asung a hiptu (gravity) pen in nasatak aakim-akiang athil omteng hon lehhip kik vek a, mial bekbuk leh asung a vakna himhim nei lou a om ahi. Scientistte'n 1970s vel aasuikhiak pat uhi bible a Juda laibu ah chiangtak in ana kigelh khin hi. [Juda 1:13 Tuipi kihawt vonvon, amau zahlakna thankhia ahi ua; aksi vialvak, amau a ding a khantawn a mial bikbek sitsakte ahi uhi.]"Aksi vialvak, amau ding a khantawn a mial bikbek," in agennop tuh black hole ahi. Aksi mial i thei ngei uhia, i nisa uh leng aksite lak a aneupen pawl ahi. Nisa leh leitung i chih kilometer 150,000,000 akigamla ahi ua, himahleh leitung a vakna huchituk ahon pe zou lai ahi.

Aksite lak a tua i nisa pen a neuchi i chi ua, himahleh nisa pen leitung sang aleh 109 a lianzaw lai ahi. Nitak chiang a aksi neuchik a i muhte gamlapi a omahi ua, ei nisa sang in alehza lam a lianzaw ahi uhi. I gennop pen tuh i nisa pen aksite lak a neuchikpenleng huchituk a vak ahihleh aksileh za a liante mial mawk lou ding uhi. Asih ua black hole ahih ngal kei ualeh tangtawn a mial bikbek ngei lou ding ahi uh. Bible dikdan chiang deuh ahon gen sawm a hon hilhchian ka hi.

Leitung pen Pathian in mihing, ganhing leh thilhing omtheihna ding a ka bawl ana chih dung zui in, tuni tan chiang a scientistte'n leitung chihlouh mundang a hinna nei mu zou lou uhi. Mipilte gendan a mihingte i hintheihna ding a 2,00,000 vel thil kitasam chi uhi. Asatdan hun geih, avotdan hun geih, huih siang, tui, nisa, leh adangdangte poimoh hi. [Isai 45:18 Toupa van siampa'n (amah lah Pathian, lei bawl a siampa ahi; ama'n lei akipsak a, bangmah lou ding in abawl kei a, mihing omna ding in abawl zaw hi) hichi in achi ngal a: Kei Toupa ka hi; adang himhim a-om kei.]

Aiguptate (Egyptian) i chih nidang a khovel pumpi uksuak a vaihawmtu leh thuneipente ana hi ua, himahleh Pathian in namdangte lak ah vaina hawm nawn kei ding a, gam neuchik leh hat lou ka hon suah ding achi.Tua Egypt i chih gam hat het lou leh gamneu hong suakta uhi. Israel gam neuchik in 1967 gal lai in Egypt sung ah mun liantak (Peninsula) ana la man uhi. Pathian genkholhdan geih a hong tangtung ahi.[Ezekiel 29:14 Aigupta mite omdan ka hei ding a, apianna gam uh, Pathros gam ah ka kiksakding; huan huai lai ah vualleltak in alal ding uh. v15 Lalgam vuallelpen ahiding, namte lak ah leng akilalsak nawn keiding a; namdang tung a thu aneih nawnlouhna ding un amau ka neusak sin ahi.]

Nuclear galvan toh kisai leng akibawl ma kum 2000 ma pek a na kigenkolkhinta , ei khangte'n tua i neih lel leh i na tuahtouh uh ahi. Hiai Zekariah leh Kilaknaakigelh lai khawng a pistol leh thau kichi himhim om nai lou, nuclear bomb i chih tuh mihing lungsim khuak in leng banpha nai lou hi. Thau i chih kum 1600 vel a pan hong kibawlsuah a kizang pan ahi. [Zekariah 14:12 Huan Jerusalem kidoupih mite tengteng Toupa'n agawtna ding hi bel hiai ahiding; akhe ua adin lai un, asa uh amuat ding a, ahawm sung ah amit uh amuatding, akamsung uah alei uh amuat ding hi.][Kilakna 6:16 Huan tangsangte kiang leh suangpite kiang ah, "Hon delhlum unla, amah laltutphah tung a tupa mai a kipan leh Belamnou thangpaihna a kipan hon sel un: v17 Athangpaihna ni thupi hongtung hi; kua adinghzou dia?" achi ua.]

Jesu sihzoh nung kum 95 vel a Kilakna laibu kigelh ahi, asung a kigelhte huai hun lai intheihsiam vual ding ahi kei. Tu khang a tampi tangtungta, atangtung laiding leng hunkhop om hi. Number 666 i na genthang mahmah uh leng Kilakna laibu sung ah kimu hi. Tua mi teng zat theih ding a bawlsuah leh sepsuah hih nai kei mahlehnumber 666 pen khovel mun changkang leh mihausate'n zang panta uhi. [Kilakna 13:18 Hiai ah pilna akilang, kuapeuh theih siamna nei in, gamsa nambar sim hen; mihing nambar ahi ngal a; huan anambar tuh zaguk sawmguk-le-guk ahi.]Mihausate'n sum haulua ua, bank account hau lua uh, ATM password leh amau nasepna lai poimoh leh passwordte chiamteh vual ding hilouhi.

Athil leinop uh tam, asum a puak seng ding hih nawn lou, ATM card i chihte lah haulua uh, dongkholhsata uhi. Huaiziak mahacashless hong kipanhita, gam khangtoute'n sum (paper) a tawi nawn lou ua, thil alei nopteng uh card leh phone tungtawn a leita uh. Lamka kho sung a bazaar i kaileh lengsum ngai lou a kikai thei simta a, phone tungtawn a vanman i leite kipe ziauziau theita hi.

.

Dtn.: *Mihingte'n Kha (Spirit) kinei taktak mah ahi diam?*

Dnn.: Mihingte'n kha kinei chihtheihchetna chi thumi enkhawmding.

1. **Tangtawn lunggulhna kinei:** [Eklijiasti 3:11 AM'n thil peuhmah ama' hun ah kilawm vekin abawl hi. Ama'n mihingte lungtang ah tangtawn akoih a, hinapiin, Pathian in achil a pan atawp donga ahih athei khezou kei uh.]Kha i neih ziak a tangtawn a dam utna leh tangtawn lunggulhna kinei ahi. Mi kingaite leh kiitte'n kum sawm tan ka hon ngai ding chilouua, damsung in ka hon ngai ding kichi uhi. Tangtawn a dami utziak a hotdamna kizong chiat ahi. Pathian tangtawn a omdenpa'n hon siam akihih man a tangtawn mah kilunggulh ahi.

2. **Thil bangkim siamtupa biak utna kinei:** Mihingte kia in thumna kinei a biak kinei chiat hi. Sahkhua i chih mihingte'n Pathian diktat leh thil bangkim siamtupa i zonkhiak sawmna lam a sahkhua kipankhia ahi.Tua khovel a sahkhua i chih 10,000 val sahkhua kibanglou om di'a gintak ahi. Ganghing dangte'n tuni tan in sahkhua leh biakna nei lou ua, zawng (monkey) thumna nei, uite'n an anek dek chiang ua Pathian kiang a kipah thugenna thumna nei ngei lou uhi.Ganghingte'n kha aneihlouh ziak uh ahi. Mihingte bel hun kipat tung a pan Pathian kizong den a, tu tan leng Pathian i zonna bei nai lou lai hi.

3. **Ihinna:** Mihing i damsan pen i taksa a i kha a-om lai ziak ahi. Ana sa thei pen i kha ahi. I kha pen i taksa a hong omchiang a i taksa hingpan a, i taksa in ana, anuam-nuam lou leh thil tuamtuam thuak (feel) thei hi. Misisate va zep in va soisa lehang nasa thei nawn lou uhi.

Dtn.: Trinity kichi atak mah hia?

Dnn.: Trinity kichi bible sung a kimu lou napi in Khristian pawl khenkhatte'n i pom uhi. Pathian khat lah hih ngal lah thum kichi zel, Khristiantamtakte a di'a theih buaihuai ahi a, ka hithei tan inhilhchet ka hon sawm ding. Pathian khat mah ahi. Midang leh thil dang kuamahdang Pathian a-om kei hi. Trinity i chih chiang a Pathian thum genna hiloua, Pathian khat sung a mi thumte gen ahi. Pathian i chih pen inkuan khat dan in hisap lehang, inkuan khat sung ah pa, nu leh tate ki-om hi. Huai mah bang a Pathian khat hi a, ama sung a mi thum (Pa, Tapa, leh Kha Siangthou akigawm a Pathian) om chihna ahi. Bible chang i enkhawm ding a, nang na pom nop pen ana kipom lel in.

Mihingte akibawl dek in, "ei mahmah bang in," i bawl ding chi in kikum masa uhi. Mi khat kia kikum thei lou a, 'ei' i chih chiang in khatsang a tamzaw genna ahi. [Genesis 1:26 Huan, Pathian in, "Ikibatpih in, ei mahmah bang in, mii bawl di'a, amau tuipi a ngasate tung ah, tung a leng vasate tung ah, gan tung ah, leitung tengteng tung ah thui neisakding,"achi a.]

Jesu Khristbaptisma atanlai in leng, Pa pen van a pan hong paukhia a, Kha Siangthou tuhvakhu bang inahongsuk hi. [Matthai 3:16 Huan, Jesu baptisma atan tak in tui a kipanapawt pah ngal a, huan, ngai in, amah a ding in van hong kihong a, Pathian Kha tuh vakhu bang a hongsuk in, atung a hong tu amu a. v17 Huan, ngai in, van a kipan in aw in, "Hiai ka Tapa deihtak, ka kipahna mahmah ahi," achi a.]

Jesu Khrist athum lai in, "Eimah" kampau azang hi. Eimah i chih chiang in khatsang a tamzaw genna ahi. [Johan 17:21 Pa, nang keimah a na omleh kei nangmah a ka om bang in, amau leng eimah a a-omna ding un; nang kei na hon sawl chih khovel in ataksantheihna ding in.]

Nungzui masate'n leng Pa toh, Tapa toh, leh amau sung a Kha Siangthou omsa toh ka kipawl zel chi uhi. [1 Johan 1:3 koute'n ka muhsa uh leh ka zaksa uh mah noute kiang ah zong k'on puang uhi, huchi a noute'n zong koute toh kithuahna na neihtheihna ding un; koute kithuahna bel Pa toh a Tapa Jesu Khrist toh kithuahna ahi.]

Jesu Khrist van akahtouh dek in, gamteng ah pai unla nungzuite bawl un, Pa, Tapa, leh Kha Siangthou min in baptis un achi hi. [Matthai28:19 Huaiziak in, kuan unla, nam chih a pan nungzuite bawl unla, Pa toh Tapa toh Kha Siangthou tohmin in baptis unla,]Genlouh tuam nei lou in genkhawm khavek hi.

Hiai in ahilhchian mahmah hi, sim chiat ni -[Ephesate 4:4 Ahon sapna pen lametna mun khat a sapna hih mahbang un pumpi khat leh Kha khat kia a-om; v5 Toupa khat, ginna khat, baptisma khat, v6 bangkim Pathian leh Pa khat kia a-om a; amah tuh bangkim tung ah a-om a, bangkim amusuak a, bangkim sung ah a-om hi.]

Jesu Khrist Pathian ahihna umlahte'n hiai sim ni-[Philippite 2:5] Khrist Jesu a leng om, hiai lungsim tuh neile uh chin;v6 Amah tuh Pathian bangaom hinapi'n, Pathian toh kikim a om thil khiaklah ding in asep kei a,]Pathian toh kikim a om, (Pa, Tapa, leh Kha Siangthou) pumkhat ahi gige uhi. Ei misiangthoute leng rapture zoh chiang in amau lak ah pumkhat in i va telsam ding uhi. Pa, Tapa leh Kha Siangthou lak a Toupa Jesu Khrist a hotdamna neite, Jesu Khrist ziak in Pathian tate i suakta ua, Pathian a mi thumte lak a tapa Jesu beel in Pathian a thumte lak ah i tel ding uhi. Jesu Khrist thumna a pan i theisuah thei hi, anuai bible chang pen simkhawm nawn ni.

Jesu Khrist thumna enchian ni, "Amau leng eimah a a-omna ding un": [Johan 17:21 Pa, nang keimah a na om leh, kei nangmah a ka om bang in, amau leng eimah a a-omna ding un; nang kei na hon sawl chih khovel in ataksantheihna ding in. v22 Huan, nang thupina na hon piak ke'n amau ka peta; amau pumkhat ahihna ding un, ei pumkhati hih mah bang in. v23 Kei amau ah, nang kei ah, amau pumkhat a a-om ua abuchintheihna ding un; nang kei na hon sawl chih leh, na hon it bang in amaute na it chih, khovel in atheih theihna ding in.]

Dtn.: *Naungek a site vangam akai ding uam?*

Dnn.: Rapture leh hun tawp ni pen avaihawmna (White Throne Judegement) om masiah kuamah vangamleh meidil kai a-om nai kei ding uhi. Vangamleh meidil taktak lutma in misiangthou leh misangthouloute kingakkhawmna tuamtuak om a, misangthouvangamkaidingte Paradis ahihkeileh Abraham Bossom kichihna ah kingakkhawm ua, haksatna om lou ahi. Misiangthou lou meidil kaidingte pen Hedes kichihna mun ah kingakkhawm uhi. Hedes i chih meisa leh gawtna mun chi khat mah ahi. Kuamah meidil kai masa lehvangamtungmasa ki-omtuam lou ding a kingak kim vek ding i hi. Piangthakte leh hotdamloute vaihawmna kibang lou ding a, kingakkhawmna leng kibang lou pah hi. [Sam 1:5] Huaiziak in mi Pathian limsakloute zaw vaihawmna ma ah adinghthei kei ding uh, mikhialte leng midiktatte kikhopna ah adinghthei sam kei ding uhi;]

Paradis;[Luke 23:42 Huan, ama'n, Jesu, thuneihna toh Kumpipa a na hong pai chiang in hon theigige in, achi a. v43 Huan, ama'n, akiang ah, "Chih taktak in k'on hilh ahi, tuni'n ka kiang ah Paradis ah na om samding,"achi a.]

Hades;[Luke 16:23 Huan, misi khua ah gimthuak in a-om a, adaktou a, gamlapi a Abraham leh a-angsung a Lazar om toh, amuta a.]

David atapa asih in, David in kei leng ka sih chiang in amah (atapa) kiang a misikhuaahka pai ding chi hi.[2 Samuel 12:18 Huan, hichi ahong hi a, ani sagih ni in naupuang asita. Huan, David sikhate'n naupang asita chih ahilh ngam kei ua, "Ngai in, naupang adamlai in akiang ah thui gen ua, angaikhe nuam ngal kei a, naupang asita chih bangchi in i hilh ngam di'a, bang chichi hiam in akihih khading,"achi ua. v19 himahleh David in asikhate kisimhou amuh in naupang asita chih atheita a; huan, David in asikhate kiang ah, "Naupang sita hia?" achi a. Huan, amau, "Sita" achi ua. v20 Huchi in David lei a kipan athou a, akisil a, sathau akinilh a, apuante akheng a; huan, TOUPA inn ah ahoh a, Pathian abia; huan, a-innlam ah apai nawn a, huan, an akan a, ama ah alui ua, ananeta hi. v21 Huchi in asikhate'n akiang ah, "Na thilhihdan bangchidan ahia? Naupang adam lai in an na ngawl a, na kap a, himahleh naupang asihtak in na thou a, an khawng na ne mai ngal a," achi ua. v22 Huan, ama'n, "Naupang adam lai in an khawng ka ngawl a ka kap ngut a; Naupang adamtheihna ding in Toupa'n hon hehpih khamoh keiding, chih kua ahia theiding? ka chi a ahi.v23 himahleh tu'n asita ngal a, bang ding in an ka ngawlta de? Ka sam kik nawn thei ding a hia? Akiang ah kei ka pai khongkhong ding a, himahleh amah zaw ka kiang ah ahong kik nawnta keiding,"achi a.]

Jakob in Joseph atapa si chih atheih in, kei leng misikhua amah kiang ah ka pai ding chi hi:[Genesis:37:33 Huan, ama'n ana thei pah a, "Ka tapa puanaktual ahi ve; sahang in kei eive; Joseph bohnen vekaom hi mahmah ding ei ve," achi a.v34 Huchi in, Jakob in apuansilhte abotkek a, sai-ip puan ateng a, ni sawtpi atapa asuun hi. v35 Huan, atapate tengteng leh tanute tengteng amah lungmuan ding in athou ua; himahleh ama'n lungmuan a-ut kei a; suun kawmin han ah ka tapa kiang ah mual ka khumding,"achi a.]

David leh Jakob meidil kai ding un agintakhuai kei.Amau atapate kiang misikhua, kingakkhawmna kibang apai ding uh ahihleh naungektevangamakai ding uh chih achiang hi. Bible in naungektevangamakai ding chih gelh chet kei mahleh tua atung a Jakob leh Davidte tangchin a pan vangamkai ding ua gintak ahi. Khenkhatte'n vangamkai ding aagintakna uh khat nawn tuh, Jesu Khrist hong pianlai in Herod, Judate Kumpipa in pasal naupang kum nih nuailam teng athatsak hi. [Matthai 2:16Huchih lai in Herod in mipilte khem ahih lam akitheihtak in aheh mahmah a, mi asawl a, ahun laitak thu ngentel tak a mipilte adotkhiakbang in, Bethlehem khua leh akim tengteng a pasal naupang kum nih chiang nuailam avek un athat a.]Jesu Khrist hong pian hun a, amah ziak a,naupang pasal kumnih nuailam site meidil akaisak ding a hia, chih ngaihtuahna in naupangte vangamkai ding a gingta pawl ki-om ahi.

.

Dtn.: Piangthak a mahni kithatte vangam akai ding uam?

Dnn.: Piangthak diktakpeuhmah bangchituk in khial mahleuh leng vangamakai ding uhi. [1 Korinthte 5:4 Noumau leh ka khai Toupa Jesu thilhihtheihna a kikhawm in, v5 mi huchibang zaw, akha Toupa ni chiang a hotdama a-omtheihna ding in asa tuh hihmang ding in, Satan pe lehang ka chi ahi.]I khelh in tuh i dam lai hun mah in i taksa tung a gawtna nasatak in i tuak ding a, Kha bel hotdamsa hita ahi. Ei hatna leh hoihna avangamkai ding i hikei a, Jesu Khrist in khelhnate asihsan khita amah gingta peuhmah bang khelhna hihmahle uhvangamkai ding uhi. Jesu Khrist tungtawn in khovel i zouta a, bible a zuih dingte'n amah ziak a zuihkim a hong kikoihta ahi. [1 Johan 5:5 Jesu tuh Pathian Tapa ahi chih gingmi kia ngallou, kua'n khovel azou zel a?]

Piangthak diktak amah hinna akila thei diam? Yes, khalam achauh mahmahleh chance om ahi. I kha hotdam ahihhang a, i taksa leh lungsim pen pianpih khelhna leh hoih bukim a khenlamdang ahi nai kei hi, himahlehpiangthak diktak in lametna teng abei khit nung in leng Toupa ahlametna anei lai vevea, mahni hinna akila ngei kei ding hi. Mahni hinna kilak i chih lametna nei nawn lou leh lametna beite a dingahi.Piangthak diktak leh Khalam a hatte a ding in bangchi banggimthuakna tuak mahleh leng Job dan in hinna i kilak ngei kei ding uhi. Huai bang thil deihhuai lou hong tun ding i deih keileh, piangthak kia hilou in khalam a i hat gige a khalam pichin i sawm ding uh ahi.

Jesu Khrist ei sik-le-tang ahong sihkhit nung, meidil i kaitheihna ding ziak khat kia om hi. Jesu Khrist hotdamna gingtalou leh i san nop keileh, hiai kia ahi meidil a hon sawllut thei ding khelhna omsun, Kha Siangthou nawlkhin a hotdamna i tanlouhleh; [Johan 16:9 Khelhna thute ah siamlouh atang ding uh, kei hon gintaklouh ziak un; diktatna thute ah siamlouh atang ding uh;]Piangthak hi ngal a mahni hinna kilak sawmi omleh i hotdamna ki-enchian thak zaw ni, kei leng ka pianthak ma in mahni hinna nihvei ka na kilak sawm a, ka pianthak khit nung in bangchituk haksatna tuak mah lengleng suicide ka attempt sawm nawn kei ni. Ka pianthak ma sang in ka pianthak nung in thil haksa leh huaisezaw leng ka tuak a, himahlehlametna lehvangamkinepna nei ka hihtak man in, hiai leitung bangchituk in haksamahlehvangamkinepna ka neih in lametna teng abei khit nung in leng lametna dang hon pe lai hi.

<u>Mimal a dotna/Personal Question</u>

Dtn.: *Kha Siangthou gensia ngaihdam louh ding akichi a, ke'n ka zukham lai a Kha Siangthou gense kha hotdam ka hithei lai diam?*

Dnn.: 2011 kumvel in gospel counselling khat ka houlimpih lai in hichiin hon gen hi. "Ke'n zu ka khamlai a Kha Siangthou gensia inga, bible alah Pathian gensia ngaihdamtheih , tapa gensia ngaihdam theih a,hileh leng Kha Siangthou gensia ngaihdam ahi ngeikei ding kichi, kei Pathian in hon ngaidam ngei lou ding ahi," chi in.

[Matthai 12:31 Huaiziak in ka hon hilh ahi, mi akhelhna chiteng uah leh Pathian agensiatna chiteng uah ngaihdam ahi ding uh: Kha hilhial gensiatna tuh ngaihdamsak ahi keiding. v32 Huan, kuapeuh Mihing Tapa kalh tuh akalhna uh ngaihdamsak ahiding: kuapeuh Kha Siangthou hilhial kalh zaw huai akalhna uh, tu damsung in leng, hun hongtung ding ah leng, ngaihdamsak ahi keiding.]

Kei leng naupang lai ka hi a, a bible mun ka sim chiang a lah diksa ing a, ka gendan ding ka thei kei, pastorte ka hon dongding a, ka hon hilhchian thak ding chi in ka paisan hi. Dotna poimoh tak ahi, ei Paite translation in gensia ahi chi a, English versioni etleh ngeingaih lou (ignore) akizang hi. Pa hun pen Thukhun Lui hun ahi a, Thukhun Lui a Pa sangloute'n tapa hun akisikna nei theilai ua, Jesu Khrist taksaa lei a hong pailai pen 'Tapa hun' ahi. Tapa hun a Jesu Khrist ana nawlkhin teiteite'n Kha Siangthou hun ah kisikna nei thei lai ua, ngaihdam thei lai ahi. Himahleh Kha Siangthou hun a Kha Siangthou i na pomnop keileh Kha Siangthou zoh chiang a hong pai ding om nawn lou a kisikna ding hun om nawn lou ahi.

Kha Siangthou in tangthupha gen i zak chiang a i lungtang hon hon sawm in nnasem den a, himahleh Kha Siangthou nasep i na san noplouh a i na nawlkhin teileh Jesu Khrist a hotdamna kisang thei lou ding a, Jesu Khrist a hotdamna, pianthakna i neih keileh khelh ngaihdamna om ngei lou ding a, meidil ah ngaihdamna om lou ding hi.

Kha Siangthou gensia chih sang in Kha Siangthou ngeingaih lou, thusim lou, leh Kha Siangthou nasep ana ngaihsaklou, pom ut lou a i lungtang i khauhsakleh ngaihdamna kitang thei lou ding mah ahi. Kha Siangthou nasep om lou a gospel (tanchinhoih) pen ei mihingte hatna atheihsiam zoh ding hilouahi. Kha Siangthou panpihna kia in Pathian deihdan kisikna omthei a, bible ahi bangtak atheih siamna leng omthei pan hi. Jesu i gintaktheihna ding a panlatu Kha Siangthoupen i san nop louh a, i lung Pathiani otnop keileh hotdamna kimu ngei lou ding hi. [Johan 16:9 Khelhna thute ah siamlouh atang ding uh, kei hon gintaklouh ziak un; diktatna thute ah siamlouh atang ding uh;]

.

Dtn.: Bangziak a leitung a mihoihte tung a vangsiatna tung zel ahia?

Dnn.: Bangziak a Khristiante tung ahaksatna tung zel ahi diam chih i sutkhawm ding.

1) Leitung mah a khelh i bawlte ziak a gawtna mu:

Piangthak tate a di'a sihnung a mohsakna leh gawtna om lou ding a leitung a i dam lai a khelhna i bawl khakte i dam lai mah in Pathian in hon bawldik zel hi. Piangthakloute'n khelhna bawl le uh leng Pathian in gawt pah lou a zahngaihna hun a zahngai a, hun tawp ni chiang a gawtmun meidil ah tangtawn in gawt ding hi. Piangthakte bel atate i hih ziak in hon bawldikpah ding a, khelhna i bawlte ziak a hun tawmzaw bang a damlou leh haksatna tuak kihi kha thei hi.

Kei bang leng Missionary a Teikhang, Hiangmun, Mimbung khua a ka kuan ma, kalnih ma in nasatak in siding khop in damlouhna ka tuak a, luna leh khosik in akizom a ni thumsung ihmu lou,anduh lou in ka om a, ka thil hihkhelhte ziak inbawldik in ka om a, ka lungtang leh lungsim Pathian in hon siamthak hi. Ka damzoh nung sawtlou in ka U Lal toh ka kimu kha ua, ama'n leng ka kimuh phet in kum nih khawng alungsim aavei thu, leh eimite a-awlmoh thu hon gen a, nang huai ah nava kuan diam hon chipah hi.

[Hebrute 12:5] Ka ta, Toupa sawina ngaineu ke'nla, ataihilh a na om in leng lungke tuan ke'n;v6 Toupa'n a-itte sawi nak a, ta akipahpih tuh avo nak hi. chih. v7 Na thuak uh zaw noumaua ding ahi; tate tung a hih bang in Pathian in na tung uah ahih a; pa sawilouh ta kua a-om ngei a? v8 Ta chihna teng loh a, sawina pen lohlou a na om un bel, ta tak hilou in, sawn na hi ua kei dia. v9 Huai lou leng eite hon sawiding, i sa pate uhi nei uhi, huaite lah zahtak ngal hang a; huai sang a thupizaw in, i hinna ding in, khate Pa thuthu in i om kei ding ua hia? v10 Amau zaw ni sawt lou chik, hoih asak bang zel un ahon sawi ngei ua, ama'n bel, asianthounai tan samtheihna ding in, i hoihna ding in ahon sawi zaw ahi. v11 Huan, sawina himhim thuak lai in kipahhuai in alang kei a, khasiathuai tak in alang zaw hi, thuak nung in bel huchi a sawizawt a omte ading in gah khamuanhuaitak, diktatna tak asuahsak zel ahi.]

Pathian sawina i limsak keileh Pathian in i tung a bangkim hihthei leh kuamah phalna ngai lou agam tang thei ahihlam mangngilh kei ni, i kibawldikma teng chiang toh hon sat den thei hi. [Paunakte23:13 Naupang lak a bawlhoihnaitdah in: chiang in vo lechinleng, asi kei ding hi. v14 Chiang in amah na vo ding a, huan Seol a kipan akha na suaktasakding.]I taksa a nu leh pate'n hon it ziak ua hon bawlhoihna ding ua chiang azat theih ualeh, Van a i pa un hon it zotham lai ding a, bangchituk in hon bawlhoih di'a, damlouhna leh haksatna i tuahte atamzaw i khelhnate ziak ahi.

2) Omdan leh ginna akipzawkna ding in:[2 Korinthte 7:10] Pathian deihlam bang a lungkhamna in hotdamna ding in, kisikna abawl a, kisikhuai thil atun kei; khovel lungkhamna in bel sihna abawl zaw nak hi.v11 En mah un, Pathian deihlam a lungkhamna in bangchi bangchihtakna, bangchi bangkihahsiang nopna, bangchi bangki-awilouhna, bangchi bangpatauhna, bangchi banglunggulhna, bangchi bangphattuamngaihna, bangchi banggawtna ahia nou a di'a ahon tuttak. Bangkim ah huai thu ah na siang uh chih na kihihlangta uhi.]Pathian deihdan thuakna i chih chiang a en khelhna i bawl ziak a soisak leh haksatna thuak hilou in, i ginna ziak a soisakna leh lungkhamna i tuahte genna hizaw ahi. Huchibang a haksatna i tuahte in i lungtang leh lungsim hahsiang a, lungsim thak leh etdan thak ahon pia a, mihoihzaw leh siangthouzaw hon suah hi.

3) Kipahman hon piak ut ziak: [Jakob 1:12 Khemna thuak teitei mi ahampha hi; ze-et a om nung in hinna lallukhu, Toupa'n amahitte kiang a achiam amuh ding ziak in.]Ze-et ai omziak a haksatna i thuakte ziakahinna lallukhu se thei louvangama kidong ding ahi. Khristianhinkhua a haksatna khatvei leng tuak keilehang kipahman sang ding kinei lou ding hi. Sawltak Paulte khawng

Khrist min ahaksatna hah thuak unchinvangama ama kipahman leh ei kipahmankikhe mahmah ding hi. [Romte 8:18 Tulai a thuaknate peuh denchiang ai tung a thupina hihlat ding toh tehpih tham in kasep kei.]

4) Vangam ngaihna leh van a lametna i neihzawkna ding in:[Romte 8:20] Thilsiam tengtengte thil thulim lou thuthu a om sak in a-omta uh; a-ut ua om ahi kei ua, lametna a a-omsakpa ziak ahi zaw hi;v21 Thilsiam tengteng leng siatna sikha a kipan suahtaksak in a-om ding ua, Pathian tate noplenna thupi a lut ding ahi ngal ua.]Khelhna in ahihsiatsa khovel a kiteng ahi a, bangchituk in nopsak sawm lehangleng nopzou taktak lou ding ahi. Leitung a nuamsa lua in, haksatna om keilehvangamngaihna om lou ding a Pathian leng i hinkhua ah kipoimoh ngaih lou ding hi.

5) Kholvel thilte a i lungsim i ngat ziak:[Philippite 3:19] Atawpna uh tuh siatna ahi a, apathian uh tuh agilpi uh ahi a, huan athupina uh leng adaina uh ahi, leilam thil ngaihtuahte zaw.]Pathian in i lunggim ding deih lou a van thilte a i lungsim ngat ding achi lai a, e'n tuh leitung thilte kipakta a, sum, hauhsakna, lohchinnadelh in kibuai petmah hi. I tangtawn munding sang a hun tomchik i dam sung a nopsak leh hauhsak kilunggulh teitei lai hi. I thiltupte i lohchinlouh chiang a kiposiamlou a kingaihsiatna leh lungsim gimna kinei hi. Pathian in i nek-tak zonna sang aamah muangzaw ding a hon deih a, amah a i kingak ding deih zaw hi. Anuai a bible chang simkhawm ni.

[Matthai 6:26] Tungleng vasate en un; buh atuh kei ua, a-at kei uh, buh inn ah leng aseklut sam kei uh; himahleh, na Pa uh van a om in amaute avak hi. Noute amau sang a nakpitak a manphazaw hilouna hi uh maw?v27 Huan, noute lak ah lunghihmoh ziak a kua'n ahia ama dunglam tong khat a hihsang tuan thei? v28 Huan, silh-le-ten thu bang ding a lunghimoh na hi ua? Gamlak lilipak khandan hoihtak in ngaihtuah un; nna asem kei ua, khau leng akhek kei uh;]

6) Theih siamna tawm i neih ziak:[Hosia 4:6]theihna neihlouh ziak in ka mite hihsiat in a-om ua;theihna na deihlouh ziak in, ke'n leng, keia di'a siampu na hihlouhna ding in ka hon sam keiding.Na Pathian dan na mangngilhta chih thei in, ke'n leng na suante ka mangngilhding.] theih ding zah i theih louh chiang a i thuaklouh ding tantan kithuak khasek ahi.Ei Khristiantengeingaih louhna (ignorance) toh hinkhua zangkhawm thei loudingte i hi uhi. Pilna pakta a pilna zong di'a paunakte laibu in hon sinsak a, pilna i chih Jesu Khristtheihna ahi. [Philippite 3:8 Hi taktak ahi, ka Toupatheihna manpha ziak in thil tengteng ka tanta hi. Huan, thil tengteng ninneng bang phet in ka sim a Khrist ka tantheihna ding in, v10 Huchi a, Amah leh athohnawnna thilhihtheihna ka theih a, athuaknate tanpih a, asihna a Amah batna ka neihtheihna ding in;]Khristi theih ding zah in kitheileh Sawltak Paul bangin haksatna tampi tuakmah lehang phun lou a lungkimtak a hinkhua kizang thei ding ahi.

7) Pianpih khelhna i doute ziak:[Romte 7:17 Huai chiang in, ka thilhihpen keimah hih ahita kei a, khelhna keimah a-om hih ahi zaw hi. v18 Keimah ah, huai tuh ka sa ah, thil hoih himhim ateng kei chih ka thei: thil hoih hih utna zaw keimah ah a-om na a, thil hoih ka hihthei kei. v19 Hoihna hih ka ut pen ka hih kei a, khelhna hih ka utlouh pen, ka hih zaw nak a. v20 Ka utlouh lam pen ka hih ngal chiang in, ahihpa tuh kei ka hita kei a, khelhna keimah a ompen ahi zaw hi. v21 Huchi in, hiai dan ka hon theita; thil hoih hih ka ut lai in gitlouhna ka kiang ah ahong om nak ahi. v22 Ka lungsim taktak in Pathian dan tung ah ka kipak ngal nak a; v23 Himahleh, ka sahiangte ah dan tuam a-om chih ka thei, huai in ka lungsim dan adou a, ka sahiangte a khelhna dan om kiang ah sal in ahon pi nak hi. v24 Genthei hi na lawmlawm ing e! Hiai sihna pumpi lak ah kua'n ahia hon suaktasakding ?]

Khialsa a piang pianpih khelhna toh i khosak sungteng i sung a thil hoih i deihna leh i taksa khelhna lunggulhte kisual den ding a, nuamtak a om a doutu bei a ki-om ngei lou ding hi. Khristian hiloute'n tuh sia-le-pha nei mah le uh leng piangthakte tuk a siangthoulou a, khelhna ziak a gawtna leng Pathian a pan tuak ngei lou uh ahihman in khelhna mai ngap ua, khelhna toh tengkhawm in niteng hunzangkhawm leuh leng poisakna nei lou uhi. Piangthakte hoih bukim chihna ahi kei a, i hoih bukimlouhnatak a khelhna i bawl chiang in bawldikna kituak zel ahi. Sawltak Paul in ka hih utlouh lam ka hih kha nak, genthei hi na lawmlawm ing e, ana chih hial pen napianthak zoh nungkhelhna nengchik leng hih lou ding in hong kithunung lehang,itheisiam pan ding hi.

8) Isep gah ne ding a Pathian in hon chiam ahi:[Sam 128:2 Na khut sepgim gah lah na ne sin ngal a: kipaktak in na om ding a, navak in leng na om ding hi.]Pathian diktat Pathian ahi a, i sep gah chiat at ding a hon chiam hi. Thadah tak a om in vualzawlna ngenngen lehang lenghon pe tuan lou ding ahi. I seplouhpi ahon piak in diktatlou Pathian hi ding ahi. Khelhna hih ding a deihtelna i neih chiang in hon khamkhawl kei a,i khelhna thaman leng hon atsak ding hi. [Sam 126:5 Khitui ke kawma tuhte'n nuamsatak in a-at ding uhi. v6 Kap kawmin buhchi kuankhiakpih mahle uh, abuhphalte uh tawi in nuamsa in ahong pai nawn ding uhi.]

Thil sia na lungsim a i tuhleh i hinkhua ah thil hoih hong gah ngei lou ding a, eimahlungsim a khelhna i tuhte ne kha ding i hi. Bangziak a ka hinkhua a vangsiatna huchituk a tuak ka hi diamaw,chi ai kingaihtuah lai teng, vangphatnate kimu thei lou ding a, kiphun nilouh ding ahi. I hinkhua aahoih lam enlehangbangziak a huchituk a hampha ka hia chihngaihtuah tuah lehang, hamphatna tamzaw in hon behlap ding hi. Mi phun gigete sang a mi kipak gige akipahdan theite mihingte'n leng kivualzawl utzaw ahi.

Dtn.: Jesu Khrist in Getsemani huan ah, "Ahih thei liaileh hiai nou kei a pan lakhia in," achi a, ei hon hondam ut lou ahi diam?

Dnn.: Jesu Khrist leitung a hong pai lai in, Pathian ahihna za-a-za ahi a, mihing ahihna leng za-a-za ahi. 50-50 a kihawm ahi kei a, 100-a-100 tuak ahi. Akha pen a Pathian ahihna akiam kei a, Mihing taksa ahihna mihingte taksa mah za-a-za nei hi. Ahon hotdam utna pen akha ahi. [Philippite 2:6 Amah tuh Pathian bang a-om hinapi'n, Pathian toh kikim a om tuh thil khiaklah ding in asep kei a, v7 himahleh amah tuh a hong kihih awngthawl a, sikha bang in ahong om a, mihing bang a bawl in ahong om a;v8 Huchi in mihing mel ahon pu a, hong kihihneu in, si ding hial in leng thu bang ahon mang a, ahi, Kros a sihna nangawn.]

Atung a bible chang i simleh ahon hotdam utdan a chiang mahmah hi. Sawl hat thu a leitung ahong paia eite hong hondam ahi kei hi. Pathian toh kikim a om khiaklah a nei lou in, eite hondam ding in hon ki-awngsut hi. Achihleh bangziak a athumlai a hiai nou 'gimthuakna' kei a pan hon lakkhiaksak in chi a thum ahia? [Luke 22:42 Huan, akhukdin a, athum a, Pa, hoih na sakleh hiai nou ka kiang a pan lasuan in; himahleh kei thu hilou in, nangmah thuthu hi zaw hen, achi a.][Matthai26:41 Khemna a na lutlouhna ding un kiging gige in thum un; kha in zaw angap a, sa bel ahat kei hi, achi a.]Angap lou pen a Kha hilouin, amihing taksa pen ahi. Azingchiang a nasatak soisak a om a Krosa kilhlup ding chih theiahih chiang a, ataksa in thuak ngap lou leh lin a, amihing hihna a pan hong thumkhia ahi. Amihing taksa pen Pathian thuzui ding a hong kithunun zou a Krosa sihna tan hong thuak ahi. Eite'n leng Jesu Khrist enton a i taksa pen Pathian thuzui ding a i thunun ding poimoh hi.

Khenpi 3na: Khristian Lungsim chidam | Mi khempeuh a ding

VIII

Lungsim chidamloute hinkhua

Ka Testimony (Kingaisete omdan theisiamna ding in sim ni):

Mi teng i kingaise (depress) kha chiat ua hileh leng mi teng in kingaihsiatna damlouhna (depression) i tuak kha kei uhi. Depress i chih pen exam fail, nungak-tangval kikhen, hinkhua thil poimoh mangsakkhak hun khawng ai neih uh ahi a, hiai in ni tam lou kalkhat khawng hon daih lel hi. Amau-le-amau a awl a hong damsuah thei lai uhi. Himahleh hoihtak a akikep kei ualeh depression ah hong lut ding uhi. Depression i chih pen adamlouhna hita ahi. Amau hatna a hong mawk suahtak nawn lou ding ua, damdawi leh counsellorte panpihna alou thei lou in poimoh ahi. Kei bang leng ka depress ma in depression kichi theichian leng ana kikem lo ding ka hi. Kei mah bang a mitampite'n depression chizauhuaidan leh depression neite hinkhua thei lou ding ua, huai hilhchetna ding in, kei depression tuahlai (experience) ka hon taklang ding hi. Kua man chiamnuih leh aselam a honna laksak lou ding inka hon ngen hi.

April 2015 kha kimlai in, typhoid natna vei in ka gim mahmah hi. Himahleh ki-etkolna ding sum leng ka nei kei ua, ka gumthuak top hi. Kal nih sung vingveng chi ling, khosik ka thuak a, huai sung inkuamah houpih ding ka nei kei. Class 10 ka sim kum ahi a, lai hoihtak a sim ding chi in Vengnuam a om ka pute kiang ah February kha in kava omsuk hi. Amau kiang a kha khat ka omsung in niteng a dakkal 7 khawng lai sim gige in ka om hi. Ka pi leh pute'n laisim olbawl ding inhon khou zosop ahi. Amau kiang ah om ut mah leng, ka school kaina toh a kigam lak luat ziak in, kha khat ka omzoh in, inn ah ka paitou thak hi. Inn a huai bang a lai ka simdek chiang in, chair lah nei lou, table lah nei lou, lupna tung khawng a lai ka sim chiang in nungzang nalua in sawt kitu zou lou hi. Huai ban ah ka innuh neuchik ahi a, kuahiam hong pawt a-om chiang a lai kisim thei lou pah. Hiai teng zoh nung a, hithei mahmah kei, lai hoihtak a ka simna ding inroom tuam kabawl ngai ahi, ka chita hi.

March khatawp lam in, ka inn mai uah room tuam khat ka kibawl a, abaang ding in gua kiphante ka zang a, atung ding in langva ka zang hi. Huai bawl zou phet, kal khat hiam laisim pan huchi a typoid in hon pha ahi. Lai ka sim theih louh poi kasa.Ka tupguk leng asang a, himahleh damlou a ka hongomchiang in kal nih bang school kai lou in ka om hi. Room tuam a om ka hihman in, an nek hunchihlouh in insung kava lut khol kei a, ka lupna ahka om den hi. Phone lah nei lou, TV lah om lou, damlou in sun ni tumtum in kei kia in hun ka zangliam hi. Thil tampi ka ngaihtuahna ahahong lut a, kei-le-kei ka kingaihtuah dedu den hi. Lai hoihtak a simding, mark sangtak a class X zoukhe di'a, inkuante leh school minhoih pe ding ka chih pen hong flop gawptaahihman in, vangsiaka kisa a, ka kingaise vungvung hi. Kei alaisim tha nuam pen hon damlousak chitchiat, midang laisim peih lou tampi omte lah damtak a school kai ua, chih ka lungsim ah hong om hi.

Ka zawn luatna khawng ka ngoh a, zawnglo kei leng hospital a ki-ensak pah a dam pah ding ka hi. Tua sum omlouh ziaka, chilingi thuakleh lengchihdan dangom lou. Mi'n damlou chi a hong veh in sum hong pele uh leng, ka ute naungek damlou ahih chiang ahuai ki-etsakna ding a kizang. Ka typoid vei ahong damkuan in, zingkal khat nasatak in ka kap hi. Dakkal khat khawng vel ka kap zoh nung in, ka dai thei khongkhonghi.Inkim-inkiangte'n hong khou mahle uhka dai thei pah kei hi. Typoid natna in ka lungsim hon effect leng ahi maithei a, ban ah kei leng kingaihtuah denka hih chiang a, kingaihtuahsual gai hi ding kahi. Ka theih louh hang in hiai huna pan depressionana kipanta hiding ahi. Ni nih ahihkeileh ni thum hiam school kava kai a, ka lawm-le-vualte eng in, ka kingaihtuah buai kha a, kava kapkhe kha ek hi. Teacherte'n tam lou hon houpih ua, huai zoh in, inn ah hong kha uhi. Adamsiangma hon kaisak nawn dah un achi ua, class kisubuai kha lua tuh ahi pen mai.

Ka tha bei top, khosik dan khat in damlou ka kineih hi. Lupna tung a lum den, pawt leng pawt khe ut lou,antampipi ne, lungsim a deihthusam suangtuah a om nuam kisa pen, story khat i ngaihtuah leng ni 3 khawngtan kingaihtuah ban hi. Movie episode tampipi ding kihisap peih a, lungsim a suangtuahna pen kipahpih in kinei hi. Ihmut thulh zenzen in thil tuamtuam ka ngaihtuahta a, hun hong sawt chiang in, ihmut baihsawm leng lengki-ihmu baih thei nawn lou,ihmut kikham ngei lou hi. Thachau leh thabei in ka om den a, tha nei leng leng ka lungsim a thanei lou dan a kikoih den ka hih chiang a, ka tha ding om lou suakahi.

Kha nihleh akim bang school ka absent nung in, July kha in kava kai thak hi. Ka damlouh lai a ka Pu Dr. LK Tombing in, "Hiai khawng na stepping stone ding ahi. Na lohchinkhiakna ding a na sitpah ding ahi," chi a honna hahsotna in school hon tawpsak ut kei hi. Kei leng tup-le-ngim sangtak nei ka hi a, huchi louhileh kha nih leh akim school absent tuh tawpsuak lengle kuama'n hon mohsa lou ding hi. Himahleh ka tawp ut kei a, July kha in kava kai nawn pan hi. Ama a ka uniform puanak a loose pen tua tight gawpta, gikna tampi ka na punbehlam ka phawk pan hi. Ka upa uniformte ka silh angai hial hi. July kha akal masapen in note teng copy in, ka simpah hi.

Science heutunu in akal masapenrevise na hun ding in class note teng honpia hi. Ke'n leng sim petmah in ka sim a, innakakidot in tuh etlouh in ka gen thei hi. A next week Monday a note-te hondong ding a kisa,'Atheiloute hong dinghun,' chi, kei leng thei kisa kahih chiang adinghlou. Ahon dottak in ka lauhluat ziak hia ahihkeileh note tampi kha nih leh akim a kal khat sung a sim ka hih chiang a, huaiziak a confuse in ka gen theita kei hi. Lawmte bel kei kailouh sung alenglesson la gige leh lai sim gige ahi ua, kei bel kal khat a kha 2 val note sim ka hi. Athei lou teng ka heutunu un 10vei chiat chiang in hon sat hi. School sawtpi kikhawlahih chiang a, heutu khenkhat in hon theisiam ua, khenkhat in tuh student class la gigete bang in hon bawl uhi.

Ka depression abei kei.Kakahnate khawl mahlehihmuthei lou in ka om den hi. Hong uangsemsem lai a, zingkal dak 2 ma ka ihmu thei nawnta kei hi. September kha tan chiang tuh zingkal dak 7:00 tan khawng in ka thouzoulai hi. 3 bills ziakaSeptember kha school teng holiday akipuang, school kai lou in insung ah ka kikhum tangpi hi. October kha a pan zingkal lam teng school kikaihi in ka thei, himahleh kei tuh school hoihtak in ka sunzom thei kei hi. October kha tawp lam a Life Word Fellowship akava kikhopleh sharing hun in thu ka gen a, ka hong kapkhia hi. Kapkhia ka chihchiang a minute khat leh nih atawp hilou in dakkal khat phialtawp thei lou, heart broke leh zahlakhuaipiin ka kap hi. Mi kipak leh nuamsatak a omte khawng ka muh chiang inka eng a, ka huihdik ahong buaia, thakhat in ka omna munmunahka puksuk a, naksam leh huihbei dan in ka omsek hi.

Milak a ka omhun kia hilou,khatvei nitak inn tung ka inn kongkhak uh chabi ka hon dekleh hon pha a, innmai ahka lumsuk hi. Ka lawmpa Tha'khup ka call leh hon delhtou ua, innkongkhak hong in hon pomlut uhi. Hiai kha November khabul lak ahi. November kha leh December kha sungteng ni khat in dakkal nih kia ka ihmu thei hi. Sun nitum in lupna ah lum mah leng ka ihmu thei tuan kei a, ka lungsim ah movie bang in thil ka ngaihtuahte ka ngaihtuah den hi. Kumlui khakni zan aihmuti khamlouh chiang inhaksa i sa uh maw? Huai dan a kha nih sung hunzang ka hi.Zingkal dak 2:00 a pan dak 4:00 kikal kia ihmu thei, khatvei ka khanlohleh ihmu thei nawn lou, lungsim a tawldamtak a bangmah ngaihtuahlou a ki-om thei lou himhim, lungsim gimlua, luna den himai.

Ka omna lamlam nuam lou, ling in hon sutkhak dek mah kibang. Ka hinkhua meipi vom metmot in hon tuam a khovak mu nawn lou himhim ding toh ka kibangta hi. Khokhuk mial bikbek lak a hinkhua zang ka bang hi. Thil hoih lam (possitive) leng ngaihtuah thei nawn lou, thilhoihlam (positive) tak in hinkhua zang ding chi mah leng, theih louh kal aaselam (negativity)negn in hon sungluah pah. Thilmuhdan lehphutdan (approach) teng dik thei nawnhimhim lou. theih louh kal a mun khat kia dakkal khat bang ana ki-en in chin, tang lou a thil ana kingaihtuah kha zel. Ning kitelna in honpumtuam, innah omleng kining, pawtkhe lengning kitel. Hinkhua ahatdan tuh kigen zou lou ahi.

Ipianni kihamsiat ahimai. Ana kipiangkha dah maileh chi a piankhiakkhak leng kisik ngoihngoih a kikap thei, ka neulai a tuikia a ka om laiin honna hondam kha dah mai leuh khawng kichi. Sih ki-ut top hilouin chin, hinkhua kining gawp, haksa kisalua a damsang a sih kitel hi zaw ahi. Ka kingaihsiatpihte: ka zawnluatna uh, damlou a school ka kai theih louh, classmate-te phazoukisa lou, ka career teng beisa, ka nungak ngaih in hon deih lou lehihmut theih louh chih khawng atangpi ahi.

Kingaisete'n Pathian phawk lou i chi ua, hilouahi. November kha a kal khat sung mahmah Pathian buan ka hi. Bible sim, thumna nei, sermon MP3 a ngai, ka ngaihkhiakte leng paper tampi a gelhkhia. Himahleh i chih hun a akidamlouh chiang a kilungkia in, Pathian kigalbawl ahi. Pathian tung a kivui ahi. Bangziak a hiai bang haksatna hon tuaksak ahi diam aw, khamtheih lah bawllou ing a, Pathian thu ka neu a pan gen ing a, ka sungkuante leng chialpina a bangzah vei hiam tonpihta ing a, chih khawng ngaihtuah neuhneuh in ka nei hi.

Ka first crush nu kha class 9 a kahihlai ka propose ahi a, face to face a kava genleh honna deih lou daih ahi. Kei leng huai lai atuh poilua sa lou, lungsim chidam ka hih chiang a, ban ah, tua hon deih keileh lengpoi kei, lai hoihtak in ka sim ding a, lai ka siamtou di'a, class 12 ka zoh chiang inka propose thak ding ka chih ahi. Himahleh ka depression laitak, manpha (self worth) kisakna ka taksaplaitak in numei ka na zong hi. Amah bek in hehpihna toh honna sangleh dam manleng omdeuh ding hia, ka chi hi. Himahleh ama'n leng honna deih lou lua, hope khat leng honna pe lou mah ahi. Ahitak in amah leng ka ngoh kei, kei leng huai lai a deih a deihhuai lou leh numei saidan leng thei lou mah ka hi. Numei lawm polh chih lel leng neu a pan ana nei lou mah ka hi.

December 1ˢᵗ Saturday 2015 nitak in, ka crush nu ka kimuhpih a,"Kingaisia lua ka hi. Ka damman leng omsa lou. Nang bek in itna tawmsik bek hon pia in, n'on ngai thei kei chih ka thei, hileh leng kei kingaise lua ka hih chiang a, hon 'Yes' phot mai in,ahuchih keileh kei dam peih nawn lou, kithat ut mai ka hi," ka chita hi. Ama'n leng hon dawng ut kei a, pastor pa kiang ah hoh zaw ni, counselling ahpai ni achia, keika ut kei hi. Mangpha kakhak a, inn ah khau hual kala a, Tangnuam gam aom haipi kung lam ka zuanta hi. Amau leng alawmnu toh pastor pa kiang a hoh khin, lampi ah ka kituak ua, amau leng hon houpih kei ua, ke'nleng ka houpih kei. Kei leng Tangnuam ka tuntouh in ka best friend, Khupsuanmang toh ka kituak ua, mangpha kakhak a, "Ka inkuante kiang ah hon ngaidam un,hon na chihsak in,"ka chi a, ama'n leng ka kingatsiatdan atheih sa ahi. Huaiziak inahon mantang a, hon khah utta kei hi. Ka kipek a, leilak ah ka hihpai hi. Himahleh amah lungkelou in hon buan nawn a, "Kithat mahmah ke'n, na hinkhua bei nai lou ahi, hun tampi maban anei lai na hi," hon chi a, ka lungsim awl inahongnem hi.

Inkuante leh tanaute'n leng kingaisia a om ka hihlam hon theih un, counsellor kiang ah honsawl ua, zingkal khat kava hoh a, bangmah ka gen thei kei, kava kapden top hi. Counsellornu'n leng damdawi na ihmuttheihna ding chi in honna pia hi. Kei leng huai damdawilamen lua, anitak a ihmu pah ding kisa, bangmah phatuam lou, ka uang deuhdeuh hi. November kha a pan December kha sung teng ka ankam alim kei a, ka gil leng a kial lo tuan kei. Sikkeu nih leh thum tan khawng an ka nesek hi. Himahleh kidam utluaahih chiang a, damta ka kichi a, Khristmas niaantampi ka nek teiteileh, ka ngawng (neck) hong salua, ka kamsung teng mei-am in hon bit khak mah ka bang hi. Sung hat lou luaahih chiang a, ka sung in zou lou, hospital a honpi uh, huai a damdawi hon kap ualeh ka pha hi. Azing nawn in, psychriatry doctor hon ensak ua, damdawi tampi chi 8velhon choh a, zing leh nitak a nek ding chi in, kha khat nek ding ka lei pah uhi.

Dam ding a kilamen gawpta, milak ning pahpah ka hihna ah hospital a semte'n leng hon theisiam ua honkhahkhe pah uhi. Adamdawi ka nekte ka muan hong bangtalou, ka nekzoh ni nihni hiam a pan ihmu thei talou, ni thum hia, ni nga sung hia, khatvei leng ka ihmu louaomsuak. Huai lai in, ka thousilen tung ah naupang nih hong kilum lehleh zel uh a, ka puankhaina chingban khawng ah hong vak phei uhi. Ka muhkhelhhin teh chi a ka et nawnleh lenga-om lailai uhi. Ka kiang ahkuamah om keile uh leng kihou ging kiza den.Zingkal khanglou phet leng lah aziak omloupi amittui pawt ngal. Mittui luang kawm in ngaihtaktak khawng in ka nui ekek a, ka ning akitel petmah hi.

Ngaihtuah mumal neih theih louhna kha nih bang paita, thupukna kichian leng kila thei lou, dam ki-utlua. Ahaksa penpen tuhihmut theih louh ahi. Inkuanteihmut gingzakte khawng ki-eng lua himai,ihmut theih louhziaktak a luna den. Damdawi nek a lah kidam tuan lou, kingaisia vungvung aki-om, lungtangna zen a kingaisia kihi mai ahi. Sih ki-utlua sihna ding calendar bang kibawl. December kha sung in ka sikhe ngeingei ding chi a, ani paidan dungzui a calendar bang a marking kibawl. Dam di'a leng chin kisa nawn lou, mahni kimuhdan leng segawpkhintaahi.

Ka fellowship telnate'n nihvei hiam hong veh ua, thumnaahon neihsak nung ua leng damlam manoh tuan lou ka hih chiang a, kuamah thu leng zui thei ding a ki-om lou photahi.Huai hun laitak a amau fellowship leh akikhopna uapat honna nohkhe lai zomah uh.'Amah-le-amah kibawl ahi,' khawng hon chi ua, hileh leng ei kibawltawm peih thahah lou,dam ki-ut lua,haksa kisa lua ahi. Taksa dam bang mahleh lungsim sisa a hinkhua kizang den himai.

Ihmu lou a om, ni bangzah zoh hiam nung in ka khophawk (conscious) a, ka tung a thil tungte ka nung ngaihtuah thak a, ihmu lou a ni bangzah hiam omta ka hih chiang a, thil omloupikhawng mu a, mi kihou omloupikhawng akihouna uh za mawk ka hih chiang in, ahai ding ka hita, ka kichita hi.Ka sih keileh lenghaisuakta ding ka hita ve, ka kichi a, huaitak in mahni hinna kilak khelhna inleng ka ngaihtuah nawnkei hi. Anihveina ding in, ka crush nu kiang mah ka tung a, "Moh hon sa het lou ka hi, n'on ngai kei chih ka thei. Kei tuh ka sih keileh leng haisuak ding ka hita, huaiziak in sih ka telzaw," ka va chita hi. Inkuante leng kisubuai gawpta, fellowshipte leng kibuaisak gawpta, i kim i kiang a omteng nasaktu a kipang, kipum suanglah kihita.

Huai ka crushnu zaw ngaitak ka hi ding. Damdawi khakhat sung nekding, Psychiatry damdawi hatpipite khatvei thu in ka negai vek a, atui omteng leng ka dawngai vek hi. Huai zoh nung in ka crush nu mangpha kavakhak a, ka classmate khenkhatteleng ka tawntou a manpha kakhak hi. Amau tuh nitak mangphakhak hi ding inhonna sa ua, amau leng manpha honkhak uhi. Huchi a inn ka tunkhit in, ka lupna tung a ihmu sipaisuak ding a kikoih in, ka lum hi. Khophawklouadakkal bang zah hiam ka om khit nung, nitak 10:45PM vel lak in ka hong khangloutahi. Si ding a kikoihpaka hinlai mawklamdang ka kisa mahmah hi. Hinna kilak sawm a panla ing a lah situan lou ka hih chiang in, ka lungsim ah ngaihtuahna dang ahong suak hi. Huai tak in ka hinna kei khut a om lou ahi ve, chih ka hon phawkkhia a, Pathian ka houpihta hi.

Ka mit leng ka si kei, Pathian ka kiang a omdan in ka houpih, "Toupa aw, nihvei kithah sawm in ka kisa a, hileh leng ka si tuan kei, ka hinna kei khut a om lou ahihdan ka theisuahta. Tua ka damlouhna a pan suahtak sawm a pan ka lak deuhdeuhleh awk deuhdeuh ka bang.Nang ma'n hon suaktasak in, n'on suahtaksakleh mithupi ka honghi ding a, na min ka hon pahtawi ding," ka chita hi. Huai zoh nung sawtlou in ka ihmu vinveng a zingkal 7AM vel in ka thoukhia hi.Ka damdawi nekteng ek in ka thakhe vek hi. Ka depression leh ka luna in hon taisanta. Kha nihlamihmut kham lou, nikhat a dakkal 2 kiaihmu, ni 4 hiam khatvei leng ihmutsuak lou a ompa, akhatveina ding inihmut ka hon kham a, ka honghalhkhe pah hi.

Hiai bang teng ka tuahtouh nung in ka pianthaklouh lamkiphawkkhiaa, hotdamna ka hon zongtou hi. Himahleh mu thei pah lou ka hihman in, hotdam ding a seh hilouka hi kha ding, ka kichi zel hi.Satanic pawl ahlut ka sawm a, lampi ding ka zong hi.

Pathian tung ah ka heh a, hon piangthak saklouh vial ka chi a, kha 3 sung ka thum nawn kei hi. Himahleh satanic ah va lut hial lehang lengPathian naihkik haksa lodinga, ka lutma in pianthak ka hon sawm thak ding,ka chi a, March kha tawp lam in Life Word Seminar kava tel thak lai hi. Ka theih sa ngen, ka lungsim in hiai zoh chiang a hiai hon gen ding uh khawng kava chichi a ka piangthak thei kei hi. Bible kitheihsakna a kidim ka hi a, piangthak thei lou ka hi.

April kha ni 7 nitak in ka kingaihtuah thak lai hi. Meidil lah om taktak a, kei sileng meidil a tangtawn a om den ding chih ka theichiang hi. Satanic kava lut a ka phattuampih ding a omkei, ka lut dingleh lengkhatvei Pathian ka zong thak lai ding,ka chi hi. Bible in lungsim tengteng a hon zongte'n n'on mu ding uh chi hi ven, ka lungsim tengteng in ka zong ding ka chita hi. Zinchiang in counselling ah ka va hoh thak ding a, hotdamna kava zong thak ding, chi in ka ihmu hi.Zingkal in pastor pa ka call a, pianthak ut luaka hi. Hotdamna thu n'on hilh thak ngai ding ka hi, ka chi a, ama'n leng hon lemsakpih inannek kham chiang inhong hoh in achipah hi.

Kava hohsuk a Brother Houmuan toh ana om ua, amau leng ka bible theih dan leh counselling ka piaklam thei uh ahihman in, counselling dangte dan in honna houpih kei ua, thuhilh thoh hilou in hon houlimpih zaw uhi. Pathian bangkim bawlpa kia hiloua bangkim tung a thunei leh vaihawmpa ahihdan Sam 103:19 tungtawn in hon na genpih ua, huai zoh in kei tung aleng vaihawm ding ahihdan ka theichian hi. Amau leng hon dong ua, "Vai ahawm chiang in bang zang in ahawm diam? hon chi ua. Kei bel kihoihsak leh mihoih ana kisa den, neu a pan Pathian thu gen ka hih chiang in, amau hon gen zom ua, "Pathian in midang toh hon tehkak a vaihawm ding hilouahi. Ama thu (bible) zang a vai hon hawm ding ahi," chi in hon hilh uhi.

Ke'n ama a gospel leh khelhna thu ana theisiam thei lou; khuaktheihna (head knowledge) atuh thei lua. Midang toh ana kitehkak gige,mihoih kisa, bible toh ka hongkitehkak chiangaka hoihlouhdan   chiangtakabible   tungtawnaPathian   maia hongkimusuahta. Khelhna toh piangkhawm ka hihdan, Sam tungtawn a hongkitheikhia; [Sam 51:5] Ngai in, thulimlouhna a suktuah in ka om a; ka nu'n khelhna in honna pai hi.]Pathian mai a than bang lel a kihhuai ka hihdan; [Job:25:4] Huchi ahih chiang in Pathian lak ah bangchi in mihing adik thei dia? Ahihkeileh amah numei suan bangchi in asiang thei dia? v5 Ngai in, khapi nangawn in tetna anei kei a, amitmuh in aksite asiangthou kei hi. v6 Mihing, tangtel, bangchiphet in asiang kei zaw diam aw; huan mihing ta, tangtel;]leh diktatlou ka hihdan; [Romte 3:10] Kuamah midiktat himhim om kei, khat lel leng om het kei uh;]chih ka hon musuah hi. Bible chang dangle zangmah leuh hiaite ah ka kimuchian semsem hi. Mikhial meidil kaitak mah ka hihdan ka kithei a, meidil leng omtaktak ahihdan ka theichian a, ka lau hi.

Sawtlou ka break ua khelhna ka gen khit nung un, hotdamna hon genpih pah uhi. Nidang a Pathian in hon hehpih ziak a hon ngaidam lel ding a ka gintak kha, ana diklou lo dan ahi. Toupa Jesu Khrist in khelhna man sihna [Romte 6:23 Khelhna man tuh sihna ahi ngal a Pathian thilthawnpiak beli Toupa Khrist Jesu ziak in khantawn a hinna ahi.]kichi pen aman hon piaksak ahihdan chiangtak in ka theisiam a, ngaihdam nget ziak hilouJesu Khrist in sisan asuah ziak a ngaihdam a om ka hihdan ka theichian hi. [Hebrute 9:22 Huan, dan thu in bangkim phial sisan a hihsiangthou in a-om a, sisan suah lou in ngaihdamna himhim a-om kei hi.]

Tangtawn Toupa ka khelhna teng Jesu Khrist taksa a suan a, ka khelhna teng Toupa Jesu Khrist in atak a pom a pua a, Krosa sihpihta ahihdan ka theisiam in ka gingta hi; [Isai 53:4 Ama'ni natnate pua in, i dahnate leng a po ngei a: himahleh en bel dahna khu, Pathian' vuak, hihgentheih in i bawl ngal ua. v5 Ahihhang in i tatleknate ziak in amah liam in a-om a,i thulimlouhnate ziak in vuak sidup in a-om a:i lungmuannading in sawina a tung ah akia a; avuakna golhte a hihdam in i omta hi. v6Ivek un belam bang in i vakmang ua; eimah lampi tuam chiat ahi pialta uh; Toupa'n amah tung ahi vek ua thulimlouhna angata!]Ama sihna asi a, athohna athoukhawm ka hi chih ka ging a huai ni in hotdam ka hong hita hi. Toupa min phat in om hen!

[Kolossate 2:12 Baptisma a amah toh vui na hita ngal ua, huaimah ah misi lak a kipan a Pathian nasep gintak ziak in amah toh kaihthoh na hi uhi. v13 Huan, noute na tatleknate uleh na sa uh zeksumlouhna a si na hi ua, noumau ngei tuh amah toh ahon hingsak ahi; v14i tatlekna tengteng hon ngaidam a, batna lai, thupiak a gelhi tung ua om eimah hon dou gige tuh athaimangta ngal a; huai ngei tuh kros a kilhlum in ala kheta hi. v15 Huan, lalna leh thuneihnate suankhia in, huai kros ah huaite tuh zou in alangtang in theih sakna azangta hi.]

[*Note*: Hiai chapter a thu hong kigelhte ami va sukzahlak hiam ahihkeileh ka lungkimlouh thu hon gelh ka hi kei a, kum 8 bang paisa thu; ka depression thu toh kisai ahi. Amite toh leng kilem khin vekta ka hi ua, amau toh leng kihou zel lai kahi. Tu'n ka damsiangta a, hiai thu ka gelh in leng ka lungsim ana nawn kei a, kap kawma gelhlenghiloukahi. Tua ka lungsim put hon gelh lel ka hi kei a, huai hun lai a ka lungsim put leh kei muhdan ahi. Avek in adikkim kei maithei, hileh leng lungsim a damloute omdan taklatna a kei-le-kei ka hongkizat ahi.Ka na tuahsa mah ahi a, katheihna tan a dik hi a katheihte hon gelh ka hi.]

Mihingte i tung a thil tung akibang het kei. Khenkhat in baihlamtak a hotdam kitheihchetna aneih lai un, khenkhat in haksapi in amu ua, kei leng huai bang ka hi. Pathian tung a hiai bang ahaksakna depression honna tuahsakna tung ah kipahthu ka gen theita hi. Hiai bang in haksatna ana nei kha kei leng-

Hiai bang in haksatna ana nei kha kei leng-

1. **Jesu Khrist a hotdamna nei louding:** Piangthak lou ka hi chih ka suidical attempt a pan ka theih khiak pat ahi. Piangthakte'n lametna Jesu Khrist a nei den ua, kei lametna bel ana bei thei hi.

2. **Mi tampi a di'a vualzawlna hihkha louding:** Studentte examination stress ka theisiam a, kei hun inkuamah hon motivate ding om kei mahlehkei ka hongdam khit nung in schools, hostels, leh children's home ah 200 val vei motivational

speech leh career guidance seminar kava petheita hi.Damlouhna ziak a kha khat school absent, akai masak nipen ka seminar piak ni ana hikha, amah leng tawp a hong dingha, "Kha khat damlou a school absent ka hi, tuni leng a testing-nadi'a ka hongkai maimai, school tawpsawm ka hi. Hileh leng tua seminar ka ngaihkhiakleh ka lungsim akikheng a, ka tawp kei ding a lai nasatak in ka simtading," chi in hon gen hi. School tuam a ka hohna ah letter leng hon pia ua, ana sim ni;

1. **School syllabus pen hinkhua a honpanpih taktak lou chih ka thei suah:** Hiai ka theih suahnaziak in 'Life and Career Transformation' laibu ka gelhkhia hi. Huai sung ah school syllabus kia sim lou a laibu dang leng sim ding ahihdan ka taklang hi. Huai ban ah, 'Bukim Growth Company' kichi lungsim a 2016 a pan ka neih, kumtampi nasatak a ka kisakkholh nung in ka panthei dek a, kum 2024 July kha vel a pan school in hon sinsaklouh teng siamna tuamtuam sintheihna ding ka pankhe dek hi. Bukim Growth Elearning Apps sung ah avek a muh thei ding ahi. Public speaking, sales skills, leadership skill, entrepreneurs, parenting, counselling skills, etc... hinkhua a poimoh teng tunkim kha thei ding a course piching khat kisiam ahi. Mundang a va sin lakhs tampipi vasen ngai lou di'a, hiai a tunkim vek kisawm ahi. Ke'n kum 5 lam ka zinkhiak teng a 12 Lakhs vel seng, nou a di'a kiman thei tawp a kum khat sung a hon sinsak ding chidan ka hi.

4. **Counsellingleh mi lungsim a buaite panpih utna hon pia hi:** Hiai bang ka tuah khakziak a, ke'nleng apoimohna theilua, huaiziak a "Counsellor Discussion in Lamka" kichi nihvei k'onsai ahi. Amasapen in counsellor zahtakhuai pipi mi 4 leh pastor khat ka houlimpih a, anawn in counsellor nih toh ka sai nawn uhi. Youtube a "Counsellor's Discussion in Lamka" leh "2nd Counsellor's Discussion in Lamka" kichi in zong le uteh om ding hi. Bukim Growth YouTube channel tungtawn in lungsim chidamna toh kisai leng tampi kipost tou lai ding hi. Ban ah,

topic tuamtuam, leadership, sales, parenting, career, entrepreneur, etc. leng hong ki-upload touzel ding ahi. Ei mi sung aEducational YouTube channel hoihpen kisuah sawm ahihna ah Subscribe bawl thei leng hoih ding hi.Counsellingleng mi 1,000 clients kineita hi.

5. **Haksatna ka tuahte ka depression lai toh teh in teh tham lou a, stronger character hon pia hi:** Mi chitak leh thil haksate thuakdan ka siamta hi. Mentally a ka weak nawn kei a, ka kingeksak nawn kei. Kingeksak leng damlou kik theigige ka hi chih ka kithei a, counselling a tips leh techniquete ka zui gige hi. Zingkal thoh phet a pan luptandongnnasem thei ka hi. Kumtamtak huchi a nasem ka hita a, ka kingeinasehta hi. Hiai bang a tupguhna leh thuakzohna pen ka depression neihma sang in ka hauzaw hi. Laibu ka gelh chiang in hun tom chikchik a zou zel, mi'n kum 4 khawng aagelhzohte uh ke'n kal 3 khawng a zoukhia ka hi. Public Speaking Siamdan ding leh Life and Career Transformation laibu pen kal khat tuak a first draft ka zoh ahi. Hiaite ka depression neih a ka character built thak pen a ka hamphatpihna ahi. Akiphat ka hikei a, ka depression hamphatpihna hon genka hi zaw hi.

6. **Laibu tampi ka hon sim behloh hi:** Ka depression neihma a kiliansak leh thil kitheisak mahmah mi ka hi. Mi thuhilhna leng ngaikhe thei lou, zuih leng zui lou mi ka hi. Ka depression tuah a pan thil thei lou ka hihdan ka kitheisuah a, mi thuhilhna ngaihkhiak hakleh lengkam khat leng pau lou in ka ngaikhe theita. Mawl kisa lua ka hih chiang alaibu tampi hon simtouhloh ka hi. Medication a dam dinghileng asum mahmah kinei lou, discipline leh book sim damdawi dan a hon zangkhia a hong damsuah ka hi. School syllabus chihlouh laibu dang tampi ka simkhia a, ka hamphatpih mahmah hi. Edupreneur ka hihman in, ahi thei tan in laibu kha 3 sung in book 30 ka simbei zel hi. Kum 3 sungvelka buai lai a, apoimohdan in counselling session leng ka pai thei zel hi.

7. **Lai ka hongsiambeh hi:** Ka depression ma a laisim het lou ka hi a, class 9 ka sim kum in, ka heutute khat in, hiai a class 9 akitak sang in, Lammuansang kichi kitakleh hon chi hial hi; high school zou khe ding a hon gingtalou lua hiven. Hileh leng, ka depression zoh in, nitak 12AM ma a ihmu thei tuan lou ka hih chiang a, 12AM tan lai ka sim gige a, lai ka hongsiamloh hial hi. Lupna a damlou ahihkeileh ihmu a mang nei ding ka hih keinakleh ka ihmu ut kei a, laibu ka simsim hi. Kum tampi huchi a i sim chiang a i lung sim paidan teng leng hong kikheng in,theihna ahong tamchiang a i mizia leng kikheng, i lunglut zawng leh nuam i sak zawng leng kikheng ahi. Ka classmate-tePUBG kimawl alunglut laitak ua, kei bel seminar pia a school tuamtuam a hoh, laibu gelh chihkhawng in ka na buai hi.

8. **Lungsim piching leh kingaihniam ka hon neihloh hi:** Ka depression ma in ka kiliansak a, mi toh leng ka kituak thei khol kei hi. Lawmte toh lampi paikhawm kisuk hehkhakleh kik maite ka hi a, ka lungsim aneu petmah hi. Depression ka hon tuah zoh in, hinkhua ka etdan hong kikheng a, lungsim pichingzaw a pan thil ka hon entheita hi. Hatsakna ka tuahte'n hon pichingsak ua, kingaihniamdan hon sinsak hi. Mimawl lehtheihna bei kahihdan ka hongkitheikhia a, midang thu lakdan ding ka hon theisuah hi. Mimawl leh thei lou kisakna ka hon neih a pantheihna leh pilna ka hon zong pan a, heutu lian tuamtuamte bang personal interview kava bawl a, pil sawm in laibu tuamtuamka hon simtou hi.

9. **Tantawk a lungkimdanka hong siamta:** Depression ka neihma a lungkim haksa sa a, lungkimlou den phial in hinkhua ka na zang hi. Ka gentheihna, ka zawnna, ka lohsap leh thil sia hong tunteng a midang mohsakna ding zong a, achangaPathian mohsa mi ka hi. Himahleh ka hongpianthak zoh in, mi mohsak leh soisel (complain) ka tawpsan a, thil ka deihlouhte khensawm in ka hinkhua ahmohpuakna k'onlatou a, ka hinkua hong kikheng vilvel hi. Ka tung a thil tungte ziak in kipahdan ka

hon thei a, ka depression tuah ziak in leng kipahthu Pathian tung ah ka gen theita a, ka crush nu honna deihlouh ziak in ka mohsa nawn kei a,kipahthu ka gen theita hi. Ka tung a thil tungte pomdan ka hongsiamzawta hi.

Pathian in i hinkua a i thil deihlouhpen leh haksa i sakpen leng thil hoih ahong tunnadi'a zat theih ahi chih phawk gige in, Pathian it lehang ama'n i maban ding ahoih lam ngen in hon siamsak ding ahi. [Romte 8:28 Huan, Pathiana-itte, ama'n aseh banga asapte a ding in, ahoihna ding un bangkim in asepsak chiat chihi thei hi:]

Hiai chapter a pan thil tampi sin theih ding a-om a, anuai a chapter dangte'n hon hilhchet beh ding hi.

IX

Eden huan a kikhenna

Eden huan a khelhna in thil tampi susia a, ei leh Pathian kal ahon khen ban ah thiltampi toh hon khenlai hi. Biakin sung a Eden huan a Adam leh Evi khelhna ziak a Pathian Kha leh ei Kha kizopna kitan in, ei leh Pathian kal khelhna in hon khenkhia chi in i kisinsak ua, adik mah ahi. Himahleh huai teng kia ahi kei, thil dang toh leng hon khenkhia a tuni tan chiang in leng i buaipih lai uhi.

Khelhna in thil sia abawlte:

1. Mihing leh Pathian kikhensak - Khalam buaina
2. Mihing leh mihinpih midang kikhensak - Khotang buaina piangsak
3. Mihing leh thilsiam kikhensak - Tak leh thilsiamte toh buaina piangsak
4. Mihing amah-le-amah kikhensak - Lungsim buaina piangsak

Eden huan a khelhna in mihing leh Pathian akikhensakna ziak a i kha hing pen hong si ahi: Si i chih 'Kikhen' chihna ahi.

Khelhna ziak a i kha hing lai pen Pathian toh hong kikhen chiang un, i kha hing pen hong si a, gamtang thei nawn lou in om hi. Himahleh Toupa Jesu Khristin Krosa hon hinsak nawn man in Toupa tung ah kipahthu i gen hi.

Eden huan a khelhna in mihing leh mihinpih midang toh hon kikhensak hi: Hiai in khotang buaina leh mihing khat mihinpih dangte toh kilem thei lou in hon koih hi. Eden huan aAdam leh Evi a-om lai un, amau nupa kina gige chihlam kithei lou hi. Kituaktak a omkhawmlai khelhna ziak a mihinpih dangte toh kilemna pen suksiat a omin, huai a pan tuni tankibuaitou lai ahi. Angmasialna, huatna, muhdahna, leh kiletsakna (khelhna) i chihtekhawng ziak a mihing leh mihing kikal kilem thei lou ahi. Khelhna om keilehbel mihing leh mihing kilem ding i hi uhi.

Eden huan a khelhna in mihing leh thilsiam kikhensak hi: Pathian in mihing asiamzoh in ganhing teng tung ah thuneihna leh neitu hihna pia hi. Huaiziak in Adam in ganhing chiteng min phuak hi. [Genesis 2:19 Huan, Toupa Pathian in leitung a kipan in gamsa chiteng leh tung a leng vasa chiteng abawlta; amin ding ua bang sak ding ahia chihtheihna ding in Adam kiang ah hon pikhawm hi: huan, thilhing chiteng amin uh Adam in ana phuah amin uh ahi denta hi.][Genesis 1:28 Huan, Pathian in amau avualzawl a: Pathian mah in akiang uah, chi tampi suang ding in hongpung unla, lei luah dim unla, na thuthu un omsak un; tuipi a ngasa tung ah, tunga leng vasate tung ah, thil hing leitung a bokkhup a paite tengteng tung ah leng thu nei un, achi hi.]Tua khelhna ziak a i dinmun kimangsak a, gamsate'n leng hon zahtak nawn lou in hon sunata uhi. Sahang in mihing ne, gul in mihingtu chihkhawng i tuahkhak uhleh i zaksa uh ahi.

Eden huan a khelhna in mihing amah-le-amah kikhensak hi:I dinmun i khahsuah ban ah,itheihna leh Pathian in hon siamna dan (originality) pen i khahsuahta uhi. Ganhing teng i min phuahsa himahleh tua za lak a nga leng kithei nawn lou ding hi. Chidam leh lungsim damtak di'a siam himahlehkhelhna ziak in lungsim gim a lungsim leh taksa chidamlou in ki-omta hi. Lungsim chidamlou i chihte amau hindan zia nusia a hindan tuam leh lungsim put tuam neite ahi uhi.

Mihing bang chituk in lohching kisa in, sum hau tawk lehang leng Pathian i neihlouhleh hiai teng thum kitasam gige ding hi. Sum-le-pai, lohchinna in hiai teng thum hon kheng (replace) thei lou hi. Pathian neite kia in aneih uh ahi. Mihing teng in i poimohpente (basic needs)uh ahi:

Mihing teng in i poimohpente (basic needs):

1. **Manpha kisakna:**Manpha kisakna pen manpha kisaklouhna leh bukim lou kisakna in hon luahdim a, thawmhauna, leh lungmuanlouhna hong piang hi. Pathian neiloute'n manpha kisakna kitasam ua, lungmuang lou in thawmhau kisasek uhi. Thawmhauna ziak a huai thawmhauna hukdimna ding in drug leh khelhna tuamtuam bawlloh uhi. Sum-le-pai, neih-le-lamte'n i lungsung a thawmhauna hudim ngei lou ding hi. Pathian neiloute'n manpha kisakna nei tawm ua, ittu ding tasam kisa uhi. Pathian hon siampa ahihmah bang a, i damna ziak (purpose) honpetu leng amah ahi. Pathian neiloute'n adamna ziak leng thei lou ua, manpha kisakna nei tawm uhi.

2. **Bit kisakna:** Pathian neiloute'n itna kitasam ua, ittu ding bei bang in hinkhua zang khasek uhi. Pathian kia ahi Agape itna (Unconditional Love) leh i hih bangbang a honpom thei omsun (Unconditional acceptance). Mihing mitmuh a thulimloupen leh kihhuaipen i hih lai in leng Pathian in honna pom theigige in, honna it gige ahi. Thil bangkim bawlpa leh thil bangkim tung a vaihawmpa khut a kingak kha tawldamhuai in, lungmuanhuaipen hi. Pathian neiloute'n kingakna ding leng nei lou ua, muan ding leng nei lou uhi.

3. **Poimoh kisakna (Signaficance):** Omzia nei kisakna, poimoh kisakna, thilhihthei kisa a nasepna a di'a chinkisakna hon pia hi. Pathian gingtaloute'n bel, Pathian in khovel asiamdan leng gingta lou ua, amau leng zawng (monkey) a pan piang kisa ua, leitung a hong piankhiakna san leh ahang leng dukdak nei lou

uhi. Omzia neitak a bawl kisakna leng nei lou ua, poimoh kisakna bik leng nei thei lou lai uhi. Pathian neite'n bel manphatak leh lauhuaipi a bawl i hihdan leh Pathian melput nei a siam i hihdan kithei a, manpha kisakna leh omzia nei kisakna om hi.

[Sam 139:13 Nangmah ngei in ka lungsim na nei a: ka nu gilsung ah na hon phankhawm hi. v14 Na kiang ah kipahthu k'on hilh ding a; lauhuaitak leh lamdangpi a bawl ka hih ziak in: na thilhihte lah lamdangtak ahi a; huai tuh ka hinna in atheitel mahmah hi. v15 Aguk a bawl a ka om a, lei mun nuainungpen a kilawmtak a bawl a ka om lai in, ka guh ka tangnang lak ah sel in a-om kei hi. v16 Ka lim kibawl kim nai lou tuh na mit in amu a, na laibu ah ka hiangte tengteng gelhvek ahi, ani sim a bawl in a-om zel a, khat leng a-om nailouh lai in.]

.

Pathian melput a siam i hi a, amah bang a siam i hihna ensuk khawm ni-

1. Mihing dan ai om theih na: Mihingdan a i nuntak theih nate;thil i ngaihtuah theih na, teltheihna (wills) leh thil i phawk (feeling) theih nate. [Sam 139:17 Pathian aw, na ngaihtuahnate kei a ding in manpha hina tel e! agawmkhawmna thupi hina tel e!]Pathian in ngaihtuah thei a, deihtelna nei in, thil phawktheihna i nei hi. Pathian batpih a siam i hihmah bang in asiampa bang in hiai teng kinei hi.

2. Deihtelteleihna i nei hi:[1 Korinthte 1:27 Himahleh, Pathian in khovel thil haite atel zaw a, mipilte azahlaksaktheihna ding in; huan Pathian in khovel thil hatloute ateel a, ahatte azahlaksaktheihna ding in ;]Thil phawk theih na; [Sam 149:4 Toupa lah amite tung ah akipak ngal nak a; thunuailutte tuh hotdamna in azem ding hi.]Pathian in leng a-utut tel thei a, mipilte azahlaktheihna ding un ei mimawlte hon tel hi. Huai mahbang in e'nleng deihtelteleihna kinei a,i koppihding, i silh-le-tending, i kikhop leh khoplouh ding leng kitel thei hi. Deihteltheihna i neih pen Pathianbatpih a siam i hihna ahi.

3. Mahni a kitoudelhtheihna (The FunctionalImage):[Genesis 1:28 Huan, Pathian in amau avualzawl a: Pathian mah in akiang uah, chi tampi suang ding in hongpung unla, lei luahdim unla, na thuthu un omsak un; tuipi a ngasate tung ah, tunga leng vasate tung ah, thil hing leitung a bokkhup a paite tengteng tung ah leng thu nei un, achi hi.]Mahni achi tampi suang dingleh hinkhua zang thei di'a siamte i hi. Mi khut a kingalou a mahni hoihsakdan a hinkhua zang thei ding a siamte i hi. Kuahiam khat control sa hiloua, midang hoihsakdan hiloua eimah hoihsakdan a hinkhua zangthei ding a siamte i hi.

4. Midangte ngaihnatna (The RelationalImage): Pathian i chih mi toh kizop ut (relational being) ahi a, amah bang mah in e'nleng midangte toh kizop kilunggulh a Pathian toh kizop leng kilunggulh hi. Pathian leng amisiamsa mihingte toh kipolh ut a, mihingte ngaihnatna nei hi. Ei amihing siamte'n leng, amah bang in Toupa i ngai ua, mihinpihte leng i ngaina uhi. Hiai mi ngaihnatna pen hon siamtupa a pan i laksawm uh ahi.

[Isai 6:8 Huan, kua ka sawl di'a, kou a di'a kua kuan ding ahia? chi in, TOUPA aw ka za,]

.

I nuntak theihna ding a thil poimoh ngate:

1.

Kha i neihna (Spiritual)

Ihihna masapen leh i damtheihna ding a poimohpen tuh Kha i hihna ahi. Pathian toh i kibatna pen leh i kizopna ahi. [Genesis 2:7 Huan, Toupa Pathian in leitung a leivui in mi abawl a, anakvangte ah hinna hu akhahlut a; huchi in, mi mihing ahong hita hi.]

2.

Ngaihsut theihna (Rational)

Mihing thei ngaihtuah thei thil hing ahi. Amah a muhdan tuam nei thei,theihsiam thei leh vai kihawm thei. Alungsim uh thaksak zel ngai ahi. [Romte 12:2 Hiai khovel dan bang in om kei unla; Pathian deihlam a hoih leh, lungtuahhuaitak leh, hoihkim, na theih teltheihna ding un, na lungsim uh athak a om in hong lamdang zawta un.]Satan in i deihtelna hon suhthei kei a, hileh leng i lung hon subuaisak (confuse) thei hi. Adik leh siangthoupen thutak 50% zang in honkhem thei hi.

3.

Deihtel theihna (Volitional)

Mihing in deihteltheihna nei a, adeihdan in hinkhua zang hi. Akim-akiang a thil tungte a control kei. [Joshua:24:15Huan, TOUPA nasep hoih tuaklou banga na theih uh leh tuni in kua nna ahia na sep ding uh tel mai un; na pipute un lui gal a anna asep huai pathiante hia, na luah uh gam Amorte pathiante? kei leh inkuante'n zaw TOUPA nna ahi ka sep sin uh, achi a.]Kuamah control i hi kei a, mahni deihdan zui thei chiat i hi uhi. Satan in hon laksuh theih louh ahi.

4.

Thil phawk theihna (Feeling)

Pathian bang mah in mihingte'n leng khophawkna (feeling) nei uhi.[Kolossate 3:5 Huchi in, noumau a leilam thil deihna omte hihlum un, kingaihnate, nitnate, huknate, utna giloute, huaihamnate; huaihamna tuh milimbiakna ahi ngal a.][Jakob 1:19 Unau deihtakte aw, huaite na thei uhi; himahleh, michih ngaihkhiakkilawp henla, thugen kituhpih kei henla, heh hak leh:]I lungsim chidamna lauhthawnna leh kisiamtan theih louhnate zang in hon lakmangsak thei hi.

5.

Taksa (Physical)

Itaksa pumpi Kha Siangthou tenna ahi. [1 Korinthte 6:19] Ahihleh, na pumpi uh, na sung ua om Pathian kiang a kipan a na muh uh, Kha Siangthou temple ahi chih na thei kei ua hia? Noumau a leng na hi kei ua, man a leisa na hita uh. I pianken khelhna zang a honkhem theigige ahi a, hiai taksa pen Pathian a di'a i latkhiaklouhleh i taksa utnate i thunun zou kei ding hi.

.

Khelhna in Pathian i batna hihsia hi

Adam leh Evi akhelh ma un hiai Pathian i batna pen bukim leh hoihlai hi. Khelhna in Pathian bang a siam i hihna kiamsak in hihsia hi.[Genesis 6:5] Huan, Toupa'n, lei ah migitlouhdan thupi ahi chih leh, alungtang lunggeldan giloungen ahi ngitnget chih ana thei hi. [Jeremiah 17:9] Lungtang bel thil tengteng sang in khemhatpen, hoih lou pumlum ahi a; kua'n ahia theitheiding?]

Agintakhuai thil thumte:

- Pathian batpih a hiai atung a ngate neiabawl i hi.
- Khelhna in huai Pathian i batna a hoih leh bukim pen ahihsia hi.
- Counselling i chih hiai Pathian i batna pen bawlhoihna ahi.

.

Counselling a hohte thil bawlkhelh chi gukte:

1. **Counselling session hun kipia lapman lou (late):** I theihsiam ding uh, counselling pen inn kiang leh lawm-le-vualte va muh zual ahi kei a, nekzonna zahtakhuaitak (professional line) ahi. Counsellorte'n ei lou leng midang houpih ding hau lua uh ahi. Dak chiam a i tun louh chiang a, anawn a kimuhpih ding pen kikokalh thei ahi. Mahni ut hunhun a counselling ding a hoh louh ding, counsellor in dak 10 AM in hong tung in achihleh huai hun lap teitei ding ahi. Ama'n 11:30 AM hiam a midang kimuhpih ding nei hithei a, e'n ahun i lap louh a dak 11AM khawng a i tun chiang in, anawn a counselling hun (session) pen subuaita chihna i hi.

   Mun changkanna munte ah counselling session khat a Rs.1500-3,000 kikal hitangpi ahi. Ahun laploute asum uh kipe kik lou a, ahun lap zah uh kihoupih lel uhi. Tehkhinna in, nang counselling hun pen dak 10 AM a pan 11 AM kikal ahihleh, nang kizen louh ziak a dak 10:50 AM a na tunleh minute 10 nei lai chihna na hi a, counsellor in minute 10 hon kihoupih ding a, na sum sen zah kibang veve ding hi. Genkhol lou a counselling hoh lou top i hihleh i sum hon kipekik lou ding hi. Nang va hoh in, va hoh kei lechin leng, counsellor in ahun seh a bangmah dang bawl lou a, nang hon na ngak ahi. Nang a di'a hun sehkhiak ahi. Na va zat keileh nang avangsia leh asum chan ding himai na hi.

2. **Na damlouhna leh haksatna toh kisai hiam zuau gen ke'n:** Doctorte kiang a ki-ensak a hoh in, i natna iim hiam ahihkeileh i natna toh kisai zuau gen leng bang i chi dia? Doctor in damdawi diklou ahon choh di'a, kidam tuan lou ding hi. Counselling pai tungte'n zuau khawng counsellorte hilh sek ua, himahleh theih khiak louh ding bang mah om lou ahi. Atangpi in counsellorte muan louh ziak in natna leh buaina diktak hilh ngam pah sek lou uhi. Na natnate a aniamzaw hiam, asangzaw hiam in gen

ke'nla, adiktak hilh in, counsellor i chihte ei hon panpih theihna ding ua kum tampi mihing khuak paidan leh omdan bawlhoihdan ding toh kisai sinte ahi uhi. Doctorte muang lel ngei lou a damdawi hon chohte uh ne gigete i hi. Huai mah bang in counsellorte muanglah lou in i thugukte iim lou in, ahon chih bangbang in om lehang kidam ding hi.

3. **Counsellor muanglah in om ke'n**: Counsellorte muang lou a etkhiak (testing) bawl het louh ding ahi. Yes, i muanlahleh session kipat ma a counsellor's certification uh dot theih tham ahi. Himahleh simmoh kampau leh muhniam bawl dan a i omleh counsellor in hon nawlkhin (reject) thei ahi. Nang (client) na ut-ut counsellor na tel theih bang a, counsellor in leng ama ut-ut client tel thei ahi. Simmoh, muanglel leh kampau zahtakhuai lou i zatkhumleh counsellor dang kiang a hon sawl (refer) khakleh thil dik leh ahi ding mawng ahi. Counsellor in kum tampi leh lakhs a sim sum seng a MA Psychology azilkhiak hi in chin, ei thuguk a iim louh man a sepna (career) chan ut lou hial ding a, i thugukte za-a-za hon kepbitsak ding ahi. Huchi a na muanlah teitei laileh counsellor dang zot zawk ding himai ahi.

4. **Home work hong kipiate bawl teitei in:** Counselling i chih kihoulimna maimai tan a atawpleh counselling lohching ngei lou ding a, client in hamphatpih leh masawnna nei lou ding hi. Counselling sung a na kihouna ua pat na damna chiang om lua, hileh leng na kihou khit chiang ua, counsellor in i kimuh nawn ma hiai ana bawl in achihte pen na bawl chiang a masawnna leh damsianna ngah thei pan ding na hi. Counselling session hun sung a kihoulimnate kia na set bawlleh damkhe hak ding, leh damkhe ngei lou maithei lai na hi. Counselling hun sung a sinsakna (life skill) tuamtuam leh na haksatna hon dawnzang thei ding a hon sinsakte inn lam a na zuihsuak ngeingei ding ahi. Home work hong kipiate na zuihna tungtawn a hinkhua thak leh lungsim putdan thak na hon neih chiang a hong damsuah pan ding na hi.

5. **Session hun zah va telkim teitei in:** Atangpi in ei lamte counselling i pai chiang in session khatvei nihvei kan i pai peih

kei sek uhi. Counselling omzia theisiam lou i hih ziak mah leng ahi di'a, khatvei nihvei counsellor kimuhpih a i haksatna teng bei a hong dam pah di'a kilamen leng kihi maithei ahi. Himahleh counselling hun (session) pen na damsiang masiah leh counsellor in hunta achih mateng na pai ngeingei ding ahi. Nasatak a kingaisia (psychotic) na hih ngal keileh session tomchik a zoh theih pawl om thei a, huchi lou a buaise taktak i hihleh session tamveipi i pai ngai ding ahi. Na session pai pen na dambaih leh dambaih louh in leng thu pua hi. Doctor kiang a i ki-etsak a doctor in i dampih ding a agintak damdawi hon choh a, check up nawn ding hun hon gen hi. Akal nawn i hoh chiang a dampih tuan lou i hihleh a dose sangzaw hiam ahihkeileh adamdawi tuam hiam hon choh thak hi.

Counsellorte nasep leng huai toh kibang ahi a, session masapen adamdan ding (therapy) khat hon zang masa di'a, home work leng hon pe ding hi. Himahleh akal nawn a i phattuampih deuh keileh ki-etkoldan (therapy) tuam hon zang nawn ding hi. Khenkhatte'n counsellorte khatvei kimuhpih ua, khatvei a dam di'a kikoih mawk uh. Alamet bang a hong dam pah louh chiang a counsellor leng kimuhpih ut nawn lou pah. Counsellor zot kha i mohpuak ahi. Counsellor in amah a siamna leh pilna nang sukdamdan ding a neih keileh counsellor siamzaw leh nang buaina toh kisai a experience neizawte kiang a hon sawl mahmah ding ahi. Client in ama thuneihna a session bangchik hun peuh a tawpsak theihna nei mah ahi. Himahleh counsellor in session hiai zah bek achihleh va suk buchin pen thil kilawm leh thildik ahi.

6. **Naungek pom kawm a counselling hoh louh ding:** Nupi na hih a counsellor kiang a hoh na hihleh na tate inn a nutsiat ding ahi. Nau nawi pe lai na hihleh adon thei ding mi na tonpih a, room tuam a naungek ana don ding ahi. Alou thei lou ahihleh, counsellor in leng hon theisiam ding in ka gingta. Himahleh nau nawi ne lai leng hilou, tate nih leh thum toh counselling room lutpih louh ding ahi. Na counselling session ua lungsim pe thei

lou ding na hi a, dampih taktak lou ding na hi. Inn a naudon thei ding a-om louhleh inkiangte inn hiam ah, 'Ka nau hon na donsak zual in, dakkal khat sung hiam kia ding ahi,' chi in ngen zaw mai in. Ka client khenkhatte bang in amau nau oih kawm a counselling session hong lak sawm bang om uhi. Hiaite kha chiindan ding hilou ahi.

X
Psychologist leh Khristian Counselling

Tulai i buaina mahmah khat uh

Tulai i buaina mahmah khat uh ahi a, psychologistte saptuam vai a counsellording a zang ding maw, zang louding? Tamtakte'n mental health seminar leng biakna kikhopna a gen phal lou in, khalam vai hikei, chi in seminar leng phallou bikbek uhi. Khenkhatte'n lah bible toh akikalhna omtuan kei, bible in leng lungsim chidam di'a ahon deih ban ah lungsim leh lungtang kem ding a hon sinsak ahi, chi uhi. [Paunakte 4:23 Thanopna tengteng toh na lungtang kem in; huai a kipan lah hinna tuinakte aluang ngal a.]Ei Khristiante'n lungsim chidamna leh psychologistte kham bikbek ding mah i hi diam? Hiai dotna haksai dawntheihna anuai a psychologist toh kisai simsukni.

Psychologist i chih ginglou mite bawlkhiak leh patkhiak tangpi ahi a, akibulphuhna tuh mihing mah ahi. Pathian atel kha himhim kei a, mihing hatna leh pilna a kibawl ahi. Mihing lianpen (humanism) kichi a kibulphuh ahi a, mihing in asung a mah a hatna kineih chiat ahi a hong damkhiakna ding achih gintakna toh psychologist counsellorte'n counselling pia uhi. Psychology i chih chiang a mihing lungsim leh omdan thuktak a kisinna lam ahi a, hinkhua ahaksakna tuakte leh mi lungsim kingaisia leh gimte panpihtheihna ding aakum a sim asin uh, a lakhs a sim sum asenna uh ahi. Ngaihtuahna paisual leh omdan kibawlhoih utte'n psychologistte zot ahoih hi.

Psychologistte'n khelhna kichi nei lou ua, disorder chi in thil asia leh apaidan dingdiktak a pai lou teng,disorder chi uhi. Hiai pentak ahKhristiante leh saptuamte toh hong kituak lou ahi. Ei Khristiante'n khelhna gen nawn lou a khelhna tang a disorder i zat ualehi Khristianhinkhua uhleh i saptuam sung uh se lo ding ahi. Himahleh psychologist leh counsellorte'n mihoulimpih siam ua, counselling a vahohte'n dampih taktak zel uhi. Apilna leh siamna un milungsim chidamloute kepdan ding toh kisai pen counsellorte'n nei zaw ua, kep leng kemdam thei zaw uhi. Va zangphatuam keilehang eimah avangsia chihdan hongkihi zel ding hi. Hiai toh kisai Dr. Laary Crabb in "Effective Biblical Counselling" toh kisai agen chiang mahmah hi. Khristianpsychologist leh counsellorte'n leisak in sim teitei ding i kingen hi.

Khenkhatte'n taksa a damloute doctor kiang a sawlding, Khalam toh kisai buaina neite'n Pastorte zotding, lungsimlam a buaina neite'n counsellor zot ding chi uhi. Ka ha anatleh ha doctor kiang ka zuan diam ahihkeileh pastor kiang? Business pan ut leng business siam(consultant) kiang hia ahihkeileh Pastor kiang ka zotding? Hichia i gen chiang a lungsim chidam lou (mental health) teng in counsellor kiang azot ding chih ding hileh kilawmtak ahi. Hilua, zot luat ding ahi. Himahleh KhristianCounsellor kiang zot ding ahi. Disorder pom lou a khelhna pom zaw counsellorte kiang zot ding ahi.

Kei leng psychologist ka hihban ah, Biblical + Psychological counselling leh bible kia zang acounsellorte (neuthetic counsellor) leng training zoukhia ka hi. Psychologist i chih chiang a Master Degree Psychology zoute ahi ua, Biblical counsellor i chihte bel bible zang a counsellor piakdan ding training late ahi uhi. Biblical + Psychological counselling training kichi leng a-om a, hiaite'n bible leh psychology gawmkhawm in counselling pia uhi. Bible pen adikmasa leh zuih pen a nei in, psychology leng bible sinsakna toh kituakte zang uhi. Pure Biblical Counsellorte'n bel psychology hel lou in, bible kia zang in counselling apia uhi. Khristiante counselling ding mawng a kisinsakte leng ahi uhi. Counselling skill leh bible zang a mi counselling neihpihdan ding hoihtak in athei ua, asiamna leng sin uhi.

Neuthetic counsellorte'n chidamlouhna teng khelhna a kipan hong kipan ahi achi ua, himahleh biblical counsellor khenkhat in bel taksa hatlouh ziak leh khelhna ziak ahi chih apom thei uhi. Psychologistte'n bel lungsim gim ziak leh taksa hatlouh ziak a taksa chidamlouhna hong kipan ahi, chi leuleu uhi. Koi pen i taksang pen ding uale?

Khristiansociety a ding in Neuthetic Counsellor kan a-om kei a, biblical + psychological counsellorte leng hoih hi. Neuthetic Counsellor ka hon chihna ziak ahihleh amau bible kia zang a counselling pete ahi ua, damna teng leng khelhna a pan hong kipan ahi,achi uhi. Saptuam in neuthetic counsellorte i san uh apoimoh a, bible toh kisai a counselling pethei ding leh pe siam ding amau kan om lou hi. Biblical counsellorte leng za-a-za zat theih ahi ua, akilamdannaa-om kei. Neuthetic ahihleh khovel pumpi in pure biblical counselling training petu lianpen a atheih ahi a, amau ban ah Biblical counselling training petu lianpen a kithei, National Association of KhristianCounsellors (NACC) kichi a-om hi. Khristianlak leh saptuam lak a naktak a kizang nuamte a ding in Bukim Growth App (Playstore) ah sin theih ding a-om hi. Ke'n nou sik-le-tang in zil theih teng ka na zil a, sum a lakhs a sim ka na seng a, ei Khristiansociety panpihna ding a aniam thei tawp a online training certificate course honpekhe ding ka hi. Saptuamte'n heutu leng ni khat ninih sung khawng offline in hon sinsak in na chih ualeh lengmansa ka hi, chih ka hon theisak hi.

Biblical counselling kazil ma in psychology in kimuang mahmah a, himahleh biblical counselling ka zil sawt deuhdeuhleh psychology therapy-te a ka muang kei deuhdeuh hi. Psychological counsellingte'n thil pomsiamna (unconditional acceptance) leh ngaihdamna (unconditional forgiveness) bawl thei lua ua, Pathian thuhing (bible) leng zang lou uhi. Thumna thilhihtheihna leng zang lou ua, Gospel thuneihna leng zang khalou uhi. Biblical counsellor i hihna ah kilungmuang zotham hi. Aziak tuh ei kia in hiai client pen kibuaipih lou a, Pathian khut a kikoihkhe thei ahi.

Psychologistte'n bel amau pilna leh siamna, amau hatna leh clientte hatna zang in mi sukdam sawm ua, gim leng gim petmah uhi. Biblical counsellorte'n bel, Pathian hatna kimuang a, Kha Siangthou panpihna toh counselling kibawl hi. Apoimohdan dungzui in thumna leh biblekisimpih a, Pathian lam aclientte kipi ahi. Alunggim luatna uapat hong hoih deuh chiangun gospel kigenpih panhi. Bang teng bawl lehang leng mihinkhua khengtheitu Pathian hi a, amahloungal muan ding om lou hi. Psychology a Therapyte'n bangtan hiam in mipanpih thei in, milungsim leng tawldamsak thei mah uh e. Himahleh tawldamna tak leh damsianna petheitu Pathian leh a gospel (tanchinhoih) ahi.

Psychologistte'n apolam a pan buaina bei ua, akhalam sukha ngei lou uhi. Biblical counsellorte'n bel akha kingim (target) pen a, akha ahong hoihchiang a ataksa leh lungsim hong paidik mai ahi. Thil abawldiklouhte khelhna mah ahi ana kichia, Pathian kiang a ngaihdam kingetpih in,huai in Pathian ngaihdamna ngahkha (experience) ua, huai in nasatak in lungsim chidamna tun hi. Psychologistte'n khelhna nei lou ua disorder nei uh ahihman in, ngaihdam ngetna ding ziak leng nei lou ua, ngaihdamna leng ngahkha (experience)lou uhi.Psychological counselling session hun a Pathian leng kigen khalou ahihman in, mihing thahatna ah kinga hi.

Khristianpsychologist teng in i ginna i dinpih ding uh ahi. Disorder sanglou in khelhna chihpihni, Khristian i hihna ah i ginnai dinpih ding uh ahi. Khristianlou clients i neihleh lah professional tak in psychological counselling i piakleh adan om ka sa, Khristian client i neihte kiang bek ah biblical counselling pe ni. Khristiansung lak ah tuh biblical counselling ahih ding ahi. Huai i chih lai in, bible leh thumsakna i neih dek chiang a clientte kihon leh kihonlouh et luat ding ahi. Kei bang ka depress lai in

Pathian tung ah ka heh a, huai laitak in bibleleh thumnanei ding inhongkisawllehheh maiding, counselling a leng hoh nawn lou ding ka hi. I tuppipen gospel (tanchinhoih) leh Pathian thu himahleh huai pen first session a bawl sese ngai lou ahi. Alungsim gim leh ahaksatnate awlmoh a, amau poimohte ngai poimoh a, buainate leh haksatnate bawllem phot ding ahi. Lungsim mumal leh ngaihtuahna chiimtak ahon neih deuh chiang ua gospel genpih pat ding ahi.

Khristianpsychologist leh counsellor na hihleh, a therapyte enchian inla, ei Khristian kisinsakna bible toh kituakte kia zat ding ahi. I ginna hon buaisak thei leh bible toh kikalhte a pan kihem khe ding in i kingen hi. Ahih theih liaileh khristian psychologist leh counsellor teng in biblical counselling training course la thei chiat leng hoihpen ding hi.

Saptuamte'n counsellor teng pawng lauh mawk lou in, amau hihna enchian zaw ni, biblical counselling training neisa ahihleh muang in ama'n hiai bang seminar leh program saptuamte a ding in sai ni achihte saipih leng kihihkhial lou ding hi. Psychologist zou a biblical counselling training la khalou ahihleh athil sinsak sawmte dotchet a, i ginna toh kituak lou a-omkhakleh huaite kham dingahi. I ginna toh kituak, bible sinsakna toh kikalhloute bel psychologist ahih nakleh leng apoi hilouahi. Khelhna gen lou a disorder kampau ahon zat zawklehbel biakna kikhopnate a hun piaklouh ding ahi.

XI

Counselling kuate a ding ahia?

Counselling chih i zak chiang un tamtakte'n milungsim banzouloute hohna ding in i hisap pah uhi.Counsellinga hohte vualphalou dan a ngaihsutna leh mikhialte a dingkia a koih bang lengi om uhi. Counselling i chih kikousiatna, kithuhilhna, kitaihilhna, kisukzahlakna leh advice lakna ding mun kia sa bang hunkhopi om lai uhi. Hiai dan a i ngaihtuahkhak ziak uh hi di'a ka gintak tuh, nidang lai a counselling training course zilna om lou, mi khatpeuh in counsellor ka hi chi a counselling pesuk gawpgawp, taihilh, thuhilh, mohsa, leh kousiatnaana bawl ziak uh hi pen ding ingintakhuai hi. Tu chiang a mi'n counselling chih amin azak chiang ua lauhbawl in naih leng naih ngam lou tampi om uhi.

Nu leh pa khenkhat in leng, katapa/katanu hon thuhilhsak in, thumang lou lua ahi, khawng hon chisekuhi. Counsellor kha mitaihilhtu ding a zang nuam pawl leng kitam ahi. Himahleh counselling training zousate'n kuamah aw sang leh aw khauh a houpih ngei lou ding uhi. Counselling i chih kitaihilhna, kithuhilhna, kikousiatna, kisukzahlakna leh kimohsakna lam hilouahi.

Psychologist leh biblical counsellor, anih tuak ua kimohsakna, kithuhilhna, kitaihilhna, kikousiatna leh kisukzahlakna om lou hi. Huai a bang mithuhilh, taihilh, mohsakna leh sukzahlakna bawlte bel counselling training la khaloute hi uhi. Huaiziak a hiai bang a kithuhilh, taihilh, mohsak leh sukzahlak na ut keileh trained counsellorte kiang kia zuan mai in.

Psychologist counselling bawlte'n lungsim chidamna tup-le-ngim thupipen in nei ua, huai zoh clientte buainate sukveng ding anihna in nei uhi. Biblical counsellorte'n Jesu kiang a clientte tut ding chih tup-le-ngimpenin nei ua, huai zohalungsim chidamna leh ahaksatnate uh sukveng ding ngim in nei nawn uhi. Himahleh abawl masakpen ding uh tuh anihna pen hong himasapending a, client ahong damdeuh a lungsim chiim ahon neih theih deuh chiang ua gospel hon gen pan ding uh ahi. Himahleh a client in azaknop louh a, alunglut keileh biblical counsellorte'n hon bawl teitei (force) tuan lou ding uhi. Bible sim leh thumna neihsak i chih khawng leng i ut keileh hon hihpih teitei lou ding uhi. Himahleh a principle leh foundation pen bel bible a kingak ding ahi.

Counselling kuate a ding ahia? Kuate'n bangziak a counsellor zuan ding ?

1) Mizia bawlhoihna ding: Kampau khauh, hehpahpah, leh adangdangte bawlhoihna ding a counsellor zot ding ahi. Mahni kia in kibawlhoihtheihna tan om tham, hileh leng counsellor zuanlehang, i mizia i deihlouhte uh suktawp i ut thu va genlehang honna panpih ding uhi.

2) Thilsia hong tunlouhna ding: Maban a hisapna a thil aselam ngen ngaihtuah, asia hong tung ding a hisap den i hihleh counsellor zuan lehang, counsellor in i ngaihtuahna hon khenlamdangpih thei ding hi. I lungsim lauhthawnna ngen a dim ahih takleh lengama'n tua ilauhthawnnate sukdaihdan dinghon sinsak in hon panpih thei ding hi.Thil sia hong tung ding mawng ahihtakleh lengahong tunma a pomsiamdan leh thuak theih dan ding honkawkmuh thei ding hi.

3) Hunpaisa leh tulel a thiltuahte theih siamna ding leh pomsiamna ding: Hinkhua a vangsia kisa, atak inleng thil sia tampi i tung ah hong tung kha leng ahi maithei. Ahihkeileh tu nai a ithilhihteng lohching om lou, dausia leh vangsia kisa ihihleh leng counsellor zuan lehang amau i thiltuahte pomsiamdan hon sinsak thei uhi. Hinkhua a thil i tuahtei pomsiam chiang a i lungsim hon suna nawn lou uhi.

4) Mi toh kikal a siate hihdamna ding: Nupa kal, nungak-tangval kal hi in lawm-le-vual kal hitaleh counsellorte'n hon panpih thei uhi. Counsellorte'n nou kal a bang pen in na kal uh susia leh adamna ding honna sutpih ding ua, na kal uh damna ding atheihtuaktuamtuamte honna sinsak bang a relationship technic tuamtuam honna bawlpih ding uhi. Na nupa ua na kikhen uh ngai lou ahi. Relationship counsellor zuan le uteh na ki-itna akang pen khuaizu bang in hon khumsak nawn ding uhi. Itna sukpundan ding, leh na buaina dungzui a hon panpihdan ding Counsellorte'n zilkha lua uh ahi.

5) Chin zongsat leh omdan hoihloute hihdamna ding: Drugs leh zu, khaini, raza, shikhar, leh tep leh muam atuamtuamte pen na tawp utleh, counsellor va zuan inla hon panpih ding a ngen lechinamau chin zongsatsa leh omdan hoihloute bawlhoihdanding sin uh ahi. Zingkal thohbaih haksa sa, nitakihmut theih pah ut, kampau sia na zatte tawpsan ut, leh atuamtuamte a ding in leng counsellor zot aphatuam ding hi.

6) Hinkhua haksatna tuahte pompelhtheihna ding: Tulel a nungak ahihkeileh tangvalpa toh kikhen sawmlaitak hia, nupa kikhen pan, exam ding nei a lunggim, leh hinkhua haksatna tuamtuami neihte ei kia a kithuak zou lou thei, huai haksatnapumpelh i utleh counsellorte kiang zot ding ahi. Amau hasotna (emotional support) leh athu-ala a panpihna (moral support) hoihtak hon pe theite ahih ban uah, na thuakna leng honna thuakpih ding uhi. Na lawm itpen (best friend) sang in leng honna theisiam leh hehnep (comfort) siamzaw ding uhi. Na thugukte leng na lawm itpen (best friend) sang inhonna impih leh kepbitpih zaw lai ding uhi. Na thugukte leng counsellorte kiang a bitpen ahi.Lawm-le-vualte'n hon it un, hon panpih ut leuh leng amausiamna leh pilna nei lou uhi. Counsellorte kiang na zot pahpah ding ahi.

7) Itung athil bawlkhialte ngaihdamna ding: Hunpaisa leh tulel hun a mi toh kibuai a ngaidam thei lou, na ngaihtuah kikkhak chiang a na lungsim na tuntun gige ahihleh na lungsim chidam nai lou chihna ahi.Mi huat, ngaidam thei lou dinmun a na omleh counsellorte kiang ah va genkhia in, amau ngaihdamna toh kisai a honna panpih ding ua, nang kia na ngaihdam zohlouh pen counsellor in hon houlimpihna tungtawn a dam thei ahi.Bangchi a dam ding ahia chih pen ka hon gelh kei ding, na thei nopleh counsellorte kiang va zuan le teh aw.

8) Thupukna laksiamna ding: Hinkhua a thupukna bawl siam lou, thupukna bawlsate leng kisik gige leh hinkhua kisikna (guilt) haumi na hihleh counsellor va zuan in, counsellor in thupukna lakdan ding leh eimah a di'a hoih thupukna bawldan ding hon sinsak thei hi. Thupukna lak dik hinkhua thil poimoh tak ahi, hileh leng i kisinsak khol kei ua, i tate'n thil abawlkhelh chiang a hahtai a taite pawlte i hi uhi. Tai thuak ngai lou ding in thupukna bawldan ding counsellorte kiang a va sin un.

9) Mahni kikep siamna ding: Taksa, lungsim leh khalam damtheihna kikepdan ding na theih nopleh counsellorte kiang ah va dong in, amau hon sinsak thei ding uhi. Lungsim chidamtak a mahni kikepdan ding, khalam a chause het lou a Khristianhinkhua zatdan ding, leh taksa sianthouna leh damtheihna kikepdan dingte counsellorte'n thei mahmah ua, va sin theih ding ahi.

10) Sepding zah semzouloute a ding:I sepding zah za lak a sawm sagih i sepzohleh lengcounsellor kimuhpih in, i lungsim agim ziak leh lungsim a buaisaktu a-omziak a i tha kiam ahi. Mi thadah i chihte alungsim uh gim ahihlouh leh thanopna (motivation) kitasamte ahi uhi. Lungsim chidamloute enlehang bangmah seppeih nei lou ding uhi. Lunglutna leng tawmchik kia nei ding ua, bangmah hih lou a room a kikhum detutzaw ding uhi. Huai tan tuk a lungsim gim hial hikei lehang leng i nasep dingzah za-a-za i sepzoh keileh thaloptak (productivity boost up) asepna ding in counsellor kimuhpih ahoih hi.

11) Kingaisia leh lungsim paibuaite a ding: Ei singtang mite'n hiai ziak kia a counsellor zot theih i sa ua, himahleh hiai pen counsellor zotna ding a 11te lak a khat kia ahi. Kingaisiate a dingkia kisa in, akingaisia khenkhatte bang in zuan ut lou lai zomah uhi. Kei leng ka hi thou, counsellor zuan lou a April kha a pan November tan kei kia a ka kingaihsiatna thuak toutou, ka chihmoh beidot tawp December kha a Counsellor leh Psychiatry Doctor kimuhpih pan ka hi. Mipil bang ana hileng April kha typoid kavei lai a, ka kingaihsiat dek tung a Counsellor leh Psychiatry Doctor zuanpah ding ing a, depression natna a lut manlou a depress tan a damkik thei ding ka hi. Ka mawl leh ka hai ziak a ka thuaklouh ding tantan thuak kha ka hi zaw hi. Sapte'n ni khat kia ihmu thei lou a alungsim subuai a-omleh azingchiang in counsellor kimuh pihpah uhi. Ei lawi bel, kei bang tuh kha 8 lam ngak masa, huai zoh a lohngaihna kakitheih nawnlouh nung a counsellor zuanpan ka hi.

Counsellor zotding ziak tamtak i simta ua, hiai tengi theih khit nung aleng zuan ut lou teiteii omleh ei hai man a i thuaklouh dingthuakthuak ding himai ahi. Counsellorte'n nang hon zot dingkinem dah mai in, counsellorte'n clientte va zot phallouh ahi. Counsellor leh clientte kal a dan zuih ding(boundary) khauhtak om ahi, counsellor in huaite zui lou a hong kalsuanleh lengdamna tak piang lou ding hi. Counsellor leh client a di'a zuih kilawm leh hoihpen counsellorte'n sin uh a, zuih leng hon zui ding uhi. Clientte'n mahni deihdan in counsellor talkaih tum kei ni, counsellorte kiang a i va hoh chiang in kingainiam lehtheihsiam louh a-omleh amau va dotbawl zawk ding ahi.

Lunsim put a chidamloute'n leng counselling poimoh uhi

Mihingte'n hinkhuai etdan chi 4om a, chikhat kia dam theih huai ahi.

1. **Kei ka hoihkei, nang na hoih**(Kingaisete lungsim put): Kingaisiate'n amau kimu hoih thei lou ua, amau ase tawp a kingaihtuah in midangte avangpha sa in tuat uhi. Midangte hinkhua ah ase ding mu lou ua, midangte haksatna muhpih lou in, amau akia ahaksatnate uh mu ua, midang teng vangpha a ngaihtuah in amau vangsia kisa diak uhi. Amau bawlkhelhna hoihlouhnatemu thei ua, midangte a ngaihsak lou uhi.

2. **Kei ka hoih kei, nang leng na hoihtuan kei**(Mahni ki-oklumte lungsim put): Kingaisetawpkhawkte'n amau damsuah zou ding a kigingta nawn lou in, midangte panpihna leng deih lou uhi. Midangte panlakna leng phattuampih ding inkigingta nawn lou ua, amau leng ahoih a kingaihtuah theilou, midangte leng a hoih a ngaihtuah thei tuan lou uh.Mi muannatawm neitauhi. Ama thil bawlhoihte leng mu thei lou, midangte thilhoih septe leng mu tuan lou uhi.

3. **Kei ka hoih, nang na hoihkei** (Mingaidam thei lou leh tual thatte lungsim put): Mahni kia dik kisa, hoih kisa in midangte'n bang teng gen le uh leng alungput kheng ut tuanloute hi uhi. Midangte ahoih a mu thei nawn lou, amau bel thil dik bawldan in kithei uhi. Phuba lak utna lungtang nei, amah tung a thil sia bawlte thah leng poi sa nawn lou, midang tung a thil hoih lou bawltanpha khelhna a sim lou in thil dikdan in ngaihtuahta uh. Mahni thil hoih bawlte kia mu thei, midangte thil sia bawlte kia mu thei uh.

4. **Kei ka hoih a, nang leng na hoih** (Lungsim chidam): Mahni kimudik, hoih leng kisa, midang leng hoihsate milungsim chidamte ahi uh. Mahni thil hoih bawl leng mu thei, midangte thil hoihbawl leng mu in kipahpih theite milungsim chidamte ahi uhi.

Depress A Pan Depression Hong Kipatdan Enkhawm Zek Ni:

Anuai a depression kitheihchetnate (symptoms)sim inla, huaite lak a kitheihchetna 4 tan na neih a, kal nih sung akizom a huai dan a na omleh depression adamlouhna alut ding chihna na hi. Depression a lut lou peuhmahte depress hilel ahi. Depress i chih chiang in ni tam lou lunggim leh kingaisezual chihna ahi.Mi teng in hunkhat chiang in depressi thuak kha chiat uhi. Depression i chih pen a thuakkha leh aneikha kitam lo lou ding hi. I depress lai in counsellorte zuan thei lehang tuh adamlouhna depression a kilutlou a kisuakta thei ding ahi. Depression i chihbang ahia chih leh bangchi a kitheisuah ding hiam chih i sutsuk ding-

.

Depression Kitheihsuahna (Sign & Symptoms of Depression)

Apoimoh diak depression kitheihchetna (Core symtoms):

1. **Mai mual (low mood) ahihkeileh kingaisia (depressed):** Mai a kipah mel himhim lang lou, maiteng mual (expression omlou) leh kingaise petmah a om, mi'n akiang ah chiamnuih gen le uh leng ana nui tuan lou, akim-akiang a omte phawk ngellou a omta.

2. **Lunglutna bei (loss of interest) ahihkeileh nopsakna nei lou (loss of pleasure):**Nidang a kholai pawt ut, kimawl ut, lawmte toh kihoulim ut, hileh leng tua huaite a lunglutna neinawn lou, nidang a nop asakte nuamsa thei nawn lou aahong omchianga depress hita ahi. Kal nih sung ahonghuchih zomleh anatna depression a hong lut ding hita ahi.

3. **Thabei leh thakiam(Reduced energy/fatigue):** Kei leng ka depression tunglai in thabei ka kisa a gulgose buk 8 khawng kal nihsung in ka na kikhai hi. Bangmah phatuam lou hi. Thabei chi ding un chin lupnaah lumlum mai ding uhi. Nna sem in kho-ul pawt kei le uh leng atha uh tawl kisa ding ua, tawl kisa den ding uhi. Kal nih sung ahong huchihleh depression ah hong lut ding uhi.

Ki theihchetna ding dangte (Other primary symptoms):

1. **An duhna kiam ahihkeileh hong pung ding hi:**Khatzaw samsam ah hong om dingua, an kam limlua hiam ahihkeileh an kam lim lou, an leng ne ngel lou in om dinguhi. Kei ka depression tunglai in kaankam alim a, an tampipi kane a kha nih sung in ka gikna kg 7 lam ka pungtou hi. Akhonung kha 6 zoh nung hiam in kaanduhna hong kiam nawn a, sikkeu 4 leh 5lel khawng ka ne hi.

2. **Agikna uh kiam ahihkeileh hong pung ding hi:**Na tung a point tungtawn a hiai pen hong dik ding hi. An kam lim a an tampipi ne na hihleh na giknaahong pung ding a, huchi loua an kam lim lou lam a na hong pai khakleh na gikna hong kiam ding hi. Gikna kiamteng depression nei chihna hilouahi. Taksa a natna nei het lou hinapi, thakhat a gikna kiam hiam, pung hiam a-omleh depression symptoms ahi a, pilvan tuak ahi.

3. **Ihmu thei lou hiam ahihkeileh akhengval in hong ihmu ding uhi:**Ihmuthei lam a paikhate ihmu mu ding ua, ihmu thei lou lam a paikhateihmut sawm le uh leng ihmu thei mahmah lou ding uhi. Taksa chidam zenpi ihmu thei lou ahihkeileh ihmu lo zozen a i hong omleh pilvang tuak ahi.

4. **Akimuhdan uh hong keniamdi'a, kimuanngamna hon neitawm ding uhi:**Nidang aIAS ding ka hi chi gige pa tua class x leng pass zou lou ding a kikoihta, mahni kimuniam in kimuanngamna leng kineinawn lou hi. Tup-le-ngim neihsate khawng leng tum ngam nawn lou thak, nidang a bawlsate leng ngam nawn louhthak in hong om ding hi. Melhoih leh fuh akisakna leng hong kiam ding hi. Ahoihlama akimuhdante hong kiam ding hi.

5. **Manpha lou kisakna leh mahni kimohsakna hon nei ding hi:**Nidang a thilhihthei kisa, nasep leng taimapen, tua depress a hong omchiang a manpha kisakna nangawn hon neilou dingin,nasep leh thilhih leng hong peih nawn lou ding hi. Amah thil sia bawl leh ahihdiklouhte khawng hon mu thei diak dinga, kimohsaknahon hau ding ahi.

6. **Lunglutna sawt daih lou ding a thupukna kichian leng lakhak sa ding hi:**Nidang a khawllou a dakkal nih lai sim zou gige, tua minute 30 leng lungluttak in sim peih nawn lou ding hi. Alunglut hun sung hong tom ding a, thil khat nnakibang leng sawtpipi peih lou ding hi. Thupukna leng hon bawl pahpah thei lou ding a, thupukna bawl sung hong sawt ding hi. Akhen chiang a thupukna bawlding teng leng bawllou a om hong ut zaw ding ahi.

7. **Maban toh kisai aselam ngen in hon en ding hi:**Nidang aIAS ding ka hi chi pa, tua class x leng pass zou lou ding inhong kikoih ding hi. Amaban limchi asak pen tua maban bing leh khovel tawpdek,thilhihthei nei nawn lou dan in hong om dinghi. Amaban aselam ngen hon en ding a, amaban leng honphu peih nawn lou ding hi.

8. **Sihhong ut ding, mahni kithah khawng lungsim in hon nei ding hi:**Alungsim hong simasa dingin chin, huai zoh ahong damkhiak pah keileh alungsim si pen inataksa hing lai pen hon khoih ding hi. Khatvei ngaihtuahna a mahni kithat om ngei ding ka gingta kei, alungsim in tamveitak mahni kithahna ding thupukna bawl thakthak ding hi. Whatsapp statusa "Ka si ut" ahihkeileh "Hinkhua ka ning," "Ka omdan ka ning kitel" chih danhon postte ngaihvenpahpah ding ahi.

9. **Mal-om ut (Isolation- wants to stay alone):**Mahni kia in room ah kikhum ut ding a, midang houlimpihleng ut lou ding hi. Atak alah ahinkhua a thil sawm ngam nawn lou ahihna a, alungsimin a-utdante khawng ngaihtuah den ding hi. Angaihtuahna chiang sitset dingin chin movie a thil endan khop a alungsim a omte muchiang ding hi. Movie en a sun nitum tum a i tut peihdan a amau leng alungsim ua thil ngaihtuah peihden ding uhi.

10. **Thil thuakzohna tawm hon nei ding uhi:**Akim-akiang a bengseng omzekte leng thuak zou lou ding ua, naupang hi in ganhing ham leh bengseng hitaleh akiang a a-om chiang ua ning ding uhi. Amau kia a-om chiang ua, amau-le-amau leng aning uh kitelahih chiang amipi lak a om tuh thil hithei lou ahi. Thawmging, khuang ging natawm am ding uhi.Thil khat alungsim ua om, akisepkhiak pah keileh ngaklah in om thei lou ding uhi.

11. **Hindan ngeina dan in hinkhua hon zang lou ding uhi:**Michidam leh lungsim chidamte tuh sun a nnasem hang a, nitak chiang a ki-ihmu ahi. Himahleh depression a hong omte bel sun nitum-nitak hitaleh lupna tung ah om den ding uhi. Nitak sawt nung, sungkuanteihmut khit nung khawng a anhon nepan ding uh. Ihmu thei lou ahih chiang ua, huai hun aagil uh hong kial man ahi. Zingkal an i nek zoh nung, sunchiang agil akial dan deuh a, amau leng ihmu thei lou ahih chiang ua, nitak sawt nung a agil uh hong kial manzel ahi.

Tua atung akigelhte lak achi 4 bek kal nihsung na neihsuakleh depression kichi pan ding hi. Depression huaisetak (severe) ahihna ding in tua symptoms tampi neikop ding ua, alou thei lou in Core symptoms achi nih leh other symtoms achi 2 bek telkha ding ahi. I tate hiin i pasal leh zite hitaleh, hiai symptomte nei a-om ualeh counsellor zotpih pah ding ahi. Nang a counselling training la kha hetloupi a counsellor ding in mun luah sawm dah in, nang kemdam thei lou ding na hi. Panlak na utleh,ahong dambaihna ding in, counsellorte kiang ah bangchi in ka zi/ta/pasal ka na panpih thei di'a,chi in va dongzaw in.

Depression piangsak thei tampite lak a chi thum i enkhawm ding

1) Hinkhua a thakhat a mansuah neih (Sudden lost in life) ziak: Ikinaihpih i pa, i nu, i zi, leh i tate hiam ahihkeileh,i it lawm-le-vualte'n hon sihsan chiang un i dah un i mau uhi. Sawtpisuun a, hon sihsan pen pomsiamlou ai omchiang in depression a lutkhak theih ahi. Himahleh sisun teng depression nei chihna hilouahi. Depress vek uh ahi zaw, himahleh hunsawttak suunaasihna pomsiam lou ai omchiang ua depression neihkhak theih chih thu ahi. Inn khawng, business lohsam, sepna a pan kitawpsak thut, nupa kikhen leh atuamtuam, i hinkhua ua thil i sukmang chiang ai pomsiamlouhnatungtawn a depression a lutsuak theih ahi. Huchi a hinkhua a haksakna i neih chiang in counsellorte toh pangkhawm in thuakkhawm ni, amau kipanpihsak inla na depress pen depression ah lutsak sawm ke'n.

2) Taksa damlouhna a pan hong kipan thei hi: Kei depression leng typoid natna ka vei a kipan hong kipan ahi, insung a damlouhnai tuah chiang a kikepsiam ding ahi.Adamlou pen kia nusia a, amah-le-amah kingaih tuahtuah saklouh ding, atam theilam kihoupih ding ahi. Adam lou pen in lel luaahih kei nakleh amah kia lupna tung a kingaihtuahsak lou a, va ompih ding ahi. I taksa, lungsim leh kha a bawl i hi ua, avek a kizomtuah uh ahi. Khat ahatkeileh adangte leng sukha vek ahi. Taksa a damloute alungsim uhleng khase baih leh nem diak ahi. I damlouh chiang a i lungsim kingaihsiat baihlua ahi.

3) Khuak a chemical hunding zah omlouh ziak (chemical imbalance): Mi khenkhatte akingaihsiatna uh chihtak het lou hinapi in, amau lah kingaisia uhi. Huaite lawi kha, khuak a chemical hunding zah a-omlouh ziak in depression nei thei uhi. Depression teng banghiam bawlkhelhna a pan hong kipan hikhollou chihna leng ahi. Chemical imbalancete'n damdawi anek uh ngai teitei a, damdawi chemical zang a akhuak ua chemical imbalance ompen bawlhoih ngai ahi.

Mi haksatnava muhniam theih het louhahi. Chemical imbalance ziak deuh aleng depression neite a di'a ahinkhua uh haksa mahmah ahi. Banghiam thiltuah nei a hinkhua haksat ziakleng hilou, akhuak a imbalance omziak a houchikbang leng amau a di'a thuakhak suak ahi. I depression kipatna thildang tampi leng omthei a, himahleh hiai teng thum in ka hon latom hi.

Psychiatry damdawite toh kisai:

Psychiatry damdawite addict leh sight effect om lou ahi. Psychiatry doctor i chihte, hiai lungsim leh khuaklam a doctor training hoihtak neite ahi ua, muanglel het lou in damdawi hon choh bang dungzui ua nek dingahi. Adose sangzaw ahihkeileh niamzaw leng leilouh ding, doctor in hon choh pen geih zonkhiak a huai nek ding ahi. Mahni deihdan a nek louhding, check up hunte aleng ahunhun apai zel ding ahi.Damlou pen adamdawite kikepsaklouh ding ahi. A-enkaitu anu-apa hiam ahihkeileh asanggamte'n huai Psychiatry damdawi pen hoihtak a kepsakding, ahun chetchet a piak ding ahi. Ban ah, hiai damdawitevitamin i nek toh kibang ahi a, thakhat a nasemte hilouahi. Luna damdawi i nek chiang a dakkal khat a luna hong phapah chihte toh kibang het lou ahi. Ka phattuampih kei chihpah louh ding, nek nung kalnih zohkhawng a damdawite'n nna hon sampan ding ahi.

Counsellor leh Psychiatry doctor va naih zumhuai lou ahi:

Counsellor leh Psychiatry doctor va naih pen zumhuailou ahi. Vual phaklouhna leng ahi kei a, mibatlouhna leng ahi zenzen kei. Khovel pumpi theih a lasa siam leh film starte'n lengamau therapist (counsellor) kineih chiat uhi. Alungsim chidamna uh hoihtak a counsellor leh psychiatry doctorte ki-enkolsak uhi. I taksa leng damlou theiahih chiang a, i lungsim leng damlou thei mah ahi. Taksa adamlouh chiang a kuama'n doctor va naih ding zumna a i ngailoupi uh, i lungsim adamlouh chiang a bangziak a zum tuanse ding la? Miminthang leh mithupi mahmahte nangawn in Counsellor leh Psychiatry doctor akinaih ualeh, e'nleng i naih luat ding uh ahi.

Lungsim damlou i chih chiang in:

Lungsim damlou i chih chiang in mihai leh mibang lou chihna hilouahi. I taksa adamlouh chiang a nna asep dingbangtak a sem thei lou a hihbuaia om ahi. Huai dan mah bang in, i lungsim adamlouh chiang in nna i sep ding zah in kisem thei lou hi. Taksa damlouhnatei theih sa uh ahi a, luna, gilna, khosik, awmna leh adangdangte ahi. Lungsim damlou i chih chiang in lunggim lua, kingaisia, mahni moh kisa, mahni ahihkeileh midang ngaidam thei lou, lungsim hon luahdim, thil dang i nasepte hon subuai chihna ahi. Mihaite kuama'n counselling pe ngei lou uh ahi. I thiltuah chi tuamtuam ahi a, hinkhua a haksatna i phutkhakchiang a khenkhat in panpihna deih lou in amau-le-amau kisusia uhi. Khenkhatte'n mi panpihna sang thei ua, mi panpihna tungtawn a hong damkhia ua milohchingtak hong suak tampi om uhi. Tehkhinna kei leng ka hi.

2016-2018 kikal a counsellor mi 6 vel ka kimuhpih ahi. District hospital a leng Psychiatry doctor leh counsellorte ka kimuhpih tam mahmah hi. Rayburn college aleng counsellorte kava mu mun hi. Tua hon panpihte ziak a kei lungsim chidam hong suak ing a, midang tampi panpih theita ka hi, huai hun lai in ka zum man in Counsellor leh Psychiatry doctorteva zuan kei leng, ka hinkhua kilamdang mahmahkha ding hi. Damkhe ngei louding, ka hinkhua ning kitelding, haksa sa ding lah ka zum man a Counsellor leh Psychiatry Doctor panpihna tangkha lou ding ka hi.

.

Mi'n counselling ding a agintak uh lah dikloute enkhawm ni

1) Counsellingi chih mihaite a dingahi: Mihaite counselling kipe ngei lou a, mihaite'n counsellor leng zuan ngei lou uhi. Mipil leh mithupite'n apoimohna zah theisiamua, counsellor kimuhpih mun uhi. Mimawlte'n apoimohna thei lou ua, counsellor leng va kimuhpih ut lou uhi.

2) Counsellor in kawkmuhna (advice) leh ngaihdan (suggestion) pia: Counsellor in clientte thupukna ding kilaksak ngei lou a, amau sik-le-tang aleng kipau ngei lou ahi. Thupukna leh deihtelna clientte'n aneih bangbang uh kizahtakpih a, advice leh suggestion kipelou hi. Home work leh therapy ka zat ualeh huai ah tuh permission angai kei a, ahoihpen ding a ka gintak uh hon kipia ahi. Huchi loua nou hinkhua a thupukna na bawlte uh, na khen utlouhte uh hon kisawl teitei hiam ahihkeileh na thupukna omsate uh hon kikhensak sawm lou hi. Clientte sik-le-tang a lengthupukna kibawlsak ngei lou ahi.

3) Counselling session bei thei lou hi: Counselling session pen atam tawp a 15-20 tan khawng ahi.Psycho-dynamic khawng kipia i hih uleh akum a sim hithei hi. Hiai bang pe thei ding a chitna (qualify) tuh tawm mahmah hi. Session pen dambaih leh damhak in leng thupua a, ban ah depress maimai i hihleh session khat leh nih a leng kizou thei mai ahi. Counselling session bei thei a, kibeisak zel mah ahi.

4) Counsellorte leng mihai ahi: Counselling a hoh ut lou khenkhatte'n, counsellorte bang mihai sa uh, aziak tuh amau ngaihdan toh kituak khol lou leng hithei hi. Himahleh counsellor i chihte MA psychology zoute hi ua, siamna pilna a sangtak zoukhete ahi uhi. Nu gilsung aom lai a pan tek, sihdong hinkhua kizatdan sin ua, lunggimna leh hinkhua haksatnate beisak leh kiamsakdan dingnasatak a sinte ahi uhi. Mihing lungsim leh mizia tuamtuamteleng thei ua, mimawl khat in mi khat atheihchetna ding inkum 2 bang lutsak thei a, counsellorte'n,azilsiamna ziak ua, hun tomchik sung a mihing mizia leh lungsim paizia theisiam theipah uhi.

5) Counselling session hunsawt lutin sum hek phet ahi: Yes, counselling session atamleh sum hek mah ahi. Himahleh counsellor in ama nekzonna ziak hiamsum deihman a session hun hihsau lou ding hi. Counselling ethic hoihtak kizui ahi a, clientte'n ahon hamphatpih ding abei chiang a counselling session kihihtawp ahi. Ahihkeileh client in i counselling hamphatpih nawn lou, counsellor in leng panpih thei nawn lou a akitheih chiang a counsellor dang kiang a sawl (refer)kha theiahi.

6) Counselling a hohte michavaihte ahi: Counselling a hohte michavaihleh haksatna leng thuak zou lou, mi chau ahi kei ua, ahinkhua a di'a thil hoih thei, masawn ut, leh milohching a-ut ziak a counsellor zuan uh hi zaw ahi. Hinkhua a masawn ut lou, leh lohching utloute'n counsellor zuan ut lou hi zaw ahi.

7) Counsellor in kei hon thei kei a, hon panpih thei kei ding: Counselling session kipatma a counsellor in nang thiltuah leh na hihna thei lou mah ahi. Himahleh counselling session hun sung a nang hontheihsiam sawm leh na thilmuhdan, leh thuaknaahon thuakpih sawm a dotna tuamtuam hon dong hi. Counselling session hun sung a dotna kibawlte pen akimawk dot ahi kei a, apoimoh tintenloungal kidonglou hi. Session khat leh nihsung in na lawm itpen (best friend) sang mah in nang hon theisiamzaw ding a, na buaina sukvengdan ding leng akum a sim zil ahihman in hon panpih thei ding hi. Mizia tuamtuamte (personality type)ana theih sa ahi a, milungsim paidan leng ana zilsa ahihman in, huntomchik sung a nang hon theichianpen hong suak ahi.

8) Counselling ka hohmun a ka dam ngeituan keiding: Counselling i hoh ziak a i buaina teng bei ding chihna om lou hi. Haksatna teng beina ding a counselling kipia ahi kei a, lungsim tawl luate hong tawldam deuhna ding uh tup-le-ngimpen ahi. Huai zoh chiang a na haksatna akibawl lem thei zahzah bawllem ding chih hipan ahi. Home work kipiatenang a client pen in nana zuih keileh counselling session tampi pai lechinleng dampih tuan lou ding nahi. Counsellor kheng zihzeh lechinleng home work kipiate nabawllouh a dam tuan lou ding na hi. Na damna ding a nang mah in pan nalak ngai ahi. Counsellorte hon panpihtu lel ahi ua, hon hihdamtu leh hihdamtheihna thil hihtheihna (magic) nei ahikei uhi.

9) Counselling hoh in ka nasepna leh ka history asuseding: Counselling na hoh in na career asuse kei a, nasatak a na sepna a hon panpihtu ahi zaw hi. Counselling history nei a hong damkhia pen nasepna ah zattakzaw a, mi theih siamna leng hauzaw hi. Counsellinghoh ngei lou lah lungsim achi a chidamloute kuama'n zang thei lou ua deihleng deih lou uhi. Counselling hoh munte'n hinkhua a zat theih ding siamna (life skill) thei tamua, haksatna atuahchiang ua malakdan ding leng theizaw uhi.

.

.

Counselling i gintak bang hilou hia?

- **Counselling i chih magic hilou:**Counselling i chih thillamdang bawl thei ahihkeileh magic i haksakna tengte a di'a dawngtu hilou. Counselling in theih siamna leh thil theih thukna, mahni kitheihsiamna leh hinkhua a thilhoihlam a mahni kikhen sawmna honpe thei hi. Counsellorte magician ahi kei ua, na haksatnate a pan dam na utleh nang mahmah in nasatak a pan na lak ngai ahi. Counsellorte'n huai nang hon panpih ding a siamna leh pilna nei uh ahihmanun na thulak mahmah a, amau toh pankhawmdan na siam ngai ahi.

- **Counselling i chih thil hoih kikawkmuhna kia hilou:**Counselling i chih kam khat kam nih a thil kikawkmuhna hiloua mi thuneizaw in thunei louzaw kiang a thil omdan ding kihilhna leh kikawkmuhna hiloua, hinkhua zatdan ding kithuhilhna hilouahi.Counsellor in na kum, siamna leh melput ahon en kei di'a, mi piching houpih in honna houlimpih ding a naupang dan in honna thuhilh ngei kei ding hi.

- **Counselling i chih i haksatnate a di'a thakhat adamna petu hilou:**Hinkhua a haksatna i tuahte a di'a thakhat a damna petu counselling hiloua, clientte'n ahinkhua a thil tung atheihsiam phot uh ngai a, lungsim leh omdan khentheihna ding inthil thak zil ua, kum tamtak ana chin zongsatsate uh awl-awl a hong khentouh uh ngai ahi. Tu geih a damna kia na zon sang in counselling pen hinkhua a masawntheihna ding a thilzilna (life skill) leh maban a hiai dan thil na tuahchiang a na panlakdan ding sinna mun in ngai zaw in.

- **Counselling i chih kimohpaihna hilou:**Client tamzaw counselling ahong pai chiang ua athil bawlkhelh ziak ua counsellor in tai a mohpiah ding in gingta uhi. Counselling in na thugukte kembit a, chidamtak a na lungsim a om bangbang genkhiaktheihna hun leh lauthawng het lou a na paukhiaktheihna mun hon pia hi. Nang hihkhelh ahi chih thei vek taleh lenghon etdan hiam leh hon houpihdan kheng tuan lou ding a, zahtakna hon piaksa pen honpe zom lai ding hi. Honna mohsa mawkleh bel na lungsim dam ngei lou ding ahi. Counselling thiltup tuh lungsim a chidamna na neih ding ahi. Zuau gen lehang leng atheih suah chiang a hon tai mawk lou ding ahi.

-

- **Counsellor in hon gensia leh midang kiang ahonna gensawn ding hilou:**Huai sang in na haksatna a hon hasuan ding leh lungmuangtak a paukhe ding inhon deihsak ding a, na hihna bangbang toh honna pom ding a zahtak tak a honna houlimpih ding ahi. Midang kiang a na thu himhim gen khakin nei lou ding a, lampi na kituah chiang ualengcounselling sung a na thil kikupte uh hon kum lou ding hi. Counselling session hunkia a na kihouna maban uh kikum ding na hiuhi. Thumnaah leng milak a thumpih ding a honpuang lou ding a, mimaltak a nang a di'a hon thumsak chiang a lengaging louathum lel ding ahi.

-

- **Counselling i chih kihoulimna maimai hilouhi:** Counselling session sung aleng therapy leh na poimoh dungzui a honna bawlpih ding leng a-om ding a, ban ah counselling zoh dek kuan chiang in na kimuhnawnma inn a na panlakdan ding leng hon hilh ding ahi. Lawm-le-vualte toh i kihou chiang ua akingaikhe zosam leng om louapau kituh chih om thei sek a, himahleh counsellor in na pau hon tuh ngei lou ding a na genkhiak nopnop lungduaitak a honna ngaihkhiaksak ding ahi.

-

-

XII

Khristian lungsim chidamna ding

Theituak kilawm masate

Ka mitetheihna ataksap man ua hihsiat a om ahi uh:[Hosia 4:6theihna taksap ziak in ka mite hihsiat in a-om ua;theihna na deihlouh ziak in, ke'n leng, keia di'a siampu na hihlouhna ding in ka hon sam keiding; Na Pathian dan na mangngilhta chih thei in, ke'n leng na suante ka mangngilhding.]theihna bangtan hiam chiat i nei ua, himahleh theih ding tan i theih louhman un hihsiat iniom zel uhi.theihna zonbeh ngai atheihna pakta mi Pathian deihsakna mu ahi chihi thei uhi. Solomon in Pathian kiang ah 'pilna' angen a, Pathian lungsim lamtak ngen kha ahihman in Pilna kia hilouThupina leh Hauhsaknaleng apezui pah hi.

Mi kitheisak i chih mimawlte ahi uh, amau atheihna tan chiang uh hunsa, kipilsak uatheihna zonbeh nawn lou uhi. Mipilte bel kingainiam ua, atheih louhdan uh kithei ua, thil sintou den uhi. Pathian in eite mawltak a om ding in hon deih kei a, pilna zong ding leh delh a delh ding in hon sinsak hi. Mahni mawldan a nuamsa, pilna ngaihsakloute ahaina ua suksiat a om dinguh ahi. Anuai a bible chang simkhawm ni.

[Paunakte 1:22 Bang tan ahia, nou mimawlte'n, mawlna na it dinguh? Nuihsanmite'n nuihsan a amaute akipah ding ua, mihaite'ntheihna ahuat ding uh? v23 Ka salhna ah kihei unla: ngai in na tung uah ka kha ka sungboding, na kiang uah ka thute ka theisak ding hi. v24 Ka sap a, na nial ziak un: ka bante ka zak a, kuamah in alimsak kei uh; v25 himahleh ka thupha tengteng bangmah lou in na koih ua, ka salhnate ah bangmah na deih kei uh: v26 Ke'n leng na tuahsiatna ni un ka hon nuihsan di'a; na launa uh ahong tun chiang in k'on chiamnuihding; v27 Huihpi bang a na launa uh ahong tun chiang in; pingpei bang a na tuahsiatna uh ahong tun chiang in; lungkhamna leh dahna na tung ua ahong tun chiang in. v28 Huai hun chiang in kei ahon sam ding ua, himahleh ka dawng keiding; thanuamtak in ahon zong ding ua, himahleh ahon mu kei ding uh: v29theihna ahuat ua, Toupa kihtakna azonlouh ziak un: v30 Ka thupha lak ah bangmah adeih kei ua; ka salhna tengteng amusit uh: 31 Huaiziak in alampi uh gah ane ding ua, amau thusawmte ngei in avah ding uh.v32 Mimawlte nungtolhna in amaute ahihlum di'a, mihaite hausakna in amau hihmang ding ahih ziak in. v33Himahleh kuapeuh kei hon ngaikhia bittak in ateng ding ua, giloulauna panglou in amuang ding uh.]

Pilna i chih Pathian genna hi masapen a, huai zoh pilna lehtheihna genna ahih ding ahi. Pathian leh ahon sinsak pilnate thudon lou a mahni utdandan a khosa na hihleh, na mangbat chiang a Pathian in hon nuihsan lel ding a kikhel kha ding ahi. Tu'n pilna lehtheihna sin ding in kisa thak in, damsung a thilsin ding a bawl kihi ahi. Na tuailai sung kia thil sin ding a na kikoihleh na hong upatnungchiang a mawl leh hai deuhdeuh ding nahi. Na tate zahtak leh thulak na hih utleh thil na sintouh det ding ahi. Thil sin i chih pen khawlsan ngei louhding, i tate sang a laibu sim tamzawkding, i tate'n bible bung kal 2 asim gige ualeh e'n bung kal 4 bek sim gige leng, i tate'ntheihna lam a hon pha lou ding ua, hon zahtak leh hon thulak mai ding uh ahi.

Pathian tel lou a theihna kiletsakna suak hi:

[1 Korinthte 8:1 Huan, milimte lak a kithoihna tungtang zaw:i vek intheihna i nei chiat uh chihi kithei hi.theihna in mi akisatheisak a itna in bel mi abawlhoihnak hi. v2 Kuapeuh in thil bang ahi hiam theia akigintakleh, atheih ding thei nai lou ahi.]Kikhawm ngei lou, thumna nei ngei lou leh bible sim ngeiloute'n hong kisathei in hong kiliansak pah uhi. Pathian limsakna toh laibu tampi sim lehang leng kingaihniamna nei veve thou ding na hi. Kitheisak a kiliansak na hihleh Pathian toh na kigamla chihna hipen mai ahi. Bible in,'mi akitheihsakleh atheih ding thei nai lou ahi,' chi hi.theihna in mikiliansak a, itna in bel mi bawlhoih hi.

Unau sanggam tung a vaihawm ding nang kua na hia?

[Romte 14:1 Huan, ginna a hat lou mi, angaihdante genselou in ngai un. v2 Mi khat in thil bangkim ne thei ding in akigingta a mihat lou in bel anteh-louhing kia ne hi. v3Bangkim nete'n aneloute simmoh kei henla; neloute'n leng anete gense kei heh; Pathian in amah akipahpih khin ngal a. v4 Midang sikha gensepa kua na hia? adingh in leh apuk amah toupa a ding ahi. Himahleh, amah zaw dinsak in a-omding, Toupa'n adingsak thei ngal a.]

Pathian in mihingte a mimohsa leh thukhen (judgemental) in hon deih kei hi. I ginna uh ahatdan kibang lou vek hi. Khenkhatte a di'a ginna sangpen midangte a di'a ginna niamlua hithei lai ahi. Himahleh Pathian sikhate ngen i hi ua, midang tung a thu na khendek chiang in huai Toupa pen Pathian ahi chih phawk in, nang ama toupa hilouna hi a, Pathian dinmun tuh in midang tung ah thukhen ke'n.Adin leh apuk inToupa Pathian in athu akhen na ke, nang kidaihlah na ding om lou hi. Midang mohsa a thugen thei ding kihi lou ahi. Thukhentu diktak leh vaihawmpa Pathian ahi, ama tung ah vaihawmna nga ni.

Phu lak lou ding ahi:

[Romte 12:19 Deihtakte aw, phu kila kei unla, Pathian tuh hehna awn zaw un. Phulak himhim kei lak ding ahi, ke'n ka thukding, Toupa'n achi, chih gelh ahi ngal a. v20 Huaiziak in, na melma agil akialleh nek ding pia inla; adang atak leh dawn ding pia in; huchibang na hihleh alutung ah mei-am nasekkhawm ahi ding hi. v21 Gitlouh zoh in om ke'nla, hoihna in gilouzou zaw in.]Mihing mitmuh in phulak adik hileh kilawm om hi. Himahleh hiai theisiam ni, ei vaihawmtu kihilouahi. Phulak pen ei mohpuak leh phulak pen i dikna hi ngei lou ahi. Phulak chiang a vaihawm a panna ahi a, vaihawmtupa va tuhna toh kibang ahi.

29 January 2010 kum in ka lawmpa toh ka inkhang ua mou khakna ahankava ne ua, himahleh an hawmtunu'n, "Nou chial a omloupibangziak a an hong ne mawk uh e," chi in mipi lak ahhonna tai mawk hi. Kou leng maizumlua in ka an doh uhleng ka sunzom kei ua, meh doh nailou ka hi ua,anleh akuang pen kuangsawpnaahka koih ua, ka pawtkhia uhi. Tua moukhate toh kithei hoihlua ka hi ua, inkiangte ahihban uah kitanau nailua hikei mahle uhkinaihna chiang bel ka nei uhi. Ka nu'n, inteknu hon chial ahi, achih ziak a va hoh tuh ka hipeuhmah ua, an hawmtunu intekte ahihlouh man a honna thei lou hi zawdan ahi.

Huai nitak dak 9:30 vel a lawmpa toh walking pailai, huai anhawmnute inn mai ka tun un, ka tuni thiltuah uh phawksuah uhi. Kou leng phuba la ding chi in a-intung uh suang in ka deng uhi. Minute nga leng pai lou in hon man ua, kou leng kisik in ngaihdam ka ngen ua. Anhawmnu pasal in, "Bangziak a ka inn tung uh suang a hon dengna hi ua," chi in hon dong hi. Kou leng sun a thil omdan ka gen ua, "Ka hehlua ua ka hon denkhak uh ahi, hon ngaidam in,"chi in ka dawng uhi. Chihleh bang mah honloh kei ua, "Pai unla zingkal chiang inka hon sam thak ding ua, huai chiang ingenkhawm thakahi ding," achi uhi. Kei toh ka lawmpa leng lauthawnglua kisa, innaleng kik ngam nawn lou in taimangmai ding ka kichi ua, gamlak a khe a paitou in, naktak in ka kap ua, huai laitak in i tung a bawlkhialte thumpih ding kichi ka phawksuahua, ka mai uh hon bengte ka thumsakta uhi. Amau a ding invualzawlnaka ngetsak ua, hon zep lou a hon ngaihdamna dingunleng ka thum uhi. Pathian kiang ah leng ngaihdam nasatak in ka ngen uhi.

Thumna neihzou,khe in kilometer 13 Mission Coumpond khosaklam pektan kava paitou uhi. Gimlua uh ka hihmanun, lampi kiang ah ka tawlnga zek uhi.Huai zohka paitou nawn ua, zingkal nisa ahong suah in, hikei i kik thak zaw di'a, hon sapkik ualeh ngaihdam nasatak in i ngen zaw maiding, ka kichi ua, ka kik thak uhi. Vangphathuaitak in, hon samkik kei ua, bangmah hon loh kei uhi.

.

Hiai ka thiltuah a kipan ka zillai nih a-om hi:

Khatna: Phulaklouh ding, huai nitak phula kei le ung maibet thuak louding, inn lum a nuamtak a ihmu ding, kilometer tampi va paitouh ngai lou ding ahi. Phulak pen Pathian ot ding mah ahi.

Nihna: Melmate thumsak un kichi pen ka zuih ziak uh hih ding in ka gingta a, class 5 ka hi pan ua, huai a pan ka lawmpa class topper hong hisuaktou den a class 10tan ah leng apha zou kuamah om lou hi. Kei leng kungfu zildi'a class 2 a pan ka na thumna pen akha nawn (February) in hong tangtung a, class 5 a pan class 9 tan kasin a Master Khamsuan nuai ah kungfu chi 4:Karate, Aikido, Sword, Kendo Stick a pan black belt in ka sang hi.

Ka thiltuah akipan in phulak ahoihlouhdan leh i tung a thil bawlkhialte vualzawlna ngetsak ei a di'a alawkhuaidanleh Pathian in thumna ngaikhia ahi, chih ka ginglel ngei kei hi. Na tung a thil bawlkhial, phuba laleng leng mihing mitmuh a thil dik hileh kilawm dinmun a na omchiang in, phuba la lou in, vualzawlna ngetsak inla thumsak in, ataktak a nang-leh-nang kivualzawl na hi. Phuba na lak leh nang thuaklouh ding tantan, na lunggimlouh ding tantan, na minsiatlouh ding tantan a minsia ding na hi. I tung a thil bawlkhelh neite Pathian khutahlankhia in, amah thuneihna pe ni, huai tuh thil dik ahi.

Mahni leh midangte thil hihkhelhte theisiam a pomsiam ding i hia?

Abukim lou mihing kihi ahi, hiai thutak pomsiam in: Mistake makes human, i bukimlouhna in mihing hon suah ahi. Bukim hilehang tuh abukim Pathian kisuak ding hi a.Pathian bukim ahi a, bawlkhelh leh hihkhelhkhak chih nei lou, athupukna laksate ah leng kisiamtanlouhna anei ngei kei hi. Ei mihingte bel thupukna leng kibawlkhial mun, thil i tuplouhpite kihihkhasek, tup mawng hi in tupmawng lou hitaleh thil sia kibawl kha nak ahi.

Ei mahmah leng hoih bukim (perfect) dan a i kingaihsutkhak chiang in kingaihdam haksa diak a, midang hoihbukimdi'a i na koihkhak chiang in leng ngaihdam haksa diak hi. Hoihbukimlou mihing na hihdan na pomchiang in nang-le-nang na hong kingaidam thei ding a, thil na bawlkhelhte leng na hon pomsiam ding hi. Midangte leng hoihbukim om lou ahi, chih na hon pomsiam chiang in amau leng thil hihkhial thei mah ahihdan uh na hon theisuah ding a, thil bawlkhelh leh hihkhelhte leng na hon ngaidam theita ding hi.

Midang diklouhna kia mu lou in nang diklouhna mu kawm in nang kibawlhoih in: [Matthai 7:3 Huan bang di'a, nangmah mit a singtum om ngaihtuahlou a, na unau mit a ninneng neuchik mu na hia?v4 bangchi in na unau kiang ah,'Na mit a kipan in huai ninneng neuchik hon lakkhiaksak ve, na chih theih ding? Ngai in, nangmah mit mahmah ah singtum a om nilouh ngal a.v5 Milepchiah: na mit a kipan singtum lakhe masa in; huchi in na unau mita kipan ninneng neuchik lakkhiak dingkichiantak in na mu theiding.] Adam suan teng mikhial vek i hi ua, khelhna nei lou khat leng i om kei uh. Khelhna toh i nu'n agilsung ah honna paikhawm a, mikhialsa a piang i hi.

[Sam 51:5 Ngai in, thulimlouhna a suktuah in ka om a; ka nu'n khelhna in honna pai hi.]Mikhial ngen i hih ualeh bangziak a khelhna ziak a kimohsa tuahtuah lai ding i hia? Yes, khelhna huat ding mah ahi, himahleh ami pen it gige ding ahi. Pathian in mihingte aho ngei kei a, khelhna ahi ahuat zawk. Khelhna ziakakuamah simmoh leh kousiatlouh ding, akhelhna hoihlouhdan i utleh gending, himahleh ami pen suknat phal louh ahi.

I khelhna bawlte uh kibang kei mahlehmikhial khelhna bawl vek i hi uhi. Nang zu leh drug na bawllouh ziak in midik na hi tuankei, na lungsung a kiletsakna leng khelhna mah ahi. Apolam a khelhna mihing mitmuh a na bawl a-omlouh ziak a khelhna nei loubang in kingaihsun ke'n, Pathian in na lungtang en gige ahi, kuamah muhlouh a khelhna na gukbawlte leng thei vek ahi.

Ahoih bukim lou ngen hiai leitung a tengkhawm i hi ua, ami hoihsawmte'n leng tuplouhpi a thil kibawlkhial zelzel lai ahi. Tup mawng hi in tupmawng lou hitaleh, midang in na tung a thil sia hon bawl khakchiang ua, amau hoih bukim lou thil sia bawl kha thei mah uh ahi chih phawk kawm a, Jesu Khrist in nang hon ngaihdam mah bang a nang leng na tung a khialte na ngaihdam theih leh milungnuam hi ding na hi. Mi ngaihdam ut lou i chih pen amah-le-amah kigawt ahi lel hi.

.

Ngaihdamna tawh kisai

Ngaihdamna i chih chi nih a-om hi. Thupukna a ngaihdamna toh lungtang a ngaihdamna ahi. Thupukna a ngaihdamna amasak zawk gige ding ahi. Khenkhatte'n ka ngaidam ut kei, ka lungtang nalomahmah lai achisek ua, athupukna zang in mi angaidam ut kei uhi. Na thupukna ah ngaidam masa lechin, awl a na lungtangna leng hong dam ding a, lungtang a pan leng hon ngaidam thei ding na hi. Jesu Khrist min in ka hon ngaidam chih na kampau in genkhiainla, phuba laksawmna leh hon suknatna tengi Toupa Jesu Khrist khut ah ngakhe lechinna tawldam ding hi. Thupukna a na ngaihdam hang a, na lungtang na pen hong dampah ding chihna hilouahi. Himahleh thupukna ah ngaidam phot lechinna lungtang napen leng hong damkin zotham ding ahi.

Ngaihdamna i chih mahni zalenna kipiakna ahi. Minangaihdam masiah, lungsim natna sal a tang na hi a, na lungsim anat kia hiloua lunggim ding chin a,ihmut leng haksa dinghi.Ihmutna khamlouh chiang a na tha hong kiam ding a, nanasep ding zah leng semkhe thei lou ding na hi. Ngaidamna thu Jesu Khrist min in puang in, na lunggimna teng abei ding ngak ke'nla na thupukna in Jesu Khrist min suang in ngaidam in, huai a na tawldam pah ding hi. Akha asim lunggimna na tuahdingte, Jesu Khrist min in ngaidam lechinlunggim het lou a tawldamtak a hinkhua zangthei pah ding na hi.

Ngaihdamlouhna in nang amingaidamlou pen leng hon awksak a, na mingaihdamlouh pen leng awksak ban ahi. Minih lungsim natna leh lunggimna a pan zalenna pe thei na hi chih kiphawkgige inla ngaidam in, condition pese dah mai in, ngaihdam haksa sa diak ding na hi. Pathian in condition nei het lou a hon ngaidam ahi chih phawk gige in, nang mi na ngaihdam zoh keileh van a na Pa in leng hon ngaidam lou ding ahi, chih thei tinten in. Toupa thumna bang leng mi ngaidamte a ding kia ahi. Mi ngaihdamlouh neite'n Toupa thumna gen thei lou uhi; [Matthai 6:12 Kabatte uh hon ngaidam in, kou leng ka leibate uh ka ngaihdamtak bang un.]Mi ngaihdamlouh neite thumna Pathian in sang lou ding ahi. [Marka 11:25 Huan, thum a na din peuhmah chiang un kua tung ah leng thupoi banghiam na neih uleh ngaidam un; na Pa uh van a om in leng na tatlekna uh ahon ngaihdamtheihna ding in.]

A-omdantak tuh ei Khristiante'n mi ngaihdamlouh i neih ualeh Pathian toh i kal hoih ngei lou ding chihna ahi. Aziak bel bible kizui lou hipah a, Pathian kiang ah ngetna nei lehang lenghon dawng lou ding chihna leng ahi. Ngaihdamlouhna toh Khristianhinkhua zatkhawm theih louha, kitonkhawm thei lou himhim hi. Mi gilouleh ama omdan kikheng lou mi ahihleh ngaidam inla hileh leng kinaihpih/kithuahpih nawnlouh ding himai ahi. Ngaihdam ding chih pen tuh Bible thupiak ahih ziak a nang ut leh utlouh thu hilou, Jesu Khrist nungzuitu na hihna a na ngaihdam ngeingei ding ahi.

.

Mi tuam chiat, akibang lou vek i hi uh:

Khatvei Lamka Dist. Hospital a Psychiatry doctor ka ki-etsak zoh nung in, counsellor room ah hon sawl hi. Kei leng counsellor nu toh ka kimuh phet in, hiai ka dong hi, "Nou niteng a lungsim gim leh tawlte kihoupih gige uhchin ua, ning lou maw," chi in.

Ama'n, "Ning lou e, mihing atuamchiat kihia, hatna leh hatlouhna tuamchiat kinei, khanletdan leh history tuam chiat kineiin chin, lung a lungluthuai thei ahi," hon chi hi. Counsellor nu'n hon thil gen in ka mimuhdan teng hon khengzou hi. Mihing i chih mi tuam ngen i hi mah ngut ua, aw gin tuam, mel tuam, ut leh deih tuam, nopsak tuam, lauhthawng tuam, muhdan tuam, ngaihdan tuam, atuam (unique) ngen kihi ahi. Leitung ah nang hoihsak teng hoih honsakpihding leh na ut teng hon utpih, na huatteng hon huatpih ding mi khat lel na mu ngap hia?? Khatleng om lou ding ahi. Kiphik (twins) i chihte leng amel uh kibangmahleh lengamizia uhleh alungsim uh kibang tuankhollou ahi. Na tate nang sungngei a pan hong piangkhia hina unchin, amau deihdan, duhdan, utdan leh nopdan nang a toh kibang het lou hon nei ding uhi.

Mi tuam chiat i hi chih na hontheihsiam chiang in, mi teng in nang ngaihsutdan ahon nei kei ding ua, nang hoihsakte hoih hon sakpih lou ding ua, nang nopsakdan teng leng nop honsakpih lou ding uh ahi, chih na phawkkhe ding hi. Nang hoihsakdan leh ngaihdan midangte'n hon neihlouh ziak in mohsa mawkke'nla, heh mawk ke'n, misia leh mithulimlou dan in midangte ngaihsun mawkmawk ke'n, nang toh kibang lou ding a Pathian in asiam ahi. Nang ngaihlouh dan a midang in ngaihtuahna ahon neihchiang in, pomsiam in amah nang hilouahi. Ngaihdan kibatlouh hun a kisel leh adikzaw kituh ngai lou a, mituam i hi chihtheihchetna ahi. Inkuan sung khat alungsim uh kibang vek mawkleh akhantouhlouhdan ding uh ngaihsun le, ngaihdan tuamtuam a kigawmkhawm chiang a ngaihdan thupitak piangthei pan hi. India parliament a mi tuamtuam paikhawm teng angaihdan uh hong kibang gige taleh kikupkhawm leh kihoulim chih leng om ngei lou ding hi. Ngaihdan kibatlouh hun a kikupkhawm leh kihoulimna hun ahi chih phawk gige ni, kimohsaktuah leh kisuknatna hun hilouahi.

.

Nang hatna leh midang hatna, nang hatlouhna leh midangte hatlouhna kibang lou hi:

Kei hatna tuh laibu sim leh thil zil nuamsa, training coursela peih gige ka hi. Kei hatna a pan midang en mawk leng, laibu sim peihlou leh training la peih lou teng mimawl leh mithadah hivek ding uhi. Keihatlouhna tuh kei kichei peih lou, half pen leh T shirt khawng silh aleng seminar pe thei ka hi. Kei hatlouhna pen midang khat a di'a ahatna hithei a, mi kichei thei leh siangthou sikseka om gige khat in ama hatna a pan kei hon en hi taleh, mitrop, melsia leh kikem peih lou,thadah hizel ding ka hi.

Kei hatna pen midangte hatna hiloua, kei hatlouhna pen leng mi teng hatlouhnahi veklou ahi, chih phawk gige ding ahi. Midangte nang hatna a pan vaihawm (judge) ke'nla, midang teng nuai a omdan in leng nang hatlouhna a pan midang teng sang et tuanke'n. Mi nangsang a hehbaihzaw leh lungtomzaw a-omleh mudah mawk ke'nla, ama hatlouhna tuh lungtomna ahi ve maw chihpih thei lechinamah (lungtom hehbaih) hihna bangbang a omsiamna nei ding na hi. Nang hoih nasak pen midangte'n hoih honsakpih lou ding ua, huai hun chiang aleng midangte ngaihdan leh hoihsakdan pen va khensawmlouh ding ahi. Nang na mingaih mahmah khat in hon ngai het lou thei a, huai hun chiang a khasia leh hehna la tuan ke'n, nang leng mi hon ngaiteng va ngai teitei tuan lou na hi chih kiphawk in. Hiai bang a thil pomsiamna ka hon neih a pan ka lungsim atawldam a, mi ka deihte'n hon deihlouh (reject)ziak in leng hon hihna mahlehhuchipi in ka hinna hon subuai nawn kei hi.

Nang sang a hangsanlouzawte mi tuai leh dawilok na chih dinglehbel mi nang sang a hangsanzawte'n huchibang a hon chizel ding uh ahi. I ginna hatdan kibangvek lou a, i hangsannalam leng kibang vek lou hi. Khenkhatte mitoh kisual gum a gum un chin hileh leng mimai a dingha thugen ngam lou zel uhi. Ka neulai in, leilawn a pan ka lawmte tawmkhesuk zel ua, ke'n tuh ka lau petmah hi. Lawmte'n mi dawilok hon chi ua, lah kei hangsanna lam mipi mai a thugen hi a, amau leng honpha tuan lou zel uhi. I hangsanna leh i lauhthawngte akibatlouh ziak in midang simmoh leh nuaisiah kei ni, amau leng amau hatna leh hangsannalam a kipha lou ding ahi.

Mihing kibang lou vek i hi ua, i kilempihtheihna ding ua midangte ei toh ahong kibat uh angai tuanlou a, amau hihna bangbang a i pomsiam a, amau leng ei hihna bangbang a hon pomsiam chiang ua kilemna om thei pan ahi. Ngaihdan kibat angai sese kei a, ngaihdan kibanglou pen akibatlouhdan mah in pomlel lehang akilem kihipah ding hi, (lets agree to disagree).

.

Kisik a ngaihdam nget khit nung a na lungtang in moh ahonsak teitei laileh Satan nasep ahi:

[Johan 8:1 Oliv tang ah Jesu ahoh a.v2 Huan, zing in Pathian biakin ah alut nawn a, mi tengteng akiang ah ahong pai ua; huan, amah atu a, amau thu ahilh a. v3 Huan, laigelhmite leh Pharisaite'n numei khat a-angkawmlai amat uh ahon pi ua; huan, alai ah adingsak ua, v4 Jesu kiang ah, "Sinsakpa, hiai numei a-angkawmlai amat uh ahi a, a-angkawmlaitak in. v5 Dan laibu ah, Mosi in hichibang mi zaw suang a denlup thu ahon pia hi; nang bangchi na sa a?" chi ua. v6 Huai thu tuh amah ze-etna ding aachih uh ahi, hekna ding amuhtheihna ding un. Huchi in Jesu akun a, akhut zung in lei ah agelh a. v7 Huan, adot lailai ziak un amah adingha, akiang uah, 'Na lak ua khelhna nei lou peuh in amah suang in deng masa heh,' achi a. v8 Huan, akun nawn a, akhutzung in lei ah agelh nawn a. v9 Huan, amau athugen azak un, upa pen in apan a, atawp pha in, khatkhat in agelkhe zel ua; huchi in Jesu kia a-om a, numei alai a a-omna ngei a om toh. v10 Huan, Jesu adaktoua, akiang ah,

'Numei, ko'h om ahi ua? Kuamah in siamlouh hon tangsaklou hia?' achi a. v11 Huan, ama'n, 'Toupa, kuamah in hon tangsak kei,' achi a. Huan, Jesu'n, 'Ke'n leng siamlouh k'on tangsak kei; pai inla, tunung in hihkhial nawnta ke'n,' achi a.]Jesu Khrist in hiai hun a suang in denglumleh lengkhial lou ding hi. Amah kia ahi khelhna nei lou huaite lak a, mimohsaktheihna leh vaihawmtheihna nei ahi. Himahleh Jesu Khrist in leng ke'n leng siamlouh k'on tangsak kei, pai inla khial nawnta ke'n,achi hi.

I thil hihkhelhte kisik a ngaihdam i ngetleh Jesu Khrist in leng siamlouh hon tangsak nawn lou ahi. Na kisik a lungtang teng toh Pathian kiang a ngaihdamna nget khit nung a, na lungsim a "Nang mithulimlou, Pathian thugen ding inleng na chingkei, na thilhihkhelh en ve," chia hon houpih a hon mohsa a-omleh huaite Satan nasepna ahi. Ka depression lai a ka omdante ziak a Pathian thugen ding a leng chin kisa lou,kimohsa a kisiamtan thei lou a ka omziak a, Pathian thu leng gen ngam lou a kum 6 tak om ka hi.

Kisik a Pathian kiang a thupha na tawi khit nung a, na lungsung a hon mohsa pen Satan nasep ahi. Jesu Khrist in kisik a lungheite mohsalou ahi. Mohsa ding hileh huai kizuaknu pen suang a denglum ding ahi. Thil bawlkhelhna a pat kisin a nalunghei chiang in, Pathianhon dawnna tuh, "Ke'n leng siamlouh k'on tangsak kei; pai inla, tunung in hihkhial nawnta ke'n," chihahi. Pathian in siamlouh hon tanlouh nung, nang-le-nang siamlouh ana kitangsak nawn ke'nla, Pathian thu na gen ding bangbang gen in, thil hoih nasep ding a Pathian in honpiakte semkheta in.

.

Pathian theih Ei Khristiante a di'a Poimohte:

1) Eite ei kia a kidingh ding a bawl hiloua Pathian kiang ah kinga ding a bawl i hi chih hon theisak hi: Pathian in mihing a siam aamau-le-amau kia a khosa thei (independent being) ding in asiam kei a, Amah (Pathian) a kinga tawngtung (dependent being) ding in asiam hi. Huaiziak a mihingte bang chituk in lohchinna ngah in sum hau lehang leng Pathian tel lou a i hinkhua uh bukim thei lou ahi. Nang kia a hinkhua zat na sawm pen khelhna ahi a, Pathian in zathadah hi. Mihingte asiam a amah toh kipawlding, alawm ding a asiam ahi. Pathian toh kipawl ut lou a leitung toh na kipolhleh nopna taktak nei ngei tuan lou ding na hi. Mihing pen mihing dang a akingakleh miphaklouhna (weakness) hi a, himahleh Pathian tung a kinga ahihleh ahatna leh abukimna hi zaw ahi. Pathian tung a i kingakna pen i hatlouhna hi ngei lou a i hatna hi zaw ahi.

2) Hangsantak a hinkua hon zangtousak thei, eisang a hatzaw in hon makaih chih i theih ziak un: Pathian neiloutebel amau hatna a kinga uh ahihman in, lungke pahpah uhi. Pathian thil bangkim bawltheipa i neih chiang in hangsantak in hinkhua kizang thei a, hinkhua kiphu ngam hi. Piangthak diktak mahni hinna kila ka thei ngei kei a, om leng om ngei lou ding inka gingta hi. Hinkhua phu zou lou a mahni hinna kila i chihte piangthak taktakloute hi dinguhi. Hinkhua a hun haksat hun a phu teitei ngamte bel Pathian a muanna koihte ahi uh.

3) Leitung a i hinna ziak leh manpha i hihdan hon hilh: Pathian hinkhua a i neih chiang in i hinna ziak diktak hon sinsak ban ah, ama deihdan in hinkhua kizang ut hi. Pathian tate chih ai om pen thil thupi mahmah hi a, Jesu Khrist sisan leh ahinna a leikhiak chih khawng i hon theih chiang uni manphatna kithei pan hi. Crores sawm a khelhna a pan Pathian ta hi di'a leikhiakna ahikei a, Jesu Khrist Pathian tapa tang neihsun hinna toh kikheng, asisan a leikhiak i hih uhi. [1 Korinthte 7:23Man a lei na hita uh; mihingte sikha ah lut kei un.]

4) Biakna diktak hon hilh hi: Pathian hing diktak nei kei lehang i pu i pate dan a dawikibe ding ahi. Ginglou mite'n suang, mual leh ganhingbiabia lai uhi. Kha leh thutak a Pathian biak ding ahihdanbible in hon sinsak a, tagah meithaite haksat hun a va veh a panpihna piak pen biakna diktak ahihleh lungsim bible thutung tawn a i khenchiang ua sa biakna diktak ahihdan hon sinsak ahi. [Johan 4:23 himahleh ahun atung dekta, tu'n leng atungkhin lel, huai hun chiang in Pathian be taktakte'n kha leh thutak a Pa be ding uh ahi, Pa'n huchibang mi abemi ding in azong hi.]

[Romte 12:1 Huchi in, unaute aw, Pathian zahngaihna ziak in, kithoihna hing leh siangthou leh Pathian lungtuak ding in na pumpi uh kilan ding in k'on ngen ahi; huai tuh na biakna dan ding him uh ahi.v2 Hiai khovel dan bang in om kei unla; Pathian deihlam a hoih leh, lungtuahhuaitak leh, hoihkim, na theih teltheihna ding un, na lungsim uh athak a om in hong lamdang zawta un.]

[Jakob 1:26 Kuapeuh sabiak limsak hi a kigingtaa alei veng hoihlou a, ama lungtang kikhem zaw tuh huai mi' sabiakdan tuh bangmah ahi kei hi. I Pathian leh Pa mitmuh a sabiak siangthou leh giloupang lou zaw hiai ahi, tagah leh meithaite gimthuak lai a veh leh, khovel buahna bang lou a kibawl zel.]

5) Adik leh dik lou kal hon theisiamsak hi: Tulai khovel ah thutak (absolute truth) kichi a-om nawn kei a, amunzil in thutak leh dik pen kikhenta hi. Khovel pilna leh siamna in mihing thugen adik leh atak pen kaigawpkhintaa, bible kan a dik leh thutak om lou hi. Pathian tellou a bang ahia hoih leh sia chi bang leng kitheisiam zou nawn lou ahi. Pathian hing neite'n bel bible a pan thutak leh adik kimu a, bible tungtawn a adik leh adik lou kikhenkak thei lai ahi. Bible thudik a na pom nop keileh thudik kichi leitung a mu zou nawn lou ding na hi.

6) Khovel etdan ding diktat leh khovel paidan hon sinsak hi: Pathian neiloute'n khovel pen tendetna mun ding sa ua, global warming leh climate change in subuai zou hi. Leitung kum sangtampi hintheihna ding a humbit sawm in panla uhi. Himahleh Khristiante'n bel leitung i khualzinna hi a,vangampen i tangtawn mun ding chihi thei uhi. Khovel puansia bang a hong tul ding ahihdan leh amihingte leng hong sual deuhdeuh ding, kidouna leh gal, natna hileng, leh atuamtuam om dingahihdan bible in hon hilh khin hi. Achian zawk na'ng in anuai a bible chang simkhawm ni.

[2 Timothi 3:1 Huan, hiai thei in, ni nanung lam ahte hun haksa pipi ahong om ding hi. v2 Mi amau ki-itte bang, dangka deihtate bang, ki-uangsakte bang, kisatheite bang, Pathian gensete bang, nu leh pa thu mangloute bang, kipahna dan theiloute bang, siangthouloute bang, v3 itna pianpih neiloute bang, buaina bawlte bang, hekte bang, kidektheiloute bang, mihuhamte bang, hoih deih hetloute bang, v4 zuautatte bang, kingaisang bang, thunung khualloute bang, Pathian it sang a amau kipahna kia itzawte bang hi ding ahi ngal ua; v5 Pathian limsak batna anei ding ua, himahleh athilhihtheihna ataksang kei ding uh; tua bangte nungngatsan in. v6 Huchibangte lak a mi tuh, inn peuh a lut a gitlouh gikpua numei hai deuhte sal a manmante ahi ngal ua, huchibang numeite tuh duhgawlna chichih a pimang,.....]

[Matthai24:3 Huan, Oliv tanga atut lai in nungzuite tuh amau a kia in akiang ah, ahong ua, 'Huaite chik chiang in ahong om dia? Na hong nawnna leh khovel tawpna ding chiamtehna bang ahi dia? hon hilh in,' achi ua.v4 Huan, Jesu'n adawng a, akiang uah, 'Kuamah in ahon khemzohlouhnading un pilvang un. v5 Mi tampi'n, 'Khris ka hi,'chi in, keimah min lou in ahong ding uh, mi tampi akhemzoh ding ziak un. v6 Huan, kidou thu leh kidou thuthang na za ding ua; na mangbatlouhna ding un pilvang un; huai hong om ding him ahi; himahleh tawpna zaw ahi nai tadih keiding. v7 Nam tuam leh nam tuam akidou ding ua, gam tuam leh gam tuam akidou ding ua, mun tuamtuam ah kial ake di'a, zin bang a lingding.]

7) I damlouh leh haksatna i tuah chiang inlametna honpia: Bible in mihing leh sakolte a muanna koihlou ding in hon sinsak hi. [Sam 146:3 Miliante gingta kei unla, mihing tapa panpihna himhim omlouhna, gingta sam kei un.]Mahnitheihna muansang a Toupa a muannakoih ding leh amah beel ding a hon deih ahi. [Paunakte 3:5 Na lungtang tengteng toh Toupa ah muang inla, nangmah theih siamna ah kinga ke'n:]I lungkham beidot hun a Toupa kiang a i lungkhamnate lankhia a amah a kinga a tawldam ding in hon deih hi. [Matthai 11:28 Nou sem gim leh puakgik po tengteng aw, ka kiang ah hong pai un, keima'n khawlna k'on peding hi. v29 Ka hakkol pua unla, kei a pan zil un; thunuailut leh lungtang a kingainiamtak ka hi; huchi in, na kha uh a ding in khawlna na mu ding uhi. v30 Ka hakkol anuam a, ka puak leng a zang ahi,' achi a.]Bangchituk a hinkhua haksa tuakhi lehang leng Pathian thilbangkim bawltu i neih ziak inlametna honpia hi.

8) Siangthoutak a hinkhua zatdan dingdiktak hon sinsak hi: Bible sang a hinkhua siangthou leh adik a hinkhua zang ding a hon sinsak zaw a-om kei hi. Bible in omdan sia a pan kivendan ding hon sinsak a, lawm diktak kichi leng hon sinsak hi. [Sam 119:9 Valnou in, bangchi in ahia a-omdan ahihsiangthouding? Na thu bang zel a a-omdan venghoih in.][Johan 15:12Hiai ka thupiak ahi, ke'n nou k'on it bang in, noumau leng ki-it unla.[Johan 15:13 Mihing in alawm a di'a ahinna a piak val a itna thupizaw kuamah in anei kei.][1 Korinthte 15:33 Khem in om kei un; lawm giloute'n omdan hoih ahihgawp nak uhi.]

Amah asiangthou banga ei leng siangthou ding a hon deih ahi. [1 Peter 1:16 Noute na siangthou ding uh ahi, kei ka siangthou ngal a, chih gelh ahi.]Bangziak a siangthou ding a hon deih ahia? Khelhna sung a om anuam hia? Hun tomchiksung a ding ini taksa in nuamsa mah ei, hileh leng ahun hong sawt chiang a i taksa in leng thuak lou, i lungsim leng gim, tangtawn meidil a hon tun ding hi zomah ahi. Huaiziak a khelhna paisan a Pathian bang a siangthou ding a bible in hon sinsak ahi. Pathian siangthouahih chiang a, amah toh omkhawm ding tuh sianthou ngai ahi. Pathian zaw khelhna toh omkhawm thei lou ahi. Pathian omlouhna tuh meidil himai ahi. Khelhna sal a om ahaksatna a pan hon hondam ut ahi a, tangtawn a meidil a pan nang hon tankhe nuam ahi zaw ahi.

Nuam na sak teng hon khamsawm ahi kei a, anuam taktak pen hon pe nuam ahi zaw hi. Naupang khat in sum hon ngena, sumsik Rs. 5 pakta in deih petmah hi. Ke'n 50 note ka piak dek chiang in leng deih lou inteng 5 sik deihzaw hi. Huai naupangt toh kibang i hi, e'n amanpha leh ahoih pen kithei a, Pathian in ei hoihna ding thei, ei nopsakna ding leng hon deihsak ahi. Amah muang in ama chihdan in om sawm ni, ahoihna leh athupina zar zou ding in, amah ah kinga ni uh.

Lungsim paibuaisak thei ngaihsutnate a kipan kiveng in:

1) Avom &ngou a ngaihsutna: Thil teng a ase tawp leh ahoihtawpa ngaihtuahna ahi. Hoih asakte tuh atawpkhawk a hoihsa pah in asia asakte lah ase tawpkhawk a sia sa zel, mi ngaihdan leng la thei lou,zuitheiloute ahi. School zekai (late) ziak in taizek leng alungsim a, "Hiai teacher pa tuh khovel a teacher giloupen," chi ding ua, akhonung a home work abawlziak in pahtawi leng, "hiai teacher pa tuh khovel a teacher hoihpen, hon deihsakpen," chi innawl ah thil ngaihtuah ding uhi. Hiai dan a thil anawl (conor) a thil ngaihsutna pen a i lungsim chidamna ding a hoih lou ahi. Na damtheihna ding in ahithei tan in alaizang ah kaihmat hon sawm inla,na thil ngaihtuahte, alaizang i chih ase tawp ahihkeileh ahoihtawp a thil ngaihsutna a pan alaizang ahi. Alaizanna mun kha adik (realistic) ahi.

2)Milungsim ding bawlsak (Mind reading): Nupa kal leh nungak-tangval kal susetu lianpen tuhi partnerte lungsim ding bawltawmsak ahi. Kingaih tung a bel kitheichian nai louahih chiang ua, huchi a lungsim ding kibawl sak a-om khol kei a, hileh leng a hong sawt chiang a, kitheituah gawp in, i langte (partner)lungsim ding khawng bawlsak in, alungsim a ngaihtuah ding khawng i bawlsakte adik leh diklouh leng dong nawn lou, amau adik kei huchi inka ngaihtuah kei chi le uh leng pang teitei.

Mihing lungsim sim thei leh ngaihtuahna gendik theikhovel ahkuamah om lou hi. Agamtat leh melput uapat adah leh nopsak (emotion) bangtan hiam kisim thei mah. Himahleh ahuai dah leh nopsakna (emotion) piangsaktu bel kithei lou hi. Amah i dot ngal keileh agal a pan ngaihsutna theih ding hilouhi. I theih pen tuh adah melahihkeileh anopsak (emotion) mel hilel ahi. Alungsim a om leh bangziak a huchi bang melput (mood) hon nei ahia chih na theinopleh amah kiang a dot ding himaiahi. Ama lungsimdan ding khawng bawltawmsak ke'n, na gintaka-omleh amah kiang ah hiai ziak hia,chi in dong zaw mai in.

Mihingte'n mi agamtat uapat kivaihawm (judge)in chin, alungsim a tup pen (intention) kingaihsak ngei lou hi. Ei abawlkhial pen i hih chiang a,i gamtat khelh sang a i lungsim a i tup pen (intention) zang a kisiamtante kihi ahi.

3) Hunluite a pan vaihawm khum (Labelling): Hunpaisa a bawlkhelh leh omdante a pan tua a-omdan vaihawm khum leh mohsak detna ahi. Na tapa nidang a zan hong pai hak, zu dawnsa a hong tung, mu hoih thei nawn lou, nitak sawt apawtsim chiang a zu dawn ding a muangmoh in zu dawn dingsa a koihna ahi. Hunpaisa mi gamtat khelhte zang a tua a-omdan vaihawm khum (judge) kichi thil dik hilouahi. Hunpaisa ah gamta khial hikha mah unteh, himahleh mihing kikheng thei ahi a, kikhengzel i hihna uah,i muanmohna omleh leng dotna bawl in amau ka hihkei achihleh gingta in, hilehkitawldam ding hi. Akibang mah hon hihkhial kha thei nawn mah uh ahi, huai hun chiangin leng a gamtat khelhna ziak a kikheng ding ahi. Alui pen lenkip tentunangoh teitei ding hilouahi.

4) Lungsim a 'teitei' zatna ahi (Should and must): Mihing in i lungsim ah akilawm (standard) kinei chiat a, huai tuh mahni hoihsakdan teng midang zuihsak sawmna ahi. Midang kia hiloua ei mahmah in leng i zuih zohlouh chiang a lungsim natna (guilty feeling) hon pia hi. Hiai dan a hih teiteiding, bawl teitei ding chih pen i lungsim a di'a dam theih huai lou ahi. Kei leng 2018 August kha a counselling ka hohma in hiai bang lungsimput toh hinkhua ka zang a, ka gimpih mahmah hi. Counsellor Muani Tombing in, "Ka hih teitei ding (I must)," na chih gigeleh na paipih pen, "Ka hih theih tawp ka suah ding (I will do my best)," chi in kheng in hon chi hi. Huai ni a pan kei-le-kei kimohsakna akiam a, midangte leng kei chihdan a hong omlouh chiang un ka mohsakna hong kiam deuhta hi.

5) Ka lungsim a ka theihdan in (Emotional Reasoning): Ka lungsim a ka ngaihsutna in ka gintakdan in dik in ka thei (Ifi feel it, it must be true) i chihte uh ahi. I lungsim a dik vek hileh kilawm i sak uh, i gintak mahmahte leng diklou thei ahi, chih phawk ahoih hi. Adik leh diklouh kanchian masalou a, lungsim a suangtuahna teng adik a pom kichi thil haihauipi ahih ban ahi hinkhua ahthil sia tampi hong tung ding hi. Na lungsim a dik ding a na gintak ziak a dik hilouahi. Gintak thuathupukna bawl ngeilouh ding ahi. Ahi thei tan a thudik kanchianding, i hih theih tawp a thudik i kaihkhawm zoh chiangathupukna bawl i patdingahi.

6) Thupukna bawl kin lua (Jump to Conclusion): Thupukna lak theih apoimoh a, himahleh thu leh la kanchianlou a thupukna lak pahpah pen in kisikna tun thei hi. Thupukna i lak ma in katheih ding zah ka theita hia, bang a hiai toh kisai ka theih nailouh? chihkidot tuak lua ahi. Thuchian theih ma atatemohsa pah in, chiang in sat pah mawk leng, athuchiani theih chiang a i tate mohna om loupiana hileh bangchi ding? Athuaktu'n thuak zouta a bangteng kikhel hita ahi.

Mi i mohsak ut a i tai nopleh lengthuchian leh thil omdan kanchet phot ding ahi.theihna tawmchik zang a thupukna bawlte'n thupukna bawlkhialsek ua, athupukna bawl in ahinkhua a kisikna tunhi. Thupukna lak ding pen i hinkhua sautak sukha ban ding ahihleh kinoh luatlouh ding ahi. Lungsim chiimtak a ngaihsut photding, ahoihna leh ahoihlouhna i thupukna lak dek toh kisai khawng laipuan a gelhkhe photding, dotna om thei zahzah dotna khawng bawl atheihna kaihkhop phot ding ahi. Hiai toh kisai ka theih ding zah ka theita e i chihchiang a thupukna lak pat ding ahi.

7) Mahni kia kingaihtuahna (Personalisation): Hiai naupangte lungsim putdan ahi. Naungekte kiang a aw sang in va pau kha lechin, amau amah tai ding honsa ding ua,ana kap pah ding uh ahi. Akim-akiang athil tungteng amau ziak a tung sa ding ua, amau a ding athil teng kilak vek uhi. Piching sate leng achangchang a huchi a ki-omkhasekahi. Ei thil bawlkhelh ziak kia a mi hong heh hilouahi. Zan a aw khuah a na sanggampa na houpih tuni a maigum a an ahong nekleh nang ziakhi ding sak theih mawk ahi. Ahitak alah amah zan nitak luna a ihmu thei lou a lungsim nuam thei lou (mood off)anahi maimah. Thuhilhna tangna hih ngal keileh thil teng nang ziak a tung leh nang akipan dan in ngaihtuah nawn ke'n, lungsim in thuaklou ahi.

8) Thil teng adik a pai ding(Fallacy of fairness): Thil teng adikkim sipsip a pai ding a hisap in, kinepnate opa awm lou thei (unrealistic expectation) chih om thei ahi. Mahni lunggeldan a thil apailouh chiang a vangsia kisa pah, thil teng paidik ding a kinep gigenapen lungsim napah thei ahi. Thil nasawm a-omchiang in, na sawmdan chetchet a thil hong pai lou ding ahi chih thei masa inla, na deihlouhdan leh na chihlouhdan a hong paikhak chiang inlungke pahpah ke'n, hinkhua i chih huchi mah ahi. Thil bawltawm leh thil sai munloute lungsim aneu ziak leng hiai ziak ahi. Thil sai mun nai lou uhahih chiang a, amau chihdan chetchet a pai di'a hisap mawk in, hehpahpah thei uhi.

9) Thil khat a pan thil dang teng etdan kibang a en (Overgeneralization): Hinkhua thiltuahna a pan hinkhua dan (rules) om di'a koih in, thiltuah sia khat ziak a thil dangteng muhsiat theih ahi. Nungak-tangval kikhen chiang a nungaknu pen in, "Pasalte huchi uhi, athulim omkei uh," chisek uhi. Nupa kikhenkhate leng, "Numei teng kibang uh, ahoih mawngmawng omkei," chihbang lunsimput nei kha pahpah uhi. Ei ngaihzawng pen asiat ziak ua numei teng ahihkeileh pasal teng huchi hipah lou uhi. Hinkhua a thil khat i tuah a pan thil dang teng adan ding (rule) bawl kei ni, etna khat a pan thil teng akibang in muh sawm kei ni, i lungsim chidamlouhna hong piang ding hi.

10) Midang mohsakna (Blaming): Ei chihlouh midang teng hihkhial leh bawlkhial ding a ngaihtuah in, midang teng mohsa, mahni kidiksak gigena ahi. Mi khenkhat kisel ut un midang hoihlouhna leh diklouhna theih a thei uh, hileh leng amau diklouh leh hoihlouhna mu thei lou, va hilh lehang lengza nuam ki-om hi. Hiai bang lungsim put midang teng melma suahna ahih ban ah midangteng toh kisiatna ahi. Lungsim a di'a chidamhuai lou a, tawpsan leng eimah anuam sa kihimai ding ahi.

Midang toh kituahna utleh hiai teng thum tawpsan in:
Midang mohsakna, midang gensiatna leh midang soiselna, hiai bang bawlte midang toh kituak ngei lou ua, amau siatna ding mah kibawl uhi. Midang na mohsakleh huai pa'n leng nang hon mohsa pah ding ahi. Midang na gensiatleh huai nu'n leng hon gense pah ding ahi. Midang na soiselleh nang leng soisel a om pah ding na hi. Mi gensiat, mohsak leh soisel na ut keileh tua bangte hih louhpah lel ding ahi. Hiaite va bawl in thil hoih piangsak ngei lou hi. Hiaite bawlkawm a midang toh kituakleh lungsim nuamtak a om ngei

lou ding na hi. Lungsim nuam leh midang toh kituah na utleh huchibangte hih lou ding a nang-le-nang na kithunun ngai ahi.

XIII

Khristian lungsim damloute kepdan ding

Mohpuakna la in:

Ilungsim i taksa leh i kha pen eimah aa hi a, i kep hoihleh anuam sa eimah kihi mai ding ahi. Taksa kibuaipih pen a huai zoh Kha kithupingaih nawn a, mi tawmchikte'n lungsim chidamna ngaihsaklou ua, lungsim chidamlou thei ahihlam leng phawk lou uhi. Mihing in hiai thumte Kha (spirit), Taksa (Body) leh Lungsim (Soul) kinei hi. Huai lak a Kha poimohpen a, i kha pen i hihna asungthuk (core) pen ahi. I kha om keileh adangte nih asi himai uhi. Ei i kichih chiang in i sung a i kha ompen genna himasapen hi. Pathian vaihawmna maituah ding leng i kha pen ahi. Vangamkai ding penleng tua i pianthak nung a i kha pen hi a, tua i taksa leh i lungsim pen tohvangamkikai lou ding mah ahi. I taksa, lungsim pen khenlamdangin om dinga, i lungsim nin leh i pianpih khelhna pen khenlamdanga omin, lungsim leh taksa thak tohvangamkikai ding hi.

Pianpih khelhna pen akhial thei nawn lou ding a Pathian thupina toh thuam in om ding a, i lungsim leng tua i leilungsim put dan a lungzuang leh leitung a hun zatsate kithei nawn lou ding hi. Leitung a i sungkuante leh i hunzatsa tengvangamahphawklai leng kipak thei lou ding i hi. Ka pasal ahihkeileh ka zi meidil kai chihvangamah kithei lai leh lungsim tawldam thei lou ding a kipona thei ding hi. Tua belvangamkai dingteng apianthak ni mah ua akha uh khenlamdang hi a, alungsim leh taksa nin pen Khristianhinkhua a nasatak a akibawlhoih ban ua, Jesu Khrist hong pai nawn chiang a thakhat a khenlamdangaom ding hi. Piangthakloute bel akha uhleng kikheng lamdang lou, ataksa leh lungsim uhleng kikheng om lou a thoukik ding ua, meidil a a-omchiang ua adam lai ua ahun zatsa teng uh thei lai ding ua, kisikna leh hagoina in kipumdim ding uhi.

Rapture ahong tung ma a Khristianhitawk lehang lengKhristian hiloutetoh akibang taksa leh lungsim akikhenglamdang nai lou nei i hih ziak ua, kikepdan ding i kisinsakuh ngai ahi.Abiktak a hunhaksat hun leh midang toh i kal abuai hun a hiai bang a panlak teitei ding ahi. Lungsim gim a gim lah adamna ding a panla mawngmawngloua i ompen, i haina ahi. Taksa hong chidam louhchiang in damdawi kizong a kine pah a, apoimoh leh hospital a doctorte va ki-ensakpah hi. Damdawi ne het lou a kua ahiaakha asim lupna ngak a om? Kuamah om lou hi. Sum nei keimah lehang lengmi a batlak zen in doctor kizuan in damdawi kilei hi. Achihleh i lungsim adamlouh chiang inbang i bawl ua? Mahni kingaihsak mahmah lou a ki-om mawk! Thuak zek leng hong dammai in teh chih bawl a akha asim kithuak a, kidamtuan lou, ki-uang deuhdeuh lai. Khenkhatte'n amau hinna kilak ua, khenkhat apil thei deuhte'n Psychiatry lehCounsellor zuan ua awl a hong damkhia uh.

Na lungsim damlou thei ahi chih phawk inla na lungsim agim a nitak nih leh thum tan khawng ihmu hoih thei lou a na omleh ki-ensak pahin. Taksa a damlou na hihleh doctor kiang ah, taksa a damzenpi a ihmu thei lou leh lungsim subuaitu na neihleh counsellor kiang ah paimasa inla, counsellor in poimoh ahon sakleh psychiatry kiang ah hon sawl ding hi. I taksa natna za lak a sawmgiat leh nih (82%) i lungsim chidamlouh ziak a hong kipan ahihlam i thei hia? I lungsim achidamlouh chianga i sisan a natna doutu White Blood cells piangkhia tam lou a, apiangkhe sunsunte leng hat lou uhi. Huaiziak a natna doutu ding tawm a, a-omsunsun teng leng ahat lou ngen ahih ziak ua, natna dou zou lou ua, i taksa damlou pahdanahi. Lungsim chidamna i ngaihsaklouh uh apoidan gentoulai ni.

Ilungsim tawldamlou a nna asep sawt luat chiang in, i lungsim in thuak zou lou a luna kinei ding a, paracetamol (damdawi) nelehangleng kidamsuahpih tuan lou a, hong na thak zel hi. I lungsim agim luat chiang in i sung leh gilpi hong hat lou ding a, sungkhoh leh gilna chihte kihau pah ding hi. I lungsim agimluat chiang in nasepkipeih lou ding a ma kisuan hat lou ding hi. I lungsim agim luat chiang in nitak ki-ihmu thei lou ding ahihkeileh akhengval a ki-ihmu ding a,anduhlua ahihkeileh ankam lim lou, innpua i pawtkhia a lah lunglut kineituan lou. I lung agim luat chiang in i siamna leh i pilna teng leng ahi bangtak a kizangkhe thei lou. Thupukna i bawlte leng lungsim chiimtak a ngaihtuah omlouh manakisikna ding ngen thupukna kila khasek. I lungsim agim luat chiangakuamah toh i kikal uh ahoih thei lou, kinakna, kiselna leh kisiatna ding hong tam. Lungsim chidamloupi azahngai a mi teng toh kituak a kipawl thei chih tam lou ding hi. Midang toh kikal pen i lungsim chidamna ah kinga mahmah a, lungsim chidamna kembitloute'n midang suna kha pahpah uhi.Mi hehpahpahlou a dohzou leh mi ngaihhuai i chihte maw, lungsim chidamte ahi uh.

Hinkhua a haksatna thupitak na tuahchiang in, mahni kikepdan (self care) bawl pah in, huchi keileh na haksatnate hong huaise deuhdeuh ding hi. Nupa kal sia, nungak-tangval sia, tanau leh inkiangte toh i kisiat chiang in, awlmoh lua a i lungsim gim laitak a va sukveng sawmlouh ding ahi. Nupa kal kisia in, kikhenkhak ding laulua,lungsim gimpi toh thil nava sai chiang in, thil hoih sang a thil susezaw na hi. Gari bang leng a engine ahihkeileh apei (tire) sesa in tai teitei lehang thil hoih hia ahihkeileh thil sia hia hon tunzawkding? Na accidentlouh tawp aleng na gari se deuhdeuh dingin chin atawp a bawl theih louhkhop a hong se lai ding ahi.

Huai mah bang a mi toh nakal hiam ahihkeileh haksatna thupitak na tuah chiang in, tawlngalou a lungsim gimsa a thil na sai teiteileh, na lungsim leh taksa inhonlel ding a, na nupa kal uh leng se deuhdeuh ding a,bawlhoih theih nawnlouh khop a hong se ding ahi.

Nungak-tangval kal hiam zi leh pasal kal hi in, haksatna khatpeuh na tuahchiang in tawlnga phot in, na lungsim khem phot inla, ahong chidam a lungsim chiimna hon neih thei chiang in va sai nawnin. I lungsim agimlai in kilungtom a kiheh pah a,ihmut khamlouh chiangtanph a i taksa leh lungsim in lel in, thil mumaltak a kingaihtuah thei lou ahi. Thil hoih bawltheihna ding aei kidam lou ahi. I lungsimadamlouh chiang a thil teng ase zong a lak baihlam ahi.Ilungsim leng kawi diak a, kingeksak i hihman in ngaihsakna (attention) ki-ut a, mahni kia ngaihtuahna (self-centre) lungsim put kinei a, i lungsim a thil hoih itheihte sang a anop dingding kitel zaw mawkahi. Tua nahaksatna na sukveng ut a, na nupa kal uh hong damhen na chihleh hiaite na bawl teitei ding ahi.

Tua i gendingte hou a hou thei, khenkhatte'n ahouh luat ziak a ngainep kha in zui lou daihuhi. Hileh leng na zuihleh na hinkhua hongkitungdingthei nawn (restore) ding ahi. Na buaina pentak nang chihdan in hong veng keimahleh, pukse lou ding nahi. I hinkhua ai kul leh poimohte (Basic needs) ahi uhi. Na haksatna na awlmoh a hong vengpahleh chih na deih taktakleh na haksatna pen a-omdandan in koih masaphot inla, ni thum ahihkeileh kal khat sung khawng tawlnga inla hiaite bawl masa in-

I hinkhua a i kul leh poimohte (Basic needs) ahi uhi.

1. Hoihtak a ihmutding:

Pathian muang inla awl a hong hoihna ding ahi chih phawkkawm in ihmu phot in, ihmut i kham chiang athilsia ituahte olsamzaw deuh a, i lungsim mawk natlou hi.Ihmut hoihtak a i kham chiang a kitawldam mahmah a nasep ding kul om zahzah kisem thei hi.

I thil muhdan leng hong hoihzaw (positive) in, i thil ngamna leng hong sang hi. Midang hileh thil himhim muhhoihtheihna kinei a, i damlouh chiangabel thilhi in mihing hitaleh muhsiat baihlam lua hi. Jesu Khrist kiang a na haksatna teng na ngak a tawldamtak aihmut na kham sawm ding ahi.

Nitak a naihmut theih louh a, sun a naihmut theileh sun a ihmutmaiding, ihmut pen nang a di'a damdawi hong hiphot ahi. Damdawi tampi mantam pipi na neksang in ihmut kham phot lechinhuai in na lungsim chidam lou pen hon damsakzaw lai ding ahi. Pathian in ihmutkichi damdawi hon piakte lak a hoihpen pawl ahi. Adam a-ihmut kal a Pathian in Evi bawl a, Abraham a-ihmut kal a Pathian in kichiamna bawl ahi. Pathian na muan a naihmut chiang a ama'n naihmut kal a nnasem zel ahi.

2. *Tuitampi dawnding:*

Zingkal thoh phet chiang a nou dim khat tui dawnding,annekma a dawn nawnding, an nek zoh chiang a dawn nawnding, sunchiang a nou nih dawn nawnding, nitaklam a nou khat, nitak an nek zoh chiang a nou khat, leh zan ihmut dek chiang a nou khatdawn ding ahi. Ni khat a tui nou sagih bek dawn teitei ding ahi. Tui i dawn tamchiang a i gil sung a ahoihloute silsiang a ek leh zun thakkhiak nuamdiak ahi. Itaksa in tui ataksap chiang a i taksa in phawkpah in chin, i lungsim in leng lel thei ahi. Tui dawn tam in i taksa tawldamsak (cool down) pah a, i digestion leh sisan bawlkhe kin hi.

Sawm-le-nga vei hiam sisan ka peta a, sisan mi i piakzoh chiang a nek theih leh theituisang mah in tuisiang tampi, liter khat leh nihbek hon dawnsak uh ahi. I tui dawnte'n sisan bawlkhia ahi. I sisan chau a i taksa (dehydrate) ding pen tui dawn in humbit hi. Hinkhua a hatsatna leh midang toh buaina i neih chiang a kilunggim lua in, tui dawn dinglamlam leng kiphawkphalou a tui kidawn tawm ahi. Hiai tuidawn tawm in leng bangtan hiam a i tuah (situation) hihse thei hi.

3. An hoihtak a nekding:

Hinkhua a i thiltuah ahoihlouh chiang a lungsim gimlua inanduhtha leng suak lou ahi. An ne lou ai omchianga, i gil kial lo keileh lengi gilpi in nasep ding nei lou a,acid in i gilvunte nesia ahi. Saguh leh thil taakpipi i nekte i gilsung aacid pen in ana bawl nem a ek a thakkhiak theih ding a hon bawlsak ahi. I gil a bangmah a-omlouh chiang in huai acid leh pawtkhe veve ahihman in, i gilsung a amul omte acid toh hong kihel chiang a hong pan deuhdeuh in, sunghatlou hong kipan ahi. Sung hat lou i chih chiang in i gilpi in an hoihtak a haizan thei lou chihna leng ahi.

Bang chituk a mood off hi mahleh an na nek teitei ding ahi. Gilkhialsa a nna kisem zou lou ahi. Gil hawmsa a kipaktak (mood hoih) a ki-omthei lou ahi. Gilhawmsa a nasepna ding tha kinei lou a, heh leng kihehbaih (A hungry man is an angry man) ahi. Kho-ul pawt a nna sem i hihlouh hang a i lungsim a thil ngaihtuahna in tha (energy) tamtak poimoh hi. I lungsim agim chiang in i gil tawldam thei lou hi.Ihmut chiang a i gilpi leng ana tawldam thei deuh a, ihmut louh chiang a i taksa a omteng in tawldamna mu lou ua hiai ziak a kilel pah ahi. Gil hawmsa a ki-ihmu thei lou a, i gil kial ziakaleng nitak chiang a kikhanglou thepthup thei ahi. Hoihtak a ihmutding, na gilsung a di'a damna pe ding i kichihleh an nek teitei ding ahi.

4. Kisil chiang a siangthoutak a om ding:

Mi alungsim hong chidamlouh deuhdeuh chiang in ataksa leng hong kikemzou lou deuhdeuh a, i taksa sianthouna in i lungsim putdan ding genkha lua ahi. Lungsim chidam lou i chihte'n hiai leitung a kinepna tawm nei ua, mipha lou leh vuallel kisa uhahihmanin, hiai leitung sang a alungsim ua akhovel kisiam pen uh ngainazaw uhi. Alungsim ua alunggulhte uh atak asepsuah ngamlou uh ahihman in, alungsim unhon semsuah leh ngaihtuahtuah uhi.

Akhovel tak a kipahna mu lou uh ahihman in, alungsim ua suangtuahna zang in amau kipahna ding hong kibawltawm uhi. Amau suangtuahna a hong khosak sawt deuhdeuh chiang ua apolam khovel pen limsaklou deuhdeuh in, ataksa uhleh apuansilhte uh leng hong nin deuhdeuh hi.Amau-le-amau leng kikem peih nawnlou a hong omchiangun, alungput uh hong kheng hi.

Huai bang tuk a huaisia na tuahlouhna ding a kisilsiang gigeding, zanpuante leng sawpsiangding, kikep siangthou ding ahi. Na sianthou a puansiang na silh chiang a na lungsim put hong tuam in hong thoveng deuh ding ahi. Nang kia room a kikhum a na kingaih tuahtuah sang a lawmte kiang khawng a va pawtding, lunglutnate khawng va houlim ding ahi. Parks khawng leh mun thoveng khawng a lengva kisukhalh zel ding ahi.

5. *Taksa gimsak a kho-ul kaisakding:*

Zan ihmu thei lou a om, hinkhua ning kitel na hihleh kho-ul kaisakin. Nasep kho-ul kaitheihna dingna neihleh huaite sem pahin, banghiam aphatuam sep leh bawl nei lechinna sung ah manpha na kisakna leh thanopna (motivation) hong lian ding a, thil dang leng hon sem ut deuhdeuh ding na hi. Tanaute innbawl ahihkeileh huan nei khawng a-om ualeh om maimai sang aathawn a vaseppihmai ding ahi. Huchibang a kho-ul kaina ding nasep ding na neih keileh zingkal ahihkeileh nitaklam teng a walking pai zel ding ahi.

Kingaisia leh lungsim gim a na omleh nasep pen adamdawi hoih mahmah ahi. Nang chidamna ding a mi nna va sem ding chihdan ahi. Banghiam lamet nei a va sem louding, huchi keileh na kinepna bang in hon bawl kei le uh dam nak sang a damlouhna kibehlap ding ahi. Sum la lou in va seppih lechin, na sep zohlouhte hon sawl teitei ding ua, na sepzoh tantan hon kipahpih ding un, amau kipahna pen in bangtan hiam a nang lungsim chidamna hong hi ding ahi. Na tha gim henla kho-ul hong pawtleh na kisil ngai teitei ding a, kisil lechinlungsim (fresh) tawldamzaw ding a, na taksa gim ahihman in nitak ihmut leng hong nuamzaw ding hi. Nitak ihmuttheihna ding panpihtu lianpen ahong pang ding ahi.

Tua atung a kigelhte awlsamtak a zuih theih ding ngen ahi a, taksa kikepna tungtawn a lungsim chidamna sualdan ding ahi. Biakin kai ngei lou a Pathian thulam tak a na kikep utlouh tawp in leng hiai thute bek ana zui lechinahoih ding hi. Tua i gente pen depression kipantungte kikepdan ding ahi. Depression sung a omta na hihlehleng hiaite mah ana bawl lechinbangtan hiam aphatuam ding hi. Damna taktak ding in i Toupa Jesu Khrist hihdamnalou ngal damsianna om lou hi. Gospel na zakna a kipan piangthak lechin, na sung a Kha Siangthoupen in nna hon sem ding a, awl a hong damkhe ding nahi. Kha Siangthou om lou in tuh nang hatna kia a douna hi a, damsiang i chih pen hak mahmah ding hi.

.

.

Lungsim chidam lou piangsak theite a pan kikem in:

1. Khelhna bawl lou ding:

Lungsim natna i chihkhelhna bawlna a kipan hong kipan ahi. Khuak a apoimoh zah chemical (chemical imbalance) om louahih ngal keileh, lungsim chidam lousaktu khelhna hipen mai ahi. Pathian deihdan lunggimna inlah depression tun lou a kisik a lungheina leh hinkhua thak tun zaw hi. [2 Korinthte 7:10 Pathian deihlam bang a lungkhamna in hotdamna ding in, kisikna bawl a, kisikhuai thil atun kei; khovel lungkhamna in bel sihna abawl zaw nak hi. v11 En mah un, Pathian deihlam a lungkhamna in bangchi bangchihtakna, bangchi bangkihahsiang nopna, bangchi bangki-awilouhna, bangchi bangpatauhna, bangchi banglunggulhna, bangchi bangphattuamngaihna, bangchi banggawtna ahia nou a di'a hon tuttak. Bangkim ah huai thu ah na siang uh chih na kihihlangta uhi.

Eden huan ah khelhna ana lut keileh khovel a lunggimna leh lungsim natna om lou ding hi. Pathian omna ah lunggimna om lou a, lunggim natna leng om lou pah hi. Lungsim natna neite Khalam ahatlouh ziak uh chileng adikna chiang om a, himahleh khalam hatlouteng in lungsim natna nei tuan lou uhi. Job tangthu enlehang, Pathian lam a chau het lou a Pathian nangawn in akisak theihpih ahi. Himahleh hinkhua a haksatna hon tuah chiang in apianni nangawn hamsiat ahi. Depression nasatak in tuak thou mahleh Pathian a taihsanlouhna in hihdam a, achan teng leng aleh nih in mukik hi. Kei depression lai in leng Pathian naih keileng sikhin hiam ahihkeileh mihaisa a kholai khawng a na hon muh ding uh leng hithei ka hi. Naih i chih chiang a dam utziak kia a naih hiloua, i hinna teng amah a di'a lankhia a amah thuneihna teng pia a, i haksatna teng amah muang a ama tung a nga chihna ahi.

Hinkhua a thil haksa tawp i tuah chiang a i lungsim gim thei mawng ahi, khelhna ziak leng hi seselou hi. Himahleh hun tamzaw a lunggimna leh lungsim natna piangsaktu tuh khelhna mah ahi. Khelhna in i utlouhna tantan a hon pi a,i utlouh tantan thil hon bawlsak a, i thuaklouh ding tantan hon thuaksak hi. Job dan a Pathian etkhiakna dong hial i hi kei maithei, khalam hatlai a depression ding thil haksapi ahi. I tung a thil tungte Pathian tung ah nga pahpah in, i lunggimnate sang in ama thahatna muang in, e'n kipuak lou in Pathian tung ah nga lehang depress himahlehleng depression natna tan kitung lou ding hi.

Khelhna bawl keilehang i lunggimna ding leng hong tawm pah ding a, lungsim gimna nei lehang leng mahni kimohsakna (guilty feeling) kinei lou ding a, lungsim chidam kikpah ding hi. Lungsim natna (depression) a pan i kikepnopleh khelhna taisan a, khelhna bawl lou dingapanpihna nget ding ahi. Khelhna i bawl khakchiang a kisik a Pathian lam ngat pahpah ding, huai in hon hihdam ding ahi. Thilhihkhial lou leh khelhna bawl kha lou kuamah i om kei, kisik a Pathian lam nga lou bel ki-om kha ding hi.

2. *Na kha leh taksa, lungsim poimohte ngai poimoh ding:*

I poimohte ngaih poimoh ding ahi. Kha in Pathian, bible, kikhop leh thumna neihte poimoh a, hiaite a i ngeingaih louh chiang a lungsim chidam lou hi. I taksa in tui,ihmut, kisilsiang leh an chihte poimoh a, hiaitei awlmohlouh chiang a lungsim chidam lou thei ahi. Lungsim in thuhoih, la hoih, kihasotna, laibu sim, chihte poimoh hi. E'n thusia-lasia teng kia i bildoh chiang a lungsim tawldam thei lou in i chidam lou hi. Thil hoih, thuhoih leh la hoihte bildohni, Pathian thu hi in, khovel vai ahizong in thil hoih delh a delh ding, lungsim a i taksa chidamlouhna,i thilbawlkhelh, mi i tung a thil sia abawlte kiangaihtuahna i piak chiang a lungsim chidam thei lou hi. Ihmut sang a phone et, kisilsiang sang a chinin a om, bible thute sang a thusia khawng i tel zawk chiang a i lungsim chidam louthei ahi.

3. *I hinkhua zatdan ngaihtuahkikna hun bawl zel ding:*

Koi a bawlkhial a maban bangchi pan ding chihte khawng leng ngaihtuah zel ding ahi. I nung leh ma leng khuallou a ut dandan a khosak pen in hinkhua ning kitelna leh kingaihsiatna tun thei hi. Tuailai tha hatlai a nasepna ding zonsang a phone game kimawl den, kum 25hita a lah phone game kimawl tawpsan thei lou, ihmut khamlou zenzen a kimawl i chihtekhawng, akhonung a bangmah semkhelou a sepna leng mu lou a omchiang a kingaihsiat baihlam hi. Huai tan hial i tun ma a, i hinkhua ngaihsak deuh in i ut leh i duhteleng kidaam deuh in, apoimoh dungzui innnasem in i hinkua manphatak a zangleng depression pen kidou zou thei ding hi.

4. Mi toh i kal a siate (Avoid toxic environment & relationship):

Misiate toh kipawl louhding, min honsimmoh a hon ngaih bawl keileh huaite toh kithauh tamlouh ding hipah ahi. Zu dawnte alungsim uh kawi baih a, akim-akianga omte lungsim susia baihuhi. Khamtheih dangsang a zu in adawntupa lungsim hihsia a, zu dawnte kingaisebaih ua, alungsim uhleng kawi paipah hi. Lungsim chidam utte bel khamtheih bawlte toh kinai lou a om dingahi. Ban ah lungsim sia leh migensiat hat, mi mohsak hat leh thil akawizawng a la gigete toh kinaihlouh ding ahi. Kinai lou i chih chiang a kithuah tam lou, kihou tam lou leh pawtkhawmlou chihna ahi.

Nungak-tangval kal ah leng i kingaihna (relationship) hong chidam(toxic)keileh huai mipa ahihkeileh huai minu toh kikhen ding himai ahi. Chidam lou (toxic) i chih chiang a kinak-kiselna tam deuhdeuh, thil hoihlam sang a thil sia hong pung hulhul, nidang a zahazahngainupen tangval aneih a pan lungtom deuhdeuh ahihleh hiai ki-itna (relationship toxic) pen chidamhuai lou ahihman a taihsan ngam ding ahi. Lawm-le-vual kal leng ahithou, bang thu hiam ziak a kilemlouhna a-om a, kiseltou den leh ki-awilouh detna ding ahong omleh taihsan ding ahi.

Ningchih thu ziak a kinutsiat pahpah ding chi hilouka hi. Na kal uh hong buai chiang a, buaina lianpi ahihleh na nih ua nungkin phot ding,atung a bawl ding kigente bawl phot tuakding, na lungsim uhhong chiim deuh chiang a kihou thakding, himahleh na partner pen in kinak leh kiseltechin zongsata hon neih a, hon tawpsan tuan keileh huai hun a na ki-itna (relationship toxic) uh damthei lou ahihman a kikhen ding chihna ahi.

5. Mi toh i kal khensiam ding (Have healthy boundaries):

Mi toh na kal ua bawl leh bawllouh ding tan theih ding ahi. Midang buaina teng a va kigolhlouh ding, nang hih tuak leh hihtuaklouh thei a gamtat ding ahi. Midangbuaina teng a nava kigolh a nava buaibuaileh nang pen na lungsim tawldam ngei lou di'a lungsim gim den ding ahi. Midang inkuan thu leh la a va kigolh louhding, midang hinkhua va buaipih a va lunggimpih luat louh ding ahi. Na nu leh pa, na sanggam leh tanau nai khamtheih bawl a-omleh leng, amau khamtheih ngolhsak pen nang mohpuak hilouahi. Midangte'n (nu/pa/sanggam)hinkhua sia azatziak ua na hinkhua thulim leh lohching zang thei lou ding zen a amau va buaipihlouh ding ahi. Ahinkhua uh hongkinin a hong kisik chiang ua na panpihtheihna a-omleh panpih ding ahi.

Huai huntun ma a nang na hinkhua kibuaipihding, thulim leh lohchingtak a zattouhding, khelhna a kibual lou ding a Pathian limsaktak a hinkhua zat ding hih lel ahi. Mi tui akia asuahtak sawmloute va buaipih a eimah leng tuilak a va kiaklohlouh ding ahi. Ka suakta ut a panlakdan ding ka thei kei hon panpih in achih a hong kikou chiang a va panpih pat ding ahi. Huai ma atuh i thumpihlehang hunlua, thumna ah tawp lou in thumpih ni, Jesu Khrist in leng kisik a lungheite tung kiangkia a nnasem ahi. Apianna khuate'n amah gingta lou ua, Pharisaite'n akhelhna uh toh kisai a lungheilou ua, huai ziaka thillamdang leng atung ua hih lou pah ahi.

Ka pianpih ka sanggamte'n zu adawn ut ua, hinkhua hoih lou a azat ut ualeh amau thu ahi. Pathian in michih deihtelna hon piak ahi. Ke'n amau deihtelna va kheng thei lou ka hi. Amau kikhen a-utchiang ua hong kikheng lel ding uh ahi. Amau kikhen ut main va panpih lehang lengahehna leh lunggimna lel hong hi ding ahi. Pathian in midangte thil bawlkhelhna ziak a nang hon mohsa ngei lou ahi. Mihingte'n eimah thil bawlte chiat a pan agah i nek ding uh ahi. Midangte'n athil bawlkhelh gah anek ding chiangun leng panpih va sawm dah in, Pathian vaihawmna zahtak inla Pathian thuneihna piak zawk ding ahi. Khamtheih bawl damlou a ompen va thum dam teitei sawmlouh ding ahi. Akisik a khamtheih bawl atawpna di'a panlak photding, huai zoh chiang a damna ding hipan ahi. Kisik lou a khamtheih anek nawnna di'a hong damsuah Pathian deihdan hi ding in ka gingta kei hi. Mi sum nekguktePathian kepbitpih ding a va thumsaklouh ding ahi. Akisik ualeh ahong lungheina ding ua va thumsak ding ahi. Khelhna ahi i dou ding uh, amihing va dou ngai lou ahi.

.

6. Thil pomsiamdan kisin ding, midangte ahihna bang a pomsiam ding:

Ithil sawmdan ngen a thil hong pai lou ding ahi a, midangte'n leng i kinepna bang a hon bawl lou ding uh ahi chih theichian lehang lungsim chidam ding hi. Leitung a ahoih bukim lou ngen ki-omkhawm ahi a, kuamah hoihbukim, thil sia bawl lou ding in gingta se dahni, hunlemtang omleh thil sia bawltheihna leh utna i lungsung a om gige ahi. Mihingtung a muannaleh kinepna koih sang in Pathian muang lehang huai a lungsim chidamna om ahi.

Lungsim chidam utte'n naktak in bible sim ni, na hinkhua a thil haksapi phukha na hih zawkmahleh naktak in bible sim in huai ah damna omhi. Achang in mahni i tung a kilian lua a, Pathian in mun aneihlouh chiang enna leh deihluatna (self absorb) in i hinna nesia a, kilungkim thei lou hi. Ei a loudingte tansawm lou in, Pathian kiang ah thum in, nang na hon lemsakpihleh hong tangtung hen, chih theih sawm ni, hiai a damna om ahi. Pathian in hon piaklouhte ei a di'a hoih lou dan in ngaihtuah thei lel lehang kilunggim lou ding hi.

Khenpi 4na: Khristian Relationship | Khristian hinkhua a midangte toh kipolhna:

XIV

Numei leh pasal kibatlouhdan

Hiaite na theita uhia...?

Numei leh pasal i kibang het kei a, i kibatlouhna i kitheihsiam chiang in detdoutak in i kiteng suak thei uhi. Pasal hihna ah pasal teng za-a-sawmgiat vel kibang ua, numeite leng za-a-sawmgiat mahin kibatna nei uhi. A percentage bel adikchet keina di'a, i theih siamna ding a ka hon taklat ahi,i hihna (gender) dungzui a i neihdan (common) kibang hunkhop om chih i gen nopna ahi. Hiai hihna kibatpihlouhte(opposite gender)kibatna tangpite leng i theih louh chiang a, pasaltea ding in anu, asanggamnu, leh azi (numei teng) atheih siamna ahong kitasampah a, numeitea ding in apa, asanggampa, leh apasal (pasal teng) atheihsiam ding tan in hon theisiam zou kei hi.

Kitheihsiamlouhna in thil tampi buaisak a, houchikchik khawng inleng kinakna leh kiselna piangthei hi. I hihna kibatpihlouhte (opposite gender) aneih uh kibangte (common) pen bek kitheisiam leng kinakna leh kiselna hong kiamtheia, kitheihsiamna pung ding hi. Pasal in numeite pasal dan a ngaihtuah a, pasal bang a ngaihsutna leh muhdan nei ding aagintakleh kinemthawn gige ding hi. Numei in pasalte anumei batpihte dan a ngaihtuah a numei dan a ngaihdan leh hoihsakdan kibang nei ding aagel mawk chiangin akinepna hong lohsam hi. Kinepna dik (realistic) i neihtheihna ding in i kibatlouhnate uh kitheihtuah ngai a, pasal houpih a numei va houpih in hoihna sang a siatna tunzaw a, numei dan a pasal va houpihna in leng siatna tun sek hi.

Pasalhinapi i hihna, i pianpih leh omdan tangpii theih louhchiang in pasal i hihnathuguk (potential) pen kipholhsuah thei lou a, tua mah bang a numeite leng numei i hihna, i pianpih leh omdan tangpii theih louh chiang in i numei hihna kizang siam lou hi. Mahni hihna diktak i pomsiam a huai a kipan hinkhua i zat chiang in kilohching thei pan a, kitawldam hi. Pasal in numei dan in hinkhua zangleh alungsim tawl ding a, haksa sa ding hi. Numei in leng akisiamdan hilouapasal dan in hinkhua zangleh haksa sa ding a lunggimna leh lungkim louhnain pumdim ding hi.

Reacher numei khat in pasalte hinkhua theisiam utin chin, pasal dan a kichei, pasal dan a hinkhua azatleh kha 3 sung a depression nei in ama hinna kilak hial ahi. Pasalte hinkhua huchituk a hak ahihlam theisuah in haksa saluaa, amah pasal hileh bel apasal hihna ziak in tawldam ding hi. Pathian in hon siamdan i pom kan a nuamom lou hi. Na hihna a hinkhua zat haksa sakleh, na hihlouhna a pan hinkhua zat hak zosem lou ding hia?

Pasalhimahleh pasal dangte toh i lunglutdan leh hoih i sakdan kibang vek chihna hi tuan lou a, numei i hihziak a leng numei dangte toh i deihdan leh lungsim kibang chihna hi tuan lou hi. Tua ka hon gelhdingte lak ah numei na hihziak a numei dangte toh kituak tangpiteleh, pasal na hih ziak a pasalte toh na kituak tangpite hi ding ahi. Avek sipsip a dikkim ahi kei ua, atangpi a dikte ka hon taklat ahi.

.

Numei leh pasal kibatlouhnata

1. *Taksa kibawldan ah:*

Numei leh pasal taksa kibawldan tuam ahihdan i theih sate i gen kei ding a,i theih nailouhte gen i tumzaw ding hi. Khapi (Moon) a numeite ahoh chiang un bangmah achi kei ua, himahleh pasal khapi ahohte ahong kikchiang un kal khat leh kal nih sung bek glucose kikhai in hospital ahki-admit uhi. Numeite'n thil thuakthei zaw ua, pasalte taksa gim baihleh thuak thei lou zaw hi. Thahatdanahpasalte hatzaw mahle uh numei taksa pen thuaktheihna ah sawt daihzaw(durable) hi. Nupa bazaar kaikhawm enlehang inn hong tun chiang ua pasal pen gim kisa in tawldam ut ding a, numei pen ahihleh inn nin khawng muleh tawldam lou a hoihtak a insung tenghon hahsianglai ding ahi.

Pasalte thadah kihi mawk lou ahi. Pasalte taksa numeite asang a gimbaihzaw a tawldamna numeite sang a kipoimoh hi zaw ahi.

.

2. *Nasepdan ah:*

Numeite'n kihoulim lam leh tulel (present) hun pibawl ua, pasalte'n nasep leh maban (future) toh kisai pibawl uhi. Numeite'n huntamzaw ah midang toh kisai houlim nuamsa ua, pasalte'n nasepna toh kisai khawng houlim nuam sazawuhi. Numeite sang a pasalte pautawmzaw ua, numeite'n minute khat sung inthumal 150 genkhe man ua, pasalte'n ahihleh thumal 120 genkhia uhi. Thumal 30 kia a kikhai i chi maithei, hileh leng dakkal khat sunga kigenkhia thumal 1,800 in kikhia a, ni khat sung in 43,200 in kikhe zou hi.

Numeite'n niteng a sep kibang (routine) chimtaklou ua, pasal in sep kibang (routine) nasepte ning in chimtak pah uhi. Pasal in thil neuchikchik bawlte sang mah in (project) thil lianpi sepsuah leh ahun bikhiah (deathline) omte sep nuamsazaw uhi.Huaiziak a numeite'n pasal nasem ding a nadeih chiang un abei ngei lou ding niteng a sep kibang (routine) work dan in minloh kei un, na pasalte un sem peihlou ding uhi.

Numei in khuak alangnih a zangthei uh ahihman in, khatvei thu in thil tuamtuam (multi-tasking) semkhawm thei uhi. An huankawm a inn zut, naudon, leh inn phiat kawm thei uhi. Pasalte khatvei thu a thil tampi semkhawm ding a bawl ahihlouh man un, khatvei thu in nna khatkia alungsim un pe thei hi. Pasal in alungsim piakna kheng kinlou a khentuahthithe haksa sa uhi. Huaiziak na pasal TV news enlainin pai ding a na sawlleh hong hehkha ding uhi. Ninpaih ahaksat ziak hiloua, anews etpen alungsim na sukbuai ziak hi zaw ahi. Pasal in thil ka bawl chiang ua ka lungsim uh lompai a, adangdang toh kisaikhawm thei lou in, lungsim kikhen siamlou hi. Lungsim khat kia a pai akihihman in, nasep chiang a nava houpihleh lengheh thei lai uhi. Nang ahon huatziak hilou, alungsim anasepompen nava sukbuai ziakzaw in hong hehmawk ding hi. Theisiam in.

.

3. Khuak kisiamdan ah:

Numeite'n akhuak veilam leh taklam uahpaunopna (language) nei ua, pasal in akhuak veilam kiauahnei uhi. Hiai ziak a numei pen pau utzaw ua, pau leng nuamsa uhi. Pasalte'n khuak langkhat kia a nei ahihman un, pautawmzaw pah a, numei in akhuak langnih a nei ahihmanun akhuak sung a veilam leh taklam khuak uh leng kihoutuah thei uhi. Numeite'n ahaksatnate genkhiakdan siamzaw ua genkhe pahpah uh ahihman in, alungsim uhleng chidamzaw bang hi. Pasalte'n haksatna gen khawng tuaihna leh leikouna a la uh ahihman in, haksatna genkhe nuam lou in genkhiak leng siam lou uhi.

Khovel pumpi ah mahni hinna kila numeite tawm zotham a,India kia et in leng numeite sang in pasal mahni kithat alehnih in tamzaw hi. Numei in alungsim ah sih utna nei mun zaw mahleh sawmkhe taktaklou ua, ahaksatnate uh agenkhiak chiang un hong dai pah hi. Pasalte'n hinkhua a haksatnaatuahte uh genkhiakdan kisin poimoh a, counsellor kiang a haksatna i gente tuaihna leng hiloua lungsim chidamna hi zaw hi.

Pasalte sang a pautamzaw ding mah a numeite siam ahihna ah pasalte'n va mohsa in apau ziak a hehsan nawnlouh sawm ding ahi. Anumei hihna ua ahaksatna khawng leh alungsim a omte khawng genkhe pahpahte ahi ua, pasal hilouuh ahi, chih phawkkawm intheihsiam sawm ding ahi. Na zi, na nu leh na sanggamnu hi in numei khatpeuh hitaleh nang sang a hong pautam zawkleh ahuchi ding mawng a siam ahi, chih phawk in, pasalte'ntheihsiam i sawm ding uhi.

.

4. *Lungsim chidamna ah:*

Numeite'n alungtang (emotional)uh zuizaw ua, pasalte'n khuak pilna (reasoning) kipaipih zaw hi. Numeite thil hou chikchikah leng khasia in, dah leh kipak thei pah zel uhi. Pasalte ahihleh huchilouua,khuak pilna zui zaw ua, mawk khasiat leh dah-le-pak saklouuhi. Pasal pen heutu ding aachitzawkna tuh mailam hun alungsim un gel tamzaw ua, numei in atu dinmun awlmoh zaw uhi. Pasal in alungsim (emotion) kizousak lou a, akhuak in hoihzaw ding achihte haksa taleh lengthupukna bawl thei uhi. Hiai i chih hang in numeite heutu ding a chin lou i chihna hipah lou a, piandan ah pasal hoihzaw i chihna hi zaw hi. I khanletdan leh i kichildan in thupua hi.

.

5. *Lunggimna ah:*

Numei leh pasal in lunggimnate i sukdaihdan leh thil haksa i phutdan kibang lou hi. Numei in ahaksatnate agenkhiak chiang un alungsim uh hong damkhe thei a, pasal in ahaksatnate agenkhiak chiang un hong uangzaw thei hi. Chidamhuaitak a haksatnate genkhiakdan pasalte asiamkei ualeh agenkhiakun thil tam hihsethei zaw hi.

Numeite'n ahaksatnate uh point simtoutou ua, tehkhinna in zingkal khangma le uh point 15, an huankhial le uh point 20, naute school kai ding va khahak kha in zekaipih (late) le uh point 15, nitaklam chiang a naute thumanglou,home work bawl nuamlou in omta le uh point 20 kibehlap nawn a, nitak apasal hong tun chiang a 70% vel alunggim ua, zingkal a pan ahaksatna atuahte uh genkhelou in omleuh tawldam thei lou ding uhi. Apasal kiang ah genkhiak sawm ding ua, apasal in ngaikhe nuam kei zomah laileh70% pen 90% khawng kibehlaptou lai ding a, nitak leng ihmut theih louh lohlai ding uhi. Tua point i gente tehkhinna ahi. Khophawktak (conscious) in point sim lou uh a, khophawk lou (unconscious level) a abawldante uh ahi. Numei in alungsim gimnate uh agenkhiak tam chianguatawldamna mu ua, alungsim uh hong dam hi. Ahaksatnate uh agen chiang un khoudai mai kei ni, hoihtakin ngaihkhiaksak leng amau lungsim damna ding ahi.

Numei toh kibang het lou pasalte bel ahehlai ua thil sia agenkhiak tam peuh uleh hong uang deuhdeuh thei a, agenkhiakteuh sepkhiak sawm taktak uhi. Pasalte'n atangpi in alunggim chiangun mal-om ut ua, adam masiah amau kia in omtuam phot uhi. Pasalte alungsim gimna uh TV etsan,ihmutsan leh kimawlsan ua, huaite tungtawn in hong dam thei uhi. Pasalte'n alunggim chianguakizopna (connection) sangaomtuamna (space) poimohzaw ua, numeite'n na pasalte uh space na piaksiam ualeh nuamsa ding uhi. Numeite'n alungsim uh agim chiang in omtuamna (space) sangmah in kizopna (connection) poimohzaw uhi. Numeite'n kisuk hehchiang a paikhe di'a, amau ngaihsaklou ding a hon gen chiang ualeng ngaihsaktak aakiang ua omdet ding ahi. Pasalte'n omtuamna (space) ahon nget ualeh piak ding ahi. Kisuk heh laitaka pasalte paukhiak tamsaklouh hoihzaw a, amau paukhiak ut a chidamhuaitak a ahehna uh genkhe thei ahih ualeh genkhiaksakzawk ding ahi.

Numei leh pasal kibang lou ahih mah bang un, numeite'n ahaksatnate uh hon gen ualeh sukvenna (solution) hon ngen uh hiloua, ngaihsakna (attention) leh ngaihkhiakna (listening) hon ngen uh hi zaw ahi. Sukvendan ding bangmah genpih lou a, hoihtak

a i ngaihkhiak sakleh minutes bang zah hiam zoh nung chiang
a hong lungkim mai ding ua, kipahthu hon gen ding uh ahi.
Ahaksatnate uh sukvendan ding hon ngen uh ahih ngal keileh pasal
leh pasal kihoudan a sukvendan ding a houpih lou a, ngaihsakna
leh ngaihkhiakna piak lel ding ahi. Pasal leh pasal kihou chiang in
bel haksatna akigen nakleh sukvenna (solution) kingen i hi a, huchi
loua haksatnatekipawng gen ngei lou ahi.

.

6. *Thupukna lakdan ah:*

1. Numeite'n thupukna alakma un mituamtuam nga, guk, sagih
    khawng kiang ah ngaihdan lakhawm ding ua, thupukna bawl
    haksa salai ding uhi. Thupukna abawl ma ua, midangte
    ngaihdan lakkhawm poimoh ngaih ua, huchi a thupukna la pan
    zel uhahi. Pasalte'n bel lungsim a hoihtak a ahoihding pen
    ngaihsun ua, lungsung a thupukna bawlsa nei ua, himahleh
    thupukna taktak ding in midang nih leh thum ngaihdan dong
    in, thupukna alaknasa uh toh akibatleh thupukna pomkip pan
    hi. Midang ngaihdan adotkhawm chiang a angaihdan kheng thei
    lou ahi kei a, ama thupukna laksate toh tehkak ding a, ahoihzaw
    ding a agintakleh kheng ding hi.

    Numeite'n pasalte thupukna lakdan theisiam unla, ka lungsung
    ua thupukna bawlsa gige ka hi ua, na pasal kia hiloua pasal teng
    huchi ka hi uh. Nang thupukna lakna a hon pangsak lou dan in
    kingaihsun ke'nla, na ngaihdan hoihtak in gen lechin, thupukna
    lak masak pen pomkipna bawl pah lou ahi. Pomkipna abawl khit
    chiang in bel khen haksata mahmah ding hi. Ngaihdan na neihte
    iim lou in genkhe pahpah ding na hi, thupukna kip alak ma a
    thupukna pen khen haksalou a, ama ngaihdan sang a nang
    ngaihdan ahoihzawkleh hon kheng ding hi. Thupukna kip alak khit
    nung a ama ngaihdan sang a hoihzaw a-omleh lengamahmah in
    khenhaksa sata hi.

7. *Kipahdan ah:*

Numei leh pasalte kipahdan atuam tuak om hi. Numeite'n alunggimna uh apoint a asimmah bang un, akipahna uh leng apoint a sim uhi. Pasalte kipahna in nitampi daih thei a, numeite kipahna in sawt daih lou a, akipah mun uh poimohzaw hi. Numei na kipahsak nopleh Rs.5000 man van naleisak sang in, niteng in Rs.500 man thil leisak gigezaw lechinni 10 sung kipak ding uhi. Pasalte bel Rs.5,000 man van khatvei leisak lehang ni sawm val leng kipak thei uhi.

Numeite kipahsak mun zawk ding ahi. Khatvei thu a thupitak a pahtawi sang a, niteng a athil bawlhoihte uh phat lehang huai ah kipakzawlai ding uhi. Pasalte bel thil hou chikchik ah phat lehang hon naupang bawl nachia chi ut maithei uhi. Hehbel heh lou ding ua, himahleh thil hoih bawl athupi (worthy) deuhteuhpahtawi lehang alungsim uh dengkhazaw ding hi.

XV
Tuailaite theihtuak

Chinese pau in ka itna thu hon gendek leng na man siam ding uam? Na matsiamtheihna ding ua na theih siamna pau khat a ka hon gen ngai ding ahi. Itna toh kisai a pau kibang lou ngen a i kihoupih chiang ua, bangchituk in itna pelehangleng a i piaknate lungtungtuan lou ding hi. Alungtunna ding ua amautheihsiam ding, amau itna (language) dampen zat ngai hi. Hiai dan a itna pen chi nga a kikhen a aneupen a kipan alianpen tan in i neihvek uh ahi. Khat kia kinei ahikei, avek a i neihkhop uh ahi. Himahleh huai chi ngate lak achi khat alian pen om a, huai pen ei itna pau (love language) kichi ahi.The Five Love Language laibu kichi a Gary Chapman in agelh ahi a, amah ei Khristiante nupa leh ki-itna laibu gelhte lak a zahtakhuai leh laibu tampi gelhkhia mi khat ahi. Amah laibute 10 val bang ka simsuak a, atheih beh utte'n Gary Chapman chi in amazon leh flipkart khawng ah zong lehang lei theih ding om hi.

Nang na neih itna pau pen koi hiam chih na thei nuam hia?

Na theih suahdan ding ka hon hilh ding.

1) Nang itna pau hong kizatkhum chiang a it a om na hihdan phawk leh lungdam diak ding nahi. Itna pau dangte pen kipahpih lou ding chihna hilou in, itna pau dangte a itna phawk lo lou ding na hi. Na itna pau a hong kihoupihkhak chiang in huai zang a hon houpihte ngaina pah leh ngaizawng thei phial lai ding na hi. Na itna kampau pen zang a hon kihoupihkhak louh chiang a ngiatsek ding na hi. Huai itna pau pen zang a hon houpih leh chih utpen ding na hi.

2) Nang itna pau pen hong kipiaklouh chiang a na lungsimna ding a, na itna pau pen zang a mi'n hon hehsakleh na lungtang hihna thei diak ding uhi. Kei itna pau tuh kamnem akihoulim (words of affirmation) ahi a, huaiziak a itna pau dangte sang a mi'n akampau a hon housiat chiang in ka lungsimna pahahi. Hiai itna pau ngate lak a bang in hon hihna pen a, huaipen nang itna pau (love language) ahi.

.

Theihsiam ding in:

Pasal khat a office kai tawpchiang a inntung pah, an huan, kuang sawp, puansawp leh innhahteng ah leng azi panpih gige khat a-om a, himahleh azi lungkim lou in na hon it kei chi gige hi. Kum tamtak a ahuchih nung in azi khen sawmta ahihman in Gary Chapman kiang a marriage counselling ding in va hoh hi. Counselling sung a Gray Chapman in na kitenma inna zi hon itna ding in bang a na hihseka, chi a adotleh, apasal pan ka kitenma a thilpiak (gifts) ka kimuhteng a ka puak gige ahi, chi hi. Azi itnapau pen thilpiak ahi chih ahon theih khiak in, Counsellor pa'n leng huchi ahihleh office kai inn na tunteng inkal khat sung na zi a ding in thilpiak puak gige in, amantam sese ngai lou rose khawng leng poi lou,chi hi. Huchibang a thilpiak niteng a kal khatsung azi a ding apuak gige chiang in, azi in itna phawksuah (experience) thak a, ka pasal in honitahi chih theichiang a, anupa kal uh hong kilem hi.

Apasal pa itnapau tuh nnakisepsaktuah ahi. Huaiziaka ama itna pau 'nna kisepsaktuah' pen in azi kiang ah itna lak den mahlehazi itnapau pen nna kisepsaktuah ahihlouh man in it aom ahihlam kiphawk lou hi. Apasal in ama itnapau nna kisepsak tuah himahleh, a zi itna pau 'thilpiak' a azi a i tdan ahon lak chiang in azi theisiam pan hi. Ei hoihsakdan leh i nopsak zawng kia a ei itnapau i zat chiang in i zi leh pasalte'n theisiamlou ua,i it lam phawk lou in om thei uhi. Ei itna pau pen zang lou in i zi leh pasalte itna pau pen zatdan kisin in, siam kei lehang lengamau itna pau pen mah in i itna genchiang thei pen ahi chih phawkkawm in zi leh pasalte itna pau pen mah zatchiat ding ahi.

.

Itna pau ngate ensukkhawm in theisiam i sawm ding uh:

1) Kampau hoih leh kihasotna kihouna (Word of affirmation): Hiai itna pau neikhate'n midangte hanthawn ding ua, kipahpih pahpah ding ua, midangte thugen hoihtak in ngaihkhiaksak ding uhi. Hiai bang mite na ngaih khak leh hoihtak a na kampau na pilvang ngai ding hi. Kampau in amau hihna pen a, kampau mah in it a om ahihdan phawksuah pen uhi. Thil nasep hoiha-omchiang a, kipahpih mangngilhlouh ding ahi. Kampau zang a na itna na suklak ngai ahi. Ka thiltuahkhat, kampau a itna pesiamlou leh kamsiamlou khat zawllui ka nei a, kha sawm ka kingaih nung unleng ahon itna muang lou lai ka hi.

Ahon it chih thei mahlengle, akampau a ahon genkhiak ka ngiatsekhi. Bangdang ziak ahi kei, ka itna kampau zang a hon houpihlouh ziak a hon itna muang lel himai ka hi. Na pasal ahihkeileh na zi, hiai kampau hoih leh kihasotna itna pau nei ahihleh kamsia leh aw sang a houpih het louh ding ahi. Alungsim chidamna in zou ding hi.

2) Kizut itna pau (physical touch): Hiai pen nupa kal a akizang kizutna (sexual) ahi sese kei a, mikhenkhat ataksa mahmah i va sukkhatleh i it a om ahihlam kiphawk diak om uhi. Akhut, ban leh ataksa himhimva sukkhakchihinnuamsa diak uh a, amau leng a-itna uh hiaite mah zang in lakkhiauhi. Nungak-tangval kal ah hiai va zangni chihna lam ahi kei, itna pau achi kisukkhakpen genchiang nuam ka hi zaw hi. Taksa leh taksa kihetkhaka pan mi itna dong mite deuh ki-om hi. Na zi ahihkeileh na pasal hiai bang mi ahihleh ahithei tan in kawi leh ama taksa sukkhakmun sawm in, ama'n hon itdiak a hon thei ding ahi. Taksa a kisoisak leh taksa tak akingaihsaklouh in hihna pen ding hi.

3) Thilpiak sang a pan itna dong mi (receiving gifts): Van pakta mi chihna hilouahi (Materialistic). Van deih leh pakta chihna lam hiloua mi khenkhat thilpiak a sanchiang ua it aom ahihdan uh phawkkhia leh lungdam diak om uhi. Vanmantam sese ngai lou a thilpiak khatpeuh pelehang hon ngaina diak ding uhi. Amau leng thilpiak a mi itna zoh sawm ding ua, midangte'n leng thilpiak peleuh chih deih uhi. Na zi hiai bang a itna pau thilpiak nei mi ahihleh nasep tawp teng ahihkeileh kal khat in khatvei bek thilpiak pezel lechinhon itsot mahmah ding hi. Ni poimoh nite abiktak a mangngilhlouh a thilpiak piak teitei ding ahi.

Tua atung a i gente avek a i neih uh ahi a, himahleh khat kia ahatpen om hi. Nang ahatpen theisuah inla, ban ah na partner aleng theihsuah sawm teitei in, ahatpen tungtawn a itna kilahkhiak ding ahi. Nang ahatpen in midang itna va lak ke'nla, amau itna pau theihpih in, amau itna pau pen siam keilechin amau itna pau mah a houpih ding ahi. Na zi abang kihou leh hasotna itna pau zangmi ahihleh ka siamkei chike'nla kisin in, damsung a kisinna ding leh zatkhiakna ding hun kineihi.

4) Hun hoih zangkhawm itna pau (Quality time): Hunzatkhop nuamsa leh nna sepkhop nuam sa a mi itna hunzatkhopna a pan dong diak mi ki-om hi. Kihoupih chiang a ngaihsak lou leh lungsim pe loupia houpihlouh ding, hiaite'nahunzatkhop adakkal kia en lou un chin nahun zatkhop sung ua lungsim na kipiakdan uh leng ngai poimoh uhi. Hun poimoh khawng bawlkhawmding, picnic leh park hohkhawm i chihte, ahihkeileh walking paikhawm leh nnasepkhawm khawng nuamsa uh a, hiai bang zi leh pasal a na neih khakleh hiaite bawl tam lechinhon it diak ding uhi. Na omkhawm chiang ua phone khoihsan leh midang houpihsan chihtechiinlouh ding, amau lungsimna pah ding hi.

5) Na kisepsaktuah (Acts of service): Mikhenkhat nna kisepsaktuah chiang a itna dongdiak leh lungdam diak om uhi. Mi tha aam leh mitha duh chihna hilouhi. Na zi ahihkeileh na pasal hiai nei kha a-omleh ama a di'a om gige na hihdan theisak inla, apoimohna a panpih ding a mansa na hihdan theisak in, atak in leng panpih in. Nna thupitak sepsak hiseselou a, na partner a di'a tuisuahsak, kisilna ding tui bawlsak, adamlouh chiang aapuansawpsak leh damdawi va leisak, anasepna ua panpih chihte hihtam lechinit a om ahihdan uh kithei ding uhi. Nna thupi hih in nna neu hitaleh kithuahpih ding ahi. Ama'n leng a-itna nang a di'a nasepkhiak a hon lak sawm ding a, ama'n leng itna pen nasep thilhihtungtawn a lahkhiak ut ding hi.

.

Itna ding mun sagihte (7 stages of relationship)

Itna (relationship) khatpeuh in hiai dan sagih teng tawnsuak gige ua, nou koi dan (stage) na tungta ua, koilam manoh na hi ua chih ana kisui unla, panlakdan ding ka hon hilh ding hi.

1. **Itna mitdel:** Kingaih tunglaia mitkha khawng a i kimuh tuahtuah lai vel khawng ahi. I mi ngaihte ahinkhua uh thuktak a kithei nai lou, ahoih bukim ding khawng a hisap in, itna mitdel a kingaihna ahi. I mi ngaihte'n leng hon ngai nai lou ahihkeileh kingai tung panpan chihkhawng ahi. Lungsim mitkha a mangthei lou, mumang khawng a mumu mai, amau deihdan leh alungsim uh thei nuam, theih utna toh kipumpiak lai hun ahi. Itna tanky dim kiihkeih lai, asiatna uhleng kimu thei khol lou in ahoihna uh kia ki-en hi.

2. **Mit hongkeuhta, Partnerte siatna leh hoihlouhna muchian semsem:** Kha khatna a pan kha thum kikal khawng in i mi ngaihte hihna diktak kimuchiansem a, agintak khel a tropzaw, hehbaihzaw, nuak hatzaw ahihkeileh lungsim naupang i sakna khawng hong ompan, athugukuh kitheisuah panta, ahun paisa leh angaihzawng luitehong kitheitou hi. Atung a i deihna tuk

hong bang zouta lou, khensan ding hia ahihkeileh hunsawtpi a di'a kingaihpih ding chih thupukna kibawl hi. Hiai ziak mahtak in kha khatna a pan kha thum kikal a kikhen baihlam a kikhen leng tamzaw uhi.

3. **Ginomna suah ding maw kikhenpih zawding**: Huchi a ahoihlouhnate uhkitheisuah in, ahinkho luite theih khit nung a kideih teitei laite hong kingai suak uhi. Hiai hun pen kha thumna leh kha guk kikal khawng hitangpi a, kha gukval kingaite khawng tuh kimawkkhen haksata a, kikhen leng tawmta hi. Hiai i chih hang a kikhen thei lou chihna hilouahi. Kideihtuahna chiang nei tuakta ua, hehman thua kikhen chih vangta hi.

4. **Thuneihna kituh leh lungnem, zaidamna ki-enkhia**: Nupa khenkhat adamsung ua hiai dinmun a om den pawl leng om uhi. Kina den, kitawngden leh vual tungtuang kituh den a omte hiai ki-itna dinmun (stage) 4na ahi. Na nupa kal ahihkeileh nungak tangvalte toh kina leh kisel sel a na om ualeh hiai dinmun (stage) a om na hi uh. Kingai leh nupa tamtakte hiai galkai zou lou ua, hiai dinmun khawng ah kikhenna tam mahmah hi. Akikhen kei ualeh lengaki-itna uh hong damthei lou (toxic) a, alungsim uh gimden ding a, amau-le-amau leng hon kining ding uhi. Midang lunggulh chihteom thei lai a, kisuk heh chiang a, lungsimnatnate akiamna ding a nungak leh tangval dang houpih baihlam hi. Huchidan a midang houpiha omte'n itna dinmun 5na amasawn ding haksa hita hi. Akingaihdam theih ua, ginomna aletkip theih ualeh bel hong dam thei lai veve ding hi. Himahleh kimuanmohna pen ahong dam theih keileh kikhen pah thou ding uhi.

5. **Khangthoukhawm in itna kip dedeuh**: Atung a thunei kituhna hon pumpelh zoh chiang ua hihna bangbang toh kipomsiamna hon piang a, ki-itna (relationship) pen hong chidam panta a, ki-itna hong lian diak hi. A partner in alauhthawng, hehhuai asak, akipahna lam leh nuam asak zawng uh hong kitheituahta mahmah ua, alungsim chidam teng kipahna ding leh nop asak zawng uh hong kihihsaktuah ua, aki-itna uh hong pungtou

deuhdeuh hi. Hiai bang a thil hoihlam a masawnloute bel hiai dinmun (stage) 5na tung lou ua stage 4na ah om den uhi. Na nih ua na khantouh uh leh malam hun ding khawng genkhawmna hun ahi. Anih ua maban agelkhawm theih ualeh itna dinmun 6na ah luttou ding uhi.

6. **Itna diktak leh kilamtouhna om:** Dinmun 4na a pan hong kigamla a hun tampi hong paitouh chiang in hong kitheichian zosem ua, dinmun 5na a thilhoihlam enkhawm a itna ahong kilamtou uh ahihman in, dinmun 6na a kingai leh ki-itna diktak, hihna bangbang toh kipom kipna hon nei uhi. Adam leh Evi leng Eden huan a vuaktang aom un chin bangmah selguk om lou a kimuantuahna leh hihna bangbang toh kipomna, hiai tan toh teh theih khop a ki-itna khum hong piang thei ahi. Nupa atamzaw hiai tan tung lou uhi. Pathian a kipia nupa, lungsim chidam leh khalam a pichingte kia in hiai dinmun tan tungzou uhi. Hiai hun a aki-itna uh hong khang petmah ding a, midangte lunggulhna leng hong bei ding hi.

7. **Siatna tuahte a pan ki-itna bawllem:** Dinmun 4na i pelh hang in, kinakna leh kiselna khat leng om nawn lou chihna hilouhi. Achangchang in hong om thei zel a, ahong om hun chiang a nidang a dinmun 4na a a-om lai ua, kisel leh kinak chiang a kilemdan ding azilte uh hon zangkhia ua, hong kilemkik thei pah zel uhi. Kingaih tunglai a kinak leh kisel pen om ding sa a koih ding ahi. Huai hunpen kilemlouh chiang aitna kepbitdan ding sinna hun a zatding, i partnerte lungsim hihdamdan ding leh amitmei uh vendan kisinna hunahi. Kisuk hehchiang a hehna teng kia ngaihtuah, deihhuai lou thil tungte a pan sinlai (lesson) laloute bel kuamah toh itna (relationship) a khangtou lou ding ua, kituak thei lou ding uhi.

.

Adam leh Evi khelhna om ma a ki-it leh kingaihdan a kingaih thei lai hi.

Eden huan akhelhna piangteng Jesu Khrist in Krosa kilhlumta ahi. Jesu Khrist na nupa kal ua alian pen leh thulakpen a na neih ualeh itna (love tanky full) dimsa a kingaihsuak theih ding ingintakhuai hi. Hiai Pathian itna ahi; [1 Johan 4:8 itna nei lou in Pathian athei kei; Pathian lah itna ahi ngal a.]Pathian phawk lou lah itna a dim chih om lou hi. Ei mihingte'n eimah a itna diktak kinei lou hi. Khapi in amah a vak aneihlouh mah bang in ei mihingte'n eimah in itna kineilou hi. Pathian nei lou a ki-itkichite bel ataksa angmasialna leh lunggulhna toh ki-it hi zaw uhi. Pathian phawk het lou in atapa a-it mah kei di'a, himahleh tangtawn lampi hilh ngei kei taleh, huai itna diktak ahi diam? Atapa a-itna bangziak ahi diam? A-upat nung chiang a amah kemtu ding ahihziak hia, mite lak a tapa nei chih akisuanpih ding lel ahihia, bang ding inahia a-it?

Amah angmasialna a it ahihleh bel itna dik hilouhi. Na nu leh pate sang a Pathian na itzawk ding ahi. Na nungak tangvalte sang a Pathian na itzawk ding ahi. Na tate sang a Pathian naitzawk ding ahi. Na neih-le-lam, taksa deihdan leh duhdan sang a Pathian naitzawk ding ahi. Bangziak a Jesu Khrist itpen ding? Ahon it ziak a nang a di'a hinna pia omsun amahkia ahi. Na nu leh pa'n leng nang hon itziak un amau hinna atan kei ua, na tangvalpa ahihkeileh nungaknu in leng nang ahon itziak in ahinna atan kei hi. [Johan 15:13 Mihing in alawm a di'a ahinna a piak val a itna thupizaw kuamah in anei kei.]

Pathian tel lou a itna pen itna tak hithei ngei lou hi. Na angmasialna leh taksa hatlouhnate'n na miitte hihna ding ua, Pathian tel lou a na zi leh pasalteit tawk lehang leng,ahibang aitna pe zou lou ding na hi.

Khrist alai a hong omlouh chiang a, alang khat a pasal om a, alang khat a zi om ahi. Amau gel adeihtelna uleh utdan uh kibang louahih chiang a, khau kikaihtuah (tug of war) hon pan ding ua, sawttak hong kikaih zoh chiang ua anih ua hong gim ding ua, huchi ahong kikhen ding uh ahi. Jesu alai a hong omchiang in bel, Jesu Khrist a di'a anupa ua adeihtelna, angmasialna, utdan leh deihdante hon koihkhia ua, Jesu deihdan anupa ua hon zongkhawm ua, Pathian deihdan alianpen ahon koihchiang uh, anih ua kikaituah nawn lou un chin, Jesu Khrist in alai a, anih ua kaikhawm a Jesu Khrist a pumkhat suakkhawm uhi.

.

Bible in itna hon sinsak simkhawm ni.

[1 Korinthte 13:1 Mihing paute leh angel paute in thugen mahleng, itna ka neih keileh, dak ging lel hiam, dakkhutbet ging lel hiam ka hi ding hi. v2 Huan, thugen theihna nei in, thuguk tengteng lehtheihna tengteng thei vek in, mual suantheihna khop hial ginna kim nei mahleng, itna ka neihkeileh, bangmah ka hi kei hi. v3 Huan, mi gentheite vakna ding in ka sum tengteng pe vek mah leng, ka pumpi leng kang ding in hial kipe mah leng, itna ka neih keileh, kei a ding in bangmah aphatuam kei. v4 itna in adohzou a, amigi a, itna in ahaza kei a, akisathei sam kei; v5 itna aki-uangsak kei a, ahuham sam kei. Itna in amah thu lou thu asalou kei a, ama angsung akhual sam kei; ahehbaih kei a, hehsa in a-omden sam kei; v6 itna in gilouakipahpih kei a, adik akipahpihzaw hi. v7Itna in bangkim athuak teitei a, bangkim agingta a, bangkim alamen a, bangkim athuakkhe zel hi. v8 itna zaw chikchiang mah in abei keiding: ahihhang in, genkholhnate om mahleh, hihtawp ahong hi ding a, pautuamte om mahlehahong tawp ding a,theihna bang om mahlehhihtawp ahong hiding hi. v13Huchi in, hiai thumte, ginna, lametna, itna, a-om gigeding; huan, huaitea athupipen tuh itna ahi.]

Bible sang a itna thukzaw ahon sinsak thei ding om lou hi. Pathian in hon itna atapa Jesu Khrist tungtawn in hon lakkhia hi. Mihingte i khelhma uh, thil kimutheite kibawl ma nangawn in hon hotdamna ding kibawlkhintahi. Eden Huan a khelhna ahong lut ma in Jesu Khrist hotdamna ding kigenkolkhin hi; [Genesis 3:15 Huan, nang leh numei k'on kidousak ding a, na suante leh asuante leng ka kidousak laiding; huai in na lutang asidupsak ding a, nang akhetul na sidupsakding, achi a.]Kum sangtampi khit nung in leitung a Jesu hong pai in Krosah khelhna teng lamang in hong si hi. Haksatna bang chizahta in thuak mahleh Toupa Jesu Khrist in hon taisan lou in atawptan thuakzou hi. Pathian in eite hon itna aginompen ahi. Hon zuausan ngei lou leh haksatna bangchi zah thuak taleh zonghon it teitei Jesu Khrist a pan i zi leh pasalte, i nungak leh tangvalte, i sanggam leh lawm-le-vualte itdan ding sin leng kisiam pen ding hi. Huchi loua nupate, nungak-tangval kingaite amau-le-amau a itna hong kisintuah chiang un lohsamsek uhi. Jesu Khrist a mi itdan ding leh itna ziak a thuakzohdan ding sinleng itna (relationship) a kisiam leh kikip ding hi.

Khristian gingtu diktak nupa kikhen kichi za lak a khat sang in tawmzaw hi. Huchi loua Khristiansahkhua zuite za lak ah 33% nupa kikhenna om hi. Khristian hiloukitengte atangpi in za lak ah 50% nupa kikhen om uhi. I khristian hihna uhpen lenkip in, biakna leh bible sinsakna, thumna leh gospelte pibawl leng i nupa kal uh chidamzaw lai ding a, nupa kikhen kitawm ding hi. Anop leh noplouh sang mah in ginomna pibawl leng kikhenna tawmzaw lai ding hi. Tulai khangthakte lak ah nungak-tangval kingaihdan a nupa kal kipaipihta mawk a, nungak-tangval kingaihna tuh aki-itnawnlouh chiang uleh nuam asak nawnlouh chiang unkikhen thei mai uhi. Himahleh huai pen kitenna a nupa kal a zat theih hiloua, anuam leh nuam lou chih lam hilouin, kiten khitnung a kikhen ding ngaihtuah (option) a leng neih nawnlouh ding ahi.

.

Nupa kikhen sang in Marriage Counsellorte zotdan kisin ni

Marriage counsellor in nupa kal thubuai teng hihveng a, haksatna teng beisak thei khop hial hikei mahlehsum leh tha tampi seng a nupa kal bawlhoihdan ding zil uh ahihman in, ei kia a nupa kal bawlhoih tup sang in, athei leh asinte mah toh pangkhawm in nupakal kisia bawlhoihpen kinephuai zaw ding hi. Singapore lehIndia sung a marriage counselling training ka lak ban ah, nupa kal laibu 30 val ka sim a, Biblical counselling leh Neuthetic counselling training sung in leng nasatak in nupakal (marriage) counselling ka sin hi. Ka gennoptak ahihleh nupakal counsellorte'n nasatak a nupa kal bawlhoihdan ding, itna punsakdan ding, ngaihdamna, kipomsiamna, kihousiamna leh atuamtuam kisin vek hi.

Nupa (marriage) counselling a hong paite adamsuah ua, akilamet nawnlouh nungnangawn un lengki-itthak thei nawn in, kihou thei nawn uhi. Nang nupa kal buaina pen atuam ahi kei a, nou aleng hoih thei nawn ahi. Nupa kalabuai chiang in mi tamzaw intheihna sangzawte azuan kei ua, kuama'n hon panpih thei keiding, ka pasal ahihkeileh ka zi/pasal akikheng ngei kei ding chi in, amautheihna tan kitheisak un counsellor zuan lou ua, nupa kal kikhen loh zel uhi. Nupa kal adamlouh chiang in panpihna zong ni, ei a training lakha het lou intheihna tam kineilou hi. Nupa kal ahoih hun in bel apoimoh kei a, na kal uah kitheisiamlouhna leh kimuanmohnaa-omchiang in counsellor kiang zuanle uchin, chidamhuaitak a kihoufel thei ding na hi uh. Nou kia nana kihou ualeh chidamhuai lou ding a na lungsim uh gim lel ding a, hoih lam sang a siatlam manoh zaw theina hi uh.

.

Kingaitungte bawl dingte (Dr. John Gottman's the sound relationship house)

Dr. John Gottman i chih tulaitak a leitung a nupa kal a siampen dan a kigen ahi. Nupa kikhen leh kikhenlouh ding uh za lak a 95% gendik thei ahi. Kum 40 val nupa kal research leh study bawl, nupa kal laibu 40 val gelhkhe zou ahi. Ke'n leng amah a pan relationship training course ka zil a, ahoih thei mahmah hi. Tua anuai a kigente pen khat khit khat a bawl ding ahi. Relationship i chih siamna (skill) zil a siam theih ahi. Mi toh kituahdan ding naupang anu leh pate sinsaklouhte'nmidang toh kithuah haksa sa ua, midang toh kituak lou uhi.

Nungak-tangval dan akingai kha ngei nailoute'n zi neih leh pasal neih nungchiang in theih siamna tawm nei ua, haksa sa thei uhi. Numei houpih siam ut leh relationship nuamtak a zang nuamte'n i sin ua, atheihnate i zil ua, zatkhiak theih zahzah i zatkhiak chiang in i ki-itna (relationship) hong chidamin, hong khum diak ding hi. Akizil utte'n Bukim Gowth App ah kizil theih ding a, na zohkhiak chiang a training certificate leng hong kipe ding ahi. Mi atam thei tawp in zil in siam leng insung buaina, nupa kal buaina chihtehong tawm ding hi. Anuai a kigelhte sim inla zuih sawm in.

1. *Itna zungpi phuhkip ding:*

Bangchik hun a ki-it theih diak hiam i chihleh lungsim kihongtak a kihoulim theih chiang ahi. Dotna tam thei tawp kidongtuahding, midang teng sang a i kingaihpihtetheihchet zawk ding ahi. I partnerte hinkhua a thil tungte theih siampihding,theihsiam sawmding, theih vek sawm ding ahi. Kingaitungte'n dotna kibawl ngam lou ua den chiang aahoihlouhnauh thei tam lole kikhenkik ngai khatalehchi ua, hileh leng akhonung chiang a thu kiselte kitheikhe thouthou, akingaihna uh sawt nung chiang a lungtangna zen a kikhen veve uh.

Kingaih tunglai a nasatak a dotna kibawl zawk ding ahi. I deihlouhdan ahihleh kikhen pah zawkding, hun tomchik a kikhen pah lungsim natdan adan om hi. Deihdan leng hiloulah kikhenpih ngam lou a kiselpih leh kinakpihpih pen lungsim chidamna ding a hoih lou ahi. Hiai ding a kihel (dating) thoh phot ding ahi. Hoih i sak leh i deihdan om mahlehahinkhua uh kitheichian lou aalungsim uhleng kitheichian lou hi. Huaiziak a ki-try pah lou in ei mahmah in leng i deihdan mah hi hia chih enkhe phot leng hoih ding hi. I va kingaih khit nung in kideih phing keilehang kikhen ding thouahih chiang a, kingaihma in kihel thoh in kha bangzah hiam ki-enkhe masa leng hoih ding in ka gingta hi. Huai kihel sung a dotna leh thei ut omteng lungsim kihongtak a kidot a, kimuantuah ding ahi.

2. *Kingaihnatna leh kingaihsannate kigen ding:*

Kingaihnatna leh kingaihsannate kigen tam ding ahi. Itna (relationship) akip leh akhumdiakna ding in lungsim kia a ngai mai lou in kam mahmah in leng genkhe zellehang, kimuanlouhna tenghong veng ding a,ki-ittuahna thu kigen mun ngai ahi. I kingaihsannakigen mun leng kimohsakna leh kiselna hong bei ding hi. Kingaihsanna akigen chiang in lungsim chidamna leh mahni kimuhhoihna piangsak a, i ki-itna (relationship) a ding inpoimoh tuak hi. Lungsim chidam lou leh mahni kimu hoihloute'n midang toh akal uah buaina nei den ua, kimuanmohnanei tam hi.

3. *Kisuk heh chiang a kinuaksan sang a kimaituahpah ding:*

Kisuk heh chiang a i kingaihdam kinleh i ki-itna chidam pahhi. Khatvei hihkhelh ngaihdamna ding a kha thum khawng alut mawkleh bel 20 val hihkhelh ngaihdamna ding a kumtam lut lo dinga, kikhen ngaikhong ding ahi. Kisuk hehlai inpasalte'n hun thoveng (space) poimoh mah uhi. Himahleh huai paulap aakal asim i kibuk mangleh bel kikhen loh zel ding i hi. Ni khat, ninih kan hun la ke'nla, kalkhat sung ngeingei in kihoukikpah un, hiai hun sawt i diahleh hoih lou a, kingaihdam kin ding ahi. Lungsimna lua leh hehlua na hihleh counsellor zuan lel in, na hehna leh lunggimnate nang kia a kal thum khawng nasual sang in, counsellor kiang ah pai lechindam pah ding a, na ki-itna (relationship) uhdam baihzaw ding hi.

4. *Etdan hoih a ki-et gige ding:*

Kisuk heh leh kibuai khit nung a etdan hoih a ki-et kisin ngai ahi. Muangmoh den ahihkeileh omlouh kal a midang houpih ding a koih den, hun paisa a thil sia abawl khakpen a pan amah en den chihte itna sung a di'a cancer ahi. Hiaite na hihdam kin kei ualeh hiai in ni khat tei na ki-itna uh hon that ding hi. Nidang a athil hoih bawltea pan en in, huaite khawng amah kiang ah gen mun in nei in, kipahthugen thakthak lehang asiatna om lou hi. Awl a na lungsim hong kikheng ding ahi. Huchi loua na lungkim louhnaleh na huatna khawng na gen thakthakleh mu hoih thei nawn lou ding chin a na kikhen uh ngai ding hi. Ahoih pen bel na kisiat chiang un nou kikal tan a bawlhoih theih louhte relationship counsellor zuan thei pah le uchin hoih pen hi.

Relationship ahihkeileh Marriage counsellor zot ding lau in linhet kei ni, nou sang a na kal uh adamna ding hon deihsakzaw a, hon panpihdan ding leng theizaw uhi. Nang hihkhelh leh bawlkhelh a-omleh lengcounsellor va mukhawm in, nang mohna hitawkleh lengcounsellor in naupangte dan a honsal leh hon na tai lou himhim ding ahi. Akhial leh akhial lou chih thu a counsellor buai louin chin, nakal uh chidamna ding lampi hon zonpih zaw ding ahi. Nang ahih khialtu na hihleh nang counsellor zot na ut diak ding ahi. Nang na hihkhelh ziak a na partner in hon thulak nawn lou leh hon bildoh nawn lou leng hithei a, counsellor kiang a na partner pen tonpih zaw lechin, counsellor in na kal uh lemna ding agente na partner in bildoh ding a ngaikhia ding ahi.

Counsellor in panpih tuam kinei lou ahi. Amohpen mohpaih a ahihdik pen ana gumtuam aleng ki-om ngei lou ding ahi. Na utlouhdan ua thupukna leng hon kibawlpih lou ding a, nou sik-letang a thupukna leng kibawl ngei lou ding ahi. Na nih ua kikhen nuam na hih ualeh lengkingai lai ding a hon kisawl teitei lou ding ahi. Na thupukna lak dek pen akhonung a kisikna hontuntu dingahi hia chih hoihtak a hon ki-etkhawmpih ding ahi.

5. Kibatlouhnate khensiam ding:

Partnerte hon thuzohsawmleh pomsiam in, na kiang a ompen in nang hinkhua gen aneih kei mawkleh amah nang hinkhua a omkhalou chihna ahi. Pasal khenkhat in azite ngaihdan agenchiang un heh mawk uhi. Na zi in hon thuzoh sawmding sa ahi. Nang hon nei lou in midang neileh leng huchi ding mah ahi. Mihing in i kim i kianga omte thuzoh kisawm mah ahi. Hon thuzoh sawmna ah heh mawk ke'nla, theisiamtak in kithuzohsak kei lel lechin, va heh a amangaihdan leng ngai peih lou a omlouh ding ahi. Angaihdan gensakding, nang ngaihdan sang aahoihzawkleh zuihpihding, ngaihdan hoih va zuih kha tuaihman hilouinpil man hizaw ahi.

Na zi ngaihdan hoih saloupi a na zi nalauhman a na zuihpih teiteilehbel tuaihman suak ding hi.

Hehchiang a chidamhuai lou zawng a hehna leh i lungsimaomte siatkhiak pahpahlouh ding ahi. Van susia, khut leh khe khawng mi vuakna a zang a, kamsia leh hamsiatna kampauzatlouh ding ahi. Hehlua a hanglualua dingna hihleh pau louhphot maiding, zingkal chiang inkihou thak ni chih zawk ding ahi. Zingkal chiang alungsim atawldam deuh chiang ai hehna leh lungkim louhnate kamnem a genkhiak ding ahi. Azing chiang tan ngak zou lou a kihou suak ding ahihleh leng pawtkhiak (time-out) phot ding ahi. Dakkal khat sung atawm pen a va pawtkhia hiam, thil dang va bawlsan phot a lungsim nemsak, kheng phot ding ahi. Huai heh nung a va kihou in thil hoih piangsak peuhmah lou ding ahi. Kisuk hehnung a leng pau ding a kisawl teiteilouh ding ahi.

I lungkim louhnate pen ami mohsak zawng hiam, soisel zawng hiam ahihkeileh suknat utna toh mimal chitlouhnate gen ngei louh ding ahi. Na lungsim natna pen ahi bangbang a genkhiak ding, ahon sunatu pen nava kawkbawlleh nakal uh kise ding sa a hi. "Nang ziak, Nang n'on huchih a, Nang thil hihkhelh," 'Nang' kichi nazat tamleh itna chidam lou ding hi. Hiai kimohsakna kampau ahi. Na utleh, "Hiai thute ka zakchiang a kei ka lungsim nalua," chihtezang munzaw in, azatu leng heh lou ding hi.

6. Tup-le-ngim kibang bawl ding:

Nupa damsung kiteng ding i hih man in, damsung a sepsuahding, i bawlkhawm ding leh lohchinna lopkhawm ding ahi. Lawm hoih akithuah chiang ua tomchik sung a ding nangawn ahihkhawmdingte uh genkhawm ua bawlkhawm uhi. Kei leng ka lawmpa toh 2 wheeler a Bangladesh border tan taitung ding chih ka tup uh ahi. Na maban uh manphatak a zatkhawmdan ding na genkhawm kei ualeh, na lungsim uh hong kikaklian ding a, na ki-itna uh hong dau ding hi. Maban paidan ding kikum ngei lou a na om ualeh na zi maban leh nang maban paisawmdan kibang lou leh kikalh tampi om ding a, kinak leh kiselsel ngai ding hi.

Nekzonnading, missionary vaknading, inn thak lamnading, ta deihzah, insung nasep kua in bang semding, sum zekdan ding, leh adangdang tampi kikupkhawm ding om hi.

7. *Kitenna manpha kisaktuahnate (meaning sharing) kikuptuah ding:*

"Nang ka hinkhua a na hongom ka kipaklua, bukim ka sa lua," chihte kigenkhiak zel ding ahi. "Nang om kei lechinhiai tan a lohching zou lou ding ka hi, kei a vualzawlna tuntu nang na hi," ahihkeileh, "Nang ka hinkhua a na hongomma a ka hinkhua thawmhauna ngen a kidim, tu'n bel kuamahdang ka poimoh nawn kei, nang ka tawldamna, ka tawldamna na hi," chihleng zat theih ding hi. Mawk phuahtawm a utut genlouh ding ahi. Tuni a na genpen azingchiang a mangngilh in adang genzellouh ding, na lungtang a ompen akibang mah gen thakthak zaw in poi lou ahi. I hehna leh lungkim louhna, hunpaisa khawng gen tamsang in hiaite khawng kigentuah tamlehang i ki-itna (relationship) chidam ding a ki-it semsem ding i hi.

.

.

<u>Itna toh kisai theihtuakte</u>

Piching leh naupangte ki-itdan

1. *Nungak-tangval tung a kingaihna (Obsessive Love or teenage love):*

Lungsim pichinna, taksa pichinna leh khuak pichinna kitasamlai uh ahihman in, tuailai kingaite'n ahun chiang (boundaries) thei lou ua, akikhen chiang un thuakhak sa diak uhi. Alungsim uh asia leh pha ginatak a khenthei nai louteahi ua, amau a di'a pasal hoih leh nungak hoih ding lengtheihkak siam nai lou ua, taksa melput leh akamsiam siamdeih uhi. Tuailai hun a lungsim thawmhau hun tam a, alungsim thawmhauna hudimding lela nungak leh tangval nei suk uhi.

Amit ua nungak-tangval a-itte uh lungtang a lungsim mitkha a mangtheilou leh hong kilang den (obsessive love) a, angaihtuahna uh luahdim a thildang abawl chiang ua leng koihkhe thei lou uhi. Hiai ziak a pichin ma a kingaihna pen in laisim leh nasep khatpeuh buaisak a, ahih ding uh lungsim piak haksa sa ua, anungak leh tangvalte uh alungsim ua om den ahihmana athil hihna lamlam uh bangmah pe thei lou uhi. Laibu sim le uh leng amiitte uh laipuan aamel uhmuzel uhi. Haichilh ua itna (relationship) ziak a thil tengchan ngam uhi. Huchi tawntung den ahi kei a, amingaih tung uh kha bangzah hiam tuh hichi ngeingei mah ahi. Hiai dan pen ahong bei chiang a khenkhat in a-itna uh taksang nawn lou ua, midang ngaih dingzongzel uhi.

Obsessive love pen asawt tawp in kum nih daih a, atangpi in nga guk daih hi. Hiai dinmun pen tuailaite'n ki-itna diktak (true love)sa ua, himahleh hiai abei zoh nung a itna diktak pen hong kipan pan ding ahi. Hiai dinmun abel alungsim un zoulo phot ahih chiang aginomna leng hau ua, itna ding a leng kipe zou uhi. Na lungsim (emotions) in hon zoulo ding a kikhenpih sawm lechinleng haksa sa mahmah ding na hi. Lunggelna (reasoning) atam kei a, lungsim (emotion) atamzaw hi.

2. *Pichingte ki-itna (Intentional love Or adult love):*

Pichingtak a ki-itna (relationship) pen bel lungsim pichingsa, taksa pichingsa, khuak piching leh hinkhua thiltuah leh thil muh hau tuak ki-itna ahi. Piching ki-itna pen lungsim (emotion) thuzoh zohlouh ziaka hong piang ahi nawn kei a, lungsim a ngaihtuah detdet a hiai nu ahihkeileh hiai pa ka damsung a di'a ka zi leh pasal ding in ahoih, chih thupukna toh ki-itna hong piang hi zaw hi.

Lunggelna (reasoning) kihahzat a, lungsim in hon pumtuam ziak a va ngai chih vangta hi. Mel leh puam sang mah a omdan (character) ki-enzawta, melsia, mihoih leh lohchingte'n leng numei piching melhoihte tang theita uhi. Lungsim (emotion) hon thuzoh luat ziak leh kidek zohlouh ziak lel a mi va ngai ahi nawn kei ua, lunggelna leng zangkhawm a amiitte uh enchian theita uhi. Akikhenkhak chiang ualeng thuakdan siam deuhta uhi. Ahun paisa a kikhenna tuak khin uh ahihman in, tua akikhen chiang ua kikepdan ding thei zawta uhi.

Midang tel ding tampi ommahlehami kibang tel gige ua, midang angai omlouh ziak a tua tangvalpa ahihkeileh nungaknu ngai ahi kei ua, alunggelna toh kituak leh itna apiaktheihna pen lenkip hi zaw uhi. Tuailaite dan a ami ngaih uh alungsim a om den a, anasep hihbuai ahi kei a, thil dang asepchiang ua anungak leh tangvalte phawk nawn lou ua, nna hoihtak a lungsim pekawm in sem theita uhi.

Pichingsa a kingaite alungsim, taksa leh ngaihtuahnauh leng piching ahihtak bang un, kitheihsiamna, kidek theih na, kihoupih siamna, hih leh hihlouh ding (boundaries) theih na, leh adangdangte neita ua, aki-itna lungsim chidamhuaizaw a, buaina leng tawm neizaw uhi. Naupang chik a kingaite bel alungsim, taksa, ngaihtuahna pichinglou ahihman in, a-utziak leng hikhollou a kihihna tuahtuah ua, kiselna kinakna tampiang hi.

.

Bangchik hun a mi kiteng ua kikhen zel uh ahia?

1) Itna akhumlaitak (Full love tanky): Ilungsim a mii it theih hun deuh om a, i lungngaih hundeuh leng om hi. I lungsim a itna adim kiihkeih hun lai chiang a midang va kingai a, adim kiihkeih laitak mah a kitenpihsek i hi uhi. Hiai itna lungsim a kidim hun lai i lungsim kihong zaw a midangte leng i lungsim ahong lut in tengden thei hi. Itna i lungsim a dim khiihkeihlai in thil bangteng itna ziak a kithuak ngam in kichan ngam hi. Himahleh i lungsim hong huchi den lou ding ahi chih phawk ni, tuailai tamtak naupang chik a kiteng i chihte leng a-itna uh hiai dan a khumsuak ding kisa akiteng uh ahi.

2) Itna a daih laitak (Empty love tanky): Tuailai kumching lou a nu leh pa phallouh a kigu, hileh leng kha bangzah hiam zoh chiang a kikhen nawn om uhi. Alungtang ua itna dim pen hong kiam chiang a, nidang a itna ziak a athuakzohte uh thuak zou nawn lou, itna ziak a achan ngamte uh leng chan ngam nawn lou, nidang itna adim lungtang aneihlai ua aparterte hoihna ngen amuh uh pen tua itna alungtang a hong kiam chiang a asiatna lam hon mu tam semsem ua, kiselna kibuaina piang hi. Kumchinglou a kitengte 100 lak a 20te khawng kia kiteng suak uhi.

Kum bangzah phak chiang a zi leh pasal neih hoih ahia?

Hiai kum chet a kingaih a kiteng chih om kei mahleha naupanglua a kitengte lohchinglou uh ahihna uah, akum bikhiah neileng i chi hi. Khristiante'n kum 18 a pan piching a tuailaite kilalutsek hiven, kum 18 a pan piching a kisim i hi ua, sawlkal dan in leng kum 18 a pan piching vote khe thei i hita uhi. Kitenna lam ah leng kum 18 a pan phal himahlehahoih pen ahi mah diam? Dan (rules) hilou in atangpi zuih theih ding kipeleh ka chi hi. Tua ka hon gente hoihsate'n zuihtheih , hoihsaloute'n zuihlouh theih ahi. Mihing i chih i khanletdan kibang lou a, i kikepdan akibatlouh ziak mahtakaleng i lungsim pichindan kibang lou hi. Deihthu sam bang hileh-

1) Numeite a ding in18-20 (age emotionally mature): Numeite pasalte sang mah in lungsim lam ah piching baih zotham ua, pasalte sang in kiten ding kiman baihzaw uhi. Kum 18 a pan 20 kikal a numeite alungsim (emotionally) uh pichingta uhi. Kum 18 akipan ua, apiching hak pen kum 20tan apiching uhi. Numei 20 mi pen pasal 25 mi toh lungsim pichindan kikim a hisap theih ahi. Kum 18 mi apichinding zah a piching zou leng om tham ding a, kum 20 tan a piching nai lou leng om kha thei hi. Kikepdan leh khanletdan kibanglou ahihna ah, kum 20 tan in tuh piching mahmahta uhi. Kum 18 a lungsim pichingte a ding inneih apoi kei, himahleh 20 tan bek ngak thei leng hoih zosem ding hi.

2) Pasalte a ding in23-25 (age emotionally mature): Pasal pen numei sang in lungsim (Emotions) piching hakzaw hi. Kum 23 a pan pasalte'n lungsim pichinna (emotionally mature) kipantoua kum 25 tan khawng in piching taktak pan uhi. Tangpi etdan(General rule) tuh pasal kum 23 aphakma in zi nei keileh ahoih ding hi.

Lungsim pichinlouhna in nupa kal sesak a kikhen nawnna ding chance tam hi. Huaiziak a numei hi in pasal hitaleh pichin zoh bek ngak teitei lehang, eimah a di'a hoihna ahi. Numei kum 20 leh pasal 25 tan bek ngak leng anei baih ut tawp in leng hoih pen ding hi.

.

Life partner, i zi leh pasal ding bangchi zon ding ahia? (2 Cor. 6:14-18; Prov.24:27)

Nu-le-pate'n i tate kum 13 khawng hong phak chiang ua i mi deihsak dante hilh pahpah ding ahi. Ngaihzawng aneih ding tanpha lauhsak a i mi deihsakdan khawng leng gen ngam lou ai omchiang a, tulai khang alah kum 15 vel khawng a aguk a ngaihzawng neih kipanta uhi. Neih leh neihlouh hun dingpe mahni, naupang chik a nungak-tangval ahon sai ding uh kham mah ni, huai kawmkawm in, hiai bang mite ahi ka hon deihsak chi in, i deihsak zawngte hoihtakahilh ding ahi.

Itanute apasal ding uh i deihsakdan i hilh mah lehang tutu a neihding phal chihna hilouahi. Apiching ma ua aguk aaneih ualeh lengnang hoih nasakdante hon zong ding uhi. Deihsakdan khawng gen lou i hih chiang in bel, amau aguk a mihoih loubang ana kingaihzawngpih thei ua, kum chingloupi a hong kigu in kiteng thei uhi. Huai chiang a na deihsakdan gen na sawm patleh kikhelta ding hi.

Nu-le-pate nangawn in i tate kua bangchi mi toh deihsak ding chihnangawn i theih louh chiang a buaihuai ahi. Tuailai azonglaite'n leng i deihdan mi i theih louh chiang a, i deihlouhpiva kinei baih hi. I deihdan hoihtak in theichian ni, i mi zondan adik keileh mihoih kitenpih kha thei lou kihi ahi. Koppih zonna (Relationship) toh kisai laibu 30 val ka sim leh training course tampi ka lakna a pan hoih di'a ka gintak theih di'a poimoh ka sakte ka hon taklang ding a, nang leng hoih nasakleh hiai dan ana zuilechin-

Ahihna uh chi nga et tel dingte

1. Piangthak diktak:

Ei Khristiante'n utut numei leh pasal a kinei thei i hikei uhi. Sisan a leisa ngen i hih ua, i zi/pasal neihna tungtawn a leng Pathian thupina i piak ding uh ahi. Bible zui a ei hondampa a di'a hinkhua i zat lai un, ama deihdan pasal leh numei leng zong in, Pathian chih pen mah toh kiten sawm ni, mahni deihdan i va neih pen ei hinkhua lunggimna leh damsung buaina hon petu hong suak thei ahi. Khristianlah hingal, gingloumitoh kingai (relationship) thei i chih chiang a kigammanglua hita ahi. Zu dawn pasal ding a deih lou hileh leng tangval a nei thei, zi/pasal ding a mihoih deih hileh leng amah hoih sawm lou chih khawng i hi uhi.Khristianna hihleh nang thuneihna a na ututna tel theih hilouahi. Bible deihdan na zuih sawm ding hi zaw ahi. Thukhun Thak ah leng piangthak leh piangthak mah kiteng ding a Pathian in hon deih ahi. Anuai a bible chang simni-

[2 Korinthte 6:14 Ginglou mite toh kituakloupia hakkol pokhawm in om kei un; diktatlouhna leh diktatna in bang ahia kikopna aneih uh? Ahihkeileh, mial leh vak in bang ahia kituahna aneih uh?v15 Belial leh Khrist in leng bang ahia kituahna aneih uh? Ahihkeileh, ginglou leh gingmi'n bang ahia tankhawm aneih uh? v16 Milimte leh Pathian temple in leng bang ahia kituahna aneih uh? Eite zaw Pathian hing templei hi ngal ua; Pathian in, 'Amau ah ka om di'a, amau ah leng ka pawt di'a; huan, a Pathian uh ka hi di'a, amau leng ka mite ahi ding uh, achih bang in. v17 Huaiziak in, alak ua kipan in hong pawt unla, atuam in om un, thil siang lou himhim khoih kei un,' Toupa'n achi, huchi in, k'on kipahpih di'a, v18 Nou ding in na Pa uh ka hi di'a, nou leng kei a ding in tanu tapa na hi ding uh, Toupa bangkimhihthei in achi.]Matt 6:10

Thukhun Lui a pan Pathian in amisiangthoute gingloumi toh kiten ana phallouh sa ahi. Khovel a mihat pen Samson i thei chiat ua, ahatdan leng bible a i sim chiat sa uh ahi. Bang ahia apukna leng i thei uhi. Israelte'n gingloumi nam polamte kitenpih thei lou ua, Pathian danlaibu in leng phal lou hi. Huchi atheih ngoihngoih khit nungin leng Samson in gingloumi va kingaihpih hi. Bible zui lou a ei pasal ahihkeileh numei deihdan i neih chiang ua i puksiatna kipatna leng hong suak hi.

Kitenna in atup-le-ngim

Mitamtak kitengtetup-le-ngim leng thei lou in zi leh pasal in kinei mawk uhi. Kitenna in atuppipen tuh Toupa thumna a, "Na lal gam hong tunghen," i chih sepsuahna leng ahi. Khristian inkuan tunding ding chih ahi. Khristian inkuan bangchi tundinding? Piangthak leh piangthak ahong kiten chiang kia ua Khristian inkuan kitungding thei pan ahi. Na pianthakleh nang sung a Kha Siangthou teng a, na kitenpih pen apianthak keileh asung a khanin Satan thuneihna teng ahi. Bangchiin khanin leh Kha Siangthou akituak theimah di'a?Apiangthak pen in khalam thilte lunggulh ding a, apiangthaklou pen in taksa leh khovel vaite lunggulh ding a kituahna om thei louhimhim ding ahi.

Piangthak diktak kiteng a, Pathian deihdan a Khristian inkuan hon laptouh chiang un atate uh hong piangthak ding chih theih sa ahi. Na tate hong pianthak ding pen Khristian inkuan i tundinna a i tup-le-ngim pipen ahi. Na inkuan sunga Pathian thuneih ut ahi. Piangthakloute'n Pathian thuneihna pe ut lou ding uhi. Na kitenna zang a Khristian inkuan diktak na tunkhiak zoh chiang a Pathian in na inkuan zang a nna tampi semkhe dingahi.

Piangthak diktakna kitenpih chiang a na nupakal uh bitpen ahi: Piangthakloute tung a Pathian in tua vaihawm nai lou a khovel beichiang in vaihawm pan ding hi. Piangthak diktakte tuh Pathian tate ahi ua, khelhna abawl chiang ua leitung mah a bawldikna tuakpah uh ahi. Na kiten zoh chiang ua na pasal ahihkeileh na zi pen nang thahatna a vengbit zou louding sa na hi a, Pathian tel lou a na nupa kal uh aguitunlouh ding theih sa ahi.

Na pasal ahihkeileh na zi hinkhua zatna teng va enkai man lou ding nahi a, athil bawlkhelh thei tawp lechinleng bawl hoihzohna thahatna nei lou na hi. Piangthak diktak i va kitenpih chiang a Pathian in lusu lou a honna etkaisak a, thil bawlkhelh aneihleh lengkhovel tawp ding ngak lou a ahun mahahonna taihilh, hon bawlhoihsak ding ahi. Ahoihlouhna a-omtakleh lengPathian in khengthei a bawlhoihtheihna thahatna nei ahi. Na nupa kal uh nou kikepbitna sang a Pathian kepbitna muanhuai zotham ahi. Nang leng na kiten ma un piangthak teitei sawm inla, na pianthak chiang in kiten ding sai pan in, apiangthak mah kitenpihding ahi.

.

2. *Nang a di'a panpihtu ding:*

Pathian in Evi bangziak a bawl ahia chih theih phot ngai ahi. Pasal pen amah kia a om hoihsalou a, akithuahpih ding leh panpihtu ding numei bawl ahi. [Genesis 2:18 Huan, Toupa Pathian in, pasal amah kia a a-om ahoih kei; amah panpih ding,akithuahpih ding a kilawm ka bawlsakding, achi a.]I tup-le-ngim hon theihpih a hon supportdingte zonkhiak ding ahi. Za-a-za i lunglutna kibatpih leh lungsim kibatpih om lou a, himahleh Pathian calling i sep leh bawl lam a hon support thei ding leh hon lunglutpih thei ding zon ngai ahi.

Khenkhat in ka nungaknu in ka sepna hon lunglutpih in hon panpih thei keileh lengpoikei chi mawk uhi.Hiai hithei lou ahi. Pathian in hon sapna na sepsuahna ding a panpih ding zi nei dekna hi. Office assistance panpihtu i neihdan a i hinkhua zatna a hon panpihtu ding ahi. Asiamna apilna a hon panpih theih louh tawp ualeng hon lunglutpih ua kampau bek a panpihna (moral support) leh lungsim a panpihna (emotional support) bek hon piak theih ding uh ahi.

Pastor khat in alaibu gelh khat ka sim kha a, "Kei tangthupha gen ka lunglut a nitak teng phial in saptuam inn veh kawmin tangthupha ka genzel a, ka zi in innvehna leh nitak a tangthupha genna hon lunglutpih kei a kum 10 bang ka zi a ding inka thumta hi," achi hi. Zi leh pasal nang toh kituak na neihleh tua na dinmun sang a alehnih a sangzaw ding na hi a, na neihkhelhleh alehnih sang a tamzaw a leng keniam thei na hi. Nang dan in nanasepna ah hon siampih khol keiding, himahleh hon kithuahpih, theih siampih leh lunglutpih ngai ahi.

.

3. *Hihna kikimpih deuhte:*

[Genesis 2:20 Huchi in, Adam in gan tengteng, tung a leng vasa tengteng gamsa chiteng amin uh aphuahsak chiat hi: Ahihhang in Adam a ding in panpih leh akithuahpih ding a kilawm a-om kei hi.v21 Huchi in, Toupa Pathian in nuamtak in Adam a-ihmusak a, huchi in a-ihmuta a; huan, anakguh khat ala a, atang ding in sa apangdimsak hi:]Adam kithuahpih ding ganhing teng lak a khat lel leng a-om lou ziak a numei (a-omsahilou) kisiam ahi. Na kituahpih deuhte hel in. Ei sang a thupi luate toh kal khat i kizuih lelleh lengnuamlou ahi.

Sir Khenpi Tombing toh College compus sung kia a i kizuihleh lengamah lian leh thupi luaahih chiang a, ei lungsung a kimuhniamna (insecurity) hon piangsak zou hi. Tua i zi i pasaldingte toh damsung kizui ding i hi a, thupilua leh hihna lian lua neite toh kiteng mawk leng i lungsung ah bit lou kisakna om den thei ahi. Lungsim tawldamloutak a nupa hinkhua zat khak theih ahi.

Kiten zoh nung chiang a va kizon thak ding hiloua, kiten ma a i nasep hon theisiam leh hon lunglutpih ding zonsiam ding ahi. Hiai kachih hang in nang deihtelna ahi. Atung a point no.1, piangthaksa zon ding chih pen kia dan (rule) bohsia kei leng adang pointte bel, ei akitengdingte i kingap nakleh khelhna hial hi ding inka gingta kei hi. Piangthaklou kitenpihtuh khelhna ahi, za-a-za ka genchiang ngam hi.

.

4. *Hinkhua a zuih kichian neite (Life Principle):*

Hinkhua mumal neitak a zang mi, bawl leh bawllouh ding kikal theisiam a, ama hinkhua dan (rules) leh zuih dingkichian (principle) neite adeihhuai hi. Hinkhua thulim lou tak a zang a, ut chiang a nnasem, utlouh chiang a sem lou, tup-le-ngim leng nei mumal lou a omte ngaihhuai mah le uh leng mi lauhuai ahi uh. Va kingaihpih lechinleng na hinkhua uh hondomsang lou ding ua, masawnna om lou ding hi. Hiai bang mite'n na tup-le-ngimte a pan hon kainiam thei zaw lai ahi uh. Mi chihdan teng zui a mahni hinkhua a thuneihna len ngam lou leh mohpuakna laloute hichibang mite ahi uhi. Ahih zohlouh dingte leng kuhkaltak a bawl teitei a nasemte'n chihtakna hau ua, lungsim mawk khen lou uhi.

.

5. *Sepna lam peuh a chitakte:*

Athil bawlna lamlam a zulhzau leh chihtakna suah lou mi in ki-itna (relationship) ah leng achitak kei ding chih theih sa ahi. Thil zil in atawptan tun ma, ahaksat zek chiang a khawlsan pahpahte leng adeihhuai louuhi. Nupa kal ah ut in utkei leng nupa kal buaina leh haksatna hong om dingchih achiangsa ahi. Huai hun chiang a lungke pah leh haksatna phu thei lou leh phungamloute'n kikhen ding sawm pahpah uhi. Haksatna phuttheihna leh chihtakna pen i nasep tungtawn a i hinkhua a kisiamkhia ahi. Nasep a chitaklou leh ginom zouloute ki-itna (relationship)ah leng muanhuai lou uhi.

.

Kum kikhiak ding zah:

Kum kikhiakding zah bikhiah bible ahakimu kei a, kum hiai zah bek a kikhiak ding chi dan om lou hi. Bang teng hileh researchte thil suikhiak a pan hoih di'a agintak uh kigente hon taklang leng ka ut hi. Kei mimal ngaihdan ahi mawk kei a, ka thil zilkhiakna a pan ahoih ka muhte hon kawkmuh ka hi. Tua akum ka hon piak hang in, dik bukimchihna hilouahi. Lungsim kum (mental age) kichi pen tua i kum pen sang in poimohzaw hi. Kum 20 tuailai in kum 35 lungsim pu thei ua, kum 35 upa pen in kum 20 tuailai lungsim pu theilai uhi. Na kum toh kituak a lungsim piching leh mi naran na hihleh hiai zuih theih mahmah ding ahi.

Numeite a ding: Numei a upat zawk dingleh kum 4 bak hikeileh chih adeihhuai hi. Kum 4 sang a upazawte'n atheih louh kal ua apasalte uh tabawl in bawl kha thei ua, apasalte uh thuneih khum ut uhi. Anumei mizia leh lungsim pichindan in leng thupo ding a, anih ua kua lungsim pichingzaw leh dominant personality neizaw uh ahia chih in leng thupua hi.

Pasalte a ding: Pasal a-upat zawkleh kum 10 bak hikei theileh ahoih hi. Kum sawm sang a tamzaw pasal upazaw ahihleh apasal in azi atheih louh kal a atanu bawl in bawl kha thei hi. Ahuchi sese ding chih guarantee om kei mahleh huchi kha tam ahi. Na lungsim pichindanin lengthupo ding hi.

.

Hih louh dingte:

1. Mihoih bukim zong ke'n:

Khovel ah mihoih bukim ki-om lou a, hoihbukim hi lehang Pathian kihi dingahi. Pathian kia hoih bukim omsun ahi. Na lungsim kituahpih i chih chiang a nang deihdan leh utdan teng hon deihpih leh utpih vek hizawlou in, na hinkhua a poimoh diak (core) omdante leh ngaih poimohte kituak hi zaw ahi.

Nang ngaihdan leh muhdan kibatpih ding tuh na hihna kibatpih (same gender) ahi. Numei leh numei kingai, pasal leh pasal kingai hong omna leng hiaite ziak ahi. Nungak leh tangval kikhen chiang a, numeite'n, "Pasalte'n hon theisiam kei lua uh, nang (best friend) sang a hon theisiam zaw a-omkei," chi in, khenkhatte'n ahihna kibatpih numei pen toh kingai mawk uhi (Pasalte leng huchi thou). Na hihna kibatpihte'n leng hon theisiam vekleh na lungsim uh kibang lou ding ahi.

theih siamna leh mi'n na hihna bangbang a hon pom na utleh mihing ah zongke'n, Pathian kia in huai hihthei hi. Hihna kibatpih kitenpih leh kingaih ziak a hon theisiam vek a, na siatna teng toh hon pom ding in kilamenkei hial in, amau leng kikhen thou uh ahi. Ahun hong sawt chiang a hong kiningtuahua, kikhen thou uh ahi. Mihing in hinkhua a i tan zohlouh leh i neihlouhte kilunggulh leh kideih hi. Nang na neihsa hihna (gender status) pen nang aa ahi a, midang nang na neihsa hihna (same gender) pen a lungkim sawt lou ding na hi. Pathian in hon siamna dan leng ahi kei, hihna kibang lou toh kiten sang a haksa zaw ding sa ahi. Pathian in hon siamdan a om haksa sa nahihleh ahon siamlouhdan a om ahaksa mah ding chih na ngaihtuah ngei hia? Ngasa pen singkung kal ding a i sawl toh kibang ding a, zawng leng tuinuai a khosa ding a i sawl toh kibang ding ahi.

Mahni hihna pomkip a Pathian hon siamdan zuite nuamsa lou leh lohsam a-omsam a, Khristiankichi lah piangthak loupihinkhua zangte bel apuksia leh omdan kilawmlou in a-omkhasek chihman thu ahi. Piangthak diktak leh Pathian deihdan a khosa mi en mah dih, alungkim thei a, khelhna abawl kei nakleh nuamsatak a khosa thei ahi. Piangthak hi in piangthak lou hitaleh khelhna omna tuh lungmuannaleh nopsakna diktak om thei lou ahi.

2. *Na hinkhawmpih theih maimai kitenpih ke'n:*

Damsung inkoppih theih di'a na gintakte tan nei ke'nla,amah om lou a na hinkhua bukim lou na sakte nei zaw in, hunhoih hun in mi teng toh kihingkhawm thei a, hun siatni ai it mahmahte kia toh kihing thei hi.

3. *Na hehpih ziak in kingaihpih ke'nla kitenpih tuan ke'n:*

Drugs bawl leh zudawnte'n nungak hoihpipi tangkha i chihleh amau nungak adeih chiang ua apoimohleh lengkap thei uhahih chiang a, numeite'n hehpih in kingaihpih khasek uhi. Mi na hehpihleh panpih inla kingaihpih ke'n, hehpih ziak a kingaihpih chih khawng akhonung in kisikna piang ding hi. Na lungtang sang in na lungsim zang masazaw in na kingaihpih ma in, na lungtang a mi na ngaihpahleh kingaih khit nunglam a kuamah siatna ahi bang in kimu thei lou a, kimu ut lou hi. Huaiziak a kingaihpih a lungtang i zatma in lungsim lunggelna (reasoning) hoihtak in, kua ahia kei a di'a hoih? chih kidong in, ei a di'a hoihloupi va kingaihpih dah ni, akhonung a lunggelna na hon neih theih chiang a kikhenpih thouthou ding na hi.

4. *Kitenna i chih missionary nasepna hilou:*

Na partner hong pianthak ding kinepna in kitenpih ke'n, kitenna i chih missionary nasepna hilouahi. Mi hoih lou khat hong hoihbeh ding lametna toh kitenpih ke'n, hong siatbeh thei ahi. Ana kitengsa a na zi ahihkeileh na pasal piangthaklou ahihleh lah nasatak a na pan dingahi. Azu dawn leh drugsang in ahotdam ding awlmoh zaw inla, apianthakna ding in panla in, awl aakhamtheih bawl hong tawp lel ding ahi.

5. *Kiten ding kinoh lo ke'n:*

Kinoh thethu ke'nla kha guk bek kingaihpihin. Atomtawp in kitheihchetna ding in kha guk bek poimoh a, kha 6 leh 12 kikal a kiten sawm ding ahi. Kum khatval kingaih chihte taksa utna kidek hak ding a siat baihlam a, kikhenkik leng baihlam hi.Ahi thei tan in kha 6 a pan kha 12 kikal in kiteng khe le uteh hoihpen ding hi. Khristian Way of Dating course ka zilna ua hiai dan a hong kisinsakahi. Kha 6 a pan kha 12 kikal a kiteng ding a i kiman nai keileh kingaihlouh phot maiding, na hun, na tha leh sum pen nekzonna (career) ah pe zaw in, na hih hoihzaw ding hi.

6. Ei a di'a mihoih lou va kitenpih sang a kiteng lou a om ahoihzaw:

Mi hoihmah zon tinten ding ahi. Hoih i sak teng ei a dinghilou, i kingaihpih teng i zi i pasal ding hipah lou, kingaih khak man a amihoih lou i sak i deihlouhte va kitenpih teiteilouh ding ahi. Kingaihna a pan kikhen khelhna hilou, minsiatna ding leng om lou hi. Himahleh kiten zoh nung a kikhen pen khelhna ahih ban ah minsiathuai hi. Na nungak leh tangvalpa mihoih nasak keileh khen ngam in, Pathian in ahoihzaw hon pe ding ahi.

7. Ni khat kitenna program sang in kitenna humbitna ding pilna siamna sinna in sum sen tamzawk ding ahi:

Kiten ni i chih nikhat program ahi a, himahleh na nupa kal uh damsung program ahi. Kiten ni a di'a lakhs a sim sumseng akhonung a kikhenpah sang in, relationship course leh laibunaktak a simding, bang a i thiltuahdingte tangpi bek theih kholhding, nupa kal buaina a-omchiang a hihvendan ding leng bangtan hiam bek a theisa in kiteng lehang nupa kal leng sawt daihzaw lai ding hi.

Ei hiai apoimoh taktakte hun leh sum kiseng ngaplouin chin, nikhat thupitak a zat pen kipoimoh ngaihzawsek hi. Kitenna leng abawl zou teng in, thupitak in bawl ni, huai kawmkawm a kiten zoh chiang a zat ding relationship skill leng kisin in laibu bang leng simni. Tua nungak-tangval na kingaih uh kum sawm sung a na zilkhiak sang ua kha 3 kia relationship training tel le utehna sinkhiak uh tamzaw lai ding hi. Biakin a kiteng dekteng bang relationship training la ding inkisawl leng nupa kikhen leng tawmsot mahmah ding hi.

8. Pilvanna dingte:

Chin zongsat mihing hinkhua hihsethei leh na kiten nungtanpha a poi thei ding om ahi. Huai chin zongsattheihte bangzah hiami enkhawm ding hi.

i) Kingaih zongsat a nei (Relationship addicts):

Kingaih chin zongsat a na neihleh single a na omchiang a banghiam khat bukim lou dan a thei ding chin a, na kikhen zoh chiang ua midang sai nawn pahut dingna hi. Zi pasal neihma a kingaihpih sawm val lam nei man ding nahi. Hiai bang a na omleh koppih ding na zon chiang a mi muannatangzou lou thei na hi. Nungak-tangval lai a ex hauh kisak theih pihhuai mahlehi hong pichin nung a zaw kisak theih pihhuai lo lou ahi. Dukdak lou leh ngaih khat kichiantak a ngai thei lou dan a mi'n hon gel dingahi. Mipil leh officer toh kihel kha le uteh alou thei lou a na hunlui hon thei nuam ding a, huai chiang a tangval sawm leh nga toh ka kingai kha chih genkhiak hak kha ding ahi.

ii) Nupa bang a lupkhop zongsat (Sex addition):

Nungak-tangval lai a nupa bang a lupkhop pen khelhna ahi chih haih het louh ding ahi.Nou na ki-itnak ualeh na nih ua na utnak ualeh khelhna hilouchih hilouahi. Kiteng nai lou peuhmah in nupa bang a lupkhopthil hitheihilou a, kitenzoh nung chiang a midang toh lupkhop leng khelhna ahi. Tulai ei singtang mite lak ah leng sapte chindan enton (copy) dan khat in nungak-tangval kingai teng in lupkhopding sa a, lupkhopkhelhna a leng ngaihsun nawn lou kitam ahi. Hiai dan ngaihdan pen naktak in saptuamte'n nang ni,i phal het louh ding uh ahi.

Nungak-tangval lai a lupkhawmna zangte'n azi leh pasal neihnung chiang in buaina tuak uhi. Tua bang a kizang khate'n midang muantheihna nei tawm pah ua, azi leh pasalte'n leng muangmoh pahpah kha thei hi. Khatvei chesual kha na hihtakleh lengmidang toh sunzom ke'n, Pathian kiang ah kisik in nasatak inngaihdamngen inla tawpsan in, ahunsau a di'a hoih lou ahi. Tawpsanlou a na omleh belzongsang ding chin a zi ahihkeileh pasal naneih nung a leng ginom zou lou lai ding na hi.

Inkuan hoihtak tungdingzou lou a damsung a chesual den dingna hi. David hinkhua en in, tual thata,angkawm lai ahi. Himahleh Pathian in akhelhna ziak aatapa laksakin chin, huai a pan akhelhna tawpsan bilbel ahi. David mah bang in kisik in kal khat sunganne lou in ngaihdam ngen theilehang hoih mahmah ding hi. Amah bangakhatvei chesual na hih takleh lengsunzom dah mai in; na lungkim zaw ding hi.

[1 Kumpipate1:1] Huan, David hong upa in, ahong tek mahmahta; huchi in puan in akhuh zel uh, himahleh lum asa thei tuan het kei.v2 Huchi in, asikhate'n akiang ah, ka pu uh kumpipa a ding in nungak zong le ung la: Kumpipa kiangchin ah om gige henla, kemleh; huan, na ang sung ah hong lum henla, ka pu uh Kumpipa'n lum hon sathei ding hi, achi ua. v3 Huchi in, Israel gam tengteng ah nungak melhoih azong ua, Shunam mi Abisag ava mu ua, Kumpipa kiang ah api uh. v4 Huai nungak amel ahoih mahmah; Kumpipa akem a, nek-tak abawlsaksek hi; himahleh Kumpipa'n akithuahpih kei.]

Nungak leh tangval lumkhawm khasate kiten teitei ngai ding hia?

Counselling leh relationship training ka zilma in ke'nleng a kiten uh hoih kanasa a, lawm-le-vual khenkhat advice hon ngente kiangah ka na pesek hi. Himahleh hiai pen ana dik kei hi. [Diuteronomi:22:28Mi'n nungak siangthou khamlouh amuh a, amat a, aluppih amuh uleh;v29 aluppih pasal in nungak pa dangkasekel sawmnga ape ding ahi, huan, ama zi ahiding, ahih minsiat tak ziak in; adamsung in akhen thei kei ding hi.]Hiai a bible chang i muhdan uah tuh nungak siangthou aluppihpa pen in akitenpih teitei ding chih toh kibang ahi. Himahleh hiai penIsrael sung kia a dinggen ahi. Israel lehIsrael huchi a a-om khak uleh kitensak ding mah ahi. Khristianpiangthak leh piangthak tuak huchi a a-omkhop khak ualeh kitensak teitei ding mah ahi.

Gingloumi toh huchi a lumkhawm khate'n va neih teitei ngai lou a, tua atung a koppih zonna a kigendan zuihzawk ding ahi. Ka laibu simna khat ah, numei khat in Pastor pa kiang ah letter akhak a, "Pastor pa ka tangvalpa Muslimte toh ka lumkhawm kha ua, tukal kava kicheck leh ka gai a, bang ka loh ding? Ka kitenpih maidiam? chi in adong hi. Nang leh kei ngaihtuahdan a kitenpih in kichi ut chiat sim ding ahi. Himahleh tua pastor pa kha Khristiankoppih zonna toh kisai laibu bangzah hiam gelhkhin leh theichian mahmah ahihna ah, hiai dan in alaithon khakkik hi-

"Na pasal Muslim ginglou mite ahihman in, na kitenpih pen khelhna hong hi ding hi. Pathian kiang aangkhawmna na neihkhak kisik in ngaihdam ngen inla, pasal na neihma sunzom nawn ke'n. Tua nata pen napaihkhiak hetlouh ding ahi. Angkawmna pen tualthah khelhna in zuisak ke'nla, damtak a na neihkhiak ding ahi. Nau na neihzoh chiang in Khristiangingtu diktak, ta nei thei lou, Pathian deihna bang a enkol theidingte kiang ah vapekhia (adopt) in, nang lah naupanglai na hih chiang in, college sunzom utzaw lai ding na hi, nau sukkiak tualthahna sang a hiai kha thil dik hizaw ahi. Nava piaknate a di'a lah Pathian vualzawlna hi ding, na nau inla apoimohteng ban ah Khristian inkuan hoihtak a pan khanglian ding a, khelhna lah bawlbeh nawn lou himai ding ahi," achi hi.

Pasal khatpeuh in mi zi hisa aluppihleh suang a denlup tuak ding ahi:

[Diuteronomi:22:22Mi'n pasal neisa luppih amuh uh leh anih un asih ding uh ahi, aluppih pasal leh numei; huchibang in Israel lak a kipan, huai thil hoih lou na hihmang ding uhi.v23 Nungak siangthou, mi zikhamsa, mi'n khuaa amuh ua, aluppihleh; v24 anih un khokulh kongpi ah na pikhe ding ua, suang in na denglum ding uhi; numei pen, khua a om ngal a, akikoulouh ziak in; huan pasal pen, a-insak-inkhang zi ahih minsiat ziak in; huchibang in na lak ua kipan, huai thil hoih lou na hihmang ding uh ahi.]Mi pasal hisa leh mizi hisa luppih kimankhete naktak a bawldikna piak dingahi. Nungak-tangval kingai a kigute sang akhelhna uh sangzaw ahi. Nungak-tangval kigu tuh kitensuak ut a kigu ahi ua, mizi leh pasal hisa va luppih tuh khelhna lianzaw ahi. Kigute sang a dan khuahzaw a saptuam in gawtna apiak dingahi. Saptuam in khelhna i ngaihnep chiang inKhristiante'n khelhna ngaihnepna hon nei ua, saptuam kise deuhdeuh hi.

Na pasal hiloupi in ahon luppih dek chiang a pau het lou a na omleh na nih ua khial leh mohsak ding na hi uh:

[Diuteronomi:22:25 himahleh mi'n gamnuai ah nungak, mi khamsa amuh a, achih teitei a aluppihleh, aluppih pasal kia hihlup ding ahi:v26 Anungak pen bangmah achih ding uh ahi kei, nungak tung ah zaw sihna khop khelhna a-om kei; hichibang, mi a-insak-inkhang sual a, that bang ahi a: v27 Gamlak ah ava tuak kha a, mi khamsa nungak kikou a, panpih ding mi lah a-om ngal kei ua.]Anumei pen akikouleh apasal kia moh akisim a apasalpa tungkia a khelhna tu ahi. Himaleh anumei pau het lou a daidide a ana omleh anih ua thilhihkhial tuak a sim hi dinga, gawtna kibang piak dingahi. Nungakte'n na theih ding uh, na tangvalte hi in kua peuh hitaleh hon luppih sawm a-om a, kipek a na kikoukhiak keileh tua hon luppih pen toh khelhna kikim a nei ahon kibawl ding ahi a, gawtna kibang hon kipe ding ahi. Na kikoukhiak ngam ngai ahi.

Thil hoih hih a kisukzahlak pen thil sia ahi, mi'n na tung a thilhoih lou abawl ziak a nang kihutna ding aamah azahlakleh lengnangtung a bangmah hong tu lou ding ahi. Bible deihna bang a nakiang ah kuamah om in om kei taleh nakikoukhiak teitei ding ahi. Tulai khovel sia ahihman in nu-le-pate'n leng hiai bangthute i tate i hilh uh ngai ahi.

Kitengsuak un: Ikingaihpih leng hiloulah i lupkhawmpihkhak ahihlehleng amah apianthaknakleh kiteng lou a omsuak phal ahi kei. Nungak siangthou (piangthak diktak) toh lumkhawm kha na hihleh na kitensuak teitei ding uh ahi. Ni khat leng zekaisak kei un, kigusuak lel un huai ni mah in, na kikhelsak ualeh Satan in kiten utlouhna lungsim hon pe ding a, kiteng lou a mikhial suak ding na hiuh. Na luppih nu ahihkeileh na luppih pa nang na deih hia, deih lou chih vai hi nawn lou ahi. Bible thu awina toh na kitenpihsuak pen thil dik ahi a, Pathian deihdan leng ahi.

iii) *Nungak-tangval kingaihna a lungsim chidamna zon ding hilou (emotional healing):*

Nungak leh tangval lamte'n ahunlui ua akingaihzawngpihte'n ama lungsim asuknatnate uh chidamna zonna in midang va kingaihpih nawn uhi.Huai chiang a lungsim chidamna sang mah in achidamlouhna belaptu in tua aki-itna (relationship) hong pang kha zel hi. Kingaihzawnna (Relationship) i chih milungsim chidamte a dingahi. Lungsim chidamloupi ai omchiang in i ki-itna (relationship) pen hong chidam thei lou a, kinakna leh kiselna hong tamin chin, huai in lungsim gimna leh lungtangnatna hon pia hi.

Nupa na hih ualeh lenglungsim chidam lou na omkhak ualeh zi leh pasalte va kimawk selpih leh mohsak sang in, counsellor zuan zaw ni, huai in i kisel a i kitotna ding tampi hundam thei hi. Kitot-kisel, aw sang leh mohsakna kampau zang nuam himhim mi na hih ualeh lah ana sunzom unla, huchi loua hiai bang a chidamhuai lou kihounate na beisaknop ualeh counsellorte kiang zuan un.

Nungak leh tangval kingai a kikhen pan na hihleh midang na houpih nawn ma in, kha guk bek ngak phot in na lungsimte adamna ding in, huchi a lungsim chidam man lou a kingaih ki-itna sung a na lut nawn pahleh huai na ki-itna (relationship) un sawt daih lou ding hi. Na tangval leh nungaklui pen toh na kisuknatnate uh damna zong in na lungsim anat laitak in midang hon tryte kuamah sang kei in, akhonung a kisik thei na hi. Nangleng na mi deihsim a-omleh lengkikhen zouphet va try ngal dah in, na kingaihpih alui pen hong khonung lunglen thei a hon subuai thei ahi. Ahihkeileh nang mah in leng na ngaihzawnglui pen va deihkik a, nou kingai thak in, lah nava try nu in leng honna deih khin man thei a, ut leh ut louha kopkhak baihlam ahi.

Ngaihzawng kop chihkhawng luckna in sim kei in, mibatlouhna ahi. Mi khat alungkim thei lou a mi nih leh thum kop i chih chiang a, zi leh pasal na neihzoh chiang a leng khat alungkim thei lou ding a inkuan khat dinkip thei lou ding chihna ahi. Kiphasak a kilucksakna ding thu a-om kei hi. Ngai kichianding, khen kichianding, alai a omtam lou ding in thupukna bawl in, ahuchih keileh na theih louhkal a mikop thangsak ding nahi. Lungsim gina neiloute'n mikop zelzul uhi. I deihlouhte'n bang chituk in mittui kaizen in hon delh le uhleng deihlouh bilbelding, kisuanlah man a va kingaihpih thak chihtechintamlouh ding ahi. Huchi a va kingaihpih ut thak ding alauhleh midang sailouh a single a omvanglak ding ahi.

Huchia khat toh kikhen khin phet, midang va kingaihpih pahpah mi na hihleh ngaihzawng neih chin zongsat a nei (relationship addiction) kha na hithei a, counsellorte toh pangkhawmabawldik ding ahi.

.

.

Kingaihzawng helna a omdan ding:

1. Zahngaihna kumpi ahi:

Nungak leh tangval kihelna tuh zahngaihna kumpi ahi. Na zahngaih theih leh nungak na deihbang tangzou ding na hi. Hehbaih a i lung atom luat chiang in i nungak helte kingah thei lou a, ahon dawnma ua kitawpsan kha zel ahi. Nungak deih a va hel na hihleh zahngai petmah in;na lungkim louhnatampi om mah taleh zong. Huai ban ahna nungak helnu mai ah dahmel leh hehmel pu ke'n, ngaihhuai mel lou lua ahi. Hoih nasaknu pen in hon deihlouh ziak a amah mai a nava heh thahah mawkleh hon ngai thei lou ding ahi. Kuama'n mi maigumsa a om gige mi ngai thei lou uh ahi. Nuihmai leh kipahmelpute kideih chiat a amau kiang a omleng nuam kisa hi. Tangval mi nga in nungak ahelkhawm ua, kua pen in atang zou dia? Azahngai pen in ahi.

Zahngai zouloute lungkia in tawpsan ding ua, nang kia atawp a tel ding (option) abei khit nung nangawn in om lechintang kha himai nahi. Huai nungnangawn a hon deih kei laileh mohsa lou in, nanglam nasatak in ki-enchian inla, kibawlhoih in, na manphatna (worth) kha naktak a na punsak ngai chihna ahi. Kei leng kum thum tak nungak khat try a hon deih mahmah lou, amah try ka tawpsan a lai naktak a ka sim a, career lam a ka tha-le-zung ka hon sengekleh hiai tan tungzou ka hi. Kumthum tak va delh a tanzohlouh nung a tuh kingaihsiathuai thou ahi. Himahleh kakingaihsiat det a bang ahia ka lohtak ding? Huai sang a nasatak a ka kibawlhoih a ka lohchinna pen ka phuba lakna hoihpen hong suak ding ahi.

Mi'n hon deih mahmahlouh a, nungak dangngaihsan a amau lungsim sutnat tum in panla ke'nla, naktak in na nna sem in, milohching khat kisuah ngeingei in, na lohchin nung chiang a hon zahtakna, kisikna leh kisuanlahna toh hon etkiktheihna ding a panlak zawk ding ahi. Huchi loua nang kingaisia a, bangmah leng sem peih lou, laisim lam leng buaipih lou a na omleh sepna leng mu lou ding na hi.Tua ahon deih lounu'nalungsim a, "hiai pa kum sawm paita a ka na kikhenpih ka bawldik e," hon chihkhak ding lauhuaizaw ahi.

Depression ka neih nungsang nungak in hondeih louh chiang a, ahon deihlouhna in kei kahinkhua hon hihsetu a pang nawn lou ahi. Ka manpha zou kei a hi'nteh chihna ala ing a, kei-le-kei kichouna (challenge) la ing a, amau leng vasutnat tum lou, inn a laihoihtak asim, nasatak a nnasem, depression a leng lutkik man lou ding khop a om, ngaihtuah leng kingaihtuah man a kikoih lou, ka nasepte damdawi a zang in, mimanphatak ka suah ding tup-le-ngim a neizel kahi. Mi'n hon deihlouhnate uh nang lohchinna ding a gari thautui dan a zangthei na hi. Ahihkeileh nang a di'a lohsapna leh hinkhua kisuksiatna azang thei na hi, koi pen ahia na tel zawkding?

2. *Omdan hoih in numei lungsim zouzaw ahi:*

Tairawl tung nungakte ahihleh amau a di'a leng thil hoih thei nai lou ahi ua, zudawn leh tattoo nei khawng leng adeihkha maithei uhi. Himahleh nungak piching lungsim lunggelna zangthei chiangte'n bel omdan ah pan mi enmasapen uhi. Na mizia (personality) leh na omdan (character) anih in nasatak in bawlhoih sawm in, ka hoihlouhna bangbang toh hon ngaite'n ahon pom ding uh himai chi ke'nla, nang dinmun (level) mite mah in nang hon ngai thei ding ua, mihoih ban ah nang lungsim bangpute mah in hon deih ding uhi. Nang-le-nang na kideih phot ngai ahi. Nang huai nu ahihkeileh huaipa bang hi lechin, nang na kideih diam? I mideihte muhdan (perspective) a pan leng eimah ki-etkik zel ngai ahi. Amau leng mihing ahi ua, mihingte mah in adeihte deih uhi.

.

3. *Mahni kiphat leh kigen tam louh ding:*

Kei leng ka hi, nidang a kimawl lua in thil kithei lou, i mideihte kiang a i thil hoihbawlteva gen tam leng hon deih ding ua gingta mawk in va kiphat khasek, lah hon deihna uapang tuan lou. Nungak nava hel chiang in bangchi tuk in thilhoih leh thil thupi bawl kha mah lechin leng, nang kampau a huaite na pawtsaklouh ding ahi. Numei in pasal ama hoihna kigente a-etdan uh tuamlua ahi.

As a businessman,i customerte'n hon dolh utna ding a i thil bawlte i va zuak chiang a ahoihna atheih uapat hon leisak ut pan uh ahi. Hiai theory nungak helna a kizang thei lou ahi. Hon muang mai in ka test sa ahi. Numei i chih pasalte dan a lunggelna (reasoning) sang mah in lungsim (emotional) paipih zaw ua, numei try ding na hihleh alunggelna (reasoning) sang mah in lungsim (emotional) va zangzaw lechinhon deih baihzaw lai ding uhi. Huaiziak a khamtheih bawlte khawng in nungak mel hoihpipi va try khe zouzel uh ahi. Amau bangmah lou dan khawng a ava kigen chiang ua numeite lungsim leh ngaihtuahna sukhain chin, ana hehpih pah uh a, ahehpih chiang ua itna ana pe kha nak uh ahi. Nungak laisim leh pichingte bel lunggelna (reasoning) zangtheiteahi ua, khamtheih hihte'n va khemzou lou ua, pasal mihoih leh hihna neite mah deihzaw uhi.

Ihinkhua zat dinmun (level) dan dungzui a i mi deihdan ding kisiam mawk ahi. Kikhawm ngei lou leh Pathian limsakloumi in, Pathian mite va deih tentunlou pah ua, kikhawm kei le uh leng amohsa lou ding nungak leh tangvalte mah deihzaw uhi. Mimawlte'n leng mipil lua amau thuhilh dendingte deih lou ua, amau bang a mimawl leh hinkhua zatdan kibangte telzaw uhi. I manphatna hon theidingte tuh i hihna tan theite ban ah huai lam a pilna bangtan hiam neite ahih uh ngai ding hi. Manphatna kimuhpih tuahloute kideih thei lou ua, i thilhihakikhiak luatleh i manphatna (worth) kitheihpihloulo ding hang a kingaih pat tung ding hat ding hi.

.

4. *Pathian in ei a ding mah hileh leng hun-le-tha seng ding a hon deih ahi:*

Khristiankhenkhat in Mr. Right leh Ms. Right pibawl lua ua, ahun chiang a Pathian in honpe na inteh chi ua nungak leh tangval sai lou mawk uhi. Mr. Right ahihkeileh Ms. Right hon pe ding hi tawkleh lengPathian in hun-le-tha na sen ding deih ahi chih phawk inla, mun khat ah na ngak nilouh ke'n, pawtkhia inla va zong in, Pathian in na sepgah at ding a hon chiam ahi. Nang sem ngei lou a mu di'a kilamen mawk na hihleh tuh lengkul ding na hi.

Yes, kumchinglou a tuh zi leh pasal ding zong a va kipatlouh ding mah ahi. Na kum hong chin ding kal ngak in om hiithiat inla, na utleh relationship book leh training coursete ah na tel inla ana kisakhol in poi lou ahi. Himahleh kumching hita ngal a, lah nungak leh tangval sai kha nai lou, asai leng zum, abul va pat ding peih lou a mun khat a na omleh huai Pathian deihdan hilouding hi.

Azong peuhmah in amu ding chi hiven, Pathian deihdan nungak va zongkhia inla natha-le-zung, sum-le-pai, na hunmanphatak pia inva delh in, kiletsaknate nusia inlanang sang a naupang leh hihna niamzawte toh nungak hel in va tukhawm in, huai teirawl tungte'n le i nungaknu pen i kitenpih ding khawng ahihkeileh pasal hoih leh piching amau deiha-omleh otdan theih ding ahi. Nang nungak ding maimai a hentang chin a, kha bangzah hiam ahihkeileh kum khat leh nihnung khawng a na kikhenpih ding thouthou ahihleh tua pasalpa mun awnzaw mai in, na lawmnu a ding inleng mihoih khat akitenpih ding nang akhamtu in pangdah in, pichin suah inla kihepkhiakdan thei in.

Nungak-tangval a va kingaih maimai tan dinglel ahihleh kikhen pahpah ding ahi. Zi leh pasal nei ding a na kiman nai keileh itna (relationship) ava om ngai lou ahi. Itna (relationship) pan baihlote apichin nungua itna (relationship) sai peih nawn lou ua, single suak uhi. High School kailai khawng na hihleh kidek hamham in, itna (relationship) i chih pichingte'n leng haksa asak uh ahi. Nou lungsim, lungtang, taksa leh kum a leng piching nailoute a di'a ahaksatdan ding thei inla, mi ngaih nei mah lechinitna (relationship) a ompih ngam lou ding na hi.

.

5. *Dakkal sagih sung kihel:*

Nungak leh tangval kingai mipichingte a ding inhiai ahoih hi. Tua i gen ding pen niteng a bawl ding hiloua kingaih tunglai kha nihna ahihkeileh kha thumna a khatvei bawl ding ahi. Nungak-tangval kingai a kihel, achangkang deuhte restaurant ah kihelta ua, minute 30 vel lel khawng tukhawm uhi. Inmun a kihelte dakkal tawm chikchik ahih a, mi thadah sep ding nei lou a mawk om khawng na hih ngal keileh dakkal sagih kihel i chih pen piang ngei lou ding hi. Ahong mawk pianlouh ding ziak a na sawmkhiak uh ngai ahi.

Bangziak a dakkal sagih tak kihel ding? Minute 30 khawng lel restraurant a nava tutkhawm un bangmah hon kithei chiansak lou ding hi. Ei leng i mi ngaih lehi itte kiang ai omchiang in i pilvang (protective) voi, i paudan ding lehi omdan ding khophawk (conscious) tak a ki-om vek ahi. Huai minute 30 khawng tuh kivengtak leh pilvangtak aki-om zou ahi. I mi hihna taktak kilakkhelou a i chiintawm pen kia kilakkhia ahi.

Dakkal sagih kihel dingsawm unla zingkal 9 a pan nitak lam dak 4 tan kithuahding, mi omna a park khawng a hun va zangkhawmding, na bawldingte uh gelkholhsa a neih ding ahi. Hiai dan in kithuah le uteh nang a hi in, na partnerte lungsim taktak leh mizia, omdan atak pen hong pawtkhe ding a kithei thuk pan ding na hi uh. Dakkal sagih tan pilvang (protective) leh khophawk (conscious) tak a amizia leh omdan in hon chinzoulou hial ding a, huai chiang a na hihna diktak leh lungsim put uh kitheituah ding na hi uh. I hihna diktak kitheih ma in hunsawttak kingaih sawm kei ni, i hihna diktak kitheih nung chiang a kideih lou tuah a kikhen ding khawng leng kihithei ahi. Khenkhatte ahihna diktak uh kilak ngam lou ua, huchi a chiintawm mizia leh omdan pen toh kiteng suak ua, damsung alah chiintawm peihdenlou a hihna diktak ahong kilat chiang a sawt daih lou ahi; nupa kikhenna leng hiai ziaktampi om hi.

.

6. Pasalte'n hon try zoh chiang un hong tawldam zek ding uhi:

Tangvalte'n akha asim hon try ding ua, ahon zohchiang a, numeite'n 'YES' na chihzoh chiang a hong kinungtolhleh ahon try lai ahon houpihdan sang a tawmzaw in hon houpihna sa hia? Nang tangvalpa kia hiloua pasal teng huchi simvek uh ahi. Nang hon try na a kha bangzah hiam hun leh tha sengahih chiang a, tua nang hon try zou phot ahih chiang atawldamna kipiaahi. Huaiziak a numeite'n lamdang sa in midang khawng toh ana muangmoh pah kei leng ahoih ding hi.

Pasalte'n nnakhat azoh chiang ua tawldamna kipe pahpahsek mawng ahi uh. Bazar hoh leng inn tun chiang a nasem suak lou a tawldam phot, nasem in va kuan le uh inntun chiang a tawldam zek phot ut, project khat zoh chiang a nasepna maban sutzop ma a lohchinna pen lawm (celebrate) phot chidan deuh a tawldam masakut chihdan ahi. Pasalte hihna tangpi ahi.

.

.

Bang chik hun a kikhen ding ?

1. Taksa tak a suknat a na om chiang in:

Nungak-tangvalkingaih lai nangawn a khut ahonkhak sawm hiam khut ahonkhak ngeingeileh kikhenpih pah ding ahi. Kiteng khin a amah a leng hi nai loupi khutkhak ahon sawm maimai leng kikhenna di'a ching hita (qualify) ahi. Huai bang mi na kitenpih teiteileh na kitenzoh nung chiang ua na thuak nakdan ding ngaihtuah ngam hilou hi. Mihing khut kha baihmi om ahi. Huchibang mite'n counsellor zuan uh henla mizia chidamhuai lou (toxic) leh omdante kheng phot le uh, huai zoh chiang in itna (relationship) ah om pan le uh ahoih ding hi.

Bangziak a na omdan hoih lou na khennoplouh a nahumbit det? Nang dandan in midang khat omhenla, ahehtengakidek zou lou in natung ah khut hon kha gigeleh na ut diam, nuam nasana diam, akhonung a ngaihdam kinget pen in na omdan sia bawlhoih tuan lou dingahi. Counsellor zuan inla na hinkhua omdan hoihlouh leh lungsim sia na neihte paikhia in, nang mah atawldam leh mingaihnathi ding na hi. Nang na omdan hoihloute goumanpha dan a humbit sawm mawk hive chin ahon taisan mah kei ding ua; na damsung a midang hihna den dingna hih chiang a.

Mahni kibawlhoih ut lou a ka hihna bangbang toh hon ngai in chite taisan mai in, amah hinkhua a thunei pen leh atenkhawmpih anu leh pa in leng abawlhoih zohlouh nang bawlhoih zou louding sa na hi. Nu leh pa zahtak lou leh thulaklou khat in nang hon thulak lou ding hi. Ahon ngaihtung lai in ahon zohtheihna ding inkingainiam bang mahleh akhonung chiang a agial taktak honglangkhe thouthou ding ahi. Ka hon ngailua hon nawn kingaihpihleh ka hongkibawlhoih dingchite leng taisan, ka hon ngailua a kha 3 paisa in ka drug hih leh ka zu dawnte a pan kibawlhoihta ka hi chite chance piak ding hizawhi..

.

2. *Pathian na limsakna ahong kiam deuhdeuhleh:*

Bible sim, thumna neih, kikhop leh tangthupha genlam a na chauh deuh a na khalam hatna ahong kiam ngeingeileh kikhenpih ding ahi. Nang na khen keileh lengna sunga Kha Siangthou hong gamtang ding ahi. Haksatak leh lungtang na kawmtak a khen maw na ut, ahihkeileh ahon ngaih tung a lungtang teng na piak ma a kikhen? Na lungsung a hiai zaw nang a dinghilouahi chi ahong kigen a-omleh mangmai in, na sung a Kha Siangthou in hon houpihna hi kha ding ahi.

Mi hoihsak leh ngaih i chih a-omkha thei mawng ahi. Mi'n leng ei hoih honsa in hon ngai kha thei mah uhi. I lungsung a itna bang a hong piangteng va buaipih ding hilouhi. I mi hoihsak leh deihteng toh va kingaih teitei a kiten ding chihna hipah lou ahi. Koppih ding na zonna ah na lungtang (emotion) kia zang ke'n, na lungsim lunggelna (reasoning) leng zang in, mi toh kingaihmaalunggelna hoihtak zanga etchet masak ding ahi.

Na khalam hihvahtu leh kikhopna, bible sim, thumna leh tangthupha genna hon nangtu Pathian in hon sawl ngei lou a, hon deihsak leng deihsak ngei lou ding hi. Zudawn leh khamtheih bawlte khawng toh kingai in, "Toupa ka tangvalpa nang na hon sawl hia?" chi a dotdot ding hilou. Kikhop ngaihsak a, thumna, bible sim, leh tangthupha toh kisai a nasep aneihleh lungmuangtak a Pathian deihdan ahi chih thei in, himahleh huai pa nang a dingahi diam chih bel kidot tuak ahi. Hiai hun in, "Toupa hiai mipa nang kei a di'a na hon sawl hia? chiadotzawk ding ahi.

Mi hoih chihman a mihoih teng nang a di'a siam leng hipah lou ahi. Mi hoih pasal ahihkeileh numei za lak a 1 kia nang a di'a siam ahi. Mi hoih numei ahihkeileh pasal za lak a za nang a di'a siam hilouahi chihtheihsiam apomsiam ding ahi. Ka tangvalpa ahihkeileh ka nungaknu Pathian thu hat hia, bangziak a Pathian in hon khen chitchiat ahi diam aw, chi a pomsiam lou a omlouh ding ahi. Pathian thu hat chiat mihoih chiat hi le uh leng Pathian in hon sapna kibang vek lou ahi. Pathian in nang hon deihna leh amah adeihna kibang lou thei ahi. USA a lawmte missionary khat in hon gen kha ngei a, "Ka nungaknu toh kum tampi ka kingai ua, ka kiten dek chiang un, amah gospel gen a khovel fangsuak leh zinlehleh ut lou a, kei lah Pathian in hon sapna huai hi zel. Amah piangthaklou leng ahi tuansam kei, kei leng piangthaklou hituanlou ka hi. Pathian sapna (calling) kibatlouh ziak in ka kiteng kei ua, kei leng single suak kahi," hon chi hi.

Mihing a di'a hoih leh kilawm om a, himahleh atawpna bel sihna ahi. [Paunakte 14:12 Mihing a di'a lampi dik a kilawm a-om a, himahleh huai tawpna sihna lampite ahi.]Damsung zi leh pasal kizonna in eimahtheihna sang in Pathian muangzaw ni, e'n minute 5lel leng i maban ding kimuban lou a Pathian in i maban mu vek ahi. Pathiana-it mite a ding in amaban uh ahoihlam ngen in asiam chih i thei hi. [Romte 8:28 Huan, Pathiana-it mite, ama'n aseh banga asapte a ding in, ahoihna ding un bangkimasepsak chiat chihi thei hi:]Huaiziak a nang theih siamna ah kinga ke'nla Toupa muangzaw in;[Paunakte 3:5 Na lungtang tengteng toh Toupa ah muang inla, nangmahtheihsiam na ah kinga ke'n.]

College koi a kaiding, bang sepna a sem ding e, tuni bang bawl chihnangawn a Pathian dong sipsip chin a, tua na pianthak zoh a thupukna poimoh mahmah khat la di'a kisa, Toupa dong lou ding maw? Ama deihdan lou a zi leh pasal neingam ding na hiam?

.

3. Lungsim gim den a om, ihmu lou, nasepna di'a tha nei lou leh na kimuhdan ahong siat deuhdeuhleh:

Mi lungsim chidamloute kiang a om gimhuai lua a, eimah leng hon lohsawn thei uhi. Na mi zondingte tuh mi lungsim chidamte ahih ding ahi. Kuate ahia lungsim chidam i chih?Kikhawm gige teng lungsim chidam hilou, Pathian phawk a apolam hoih akilat utziak a kikhawmte hiloua atak a Pathian lau, bible toh kituak a khosa, khelhna taisante ahi lungsim chidam i chih. Apolam a hoih a kilat utziak kia a kikhopna limsak om ua, atak a Jesu Khrist neihman a Pathian itna toh kikhopna limsak leng om uhi. Khristianchiatchiat leng ki-etchet ngai ahi, Jesu Khrist neite mah zonkhiak a zi leh pasal ding a neih ding ahi.

Na kingaih zoh uapat lungsim gimden, na ihmut leng hon buaisak, nasepna ding leng thanei lou leh nang-le-nang hon kimusesaktu ahi hia? Hiai bang mi nang a di'a hoih louahi. Na kikhenpih pahleh nang lungsim dampah himai ding na hi. I chih hang in itna (relationship) sung ah kinak leh kiselna om theitham a, achangchang a thulimtak a kisel kha na hih ualeh bel huaite a huam kha kei. Himahleh niteng phial a kisel, kal bangzah hiam hichia omta nahihleh taihsan ding ahi.

Kha khat sung a thumvei khawng kinakna leh kiselna om ahihleh poi lou ahi. Himahleh kal khat sung a thumvei kinakna leh kiselna khawng om ahihleh na ka itna (relationship) uh chidam lou chihna ahi. Itna chidam lou a omna in thil dang a hun leh tha napiakding teng nebei a, manphalou a hun hon zat beisak ahi. Hiai ki-itna sung a sawt na omleh masawnnahinkhua a hau lou ding na hi. Ki-supporttuahsiam leh lungsim chidamtak akingaite'n nasep thilhihah leng lohchinna ngahthei ua, itna sung aom lai in leng sepna lianpipi khawng leng nei thei uhi.

4. *Lawmta dan a hong om chiang a:*

Kingaih lailai ahon lawm bawl a, tangval dan ahon zahtak lou leh anungaknu dan a hon awlmoh (care) nawnloutekikhenpih hun chihna hita ahi. Lawmdan a kingaih nung a kipolh hoihlua, kipolh ding mah ahi. Himahleh nungak leh tangval ki-itna pen khahsuah a lawmdan ahon ngaih mawkleh tuh kikhenpih ding ahi. Lawm dan in kipawl mah le uh leng hon lawm etlou ding ahi. Amah lawmte toh nang hon etdan kibatsaklouh ding, alawm dangte toh kikim a hon bawl leng utlouh ding ahi.

Nang manphatna (speciality)phawk nawn lou a chimthawina khawng lel a hon houpih a, amahlam a nuam asak tan lel a hon ngai ahihlehleng kikhenpih hun ahi. Kimuanmohna leh lungkim louhnahong piang dinga, kinak-kiselna hong kipan ding a, na ki-itna uh hong chidam lou ding hi. Bangchidan hiam a panla thei a, na khengthei (positive change) ualelah kingaih suak theih veve, himahleh na lawmnu hinkhua a nang na dinmun khahsuah chin a, ama'n lawm pasal tam neilua nang leng hon ngai poimoh zou nawn lou a hong omleh kikhen hun ahi.

Nungak-tangval dan akingaiahihna kibatpihlouh (opposite sex) tuailai toh kihouhou ding hilouahi. Huchi a tangval tuamtuam leh nungak tuamtuam houpih utlaite'n relationship nei a omlouh maiding, single in om unla ut teng houpih le uchin poi lou ahi. Numeite'n pasal amah houpih teng houpih un chin, pasalte'n nungak message reply aneih chiang ua hehzel.

Na nih un kihou tuak unla, rules ginatak siam in, kithukimna bawl mai un, hiaite khawng ziak a itna (relationship) hong se toutou ding a kikhen pah ding na hi uh. Numei in amah ngaite hope apiak kei nakleh houpih asia a ngaihtuahlou in, pasal in numei ahoupih leng sia a va ngaihtuah kha thil dik hilouahi. Midang text leh reply ase kei na chih ualeh na nih un kihoupih tuak un, houpih lou ding na chih ualeh, na nih un houpih kei mai un, kithukim le uteh nou kal kisia lou ding himai ahi. Bang tan hih dingbangtan hihlouh (boundary) ding chihte kigen siang pahpah ding ahi.

Tulai nupi-papi sate'n leng nungak khawng saisai ding hilouahi. Nungak leh tangval khawng saisai utlai nahihleh zi-pasal neih louhmaiding, single in utut sai ni, kuama'n hon mohsa lou ding ahi. Zi leh pasal neih teitei ngai lou ahi. Lungsim leh omdan kithunun zou lou a midang tuamtuam saisai utlaite'n, zi leh pasal neidah ni, nupa i hong hihchiang a kithunun ngai a, tangval leh nungak lai dan a kizalen nawn lou ahi. Huai zalenna deihlo lai na hihleh single in zalentak in om suak mai in, huchi a kithunun zou a papi leh nupi dan a khosa theidingte kia in zi leh pasal nei hen.

5. *Na sung a siatna hong punbeh chiang in:*

Na kingaihma a nang zaha zahngai pen, itna sung a na hongomchiang a zahngai lou deuhdeuh leh na sung ahoihna na neihsate ahong kiamleh kikhen hun ahi. Nang toh ahoihlam a khanglian theidingte kia kingaihpih in, huchi loua nasung a siatna hon pholhsuah a hon siatsak behbehdingte nei ke'n. Siatna pholhsuah i chih chiang in na shikhar nek khawng hoihsalou a tawp ding a hon sawlte hilouahi. Huai thil hoih ahi. Thil hoihlam ahon paipih leh na sung ahoihna hon lamtoute kingaihpih ding ahi.

Sunglam a siatna i chih chiang in hehbaihna, enna, huatna, muhdahna, leh adangdangte gen hi zaw i hi. Hiaite mi teng in i sung a i neih chiat uh ahi, himahleh khenkhat in zangkhe tam a, khenkhat in zatlouh in koih thei uhi. Na sung a siatna na neihte hong pun deuhdeuhleh huai mipa ahihkeileh huai minu nang a di'a hoih lou ahi. Hiai lungsim a chidam lou i chihte mah in kamsia (zahmoh, hamsiatna kampau, etc) ahon hou ding ua, minhoih lou (mihai, mithulim lou, etc)chih khawng hon zatkhum ding ua, nang-le-nang na kimuhdan hon hihse ding ua, na manphatna (worth) hon muanglel (question) ding uhi. Lunggimna na hauhluat chiang in ihmut hong hak deuhdeuh ding a, kingaihsiatna (depression) ah hon tuahlut ding hi.

Lunggimna, ihmut theih louhna, leh depression na hon neihchiang a na hinkhua a mohpuakna lak a midang mohsakna leh hamsiat hong kipan ding chin a, haksatna in hon pumtuam deuhdeuhlai ding hi. Hiai tan na tun chiang a kikhel lo lam hita ahi. Bangmah leng sep peihna nei lou, sepkhiak leng hau loulehmaban toh kisai leng lungsim pe man lou ding chin a kisakhollou a hinkhua amhaitak a zang ding nahi.

6. *Na kizahtaktuah thei uhia? Na kal uah chidamna a-om hia? (health boundaries):*

Kizahtaktuah theih louhna mun ah kinakna leh kiselna tam a, kinakna leh kiselna atamna ah itna (relationship) chidam thei lou hi.Nang alungsim chidam lou pen na hih a, na ki-itna uh na humbit nopleh counsellor naih in, na lungsim hong chidamleh kiken ngai teiteilou a kingai suak thei ding na hi uh. Huchi a counsellor zuan lou a mahni kimuang mawk a na omleh akhonung sawt lou a kikhenna hong om thou ding ahi. Na kikhenlouh tawp ualeng lunggimtak a itna (relationship) a om ding na hi uh.

7. *Na kal uah pumkhatna a-om hia, na kimuangtuah uhia?*

Maban na sawmdan uah na kithukim thei uhia, nekzonna (career) ah na pangkhawm thei ding inhiam ahihlouhlehatawp tan ah hon lunglutpih hia? Na inkuante hon pomsiampih hia, na lunglutnate hon pomsiampih hia, na maban ngaihdan toh kisai ah ama'n bang ngaihdan anei a? Hiaite khawng kidottuah tuak hi.

Tua atung akigente nungak tangvalte a dingkia ahi. Nupa hikhinsate'n ana zui kei un, nupa hih zoh nung a kikhenna ding a chitna nei omsun tuh sihna ahi. Pathian min a sihnalou ngal in hon khen lou ding a kichiamsa nahi ua, huai na zuihsuak ding uh hita ahi. USA ah pastor zakhat akihou ua, kikhenna ding a chitna (qualify) adang chi nih agen uhi. Angkawmna leh taksa tak akisuknatna a kikhennate leng nupa kikhen khelhna a kisim lou ding ingingta ua, Pathian in leng phal ding in gingta uhi. Himahleh kiteng ding a kichiamna i neih chiang a i genkhawmlouh uh hiai ahi a, himahleh anih ua khelhna nupa kikhensak thei ding khop khelhna tuh ahi uhi.

Himahlehkei ngaihdan in bel, sihnalou ngal in honkhen kei hen kichiahih chiang a, bang khelhna hitaleh lengapanpih thei ding Pastor leh Marriage counsellorte kiang zuan leuh, kikhen ngai lou a ki-it theih nawn a, khelhna kibawlte leng kingaidamtuah thei ding in ka gingta hi. Ahon panpih theidingte zotdan thei in, va zuan in hamphatpih chiat sawm ni.

Bangchidan a kikhen ding ?

1) Nungak-tangval kingaite kikhenna khelhna hilou, nupa kikhen khelhna ahi:

Nungak-tangval kingaite'n formally a kichiamna leh lupkhawmtheihna dikna (rights) nei lou ua, Pastor gawm leng ahi tuan kei ua, amau ut thu leh a-ut hunhun un kikhen thei uhi. Nungak-tangval kingai kikhen pen khelhna leng hilouhi. Mi'n ahon khen ualeh lengahon khentute va mohsak leh thilhihthei leng om lou hi. Na kingaihpih in tangtawn in ka hon ngai den ding, ka hon khen ngei kei ding achih hang in honkhen thei a, ahon khen chiang a leng ahon gensate ziak a va gak theih louh ahi.

Ahun genlai a lungtang teng toh hon genleng ahi maithei, himahleh mihing i chih hunpaidan dungzui a kikheng a, i deihdan leh hoih i sakdante bang leng hong kikheng zel mawng ahi. Hun paisa a thupukna i lakte leng hoih i sak keileh kibawl thak, kikheng thak zel mah ahi. Huchi kei mawk lelah mihing kikhangtou ngei lou ding a, kum nga paisa a i pil sang a tua kipilzawta, thiltuahte dungzui a hih nawnlouh ding chih khawng leng kisintouahi. Thupukna khen theih leng masawnna chi khat ahi.

K'on khen ngei kei dingachih lai in amah a di'a mihoihpen leh ithuaipen nahi a, zuau gen hiloua hon khensawm ngei lou mah lengahithei. Himahleh hun hong pai dungzui a kituahlouhna leh hun kikhen dungzui a thupukna athak alak ngai khawngleng om ahih chiang a, huaite ziak a thupukna hoihzaw ding aagintak dungzui a agensa hon kheng hi kha ding hi. Theisiam inla pomsiam mai in, na lungsim na sak nawn ke'nla, nang manpha na kisakna (worth) leng hihniam tuan ke'n, nang ziak a thil bangkim tung ahi kei a, nang a thil bangkim omleng hisamlou ahi. Ama'n ama hoihna ding a thupukna bawl hiven chi in theih siamna toh letkip tentunke'n.

2) Nungak-tangval a kingai na hihleh kikhen thei gige na hi chih phawk in:

Tangval leh nungak na neihma in hiai thudik thei phot in, kingaite kikhen thei uhi. Pathian mai a kichiam, saptuam mipi aza asimte mai a kichiam, nupa deihsak leh amau kingaite leng kikhen thei lai uh ahihleh, nou nungak-tangval kingaite khawng tuh kikhen theigige mah nahiuh chih pomsiam kawmin kingai un, huchi hileh na kikhen chiang ua leng puakdan siamzaw ding na hi uh.

.

3) Kikhenna mun ding; park leh mi tawm deuhna hileh leng mi omlouhna ahih louh ding:

Kikhen chiang a mipi tamna lak khawng ahihlouh ding ahi. Na kikhenpih pen khasia a kidek zou lou in kapzak gawpleh zumhuai lua ding a kisukzahlakna leng suak ding ahi. Kuamah omlouhna leng ahihlouh ding ahi. Pausiatlouh a thil hoih lou khawng tungdek hitaleh leng adelhtu ding a-om ding ahi. Kikhenna ding a hoih tuh zingkal an nekma a kimuhding, park leh mun thoveng deuh a, huai mun a kikhen dingahi. Na kikhen chiang ua alawm hoih (best friend) phone call a na sapsak teitei ding ahi. Na khenkhit nung a nang ompih nawn lou ding na hihna ah, amah hehnem ding alawmhoihpen nasapsak thil kilawm leh hihtuak khat ahi. Zingkal aannek ma a kikhen hoihzaw a, nitak khawng ahih chiang a ihmu thei lou ding ua, azingchiang ihmut khamloupi a nna sem thei lou ding ua, nitak khat leh nikhat subuai suak na hi. Zingkal ahih chiang in sunhun chiang a lungdam man ding a, nitak chiang aihmu thei ding a hisap ahi.

.

4) Kampau ah pilvang in:

Kikhen chiang a nathugendingte atawm thei tawp leh kisel-kinakna a-omlouh ding ahi. Kampau sia leh hamsiatna khawng zatlouh himhim ding ahi. Nang na it louh a nang toh kituak lou a kikhen ziak in misia hidan in mu tuan ke'n, akituahpih leh amah it dingmi om veve ding hi. Kampau sia zatpen khelhna ahi. Kampau sia zangte tung a Pathian heh ding a maban limchilouding ahi. Amah kimuhdan leng suksiatsaklouh ding ahi.Nang tung a thil sia abawl ziak lel a midang teng a di'a misia hilouahi. Amah kimuhdan suksiatsak het louhding, "Kuamah toh leng kingai thei kei niteh," chih khawng zat hetlouh ding ahi. Kikhen pen khelhna hikei mahlehkikhen chiang a kampau sia leh lungsim sutnak utziak a kampaute khelhna ahi a, Pathian in na genteng za a ama'n hon thuk ding ahi.

Siangthoutakakingaihpih thei nawn lou ding na hihdan genchiang lel in, amah siatna leng va bawlhoih sawm ngai lou, kinak leh kisiatloh ding na hi uh. Mitampite hihkhelh tuh, "Pathian in hon lemsakpih lou ahiding," chi a na kikhenna ziak uh Pathian ngoh hetke'n, thil diklou ahi. Na mikhen pen in hon ngai lolaiahih chiang a, nou ahon khentu Pathian pen tung a lungkim lou a, nou na kikhen ziak ua amah leh Pathian kal asiatlouh ding ahi. Thil tampi va gen atheih siamsak sawm ngei louh dingahi. Kikhen chihziak a kampau sia va zatkhum a va suknat ngai lou a, huai milungtang nava suknat a bangmah thil phatuam lawkpih ding om lou hi.

5) *Kingaizawng (Relationship) a na om nawn chiang in:*

Midang toh kingaizawng a na om nawnchiang in na ngaihzawng luite toh na kingaihpih pen tehkak ngei louh ding ahi. Tehkhinna in milungsim chidam lai pen damlousak ahi. Manpha kisakna beisak thei a, nou kal a kisiatna kipatna leng hithei hi. Ngaihzawng luite toh hunzatkhawmdan khawng leng gengenlouh ding, kidot leng kidotdotlouh ding ahi. Hunlui thu na gen tam ualeh nou mahleng lungleng thak thei nawnna hi ua, na kingaihpih pen in leng hon muangmoh ding ahi. Kingaihzawngma in theih nop teng kidong siang ni, kitenma in ki-enchian kilkel ni, himahleh i kingaih khitnung a kihoulimna ding khawng a zat het louh ding ahi.

.

.

Addiction tawh kisai tuailaite a di'a theihtuakte:

Bang a addiction? Bangchidan a kipan ahia?

Addiction i chih i chin zongsatna a pan i taksa leh lungsim chidamna kiamsak thei, sum-le-pai nehektu leh taksa sianthouna kiamsak thil i va bawl zongsat, nek leh dawn pen genna ahi. I khuak ah kipahna dopamine kichi om a, thil i va bawl, i nek, i dawn tungtawn hiam a pan hiai dopamine (kipahna) tui pen pawtkhe zel in, huai i khuak a dopamine tui apawtkhiakchiang a kipak thei pan kihi ahi. Dopamine kichi kipahna tui i khuak a ompen, kipahna leh nopsakna amasapen i bawl chiang in tampi pawtkhia a,akibang mah i bawl zom chiang in pawtkhe tawm deuhdeuh hi. Huai amasapen a nopna leh kipahna tan tungkik zou nawn louahih chiang a, huai tan tunkik sawmna a dose sang deuhdeuh hon bawltou ua, atawp chiangatawpsan theih nawn louh(addiction) tan hong tung uhi.

Addiction zohnung ai khuak a dopamine tuipen apawt louh chiang a taksa leh i lungsim ah gimthuakna hong kipan hi. Addiction tan tungte bel amau hatna a kipawtsuah thei nawn louteahi ua, Pathian hatna muang a tawpsan khawng ahih ngal kei uleh amau tupguhna a zoh ding vual hi nawn lou hi.Addiction i chih teng hiai dan a kipan vek ahi. I addictpih pen drugs, No.4, nganza, zu, shikhar, raza, khaini, phone game kimawl, pornography addiction leh atuamtuam hita ve, ahong kipatdan kibang vek ahi.

.

Addiction hoihlouhnate genkhawm ni:

Addiction kichi alauhuainate:

Addiction neite'n amau laisimna lam ah chau ua, atha uh kiam a sep leh bawl ding a leng huntam pepeih lou ua, thadah ua, maitaizou lou ua, alungsim uh chau ua, amau akimuhdan uh hong sia a, milak sang a atuam a om utzaw ua, kingaihsiatna hon neiua, nna leng hoihtak insem thei lou uhi. Atung a heading, "Depression kitheihsuahna (Sign & Symptoms of Depression)," pen ana sim thak mai un, akibang i gelh thak sang in. Depressionte sang a drug addiction toh depression thuahte'n nakzosem in thuakgim ua, alungsim leh ataksa ua thuaktuak uhi. Hiai bang a thuak utloute'n drug bawllouh ding hipah ahi.

Drug addiction: Ka lawmte khat 2013 lai a NCC ka panpihte khat a-om a, amah tuh tualai a kichamsak leh kichetheisak mahmah khat ahi. Amelput leh a figure khawng hoih ahihman in ngaihzawng khawng leng nei hi. Shikhar ne in khatvei kiman a naktak in kisatgawp a, himahleh ama'n tawpsanlou in, hinkhua zangtouden hi. Kum 8 khawng apai khit nung, 2021 kum in "Omdan hoih leh Kihasotna" thute seminar pia a,Lamka kho sung Rehab Centre mun 4 ka vehkual lai in, amah kava tuakkha hi. Nidang a melhoih i sak pen khamtheih in amelhoihna teng ana susia a, a-omdan teng hihsia ahihman in collge leng kai thei lou leh sunzom thei louana om ahi.

Lamka kho sung ahkhamtheih bawl alang akithei leh aguk a bawl teng 400 bang val ding a gintak ahi. Lamka Rehab Centre i neihsa teng uhleng dim khintaa, a-om nuam angaklel (waiting list) tampi om lai uhi. Huai lai a nang drug va testabawlbawl ut lai ding maw? Drug (Zu, No.4, Dendrite, etc) nava test chiang in, nang a di'a khatvei va bawl maimai kichi na dingchin a, na khuak in huai dopamine tui pen ana pawtsak a, alimdan leh anopdan chiamtehkhintaahi. Khatvei na bawl nung na khuak in lunggulh ding a, na theih louhkal a chingzongsang ding na hi. Abul va kipan dah inla abawlte leng lawm in thuahke'n, na lawm hoihpen in bawl ahong kipatleh taisan geih in, ahuchih keileh apukse sa hi ding na hi.

Kham theih bawlte hinkhua:

Khamtheihna test ngeingeileh zongsang pah ding na hi.Nahongzongsat chiang a na omdan ding hiai bang ahi. Na lawm-le-vualte'n hon taisan ding ua, na nungakte'n hon kikhenpih ding ua, na laisimna lam a siam lou deuhdeuh ding chin a teacherte tai leh drugs ziak a honexpel lai ding ua, career teng bei suak ding a, nasem ding a kuama'n hon deih lou ding ua, sum nei lou ding chin a, lah na drug tawpsan thei lou ding nahih chiang ana nu leh pate sum hon gu pan ding na hi. Sum guk thutuam hitaleh na insung vante drug leina di'a hon zuak zomahlai ding chin a, huai chiang a na inn uapat hon kinohdok lai ding a, kholai a na giah ngai ding ahi. Inkuante'n hon nohdok lou ua, inn ah hong giak in chi in hon zawn le uh leng nang kisuanglah ding chin a, va giak ngam lou lai ding na hi.

Khamtheihna bawl tam deuhdeuhleh biakin kai, bible sim, thumna neih, leh saptuam vaite taisan ding na hi. Nidang a na lunglutsa football pek, badminton kimawl, ahihkeileh banglam peuh a na lunglutnate hong kiam dinga, druglou ngal lunglutna dang nei thei lou ding na hi. Zi deih lechinleng zi nei theidinmun a dingh lou ding chin a, nang deih lechinleng midangte'n hon deih lou ding ua, nungak hai deuh khawng na khemzoh a-omleh lah kiteng ding chin ua lah kiteng sawt louding, nek dingom louding, na zi hong lungkham luat chiang a, kingakna tak honsa lou di'a, hon taisan thouthou ding ahi.

Tua atung a kigen teng tu a pumpelh thei na hi. Khamtheih bawl peuhmah lawm in nei ke'nla, kithuahpih ke'n, nang leng bang achi hiam chih test na in khatvei leng bawl se dah in, khonung a tawpsawm sang in abul va patselouh (easy) ding ahi. Thil sia ahi chih thei gegu a va test (out of curiosity) teiteite mihai ahi uh. Lampi ah bawng ek na mu a, bang achi hiam ka hon test sin na chi ngei hia? A-uihlam leh akihhuaidantheisa nahih chiang ava test teiteilou ding na hi. Khamtheih leng a addictte enin, nuam asa uhia, haksa asakdan uh i theih sa ahi. Hiai teng theih khit nung a drug bang achi ding aw, chi a va test teitei ngai lou ahi.

.

Hinkhua haksatnate damna ding kham theih hilou ahi:

Hinkhua ahaksatna i tuah chiang in adamdawiding khamtheih hilouahi chih theichian in, khamtheih adamdawi hileh tua khamtheih addict teng milohching leh sepna lianpipi nei hita ding uhi. Khamtheihna bawl chiang a na lunggimna teng bei hilouin chin, hun tomchik sung mangngilh zual hih lel na hi. Na khamtheih a pan khua na hon phawk chianga, ahaksate na dai tuan lou a, na khamtheih ziak a na hihkhelhte hong kibehlapzaw lai ding hi.

Hinkhua haksa sa a om na hihleh na Khalam hihhat inla, na haksatnate tung ah mohpuakna za-a-za la in, na kihep mangsanleh hong tam deuhdeuh ding a, na maituahlehbel hong kiam ding a, nikhat nichiang in hong bei ding hi. Khamtheih abawl a pan hong lohchingkhia kichi mihing tangthu ah om ngei lou hi. Khamtheih atawpsan a pan hong lohching khia kichi bel omtham in kiza kha tham hi.

.

.

Addiction chituamtuamte (Rom 1:24-32; 6:18-20)

1. Moblie games leh phone screen addiction:

Addiction i gen chiang in drug leh zu kia i kawksek ua, himahleh tulai khang a addiction chi khat, addiction chih a lah Rehab Centre va lutpihtheihna khop hilouom hi. Naupang, tuailai leh papi khenkhat mobile game addictua, nitak sawtpipi tan khawng kimawlsek uhi. Lohnei lou a kimawl/galkap hiden mai, alaisim ding leh nasep ding nangawn phawk kha nawn lou a haichilh kitam hi. Drug addiction i chihte toh kibang a, akhuak ua dopamine tui pen game kimawl chiang a hong pawtkhe zel ahi.

2020 May khabul in PUBG gam ka phone ah ka install a, ka kimawlleh kal khatsung ihmut leng ka kham kei a, azongsathuaidan ka theih in ka delete kik thak hi. Hiai mobile game i chihte khuaklam siam taktakte toh pangkhawm a kibawl ahi a, haichilh leh zongsat (addictive) theih ding a kisiam ahi. Na kimawlleh na lungsim hon luahdim ding a, khawlsan hak mahmah ding hi. Na ihmut hun, na laisim hun, na nasep hunteng hon lakmangsak ding a, mihing na hihna a na manphatna hon kiamsak ding hi. Sawt kimawlte'n thil lunglutna sau nei lou ding ua, program a tel khawng leng haksa sapah ding uhi. Alungsim uhleng hong tom deuhdeuh ding a huhamna leng hon neitou mawkding uhi.

Mobile game i kimawl dingleh lengazongsathuai (addictive)lou deuhte kimawl ni, sawt sim kimawl chiang a nin theih a khawlsan theih dingte kimawl le khuak nouhna ding a hoih tampi kibawl leng om hi;PUBG leh game khenkhat nin theih louhhi. Zan khovak in kimawl lehang leng kimawl theih dingte tawpsan ni, inn sung a phattuamna leh na nek-tak zonna (career) lam ah phattuamna neilou uhi. Kimawlna i chih chimthawina ding a zat ding ahi. Nasep leh laisim, insung mohpuakteng taisan zen a kimawlna pen kisuklimna hi nawn lou a kisuksiatna hi zaw ahi. Kei leng Game kimawl thou ka hi. December kha chiang chauh in ka download a, kumlui leh kumthak kikhek zan akumthak ma ngei in ka delete zel hi. Huchi keileng ka nasep ding tamlua a, ka nna semkhin man ngei lou ding ka hihman in, bangchituk in game kimawl nuam mahlengka kithunun ngai ahi.

Phone addiction

Phone screen addiction kichi leng a-om a, hun teng phial a phone khoih, niteng a hun tamzaw phone khoihna a zangte ahi. Hiai bang a phone screen addictte'n amit uh khawng na sa ua, alu uh hong na zomah ding ahi. Amau mah in leng phone et chimtakna chiang nei ding ua, hinkhua ah ning kitelna khat nei ding uhi. Ahinkhua ua sep leh bawl ding tampi bawl louh leh sep louh in om ding a, manpha akisakna uh leng hong kiam ding hi. Hiai bang a omkhate'n, na phone pen room tuam ah koih unla nasep dingte sem phot un, huchi lou tawp in leng dakchiam kipia unla, dakkal nih zoh chiang a phone en nawn pan ding, chihdan in kibawl lem thak mai un, huchi lou in na phone et zongsatna pen uh bei ngei lou ding hi.

Phone a news leh reels: Phone i chih khovel pumpi uap a utna munteng etna, thu thei utlam teng theih na, khovel a phone tawi teng toh kizoptuahna ahi. Azangsiamloute a ding in kisutsiatna suak thei a, azangsiamte a ding in summuhna leh thil zilna mun thupitak piang thei hi. Phone a thil na muhteng leh na zat teng thudikkim hilou a, nang ahi taktak dan a pom a, nana lunggimpih pahpahleh huai in lungsim chidamlouhna piangsak thei hi. Thuhoih lou lam tengkia khawng sun nitum a na etetleh nitaklam chiang a dahmel pusa a om ding na hi. Nang hinkhua het kha lou teng va puaknat leh awlmoh in nei dah in, bangmah lah na loh theih a-omtuan kei di'a, video leh news khawng en ding na hihleh ahoih lamte kia et dingahi. Lungsim kipaksak thei leh i hinkhua a phatuam theidingte kia enleng phone zangsiam kihipah maiding ahi.

Reels ichih video second 30 khawng a sau, mi et utdi'a kikoihte ahi. Naupang tampite'n hiai videote sun nitumtum phial in enthei uhi. Mihing in a-etchim theih louh ding a second 30 khawng kipia ahi. Et zongsat theih chi ahi a, a-enzongsangte'n atheih louhkal bang un ana enkha zel uhi. Na etzongsatleh thil khat peuhpeuh a na lunglutna kiam ding ahi. Nidang alunglutna kiam het lou a lai minutes 50 khawl het lou a na sim thei pen, hiai reelste enmun inlaen zongsang lechinna laisim hun pen minute 20 tanleng sausa pah ding na hi. Laisim laite a dingbang in hoih het lou hi. Seconds 30 kia utut etzualzual i chih pen inkhuak sukha lua ahi. I khuak kiang a huntom chikchik kia lunglutdan ding sinsakna ahi.

Blue film et zongsatna (Pornography addiction):

Tulai a gentuak mahmah khat addiction chikhat ahi. Nidang a smart phoneomma in addictionding tan in kuama'n en lou ua, achangchang kia a etna ding hunlem Cinema hall/Theatre khawng kia ahom hi. Tua smart phone a-omkhit nung aneu-alian in niteng a dakkal ut zahzah, ut hunhun a, etsenglouh ding lupkhamna (sex video) et theih ta hi. Nidang a kumpi thupi Solomon in numei 1,000 zi aneih in, numei 1,000 kia vuaktang in en thei a, tu'n bel smart phone a numei vuaktang a om video asang asim et theih in omta hi. Huaiziak a naupang hi in upa hitalehang lenghiaite et zongsat theih ahi.

Limlak leh video hoih lou et zongsat (pornography addiction) i chih thil lauhuaipi ahi. Ka counselling training lai in, Germany mi, researcher khat in nikhat seminar hon neihpih a, kei leng huai akipan hong kibawlhoih ka hi. Asiatdan i theih chiang in kidek ngai ahihlam kithei suah pan hi. Ka seminar uaka thilsin ua pantheihtuakka sak deuhte ka hon taklangding:

1. Tha beisak a nasep nopna lamang thei hi:

Pasalte chi (sperms) pen kha hinna ahi a, tha (energy) ahi. Nidang in laibu khatah ka na sim kha ngei a, World Boxing Champion-te a interview na ua, thuguk adotna uahboxer vualtungtawngpa'n, "Ka zi toh leng sex nei lou leh masturbation bawl lou in kal thum sung boxing kidem huntan ka om hi," chi hi. Addict sa na hihleh hiai enchian in, kal khat sung pornography leh masturbation bawl lou in hong om mah dihle, na bawllouhna kal khat sung pen a nasepna ding a tha nei ding chin a lunglutna (interest) leng hon hau pah ding na hi. Akal tawp chiang in nabawlsa leh nasepkhiak teng toh pornography leh masterbution na hah bawl hun kalkhat hon tehkak lechin, akikhiakdan leh hiai omdan hoih lou in na hinkhua a sutniamdan na theikhe ding hi. Limlak leh video hoih lou enzongsangte atha uh hiai lam a hahsen lua uh ahihman in, thil dang bawlna ding in utna leh peihna tawm hon nei ding uhi.

2. Milak a tel nuam lou uhi:

Hiai bang a chin zongsat a neite'n mipi lak a om nuamsalou ua, a-utna uh hongsuah chiang a kidek zou lou uh ahihman in, inn a kikhum utzaw uhi. Midang toh omkhawmin taksa kilang deuh a kichei mu leuhleng kidek zou lou ua, etdan dik leh lungsim siangthou a ethak sa ding ua, ngaihtuahna diklou tampi neihloh ding uhi.

3. Ihmut kham lou ding uhi:

Nitak sawtnung nangawna ihmut hun kikhel zen a en ut ding ua, ihmut kham lou in om ding uhi. Nitak khanglou in omleuh leng huai mah ngaihtuah suah ding ua, va bawl ding ua, ihmu kikpah thei lou ding uhi. Khenkhat in pornography leh masturbation penihmut limsaktu dan in nitak lupdek teng khawng in bawlsek uhi. Abawl tunglai unadikna chiang om kha mahleh, ahong addict chiang unihmut limsaktu hi nawn lou in, ihmut subuaitu in hon pang zaw daih hi.

4. Kingaihsiatna nei baihlam zaw hi:

Hiai bang a thil chin zongsat neite'n kingaihsiatna neipah thei ua, chin zongsat neiloute sang mah in depression leng kaipah thei uhi. Mahni kia inn a kikhum, phone en a mi toh leng kihou ngel lou a omna pen lungsim a ding inchidamhuai lou hi. Kuama'n anawi neu ahihlam hilh kha ngei loupi, kuama'n azahmoh neu ahih lam hilh ngei lou napi in, amau-le-amau hong kideih khop lou ding ua, zi leh pasal nei le uh leng lungkimsak zohlouh ding khawng hon lau ding uhi. Taksa figure hoihtak leh video editing hoihtak a kibawlsate a-et tamziak a amau toh kitehkhinna hon nei ding un chin, amau-le-amau hong kimuneu ding ua, zi leh pasal neih leng hon ngam lou ding uhi. Pornography addict sa in zi leh pasal hon neitoule uh leng, azi leh pasalte huai taksa, figure leh video editing hoihtak a kibawlsate toh aapasal leh azite hon tehkak kha ding ua, anupa kal ua nupa bang alupkhawmna hihbuai thei ding hi. (Tua i gente addiction level-te ahi)

5. Zi leh pasal kineih chiang in buaina tun thei hi:

Kiten zoh nung chiang in ka tawpsan ding chi ke'n, tu in tawpsan sawm in, na kiten tan ua na chin zongsat na tawpsan keileh na zi toh lupkhawm sang in limlak hoihloute et nuamna sazaw ding a, na zi lungkim lou thei ahi. Na zi theih a leng etkhak het louh ding ahi. Amau lungsim ah ching lou kisakna piang a, huai in thil tampi buaisak ding hi. Huai video a model melhoih leh taksa hoihpipi nava etzongsatleh na zi ahihkeileh na pasal taksa alungkim zou lou ding nahi.

6. Nasep hon buaisak ding hi:

Sapgam khawng a limlak hoih lou et zongsat ziak a kidek zou lou a office room sungnangawn a kiman a kitawpsak tampi omta ahi. Na zongsat taktak chiang a numei na muhteng luppihdan ding kia a en ding na hi. Lawm-le-vualte khawng toh leng genpi pen a hon neitou ding chin ua, na lungsim ua limlak hoih lou hong teeng di'a, numei rape utnakhawng na lungsim ah hong lutlut ding hi. Hiai tan leng kidek a tawpsan tuan lou a na omleh atak a sepkhiak ut ding na hi. Mi rapete'n leng akhatvei ngaihtuahna a semkhelou ua tamveipi alungsim ua angaihtuah nung ua semkhe pan ahiuh. Hiai bang tuk a khelhna a na lutlouhna ding in, pastor leh counsellorte kiang zuan zaw mai in, tulai khangbuaina ahi a, kizumpih dah inla panpihna zongzaw mai in thil sia nava bawl khaksang in, pastor leh counsellorte'n leng honna mohsa lou ding ua, honna panpih thei zaw ding uhi.

Pornography addiction i chih ei Khristianlak ah leng kitam ding ingintakhuai a, saptuamte'n leng nasatak a panlak a bohzui poimoh hi. Sunday school leh tuailaite lak ah gentuak lua a, gen siamloupi in mawk gen keileng ahoihlam sang a siatna lam hon tung thei zaw zel hi. Hiai lam toh kisai training la kha leh counsellorte zangphatuam in, asiatnate kia naktak in kisinsak leng ahoih ding hi. Asiatna kia nasatak a kisinsak ding ahi. Pathian in hiai bang khelhna bawlte ahuatdan leh agawtdan, kikepdan ding khawng kisinsak tuak ahi.

Sapgam a sex education kichi a kisinsak ualeh sex hong uangzaw a, akisinsakdan uh adiklouh ziak ahi. Zi pasal kineih ma a lupkhawm apoidan nasatak agen ase kei, hileh leng anopna khawng ipigen chiang ua hong uangzaw ahi.Papi leh putekte khawng leng na kihou chiang un, naupang leh tuailaite zak ding in kihou nawn kei un, chiamnuihna khawng a leng laklouh ding ahi. Khenkhat huchi lam chiamnuih gen i hat ua, chiamnuihdan a kihou leng i tam uhi. Khenkhat in pichinna dan a ngaihtuah un chin zum het lou a nungakte khawng chiamnuih thei uhi. I theih louh kal a chiamnuih a i gengente i lungsim ah na lut deuhdeuh ding a, ataksuah bang leng omkhak theih ahi. Huai thil deihhuai lou ahihziak in chiamnuih in zang nawn kei ni, khelhna luahna hong tawm ding a saptuam hon hihse deuhdeuh ding hi.

Khenkhat in Pathian in mihingte nopsakna ding a sex honpiak ahi, chi pawl om ua, huai diklou ahi. Nupa kal a nuamtak a zatdi'a hon piak himah,hileh leng nupa kal hiloua apolam a zatdi'a hon piak hilouahi.

.

Limlak hoih lou et leh masterbation khelhna ahi diam?

Yes, khelhna ahi. Achihleh bangziak a taksa utna toh hon bawl ahia? Pathian in hon bawl a khelhna nei ahon bawl a pianpih khelhna nei kihilouahi. Adam leh Evi akhelh uapat khelhna kinei pan ahi. Lucifer leng akhelh a Satan suakpan ahi. Ei leng neklouh ding theigah Adam leh Evi in anek ziak ua pianpih khelhna kinei pan ahi.

Kei alaibu gelhtu ngei leng ka siangthou kim tuankei, nidang a kum bangzah hiam ka na addict khit nung,ahoihlouhdan ka hon muhsuah nung a hon tangkoupih pan kahi. Pornography addiction sual in kum tampi ka na buai a, kal khat sung bang ka tawpsan zel a, hong kipan zel a, naktak a thum kawmzel in pan kalatou hi. Atawp in counselling zillaiaahoihlouhdan ka theikhiak in ka lungsim leh lungtang in adeih nawn kei a, huchi a addiction hon tawpsan zou pan ka hi.

Jesu Khrist hong pai nawn masiah hiai pianpih khelhna kinei den ding a, apolam a khelhna i puaklut ahi kei a, i lungsunga om ahihman in za-a-za tawpsan i chih pen ei hatna a thilhih theih vual ahi kei hi. Siangthou kim sipsip kichi thil hakpi ahi a, tua bang a kikem siangthou theii omleh kipahpihhuai, huai mah i tup chiat ding uh ahi. Himahleh tu-le-tu a i tup-le-ngim pen bel alim leh video hoih lou (pornography addiction) et chin zongsatna pen tawpsan ni. A addiction pen ahi thil tampi susia, tua atunga i gelhte addiction neite omdan leh ahoihlouhdan tanglang i hi. Addiction tawpsan ban ah abukim a tawpsiang vilvel theii om ualehlah kipahpih lua hang, huai tan a tawpsiang vek zouloute'n leng a addiction tan bek tawpsan ding in i kingen ahi.

Hinkhua bawlhoihna ding in

1. Bible sim ding, khalam kibawlhoih kipan ding:

Mahni hinkhua bawldik ut peuhmah in akhalam in panhen, i mihing hihna pen i kha himasapen a, i kha pen ahong dik chiang in adangtengthuneihkhum ahi. Psychologistte'n lungsim pen tup-le-ngim pen in nei ua, himahleh lungsim sang a poimohzaw leh thuneizaw tuh i kha ahi. Pianthakna zong masa in, na pianthak zoh chiang a nang hatna a thil dik bawlsawm na hih nawn kei di'a, Kha Siangthou na sung a ompen in hon panpih ding a, Pathian hatna toh hinkhua ahoih lam a khengzou ding na hi. Lungsim chidamna i chih khawng leng Pathian a pan ngen ahi a, piangthak diktakhi leng i sung a khasiangthou panpihna toh lungsim chidam kinei ding hi.

Hinkhua kisiam thak utte'n bible naktak a sim ngeingei ding ahi. Bible a hindan ding diktak kigelh a, lungsim hoih putdan ding leng omhi. Pathian sianthouna naktak in sin lechinnang leng sianthouna lam a masawn ding na hi. Lungsim leh lungtang ninteng sawpsiang thei omsun tuh bible ahi. Surf in puan ninte kisawpsiang a, sabon in taksa chi ninte sawpsiang a, bible in i lungsim leh lungtang a kihhuaite sawpsiang hi. Hiai sutzopna ding in Khenpi 1na leh 2na sim thak in, Hotdamna chapter leh Khristianhinkhua chapter pen ana sim thak in aw.

2. Dotna poimoh leh hinkhua khengtheite i kidot ding:

Hinkhua khengnuam na hih taktakleh dotna poimohte i kidongding, "Hiai leitung a ka damsan bang ahia? Hinkhua a koi a kipan a koilam zuan a pai ka hia? Ka lauhpen bang ahia? Ka hatna leh hatlouhnatebang ahi ua? Bang chibang mihing ka hia? Ka top 5 ngaihpoimoh (prioities)bang ahia? Ka lohchinna thupipenbang ahia? Hinkhua a ka tupsang penbang ahia? Bang khelhna in ka hinkhua asubuaipen a, bangchi in pan kala dia? Ka hinkhua a ka lohchingzawkna ding in bang ahia ka kikhen ding om? Leh adangdang kidong inla, adawnna ding zongkhia in hinkhua thak siam ding ahi.

Hinkhua a dotna poimohte i kibawl ngei keileh masawnna tam kinei lou ding hi. Lungsim pichinna ding leh i pilzawkna ding a dotna poimohte kidot tam ngai a, adawnna leng zonkhiak ding ahi. Ka na phattuampih mahmah khat a-om a, na utleh nang leng na bawl lechin, Alpha Youth Series kichi YouTube ah en inla huai dotnate ana kidong in, series 13 om ahi a, nikhat a na zoh keileh lengpoi lou, ke'nleng kal nih a kazoh ahi.

3. Ngaih poimohte khen ding:

Tuni a na tunna tan hon tungsaktu Pathian ahi, huai ban ah nang na ngaih poimohte ahi. Na ngaih poimohte pansan a thupukna bawl gige na hi a, tua na hinkhua zatna tan a na lungkim keileh na ngaih poimohte kheng lechin, na thupuknate hong kikheng ding a huai chiang in omdan leh sep leng bawlte hong kikheng ding hi. Sep lehbawlte hong kikhen chiang in na hinkhua hong kikheng pan ding hi.

Na ngaih poimohte'n na hinkhua bawltou ding ahi. Bangte ahia na ngaih poimoh? Hinkhua a na ngaihpoimoh penpen khatna a pan ngana tan gelhsuk in, huai chiang in bangziak a na hinkhua a hiai bang tuak na hia chih na hon theisiam ding hi.

4. *Thil teng teh ding ahi:*

Na thupukna bawlsate a pan zillai lading, koi mun a bawlkhial ka hia, koi san a thupukna ka na bawlte dik ahia chih ngaihtuah kik inla, huai a pan sinlai la in. Thupukna na bawldiktheihna ding in, na thupukna bawldingte laipuan in gelhkhia inla, alang khat in ahoihna gelh inla, alang khat in hiai thupukna bawl lechinasia tung theiding teng gelh khevekin. Na lungsim a omteng na gelhzoh chiang in simkhia inla, ahoihna teng leh asiatna teng tehkak inla, koi lam agikzaw a chih lunggelna (reasoning) zangkawm in thupukna bawlin. Hinkhua a thil poimoh diakteng hiai dan a nabawl ngeingei ding ahi.Lungsim a ngaihtuah tawm khawng a thupukna na bawl chiang a lunggelna (reasoning) sangalungsim (emotion) zui zaw chin a thupukna bawlkhial kha nak na hi.

Thupukna na bawl ding chiang in hiai kidong in, anuam ding lam kia en a thupukna bawl na hi hia? Ahihkeileh ahoihzaw ding ngimna a thupukna bawl? Mi tamzaw in anuam ding lam ngen ngimna in thupukna bawl uh a, bawlkhial zel uhi. Hiai zaw thadah vailua ahi. Nang a di'a hoihzaw ahihnakleh haksa in nuamtaleh huai thupukna na zuih dingahi.

5. *Laibu atam thei tawp sim ding:*

Hinkhua ahoih zaw ding a i khentheihna ding in, bible na sim ban ah laibu atam thei tawp sim ding himai ahi. Laibu pawngsim ke'nla, tup-le-ngim neitak in simin. Love story book khawng hun pammaih ahi a, hinkhua kikhenna hon tun lou ding hi. Internet ah zong inla, laibu hoih penpente a pan ngana tan khawng sim suak lechin, thei mahmah ding na hi.

Motivational ahihkeileh self help book top 5, communication book top 5, leadership book top 5, relationship book top 5, leh adangdang sim lechin. Sim kokalh ke'nla, laibu chi khat 'relationship' book na simleh relationship book 5 khawng simsuak phot ding na hi.

Laibu sim tam lechinna thil muhdan hong za pah ding a, na ginna leng hong kikheng ding hi. Na lungsim a na kingaihsiatna leh thil hoih lou na ngaihtuahte laibu sim lechinngaihtuah man nawn lou ding chin a nalaibu sim a pan lungsim hoih hon pu ding na hi.

6. Siamna sin ding atam thei tawp siamna (Skill set) sinkhiak ding:

Siamna atam thei tawp sinna in hun leh tha, sum-le-pai seng lechinmumalloutak a hinkhua zatna hong bei ding a, na thil zilte na hong siamkhiak chiangahihna (identity) thak hon neitou ding na hi. Na lungsim put hong zasemsem ding a, na siamna asan dungzuianang-le-nang na kimuhdan hong chidam zaw ding hi. Kimuanngamna kitasam na hihleh siamna sin in, siamna i hauh chiang a kimuanngamna sangzaw kinei a, midangte'n leng hon zahtak zaw uhi.

Lawm thuah toh kisai

1. Lakhs patti lawm nga na neihleh nang lakh patti gukna suak ding na hi:

[Paunakte 13:20 Mipilte toh ton in, huchi in na pilding: himahleh mihaite kithuahpih in huaiziak in athuakding.]I mi thuahte'n i lohchin ding leh lohchinglouh ding gen nei lua ua, kua ai thuah ding chih pilvan ngai petmah hi. Mi lohching ut khat nahihleh mihoih, alohchingsa leh mipil kithuahpih ding zong pah inla na muhchiang in khahsuah sawm ke'n, polh leng ahaksa maithei, himahleh amah omdan leh hun zatdan etton sawmin.

Nang polh nop nasakte nang ngaihtuahna bang ngaihtuah leh hunkho zatdan kibangte hi ding a, huaite na kithuahpihleh lohching lou ding sa na hi. Milohchingte va polh i chih thil hakpi ahi. Amau hun zatdan leh ei hun zatdan kibang lou pah a, amau awlmohte leh ei awlmohte leng kibanglou a, amau omdan (characters) leh ei omdan leng kibang lou hi. Haksa mahleh amau kiang a nava om a, amau toh kipawl a amau hun zatbang a hunzangding, abawlte uh va bawlding, angaih poimohte uh ngaih poimoh in neileng, eileng amau lohchin mah bang a kilohching ding ahi. Omdan bawlhoihna ding a lawm hoih thuah ngai ahi.

Mihausa lakhs patti lawm nga na neihleh nang a gukna hi taktak ding na hi. Amau kiang a na omchiang a, amau summet bawldan ding leh lakhs patti suahna ding a chitna teng neikim ua, honna genpihpih kha ding ua, atawp chiang a nang mahmah leng lakhs patti hong suak ding na hi. Amau sum hon piak a lakhs patti suak ding hi zaw lou in, amau mizia, omdan, hun zatdan leh ideate hon lohsawnna uapat nang-le-nang a sum kimuhkhiak a lakhs patti suak ding hi zaw na hi. Huai mah bang inkhamtheih bawl khat toh na kithuahleh amah bang a khamtheih hon bawl ding na hi.

2. I deihtelna hi thou mahleh i kim leh kiang a mite'n i hinkhua ah gen nei lua uh ahi:

[1 Korinthte 15:33 Khem in om kei un; Lawm giloute'n omdan hoih ahihgawp nak uhi.]Theigah hoih guk lak ah asia khat koihlechin, nitamlou nung in asia pen in ahoih gukte asiatna hon lohsawn ding a, ahoih gukteng leng hon se ding hi. Lawm hoih lou va polh inomdan hoihpen hihse nak a, na omdan na venbitnopleh lawm hoih lou pawl lou ding chihna ahi.

Kihai muan ke'nla mihoih lou pawl lechin lengkei ka siat keinakleh chidah in, na theih louh kal a hong setou pah ding na hi. Nidang ka neulai in, vaite pasal khat zahmoh gen hat khat toh kipawl kha ua, kei leng ka theih louh kal in zahmoh ka na zang pah kha mawk hi. Ka kiphawksuah in huai lawmpa ka thuah ut nawn kei a, kei leng zahmoh gen ka kidekleh ka hong hoih kik thei thak hi. Kei kibawlhoih tuminamah vakithuahpih thouthou leng ka kidekna phatuam lou ding hi. Niteng a i thuzak tampen, i muh tampen leh i kithuahpih tampente'n i lungsim luahdim pen a, i lungsim luahdimpente i theih louh kal a i na bawlkhiak tampente hizel uh a, i bawlkhiak tampente'n i hinkhua bawl uhi.

Khamtheih leh omdan hoih lou a om lou ding a na kidek sang in lawm hoih lou thuah kei leteh, kidek luat leng ngai lou a bawllou mai ding na hi. Lawm hoih lou thuah kawma kidek pen haksa a, i theih louhkal a lawmte hih bangbang va kibawl kha zel ahi. Amaute lak a i teltheihna ding aamau bawlte va bawl ngai ding a, huchi loua lah amau thil sia bawlte va phoulak suak kha ding kihi ahi. Amau lak a kitat, amau hon pom (accept) ding utna lam a amau thil sia bawlte va kibawl tei sam ding ahi. Khamtheih zongsangsate leng hiai dan akipan kha tam lua uhi. Na kihaimuan sang in, lawm hoih lou thauhdah mai in, huai in na hinkhua humbit ding hi.

3. *Kumpite'n akim-le-akiang a om dingte pilvangtak in tel uhi:*

Na kim-le-kiang a om dingte pilvangtak in tel in, ahuchih keileh nang a ding inthaang hong suakkha ding hi. Kumpite'n leng amau kim-le-kianga om dingte atel siamlouh chiang un, adviser leh ama nuai a nasem khenkhat in chalak ua lehbawl uhi. Nang leng nang hon thuahteng va polhlouh ding ahi. Amau enchian inla, bang chimi hia, hinkhua a thiltup kichian nei mi hi hia, khamtheih bawl nei hia, ei a pan bang ahia alamet chih khawng theisuah phot in, thuktak ami kithuahpih a lawm hoih i bawl ma in etchet masak zel ding ahi.

Na kim-le-kianga om dingte na etchet keileh khenkhatte na hinkhua a di'a cancer mah bang a hon nese ding ua, na kipal paihna leh na lohsapna ding khon hon hi kha thei uhi. Kei leng khatvei ka thiltuah a pan sinlai la a pilvangtak a lawm thuah ka hi. 2012 kum in December kha bul lak vel in ka thei, ka classmatekhat toh BSF Camp sung ah sepaihte building bawl in nna kava semkhawm uhi. Hiai pa tuh classmate himahleh ka kithuahpih luat ahi kei a, amizia leng ka na thei kei hi. Ni nihsepkhopnung in, nitak in ka kithuah ua, walking pai a BSF gate kiang a dawr ka tun un, kou midang nihte ka kihou kal un, ama'n dawr a pan sum ana gu hi. Kou aguklam thei khalou ka hih manun, adawr neinu'n hon ngohbawltak in, ka lawmpa uh ka na gum uhi. Adawr neinu'n leng YMA heututehi in ka thei a, ana sam hi.

Amau hong tunun, office ah honsamsuk ua, atuam ngen in thu hon dong uhi.Ke'nleng thil omdan ka gen chiang a, himahleh naktak in hon sat uhi. Zuau khat leng ka gen a-om kei a, thil dik ngen gen ka hi. Na lawmpa'n sum gu hia chi ahon dot teng un ka thei kei, ka chih chiang in hon sat zel ua, meithai ta ka hih ziak leng ahi di'a, ka lawmdang khat pen khatvei kia asat ua, asum gutu sang in ke'n ka thuakzaw mawk hi. Ahon zepte leng zu gimnamsa leh nahzial gimnam ngen ahi uhi. Khebaisa in ka pawtkhia ua, ka pai touhtouh ualeh ka lawmpa sum gu pen in, asum gukna sumbawm pen lamsikahhon paihkhia a, ka lawmpa'n ana mu hi. Kou leng hehlua in, kava gen kik ua, hon ngaihsak tuan kei uhi.

Kal khatsung hiam khebaisa in school ka kai hi. Hiai ka thiltuah a pan lawm hoih lou neihziak a ei moh om keileh lengkithuak thei ahi chih ka sinkhia hi.Huai khitnung ka pilvengveng a lawm hoih lou talab nete tanpha ka thuah ut nawn kei hi. Ka kithuahpih ka lawmte leng talab ahon nek ualeh ka pawl nawn kei chet mai a, asiangthou sitsekbang mah neloute kia lawm in ka pawl hi. Hiai ziak leng ahi ding tuni tan in kuva leh shikhar, bangmah tep leh muam ka bawl kei hi. Kihoihsakna a ka hon gen ahi kei a, lawm hoih polh apoimohdan ka hon taklatna ahi zaw hi. E'n hihkhial keilehangleng mihoih lou toh i kipolhleh ei thuaklouh dingpi leng kithuak thei ahi.

4. *Laibu na lawm hoihpente lak a khat suaksak in:*

Laibu i sim chiang in alaibu gelhtupa pilna leh siamna i va laksawnna ahi a, alaibu gelhna ding a kum 20 research leh lakhs 30 val seng a ana study pen nang nava sim chiang in kal khat ahihkeileh kalnih sung in huai teng na hamphatpih zou a, nang kum 20 sung research leh lakhs 30 val sum na sen ngai nawn lou hi. Abiktak in insung haksa leh nu leh pa laisiamlou neikha na hihleh, ahihkeileh graduate nu lehpa nei tawk lechinleng amau mahmah in laibu ana hahsim kei ualeh, nang hon thuhilhna ding ua lohchinna ding khop pilna hon hilh lou peuhmah ding uhi. Lamka khopi sung a nu leh pa pil, tate lohchinna ding khop atheihna kaikhawm peih leh laibu sim peih kitam het lou ding hi.

Tate'n leng huai theisiamkawm in, i lohchin leh lohchinlouh i nu leh pate tung a nga lou in, amau thuhilhna tan kia deihkhop kei ni, naupang khenkhat in nu leh pa thuhilhna leng limsaklou ki-om lai zomah ahi. Na lohchinna ding a panlatu ding pen nang mah na hihdan kiphawk inla,kuamah tung ah na lohchin leh lohsap ding nga ke'n, maban a ka lohchin dingleh kei khut a kinga ahi, chi in.

Hon thuhilhtu leh adviser ding in laibu zang in, bible a pan nahinkhua zatdan ding (principles) lakhia inla, laibu dangte leng nasatak in simtou in, laibu pen goumanpha ahi. Na nu leh pamawl in hon thuhilh ding nei kei mah lechin, laibu pen lawm a na neih a, na simsimleh nang hon thuhilhtu hoihpen leh hon deihsak a, hon taisan ngei lou suak ding ahi. Na lohchinna ding a hon panpihtu lianpen leng hong suak thei ding hi. Laibu simdan ding anuai ah en in:

5. *Na hinkhua a na poimoh lawm:*

[Paunakte:27:17Sik in sik ahiamsak a; huaimah bang in mihing in alawm mel ahiamsak hi.]Kumpi dan in kikoih inla na kim-le-kiang a dingmipilvangtak in hon tel mah dih le kuakua apangkha ding ua?

Bangmahlou a kikoihna in hinkhua mumalloutak a zatna piangsak a, mi thupi ding khat kiseklellel dan in kingaihtuah lechin, na hinkhua ah na hongchitak zaw ding hi.

Mipil khat in, "Na lawm nai minga hon lak in, nang hihna ka hon genkheding," ana chi hi. Na lawm kithuahpite tungtawn a midangte'n honna (identify) mu uh ahi. Nang mi ami hoih, khamtheih bangmah bawllou hi lechinleng, khamtheih bawl minga toh hong kizui den ding ua, nang leng midang teng in khamtheih bawl ahon mu ding uh ahi. I lungsim lehi ut kibatpihlouhte mi'n lawm a thuah thei lou uh ahi. Pathian mite toh kipawl thei i chih chiang a amau bang a lungsim put leh Pathian pahtawi nuamsate chihna hipah ahi.

Na lawm thuahte en in, na hinkhua dinmun (level) ahi. Lohchinna sangtawp na muhleh lenghiai na lawm thuahte sang a hong sangzaw tuan lou ding na hi. Na lawm thuahte na thugen teng na genkhiakna ahi a, niteng phial a nang hinkhua hon sukhatu (influence) lianpen ahi. Lungsim put, kampau nazat, na hun zatdan leh na omdan teng hiai na lawmthuahte tungtawn a kibawlkhia ahi. Na lungput, kampau nazat tam, thu nazat tam, na hun zatdan leh na omdante nalohchinna ding a khuam poimoh pente amaute hi ua, na khuam poimohpente nalakkhiakna mun adiklouh chiangalohching hak ding na hi.

Na hinkua a lawm mi nga na huamsak ding ka hon kawkmuh ding:

1) *Pastor, Reverent, Evangilest, Misisonary, Pathian mizat:*

Bible a Lot in bangchikchiang a Pathian vualzawlna dong hiam i chihleh Pathian mitel lehmizat abraham toh a-omkhop chiang un ahi. Khatvei ahong kikhen dek ua, Lot in Pathian vualzawlna abraham tungtawn a mu ahihlam kiphawk lou in phaizang ah pemsan hi. Abraham taisan a, phaizang a kum tampi atenzoh nung in, Sodom leh Gomorrah asiat luattak in Pathian in meikuang zang in haltum hi. Phaizang a agou, aneih-le-lam khawlsa teng khat lel leng ala khe kha kei a, mei ah kangtumta hi. abraham kiangahna om maimailehzaw aneih-a-lam teng leh Pathian vualzawlna donglai ding hiven.

Hiai story a pan sinlai hoihtak ka na sinkhia a, Pathian mizatte toh kinai a om Pathian vualzawlna i dontheihna leng ahi. Taksa vualzawlna kia gen ka hi kei a, khalam leh sianthouna lam leng gen kahi. Pathian nasem mi toh va omkhawm mah dih uh le, honna thumsak ding ua, bible zang a honna houpih ding ua, khelhna leh sianthounalam honna genpih ding uhi. Hiaite kuamahdang a pan kimu lou ding ahi. Khalam chau chichi ke'nla na lawm thuahte kheng in, kikhawm ngei lou, bible sim ngei lou, thumna nangawn nei ngeiloute khawng toh kithuah a khalam hat vetvuk mu ngei lou ka hi, khalam ihat utleh khalam hatte toh kithuah ding ahi.

Ke'n Rev. James Lalpu leh azi Sis. Lunkim, khalam a hon makaihtu leh khalam vai a haksatna ka neih chiang a kava zot zelte ahi uhi. Khelhna ka bawl khaka-omleh leng, amau ka theisak a, amau toh pangkhawm in kal ka suankhawm (deal) zel uhi. Ka khelhna teng tuh ka hilh ngam hial kei a, himahleh khalam toh kisai a poimohna ka neihteng in amau ka zuan gige hi. Thumna ka poimohleh Pathian deihdan thupukna ka taksap hun in amau kei sang a khalam a hatzaw leh bible thei thukzawte ahihna uah, khalam leh hinkhua a thil poimohte ka kikuppih zel a, amau toh thupukna ka bawlkhawm zel uhi. Huai ban ah ka local pastor uh ka kinaihpih a, thumsakna khawng leng kava kineisak zel hi. Local pastorte toh kigamlatlouh ding, kha khat a khatvei khawng va pawt zelding, saptuam vai leh khalam vai khawng va kikuppih zel ding ahi.

2. *Counsellor:*

Lungsim chidamna lam hoihtak a i kepbit ngai a, milohching leh mihoih ihih utleh counsellor khat lawm a neih dingahi. Ama'n client dan ahonna polhleh lengpoi lou ahi. Ahihkeileh lawm dan a hon houpih ahih takleh lengse tuan lou ahi. Lunggimna leh hinkhua a thil haksa i phut khakchiang in, ei theih siamna kiaakinga lou in, eikia in pawngthuak kei ni, haihuai ahi.

Ke'n counsellor ka Ni Ching leh Muani Tombing kanei a, amaute ziak a depression a ka lutkiklouha hinkhua haksa ka tuah chiang a theisiam a pomsiam thei ka hi.Counselling ka zilma pek a pan counselling hon neihpihte leng amaute ahi uhi. Amau kiang a om anuam a, thil pomsiamdan (acceptance) leh theih siamna (understanding) khawng ka hauhbeh a, lungsim achidamhuai mahmah hi. Lungsim chidam lou ahihkeileh depression a pan hong pawtkhe tung na hihleh atam thei tawp in lungsim chidamte pawl tam lechin, nang leng lungsim chidam ding leh thil himhim ahoih lama etdan hong kisin ding na hi. Ke'n leng amau a pan lungsim chidamtak a hinkhua zatdan ding leh thil hoihtampi kasinkhia hi.

3. *Hinkhua tawh kisai hon lamhilhtu (Mentor):*

Mentor om lou a nahinkua a na lohchinding zah za lak a sawmnga kia lohching ding na hi. Ei lamte'n mentor poimohdan i thei naikei ua, ka hon taklang zek ding hi. School system omma in, mi'n mentor nei ua thil zil uhi. Kum 11 ahong hih chiang un, anu-le-pate'n bang ahia nasep ut chi in dong ua, anaupangte lunglutna (siksek ,laibu gelh, etc) bang in akho sung ua siam asakte uh zongkhia uhi. Naupang pen laigelh lunglut mi ahihleh, akho sung ua laibu gelhsiam azonmuhsak ua, kum 11 a pan kum 20 tan amah kiang a loh nei lou in va kiloh hi.Laibu gelhsiampen in anungzuite khat in na bawl a, deihsakna tohatheihna teng it lou in na sinsak hi.

Zingkal athoh uapan alup donguh kithuah ua, nnasemkhawm leh thil kisin kawmin, nekdingte nekhawm, dongkhawm in kum 9 khawng hong kithuah chiang un, laigelh siampa siamna (20 years experience) pen naupang pan kum 19 khawng in hon nei hi. Laigelh siampa'n abul tung in, inn hah leh innzut, naupang hih theih dingte bawlsak hi. Tam loulou in asiamna ahilh a, ama nasep ding atamchiang in, bangzah hiam anaupangpa pekhen zel a, naupangpa nasepte endik zel hi.

Naupang thil zil theih laitak a siamna chi khat kia kisinsak, huai leng classroom a tu a athukia (theory) zil ahi kei uhi. Nasepna mun mah a om ua, athu(theory) leh siamna(practical) toh kisinsak pah uhi. Hiai dan in kisinsak lehang huai field khat a siamlouh ngaihna om lou ding hi. Sepna nei lou chih leng om lou ding a, siamna nei lou a kum 20 pha kichi leng kiza kha lou ding hi. Tuai schoolte ua kuamah hih nailouh bawldan ding thei ka hi, hiai ah bel ka hon gelh kei peuhmah di'a, alunglutte'n hon contact le uteh aw.

Ke'n leng pu H. Thuamson leh Dr. Tualchin Neihsial mentor in adam lai un ka na zangtou a, amau a pan thil tampi ka va sinkhia a, ka lohchinna ding a panpihtu hoihtak leng ahi uhi. Laibu ka gelh masakpen toh kisai in editing ka va bawlsak a, ban ah khotang sung lehi history uh ka va dongsek hi. Ahon omlouh san uhkha midangteng sang in kei ading in apoi diak a, laibu bawlna lam leh ka nasepna a hon hasuantu leh hon lamkaihtu ahi ua, amau pilna leh siamna (experience) tamtak ka va zangmanpha a, adam lai ua ka kimuh uh leng kei hinkhua a di'a thil thupitak ahi. Ei lak a mipil leh upate mentor ding in zangsiam ni, tua leng a tek hon sihsan dek kuan a-om ua, amaute'n hon mualliansan maun vahoupih in mentor ding inva zangthei lehang ei ahampha kisuak mai ding ahi.

Hinkhua a thupukna poimohtak lak dingte na lawmte kiangahdong ngei ke'nla, na kikimpihte kawkmuhna leng zui ngei ke'n, na bawlkhialkha ding hi. Nang sang a upazaw leh thiltuahhauzawte (more experienced people) ban ahtheihna leh pilna a sangzawte kiang ah na thupukna bawl ding toh kisai va houlimpih inla, amau kawkmuhna nang toh kituakte zui in, na bawlkhial kei ding hi. Nang theih tan thei a, nang muhna chiang tan mute kawkmuhna na zuihleh hihkhial ding na hi. Na mentor ding in na mineltheih , na hinkhua nakuptheihte zang in, ama'n leng deihsakna toh atheihna leh tuahsate (experience) hon pekhe thei ding ahi.

4. *Laizilna leh nekzongna lam a lawmhoih (Career expert):*

I classmate i tupna kibang deuh leh michihtak zonkhiak a kithuahpih ding ahi. Ban ah i thiltup pen ana lohchinpih khin mipiching hon makaih theiding leng zonkhiak a kha khat a khatvei bek phone call a kihoupih zel ding ahi. Ei a di'a career lam a mentor hoihtak hong suak ding a, naupang ei career tup-le-ngim a neite kideihsak diak a kipanpih ut luaahi.

2017 vel in mituamtuam ka houlimpih a, life lesson sinna ding leh amau kawkmuhna zongaheutute ka dawpkualleh kihong thei lua uh ahi. Na lametpel a min hon panpih ut ding uh ahi. Huai ding a nang na va manoh ngai a, panpihna na ngetsiam ding ahi. Sum-le-paingen ngei ke'nla, amau pilna siamna a pan lohchinkhiak sawm in, heutu bawl inla dong lechinkuama'n atheihna uh hon it hial lou ding uhi. Na lungkiak ni a hon hasuantu poimoh leh thupukna lakdan ding na buai chiang a dot theih ding uh ahi.

Career counsellor leh career coach khat leng kimel theihpih inla, amau toh pangkhawm in career pathway leh bangchi kalsuanding hiam chihte bawlkhawm le uteh lohchinhuai mahmah ding hi. Sum tampi seng a career counselling training la ahi ua, midang teng sang aalehnih lehthum a hon panpih thei ding uh ahi. Ke'n career counselling leh career coach training ngavei tak ka na zouta a, mi 1050 vel kiang ah psychometric leh DMIT test ban ah career counselling ka na peta hi. Kei bang na hon zatnop ualeh lenghithei lua ahi.

.

5. *Ei level- kipolhlimna ding nang level:*

Atung a mi li i gente bel va mawk pawt a ei khanvual polh a va polh theih chi ahi kei ua, zahtakna toh haksatna i neih chiang a va hohna zel dingteahi uh. Mibuai leh mipoimoh, sep dinghau ngen ahi ua, na va hohma in booking dan deuh in amau man hun ding dong masa inla va hoh in. Haksatna thuktak nei kei mah lechinleng khakhat in khatvei khawng bek va phazel inla, khakhat sung a na thiltuah leh akha nawn a na thil sawmte va gen in. Amau honna genpih (comments) leh honna kawkmuh theih uh om kha thei ahi.

Ei kikimpih leh lawm i chih a i natheihte tua i gente hong hi ding uhi. I classmate-telak leh inveng-inkiang a i lawm thuah niteng a i kipolhpihte hong hi ding uhi. Tua bang a niteng a i kimuhpih leh kipolhpihding in laisim lam awlmoh leh michitak mah zong ni, chiamnuih bawl siam leh lungsim tawldamsak mi polh tam ding ahi. Lungtang hoih leh thil sia hon bawlpih loudingte telsiam ngai ahi.

Biakna leh lai lam limsakmi, tupguhna hoihtak nei leh maban nei deuhte toh kipolh tam ding ahi. Lawm thuah siam lehang maban a mi officer leh mi thupi tampi toh kithei kha a i haksat hun a huhtu ding haumai dingi hi. Huchi louaei leng thulimlou a i omleh mithulimlou teng toh kithei ding hang a, zi leh ta neihchiang a i zi leh ta kiang a lawm hoih i kisak theihpih ding nei lou ding i hi.

Doctor lunglut mi nga toh kipawl lechin, amau lak a khatbek maban a hong lohching ding a, na upat nung chiang a doctor lawmhoih khat nei himai ding na hi. Lohchinna lam thutuam hitaleh na kithuahpih ding a na tel ding tuh mihoih mah ahih ding ahi. Mi lungsim, lungtang hoih a Pathian limsak ahihnakleh laisiam in siam keileh leng ama'n hon polhnop nakleh kihta het lou a kithuahpiha, Pathian in mithupitak a siamkhe thei ahi.

XVI

Nupa kal tawh kisai

Premarital Counselling

Premarital counselling i chih chiang in nupa akiten ma ua amau kal a thuguk omte pholhsuahpih a nupa kichi omdan hilhchian in, haksatna aphut khak chiang ua panlakdan ding leh sukvengdan ding khawng kisinsakna ahi. Akiten khitnung chiang ua nupa pumkhat a bangchi kalsuan dingleh maban tup-le-ngimte kikupna hi. Kiteng dektekiang a Premarital counselling i piaklouh ziak a nupa thakte amhai in atheihtuakte uh atheih louhziak ua kikhenna tam hi ding in kigingta hi. Khenkhatte kituak (matching) hetloupi khawng a leng kiteng dek om ua, khenkhatte lah deihna tak toh kiteng lou leng om lai hi. Premarital counselling in hiaibangte akitenma ua khoudai ding a, akhonung a nupa hih nung a kikhen sang in hoih zaw hi. Premarital counselling i hohlouh tawp in tua anuai ate sim in zuih sawm ni, tua ka hon gelhte premarital counselling khektu ding in zangkei leng ahoih ding hi.

.

Kiten ma a na kitheihtuah dingte uh:

1. Na kibatna teng:

Hihna kibang lou kitengdek nahihmanun kibatna atam lo kei ding a, himahleh akibatna teng bek gelhkhia in, i kituah ding leh dinglouh bangtan hiam bek genlawk thei leng ahoih ding hi. I kituahlouhnate uh bangchi a hihveng ding ahia, bangchi in pan laleng ahoihpen di'a chihkhawng kikup luat ding ahi. Khenkhat in ahoih lam kia kilak ua, akituahlouhnate uh kisel ua, genkhawm ding lau ua, huchi a kiteng tamlua uhi. Kiten ma a kibatlouhna leh kituahlouhnate bangchi a hihveng ding hiam chihte kikup masak a, kituahlouhna dingte leng theikhol lehang, kiten khit nung a surprise tawm ding ahi.

Kingaihzawng lai a thuguk iim haulua, ahoih thei tawp a ki-om in, i siatna kilaktuah ngam lou ai omchianga, i kingaihpihte'n hiai bang a damsung om ding in na kinem ua, himahleh kiten khit nung chiang a gintak khel a i nasiat zawk hiam ahihkeileh i hihna tak ahong pawt chiang a lungkiakhuai thei a, hiai in nupa kikhenna piangsak thei hi.

Tua bangte a-omlouhna ding in, kingaihlai a i hihna (geniue) tak kilaktuah leh kihilhtuaha, i siatna leh hoihnate ahi bangbang in kipompih tuakin, kitheichian lehang hoihpen ding hi. Huai ding in Gottman Card Decks App kichi phone a Playstore a pan download in, akingai lellelte'n na bawlkhawm le uteh hoih mahmah ding hi. Na kingaihpih pen tuh midang teng sang a na theih zawkding, alawmhoih (best friend) sang a leng athugukte na theih zawk ding ahi. Tua Gottman Card Decks App pen na bawl chiang un, pen leh book na kiangtuakuahkoih unla, answer na kipiaktuakte uh gelhkhia un, pasal in numei a, numei in pasal dawnnate agelhkhiak ding ahi.

Hiai dotna tuamtuamte na kidot chiang un akibangte gelhkhiaknading mun atuam nei unla, na lunglutna, lauhthawnna, nopsakna lam, duhzawng leh adangdang kibangte chiamteh un, akhonung a na kisuk hehkhak chiang uana kizonkiktheihna ding uh leng hong hi ding ahi. Na kibatlouhnate kikhen sawm ngai lou, na kikhen sawmna un na kal uh hong hihsezaw theiahi. Na kibatnate uh na kipompih sawm ding uh ahi. Khamtheih leh tep-lemuam, leh midang va hihna thei omdan hoihloute bel kipompih kei unla, na nih ua pangkhawm a kibawlhoihdan ding sawm zaw un, tua kipompih ding i chihte tuh ngaihdan kibangloute ahi.

2. *Na hun paisa teng:*

Mi tampitelauhthawn tuh ahun paisa thei thuk leng ka muhdan ahong kikheng kha ding chi ua, ahihkeileh ka hun paisa thei thuk leh ahon etdan akikheng kha ding chih ngaihtuahna a hun paisa khawng ki-iim uhi. Kal khat kitheituah pan, avek a kigentuah ding ahi hial kei a, akha masapen sung bek atuh kihilh khit ding ahi. I kingaihma i kihel lai bang in kihilh ngam leng hoihsem ding hi. Atak a di'a ki-entuah tuak a i kitheih chiang a kihilhtuah ding ahi. Kingaih khit nungin kihilh leng itna mitdel in asia hon muchiansak thei lou ding a, itna mitdel den lou dingahih chiang a, mitvak hun kikhen ngai thei ahihna ah, kingaih ma a kihilhtuah ding ahi.

Thutak kigentuah ngamna pen kimuanna ahi a, kizahtaktuahna leng ahi. Thutak na gen a muhsiatna ahon zatleh huai mipen nang a dinghilouahi. Mi lungsim hoih in thutakna gen hon kipahpih ding a, hon zahtak behlap lai ding hi. Na nih ua kithutuak a kihou ding a na kithukimua, thutak a na kihou ding uh ahi. "Zuau kigenkhumawilouh, akhonung chiang a kitheisuah thou ding i hi a, thutak in kibulphuh ni," chi kawma na kihou ding uh ahi. Nangkia thil hihkhial hilouna hi a, na ngaihzawng in leng bawlkhelh tampi ana nei ding a, na bawlkhelhte uh na kigentuah chiang ua, kizumpih leh kikouna khawng a leng zatlouh ding ahi. Nou gel kia a na bawl ngam kei ualeh counsellor zuan unla, counsellor panpihna toh bawlkhawm un, na kigentuah teng uh thuguk a kepbit ding ahi. Tu inkigentuah kei le uteh leng akhonung a, na kitenzoh chiang ua hong kipholhsuah veve ding ahi.

Khalam, salam, inkuan leh beh-le-pungte khawng leng kitheituah leng hoih ding hi.

3. *Taksa leh lungsim chidamna:*

Na inkuan taksa chidamna history leh lungsim chidamna lam uh genkhawm ding ahi. Taksa damna medical history khawng sutkhawmding, natna tuamtuam bang na veita, na damlouh chiang a bang natna hi tangpi a, leh adangdang kihou ding ahi. Nou gel akia hiloua na sungkuan teng akhawng leng kitheituah ding ahi. Sungkuan lungsim chidamna khawng leng kitheituahding, nou sungkuan akuapen ahia lungsim chidam lou pen (toxic), bangchi a hehna suahkhesek a, khut khak kin mihi hia ahihkeileh kampau hoih lou zang miahi hia, chihkawngkitheihtuah luat ding ahi. Nupa kitenna i chih minih kitenna ahi kei a sungkuan nih kitenna ahi.

4. *Maban tup-le-ngim neite:*

Na kingaihma ua maban a bang ahia na tup uh? Koi lam nga a hinkhua zang ding, tupna kibang lou na hih ualeh bangchiin na pangkhawm ding ua, kitenzoh nung chiang a, kua pen in atupna khawlsanding, khawlsan ngai lou a bangchi a zuikhawm thei ding chih khawng na kikup felsa ding uh ahi. Apasal pen in zi sepna nei lou deih, akiten ma a kigenlou, kitenzoh chiang a azi sepna a pan tawpsak sawm mawk lah azi ut lou a kibuai theih ahi.

Sum kholna (saving plan) tup-le-ngim, sum zatdan ding leh muhsuahdan ding khawng nouneltak akihou ding ahi. Apasal in khaloh tampi nei, azi in khateng in tampi zatpih sawm lah apasal in saving a akhaloh tamzaw koih ut, hiai khawng a leng kisukbuai theih ahi. Sum sukpungte ahong pichin chiang a bangchi zatding, inmun lei ding maw? Koi san a, inn bangchi lamding, chih leh atuamtuamte kikupkhawm ding ahi.

Thil poimoh leh maban saupi hetkha theidingte toh kisai a pasal thu lak zawk ding ahi. Numei in akupnop teng kum henla, angaihdan teng hilh hen, himahleh thupukna pasal khut ah kinga henla, numei pen apasal thunuai ah kitahlut hen. Thil poimoh lua hilouleh huntomchik adingte, leh insung van toh kisaite, azi thupukna pen atawpna hi zaw hen. Pasal i hihna a thil houchikchik leh thupiloute a kibuaisak louhding, numeite'n leng thuneih ut uhahih chiang a, i thu neihna hawmkhending, insung van leh niteng nek-tak bawlna toh kisaite ah va kikumlou in, zite thuneihna pekhelehang hoih ding hi. Pasal toupi mehhuandan ding khawng va kikum, mehlei ding khawng buaipih tham sa a zite va kinial pihpihlouh ding ahi. Fridge lei ding i hihleh leng budget ahun ding pasal in pekhia henla, ngaihdan aneihte leng genkhia hen, anumei in budget toh kituak hoih asakdan lei zawleh ahoih ding hi.

Inmun koi a leiding, car bangte leiding, inn bangchi lamding, leh thil thupitakte toh kisai in, numei in ngaihdan gen lel henla, apasalhoih asak bang in thupukna bawlleh hoih ding ahi. Na thuneihna chiat ua, kizahtaktuahding, ngaihdan kidong masalou a khat thukia a vaisai louhding, ngaihdan i genkhiak khit nung a i ngahdan ahon pompih kei ualeh heh louh ding ahi. Na ngaihdan a kilak gige mawk in nang kia vaihawmna suak kei di'a, huai maw na ut? Ngaihdan genkhiakna hunlemtang hong kipiakleh kipahhuailua hita, chi a na ngaihsut ding ahi.

Premarital counselling apoimohna tuh akingai a kiteng dekte'n kihou tuak tampi amau kia a genkhe ngam lou leh genkhiakdan asiamlouhte uh counsellorte'n chidamhuai leh amau a di'a siatna tung lou ding a kigenpih thei uh ahi. Hiai bang dotna poimohte kiten maaakipholhsuahlouh chiangakiten nungchiang a thil tampi poikha thei ahi. Na thugukte uh na selna lam ua lunggim thei nahi ua, na zi ahihkeileh na pasal in hon theikhe taleh kizuausan (cheating) dan inngaihtuah thei ua, hong khonung heh thei uh ahi. Ama'n ahon theih khiak sang a, nang kam mahmah a za nuam zaw ding a, na kam mahmah a na genkhiakleh azuausan (cheating) dan a hon ngaihsunlou a hon theisiam zaw ding ahi.

.

Post - Marital Counselling

Kiten zoh nung chiang a counselling kipesekte Post-marital counselling kichi hi. Nupa thakte'n atot ngeilouhna gam uh hon tawntou ahihna uah, panpihna poimoh uhi. Doctor check up a i paidan deuh a kiten zoh nung kum khat sung khawng, marriage counsellorte kiang ahcheck up in pai thei zel leng hoih ding hi. Abiktak in premarital counselling akipanding, kiten zoh chiang intheihtuakte post-marital counselling a hon kigenpih nawn ding ua, mimaltak a haksatna na tuahte uhleng session ah gen theih ding a, nou poimohdan dungzui in marriage counselling session va pai zel le utehhoih ding hi.

Kiten zoh chiang a theihtuak deuhte:

1. Akum masa a pilvantuakte:

[Diuteronomi:24:5Mi zi nei tung sepaiha kuan ding ahi kei a, bang nasem ding in phut ding ahi kei; a-inn lam ah kum khat a-ut bangbang in a-om ding a, azi toh nuamsatak a a-om ding uh ahi.]Nupa kiteng tungte gal kuansaklouh ding i chih chiang a sihlauhna leh lunggim a koihlouh ding chihna ahi. Inkuanpihte'n leng na suk lunggimlouh ding uh, amau nupa thakte a di'a hun manpha atam thei tawp bawlsak ding ahi. Zi nei tungte'n sum bat leng hauh luatlouh ding, zi neihma a kikhol ding ahi. Mihing lungsim pen agim luat chiang a itna in mun neitawmzaw a, ki-it ding bangtak a leng ki-itzou lousek ahi.

Kiten zoh nung akum masapenpoimohpena, na sihtanpha ua na kihoudan ding, kizahtuahnading zah (level) leh kibawldan ding (deals) akum masapen a kisiam ahi. Akum masapen a na kihoudan, ki-itdan leh na kizahtaktuahdan uh damsung a na zuihtouh ding uh ahi. Kum khat abei zoh chiang a hiai abulpi (foundation) kibawl thak thei lou ding hi. Akum masapen a mangngilh theih louh ding hun nuam (memories) atam thei tawp bawlkhawmding, akum masa sung tuh nasep sang mah a nou nupa kal hoihna ding in hun, tha, sum-le-pai it lou in seng le uteh, na hihkhial kei ding uhi. Sihtanpha a nou nupa na kibawl utdan, kizahtaktuahdan leh ki-ittuah utdan pen akum masapen a nasiamkhiak ding uh ahi.

2. Nupa kal lupkhawmna toh kisaite:

1. Laibu tampi ka na sim a, training course leng ana la khin ka hihziakin, ke'n hon gen keileng, agen dingdang omlouh ding ahihman in nupa kal thu toh kisai leng ka hon gelh ding hi. Akum masapen kisinna hitangpi a, nupa lupkhawmna pen na siam dungzui ua hong nuamtou ding ahi. Kiten zoh nung a taksa pen eimah akia hi nawn lou a, i pasal ahihkeileh i zi a leng hita ahi. Nupi khenkhat in nupa dan a lupkhawmna pen pasalte thununna leh gawtna ding khawng in zang mawk ua, huai thil dik hilouahi.

[1 Korinthte 7:3 Pasal in azi kiang ah atan ding hunhun pia hen; huchibangmah in zi in leng apasal kiang ah atan ding hunhun pe sam heh.v4 Zi in ama pumpi tung ah thu anei kei a, apasal in thu anei zaw hi; huchibangmah in pasal in leng ama pumpi tung ah thu anei kei a, azi in thu anei zaw hi.]Nupa lupkhawmna toh kisai a na partner a-utnakleh nang utlouh ziak a nial theih hilouahi. Azi hia, apasal hiam ut a a-omnakleh lupkhawm teitei ding ahi, himahleh a-ut lou pen in aziak gen hen, taksa dam lou, tuni nasepna gimthei lua a lupkhawm hithei lou phot hia, aziak gen henla, himahleh a-utpen in bawlni achihteiteileh bawlpih mai ding ahi. Hiai bible in hon sinsakdan ahi. Na pumpi nang akia hi nawn lou ahi.

[Paunakte 5:18 Na tuikhuk vualzawl in om hen; huan na tuailai zi ah kipak in. v19 Deihhuai sazukpi leh heksiam sakhipi bang. A-itna leh ngaihnatna in chiklai peuh in leng nang hon lungkimsak gige hen; huan a-itna a vak in om gige in.]Zi leh pasal lupkhawmna a i zi leh pasalte neih bangbang pomsiampih a lungkim pen bible deihdan ahi. Huchi zaw deuhleh chih om tham ding a, himahleh vangamhi nai lou ahi chih phawk ni,vangam i tun chiang in lungkimna 100% kinei pan ding hi. Numeite'n lupkhawmna nuam asakna ding ua, pasalte zahmoh 3 inches lel poimoh a, pasalte'n atangpi in zahmoh saudan 3-8 inches nei uhi. Huaiziak in lungmuangtak in pasalte omni, pornography en khateaguk in lunggim thei ua, zi kineileh alungkim zou na diam aw chih khawng in buai kei ni; a size in thu po lou ahi. Hiai sanahthuktak in nupa lupkhawmna toh kisai ka hon gelh kei ding, atheibeh nuamte'n hon dongzaw un. Tua i gente khawng leng post-marital counselling session sung a hon kihilh vek ding ahi.

[Hebrute 13:4 Mi tengteng lak ah kitenna pahtawi in om henla, lupna leng hihbuahlouh in om hen; kingaite leh angkawmte tuh Pathian in angaihtuah dek ngal a.]Pathian in nupa lupkhawmna siangthou amu a, akhengval lua chi a khamna (limit) apiak om ding in agintakhuai kei hi. Nupa kal a zat ahihnakleh lupkhawmna pen siangthou ahi. Himahleh lupkhawmna pen angmasialna ahihlouh ding ahi. Angmasialna atam ngeingeileh nupa lupkhawmna nuam lou ding a, lupkhawmna leng tawm pah ding hi.

Numei toh pasal kibanglou lua hang a, nupa kitheihsiam poimoh a, lupkhawmna toh kisai leng kihoulim tama, nopsakdan leh nopsaklouhdan kidot tam ding ahi. Kihoulou a na om ualeh khat kia nopsakdan zui kha ding chin ua, anawn chiang a khat in huphulhtak a hon neihpih kha thei ahi. Nitak a lupkhawm ding leh lupkhawmlouh ding zingkal athoh uapan sunnitum a ahun zatdan uah kinga achi ua, dik leng adik mai ding.

Pasalte dan a numeite'n minutes tomchik a hongkilawp ahong kiman uh hilouahi. Pasalte a pan itna adon kei ualeh numeite pen hong mawk kilawplou uhi. Numeite'n lupkhawmna pen nopsakna (pleasure) sang a itna leh lungsim (emotion connection) kizopthuahna dan in pomzaw ua, pasalte'n bel nopsakna ding kia in leng numei kilupkhawmpih thei hi.Huaiziak a nupa kithutuak leh ki-ittak a hinkhua zangkhawmte lupkhawm (sex) tamzaw ua, lupkhawm leng nuamsazaw uhi. Hiai laibu tangpi sim theih ding a kibawl ahihman in, akhengval thuklua tuailaite theih ding a hoihloute tantan hon gelh lou a ka hon hemgen dan in na pomsiam ni, achiangzaw a thei nuamte'n mimaltak in hon houpih zaw un.

Nupa lupkhawmna ah kipahna zongke'n, na mu kei ding. Kumpi Solomon in zi 700 leh numei dang 300 anei a, kipahna nei tuan lou ahi. Solomon a pan sinlai la un, kipahna thil tampi a zongin chin mu lou a thil teng bangmah lou ana chi ahi. Kipahna bukim Pathian kiang kia a om ahi. Solomon in akipahtheihna ding in akumpi insung ah program tamtak sai a, kipahna mu tuan lou hi. Hauhsakna leh dangka in ana zong a, dangka tampi anei a, himahleh huaite'n kipahna atun tuan kei.Huai zoh in numei-pasal lupkhawmna in kipahna azong nawn a, numei 1,000 a-ut hunteng a lupkhawmpih theih ding, khovel mun tuamtuam a pan kumpite tanu melhoih pipi zi in anei a, himahleh kipahna anei tuankei.

Hiai leitung ah kipahna bukim a-om kei a, Pathianlou ngal ah kipahna bukim lou ahi. Numei dang ahihkeileh pasal dang na va luppih man a na lungsung a lunggulhna hon hih bukim ding om lou hi. Numei tampi va luppih a, nupa lupkhawmna a lungkimna leh kipahna om hileh Solomon lungkima na kipak ding ahi. [Eklijiasti 2:11 Huchi in ka khutte'n abawl uh nasepte tengteng ka vel a, semgim a ka hih nasep gimna tengteng: huan, ngai in, bang teng bangmah lou leh huih nungdelh ahi a, ni nuai ah bangmah phattuamna a-om kei hi.]Satan in nupa hih khit nung a midang toh lumkhawm ding a hon sawl a, lupkhawmna a pan kipahna mu ding aahon khem chiang in gingta ke'n, Solomon in numei 1,000 aneih nung a leng lungkim leh kipahna mu lou ahi.

Kitengna tawh kisai (Marriage Matter)

Kitenna toh kisaitheihtuaktampi om a, i theih ding bang i theih louhchiang a i thuaklouh ding tantan kithuakloh thei ahi. Nupa kal a kitheihsiamna apuntheihna ding intheihna apun ngai a,theihna apunna ding in laibu sim, asiamte thugen ngaihkhiak leh thil tuahsate a pan sinlai lak theih ngai ahi. Saptuamte'n nupa kal seminar peding khawng in hon samzel le uteh i saptuam sung ah nupa kal chidamna kibehlap mahmah ding hi. Singapore ah marriage counselling diploma course ka zoukhia a, huai ban ah training centre tuamtuam a pan leng relationship certificate course ka zoukhia hi. Nupa kal a dingkia in laibu 30val bang ka na simkhia a, ka simbehlai ding hi. Practical session hun a atak a bawlsuah ding leng tampi om a, athu kia hiloua zuih theih ngal ding leng hunkhop om hi. Tam lou anuai ah ka hon taklang ding hi.

1. *Itna i chih pung zel leh kiam zel ahi, kichiamna (commitment) pen 100% ahih gige ding:*

Itna i chihlungsim (emotion/feeling) kia ahi kei a, thilhih thei nasep ahi. Itna nasep om lou a bangmah ding hiloua,it a ompen in leng phawk lou ding hi. Pathian in hon itna atapa Jesu Khristkrosa ei sik a hong thuak leh kilhlupna in hon langsak hi. Nupa kal a itna pen athu kia ahihleh itna tak lou, itna lem hi ding ahi. Itna i chih pen nasep (action) ahi, lungsim (emotion/feeling) sang mah in nasep hizaw lai hi. Kuahiam khat it inla himahleh itna nasep bang mah lak kei lechin, na itna hon gintaksak lou ding a hon pompih lou ding hi.

Na zi leh tate ka it nachihleh amau a di'a bang ahia nasep? Ka pasal ka it na chihleh amah a di'a bang ahia nasep? itna i chih ahoih kideihsakna ahi a, nat thuak ding a kiphallouhna leng ahi. Itna i chih kiduatna (caring) leng ahi. Itna i chih angmasiallou a midangte a di'a kipumpiakna ahi. Nupa kal suksiattuh angmasialna ahi.

Lungsim a om itna (emotion) pen pungzel a kiamzel mawng ahi. A-itna lungsim (emotion) pen a i kingatleh nupa kiteng suakzou ngei lou ding a, i lungsung a i ki-itna hong bei chiang a kikhen ngai ding hi. I lungsung a itna (emotion) pen hong kiamzel ding a hong pungzel ding ahi chih i theih ding ahi. Himahleh i kichiamnate 100% ahih gige ding ahi.

Ikichiamnate (commitment) pen i zi leh pasalte tung a kingak ngeilouh ding ahi. Ei kichiamna pen eitung mah a i ngak ding ahi a, i pasal ahihkeileh i zi athulim leh thulimlouh inakinga kei himhim hi. Pathian in abraham kiang aakichiam dek in, abraham a-ihmusak a, amah ihmut kal a, ganta tumnih kisuah a asisantakkhia tung a pai in akichiam hi.

[Genesis 15:9 Huan, ama'n, akiang ah, bawngla kum thum a upa, kelpi kum thum a upa, vakhu leh vapal nou hon la in, achi a.v10 Huchi in, huai tengteng ahon la, alaitak ah aphelkhap chiat a, aphel khat aphel dang khat lam doh in akoih chiat zel a; vasate bel aphelkhap kei hi. v11 Huan, vasa sasial nete saluangte tunga atuk chiang in Abram in ahawlkhe zel hi. v12 Huan, ni tum ding aakisak sialsial lai in, Abram ana ihmu hithit a; huan, ngai in, amial a mial, thil mulkimhuai petmah in amah ahon khuh a. v17 Huan, hichi ahong hi a, nitum a, khua ahong mial in, ngai in, halzulna meikhu lunglung leh meisel kuang luahluah huai sa phelkhapte kal a paipai ahong om a.]

Pathian in akichiamsak dek in Abraham ihmusak masa hi. Aziak tuh Abraham leng Pathian kichiamdan a huai sisan tung a apaikhak ding alauh ziak ahi. I kiten chiang a kichiamna i neihpen huai Pathian kichiamna tuk a thil poimoh (serious) ahi. Nang kichiamna pen na zitung ah nga ke'n, nang kichiamna pen na pasal ahoih leh hoihlouh in kingasak ke'n, nang na zuihsuak ding a na kichiamna ahi. Ka pasal ahong mihoih touh zelleh ka kikhen kei ding uh na chi kei a, ka zi akingaihniam a ka thuthua a-omleh ka kiteng suak ding uh leng na chi sam kei hi. Sihnalou ngal in hon khenkei hen chi a Pathian min lou a kichiamte i hi chih phawk thak ni uh, anop leh noplouh in i kitenna hihbuaisak nawn kei ni, anop leh kitengsuak ding chih ahi ngei kei a, anop keileh kikhentheihna dikna (rights) leng i nei kei hi.

Kiten khit nung akituah leh kituahlouh khawng i kiten leh kikhenna ding a thupukna lakna (deci dingfactor) hikha nawn lou ahi. Nungak leh tangval kingaite a ding inzat theih lua a, himahleh nou nupa hitatea ding in bel, nungak leh tangval kingaidan a kituah keileh kikhen theih hi nawn lou ahi. Nupa kikhenna ding a chitna omsun tuh sihna ahi.

Angkawmna a-om ziak a kikhen chitchiat ding chihna om lou ahi. Ahihkhial pen kisik a ngaihdam angetleh ngaihdam a kiten suak ding ahi. [Hosia 3:1 Huan Toupa'n ka kiang ah, hitamahlehkuan inla, alawm in adeih tuntun numei, angkawmnuita, pathian dangte lam nga in, grepgam beute it mahle uh, Toupa'n Israel suante a-it bangtak in.]Hosia tangthu i theisa uh ahi, Pathian in mihing mikhial leh angkawmte(Pathian dang neihsan) angaihdamna leh itna lahkhiakna ding in, Hosia kiang ah angkawmnu kitenpih ding in asawl hi. Hosia in leng huai angkawmnu akitenpih a, tamveitak pasal dang toh ava lumkhawm zomah hi. Hosia alungsimna mahmah a himahleh aginomna akembit a, Pathian in ei mihing mikhialte ahon ngaihdamna leh itna hon theisiam hi. Angkawmna leng nupa kikhenna ding chiang a chitna ahi kei. Himahleh a-angkawmtu in midang deihzaw a nei utzaw ahihleh lah ama thu ahi. Angkawmna khelhna ahi a, nupa kikhen leng khelhna ahi.

.

2. Kitenna i chih nopsakna hilou in sianthouna tup-le-ngim ahih zawk ding:

Kitenna i chih love story moviei etdan a nopsakna ahi kei a, tup-le-ngim pen a 'kipahna leh nopsakna' kitenna tungtawn a naneih khak uleh kikhen pah ding na hi uh. Kitenna in atup-le-ngim pen ding tuh 'sianthouna' ahi. Midang toh lumkhawm louding, midang ava ngaihleh etsanlouh ding ahi. Hiai tup-le-ngim in neilehang nupa kikhen leh kisia om ngei lou ding a, nupa lohching i hih ban ah ilungkim thei ding hi. Kitennatup-le-ngim pen a kipahna leh nopsakna khawng i na koihkhak chiang a, nupa lohsam kisa pah hang a, midang hon kipaksak leh nop i sakna ding kizong a kikhen sawm pahpah kihi ahi.

.

3. Na zi ahihkeileh na pasal khen sawm ke'n vuallel ding sa, Pathian' sep ding ahi:

Pasalte'n azite uh kikhen ngei keileh chi ua, numeite'n apasalte uh kikhen ding deih gige uhi. Nupa ahoih kideihsak ziak a kikhentuah sawm pen thil hoih ahih khawmkhawm in i nupa kal a siatna hon tuntu lian pen leng hon suak hi. Numeite'n apasal azu dawn atawpsan zohlouh ziak in zi ahihna zou lou leh lohchinglou kisa uhi. Tate khenkhat in apa zudawn angolhsak zohlouh ziak a a-inkuante tung a lohching lou (failure) kisa, amau ana kimohsa den uh. Khenkhatte'n lah a-upa zu dawn angolhsak zohlouh ziak a insung bawl hoihzou lou kisa a ana kimohsa den uhi. Kua'n nang tung a midang hinkhua bawlhoih ding mohpuakna hon pia ahia? Pathian in mihingte amau nasep gahchiatlou ding a hon chiam ahi, asanggampa, apa hiamapasal sepgah hilou, ei nasep gah chiat lou ding i hi.

Counselling a hong paite buaina tangpi ahi. Pathian in na tung a inkuan khelhna hon nga lou ding ahi. Nang mimal tak in khelhna ah kibual ke'nla Pathian phawk in hinkhua zang lechin, Pathian deihdan huai mah ahi. Mihing in midang hinkhua khentheihna thilhihtheihna kineilou a, Pathian kia ahi mihing lungsim leh lungtang khengthei, Pathian khut ah kinga leng ama'n hun asak chiang a na pasal, na zi, na ta, na nu leh pa hinkhua hon khensak ding ahi. Pathian khut a kinga lou a amau hinkhua khen pen eimah khut a nga a ei hatnaa i buan chiang a kilunggim in, ei hinkhua manphatak a kizang thei loua, eimah leng khelhna sal a kipuk kha thei ahi.

Kei leng inkuan sung hatsatna leh inkuanpihte khen sawm a lohsam kisa, kei hatna a ka buanleh depression lutloh kha ka hi. Depression zoh a pan ka hong pawtkhiak in, kei mimal hinkhua leh maban ding ka hongkikhual a, nasatak a nna ka hon sepleh saupi hong tunloh kahi. Na sungkuante leng mihing, deihtelna nei, Pathian nangawn in adeihtelna azahtakpihtehi ua, nang huai amau deihtelna kheng a amau hinkhua va kheng thei lou na hi chih kiphawk in, ahong hoih ding uh deih luatna ziak a amau deihtelna va suh het louh ding ahi. Pathian nangawn in adeihtelna uh asuhlouh lai a nang bangziak a amau deihtelna va suh ding na hia?

Amau ka thil hih asia a katawpsan utta achihlouh ngal uleh va bawlhoih sawm in panla dah in, lohsam ding sa na hi. Amau khelhna ziak aathuak ding chiang ua itnaziak in va hondam ke'n, mihing in i tuh gah ki-at ding mah ahi. I bawlkhelh leh tupmawng a thil sia i bawl ziak asia thuak ding hun a thuak kiphal ding ahi. Haksat leh siat atuah chiang ua huai zang a Pathian in hon bawlhoihsak thei nawn ahi. Athilhihkhelh ua mohpuakna i va lak saklouh a, amau mah in thil sia abawl khakte uh mohpuakna kilakdan sinsak zawk ding ahi. It lua a amau khelhna teng va tankhia, amau mohpuaknading teng khawng nang na va sepsakleh hong kibawlhoih ngei lou ding uh ahi.

Pathian phawk inlanaktak in thumpih den in, nang na hinkhua ahoihpen in zangthou inla, amau ka hinkhua ka ning gawp a, ka kikheng utta achih ngallouh ualeh va bawlhoih sawm nawn dah in, amau kibawlhoih ut lou na va buaipihna in na hun, na tha leh na sum-le-paiseng nawn ke'n, nang maban hoihna ding in panla zaw in, nang bek suahtakna sawm ding ahi. Pathian kiang ah lungkelou in thumpih den in, amau hong kibawl hoih utma uh tuh huai na hih theih tawp hi phot ahi. Amau siatna ziak a nang zi lohsam, talohsam, leh sanggam lohsam dan in ana kigel nawnke'nla, amau siat ut uhahih chiang a, amau deihdan a hinkhua zang hi phot uh ahi. Adeihtelna uh zahtaksak phot mai in, Pathian deihdan leng ahi ding.

.

4. Lauhthawnna, kinepna leh i hun paisate kikup zel ding:

Nupa kal hi in, mihinpih dang khatpeuh toh kisai a i kinaihpihte kiang ahlauhthawnna, kinepna leh i hun paisate kikup zel ding ahi. Hiai thil thum i kikup vang chiang akitheihsiam louhna tam a kituah louhna piang zel ahi. Na tapa ahihkeileh na pasal ngabeng ding a hohdek lai bangziak a phal lou e? Aziak na gensiam ngai ahi. Amau nopsaklouh ding phallou maw ahihkeileh tui a ava kiaklup ding uh lauhpih maw, aziak genloupi a ngabeng ding a kuandek lai na phallouh tawpleh amau nopsak ding daltu leh hazatu dan a hon ngaihtuah thei uh ahi. Himahleh aziak diktak gen lechin, amau na itluat ziak a tui khawng a akiaklup khak dinguh lau a, nang meithai, tabei a na omkhak dinglau na hihdan gen lechinitna ziak ahihman in, amau leng hon theisiamding uhi.

Lauhthawnna, kinepna leh hun paisate (history) i kigen chiang in kizahtak tuahsak ding ahi. Nang lungme na lauhlouh ziak in midangte a di'a lauhuailou dan in hisap ke'n, na lauhna uh, kinepna leh hun paisate kibang lou ding a, na kipomsiampih ding uh ahi.

Kiten ma a premarital counselling session hun khawng a kiteng dekte kineptuahna khawng genpih ngai ahi. A-omloupi kinepna i neihleh hong tangtung ngei lou ding a kipak thei ngei lou ding i hi. Kiten zoh chiang a nupa bangchi khosakding, bangchidan a kihouding, bangchidan a hunzang ding chihte kihou ding ahi. Apasal in nupa ahih chiang ua, azi zingkal thoupah dingin chin amah athohkhiakma a alupna kiang a table a singpi koih ding a hisap, azi in leng tua mah bang a apasal in ama tung abawl ding inkinem tuak le uh bangchitading? Akihoulouh ziak ua, akinepnate uh kitheituah lou, kinemkhial in hehden mawk chih bang omthei lua ahi. Kua'n ekbuk hahsiangding, kua'n inn zut leh kuang sil ding, kua'n bang bawl ding chihtanpha kikup tuaklua ahi.

Nidang lai a tuh insung nnate kikup ngai lou a numei in abawl vek ahi a, tulai a huchi na hi nawnlou, numei in apasal insung nasem ding a ngiat zawta mawk ahi. Bang a i kineptuahnate kigen ngai ahi. I pasal ahihkeileh i zi in i lungsim thei lou ahi a, na kinepnate na genkhiak keileh ama'n hon bawlsak ut mahleh atheih louhziak a bawl kha ngei lou leng hithei ahi. Kihilhtuah le uteh kinepna diklou (unrealistic expectation) ahih takleh leng, na partner in hon hilh pah ding ahi. Ahon hilhchiang a mimal nawlkhinna (rejection) danangaihtuah het louh ding, ama sung a om het lou khawng ngenkha leng hithei na hi. Ama'n ahon piak ut hang a aneih keileh bangchi in ahon pe thei di'a, nang amah neihlouhpi pe di'a na ngetleh lohsam gige ding mah na hi. Tehkhinna in, azi amizia a mikhauh leh aw khauh zang mi hitaleh, apasal in azi kiang a aw nem ngiat den mawkleh thilhithei lou ahi. Kholak na pawt a inn na tun chiang a hon na vaidawn keileh, hehsan mawk louh ding, aziak thei lehang amah na buai lua hiam ahihkeileh pianken a mi kamtam ahih louh ziak a hon na 'hello' lou leng hi kha thei ahi. Na kinepna uh thilhithei mah hi hia chih khawng leng kidot zel dingahi.

Na lauhthawnna leh kinepna khawng na gen chiang in, na hun paisa a thil tungte khawng leng gentel zel in, theih siamhuaizaw ding ahi. Hun paisa kitheisiamloupi, tuhun akitheihsiam vual ding hilouahi. Lauhna, kinepna, hehna, kipahna leh adangdangte i hun paisa a pan kipankhia ngen ahi ua, akipatkhiakna kitheihpihloupi a alauhna zah, akinepna zah, ahehna zah, akipahna zah kithei zou lou ding ahi. Hiai kampau ka zat chiang a heh ahi chih kitheih ding, himahleh bang chituk a amah a di'a hehhuai ahia chih pen ahun paisa a athiltuah na theih keileh theisiam lou ding na hi.

Aneu a pan apa ana kousia, huai kampau zang a ana hihna gige ahihleh tua nang kampau zat pen aw sang a nazat hikei mahlehamah a di'a thuak haklo khin ding ahi. Ahun paisa a thil sia atuahte toh bulhkhawm ding ahih ziak a nang tu'n aw nemchik zang mahleh lechin akampau pen in khasiatna (triggering), hehna leh huatna tun thei hi.

.

5. Zi-le-pasalte lungsim ding bawltawmsak louh ding:

Khristianleh lungsim chidam chapter masateah i gen khin ua, hiai mun na va sim thak hoih ka sa hi. Mihing midang lungsim sim thei leh milungsim ngaihtuahna thei ki-om lou hi. Mihing in khatvei thu in thil 4 bang kingaihtuahkhawm thei hi. Minute khat sung in i lungsung ah thil om tamveipi kikheng man hi. Kuamah lungsim ngaihtuahna gen thei ki-om lou hi. Ahi, akipahna leh dahna (mood) pen melput a pan kigen thei mah ei, himahleh bangziak a huai bang melpu hiam chih kithei lou hi, amah kiang mah a i dot ngal keileh bangziak aheh hiam chih kitheilou hi.

6. Nou nupa na ki-it zoh khop ualeh na tate maban bit ding hi:

Numeite'n taahon neihzoh chiang ua, apasal sang a atate uh pibawlzaw ua poimoh ngaihzawsek uhi. Nupa kal a Pathian chihlouh ngal poimohzaw a koihlouh ding ahi. I nu leh pate hi in i tate hitaleh i zi leh pasalte sang a poimohzaw Pathian chihlouh thil dang a-om kei. I nasepna sang in i zi leh pasalte poimohzaw ua, i lawm-le-vualte sang in i zi leh pasalte poimohzaw uhi.

Ta neihzoh chiang a numeite'n pasalte hun leh lungsim pe tawm ua, tate ah pe tamzawsek uhi. Pasal khenkhat in huai pen pomsiam lou in lungkim thei lou uhi. Na tate uh nou nupa kal sang ana awlmoh zawk ua, hun leh tha tamzaw na piak uleh nou nupa kal bit lou ding a, na tate maban leng bit lou ding hi. Na tate maban limchi henla hoih hen na chih ualeh nou nupa ki-itpetmah phot un, nupa kal hoihna ding in hun leh tha nou kipetuah tam un, nupa aki-it zoh khop ualeh atate maban uh bit in nuamsauhi. Nupa hih khit nunga leng nungak-tangval dan akiheltuah zel ding, restraurent khawng a thil va nekkhawm zel ahihkeileh mun thoveng (park) khawng a hun nuam vazatkhawm zel ding ahi. Nou nupa kal ki-itna pen na kepsiam ualeh nupa ki-itleh nuamsa hi ding na hi uh.

.

7. *Nupa kitheihsiam louhna a-omleh inkuan a pan sut ding:*

Nupa kisiatkhak theih mah ahi a, kitheihsiam louh chiang a kimawk hehsanlouhakitheihsiam tuahdan ding gelkhawma, panlak hoih ding hi. Kampau hoih lou leh kimohsak sang mah in, bangchileh ka theisiam diamaw chih lungsim a koihkhawm a kitheihsiamdan ding a lampi zon ding ahi. Kitheisiam leng kihehsan ngai lou ding a, kitheisiam leng kisel leh kitot ngai lou ding hi.

Amau inkuan kikepdan leh akhanletdan theisiam lechin, tua lungsim putdan ding leh a-omdan dingtheisiam mai ding na hi. Abiktak in na pasal na theih siamna ding in apa lungsim paidan leh omdante sui lechin, pasalte'n i pate enton a hinkhua kizang deuh ahi. Na zi natheihsiam utleh anu lungsim putdan leh omdantheihsiam sawm lechin, numeite'n i nute ki-enton a kikhanglian ahi. Nu leh pa nei lou ahihleh akemtute etchet ding ahi. I lungsim put,i omdan leh i hun zatdante i kim i kiang a mite a pan i laksawn tam petmah a, abiktak ai sungkuante a pan atamzaw om hi. Nupa kal a kitheihsiam louhna a-om chiang inkuan nih kibang lou a pan hong khangkhia na hi uh chih kiphawk unla, na kibatlouhnate uh kipomsiam sawm in, na inkuante uh toh leng kihou tamsawm un.

.

8. *Na zi nang toh kikim ahi, mipiching thuhilh leh zep theih louh ahi:*

1. Pasal khenkhatte'n azite uh ta bawl in bawlsekuhi. Athumanglou a athukhel chiang a tai a zep theih ding khawng sa mawkmawk ua, atai ua azepchiang ua hihdik kisa mahmah lai bang leng pasal khenkhat om hi. Na zi miching, nang toh dinmun kikim ahi chi phawk in, ei lung lou dan ahong omziak a va sat a va naupang bawl theih hilouahi.

Pathian nangawn in alawm ding a hon bawl lai a robot dan ahon siam lou ahi. Amah bang a melpu i chih chiang in dinmun genna leng hipah ahi. Amah bang a hon siam a, mimal a deihtheltheihna hon pia a, i deihtelnate bangchituk in semahlehamah melput asiam i hihman in i thupuknate leng hon zahtakpih hi. Nupa leng huai bang akizahtuahna a-om ding ahi. Na pasal na zah dingbang tuk a nazah keileh nang dinmun niam pah ahi.Na zi na it dingzah a itna na piak keileh apasal na hihna na dinmun kiam pah hi.

.

.

Kiteng zoh chia theituakte (After married life):

Insung khat ah omkhawm lehang lengi tate'n zi ahon neih chiang ua, inkuan nih insung khat a kitengkhawm hita, pa nih omta, inkuan a lupen mi nih omta ahi. Mou thak neihma toh neih nung kibang nawn lou ding a, nungak in pasal aneihma leh aneihnung akibat nawnlouh mah bang a, alutna inkuansung leng kibang nawn lou ding ahi. Tamtak in hiai thil kikheng pen pomsiamlou ua, mou aneihma ua a-omdan uh ngaina ua, mouthak in inkuan sung a nengchik ava khen (influence) ziak a mou thak pen ateknu in ana dou bawl pah chih om thei hi. I tate'n zi leh pasal ahon neih chiang ua amau hinkhua a di'a mi poimoh pen kihi nawn lou a, amau koppihte mah i tate a di'a mi poimohpen hong hita ahi chih phawkpihding ahi.

Mou in nu-le-pate simmoh theih leng ahi tuan kei a, Thupiak Sawmte ah kikheng bangmah a-om kei hi. Thupiak Sawmte lak a mihing leh mihing kikal a poipen leh khelhna lianpen tuh nu leh pa zahtaklouhna ahi. Nu leh pa zahtakna zi-pasal neihchiang a kiamsak ding chihna ahi kei a, achidamhuai ding a i kal (boundary) bawl ding chihna hi zaw ahi. Mi piching tuak hita ua, amau a thupukna kibawl thei leh kilak thei ahih tak ziak un, nu leh pate'n leng ei sailouh leh buailouh ding tantan a va buailouh ding ahi. Nupa thakte'n,nu leh pate kawkmuhna apoimoh ualeh hon dong ding ua, huchi loua va kidaihlah nawnlouh ding ahi.

Moute nangtekpi toh na kituahlouh man un natapa toh akal uh va khen sawm ke'n, sihnalou ngal in akhen theih hilouahi. Inteknu toh kituaklou thei ua, akituahlouh ziak ua nupate kikhen ding chihna om lou hi. Nupate mahleng maban ah hong kituak lou thei ua, huai hunin leng kituak hita na chiha amau utthu a kikhen thei ahi nawn kei uhi. Pathian min a kichiamna i chih ngainep theih ahi kei, abraham kiang a Pathian akichiam lai in, ganta pum nih akisuah a, sisan kaikhia leilak a kiate tung a Pathian pai ahi. A-omdantak tuh, hiai kichiamna ka bohsiatleh hiai ganhing tum nih kisuahdan in keileng tumnih hong kisuah henla, hiai ganhing tumnih kisuah a asihdan ua ke'nleng ka kichiamna ka bohsiatleh kei leng tumnih hong kisuah hen chihna ahi. Ka kichiamna ka bohsiatleh ka hinna in ka din dingchihna leng ahi. Huaiziak a sihnalou ngal in honkhen kei hen chi a kichiam i hi uhi.

[Genesis 2:24 Huaiziak in pasal in anu leh pa apaisan ding a, azi lam ah abelhding: huchi in sa khat ahong hita ding uh.]Kiten zohnung chiang a hiai teng thum a nupa thakte zalenna leh mahni kivaihawmna piak ding ahi. Inn tuan nai lou ahih ualeh lengnu-le-pate'n nupa thakte inkuan khat hihdanuh phawksaka, gamgi khun ding tan theisiamkawm a, i tapa leh i mou hi mawk le uh leng amau a inkuan khat dinsuah uh hita ahihman in, kidaihlah leh kigolh louhding tan theisiam ni, pasal in nu leh pa ataihsanna ding ziak thumte i genkhawm ding hi.

Hiai teng thum a nu-le-pate toh gamgi khun ding ahi:

1. Sum-le-pai a gamgi khun ding:

Nupa thakte leng inn tuan nai kei mahleuh leng inkuan khat ahi uhchih phawk a, kivaihawmna tuam piak ding ahi. Tate'n zi aneihma ua anu i hihna zar a lohteng hon piak gige pen uh azineih khit nung ua va kinep theih hi nawn lou ahi. Tate'n azi mah toh azi neihnung a kikhekna aneih kei mawk ualeh thil dik hilouahi. Na tapa hinkhua akikhenna khat leng om kei hen na chihleh zi neihsaklouh ding himai ahi.

Nupa thakte'n alohsuahte uh akikep ding uh, amau maban ding akikhual ding uh ahi. Nu-le-pate'n tate sum lohkhiakte va laksak a, amau maban ding khawng ei va bawlsak ding hilou ahi. Zalentak a amau nupa maban ding toh kisai mohpuakna akilak theih uh ngaita a, huai mohpuakna pen nu-le-pate'n va suhkei ni, zalenna leh mohpuakna aneihte uh va subuai kei ni, panpihna hon nget ualeh huai hun chiangava kigolh lel ding ahi.

2. *Nupa thakte maban a gamgi khun ding:*

Nupate'n amau sungkuan omdan ding leh maban a panlakdan ding hoih asak bangun thupukna kibawl uh henla, nu-le-pate hon dot kei ualeh va kikum se dah ni, thupukna dik hilou athupukna sia ahih takleh lengzahtakpih a, sinlai hon laksuahna uh hong himai ding ahi.

Nupa thakte'nlengkitheisak leh kipilsaklo lou in, ei sang a thiltuah hauzaw leh theizaw i nu leh pate thudotdan ding thei ni, thupukna i bawl ma in amau ngaihdan ngaikhe masa ni, kisikhuai het lou ding hi. Thupukna atawpna bel nou gel hoihsakdan in pai un, na nu leh pate na pasal ahihkeileh na zi sang in thulakzaw ke'n, ahon kawkmuhna ahoihleh zuihkhawm ding ahi. Numei in leng nu leh pa nei a, pasal in leng nu leh pa neiahih chiang a, ei zi ahihkeileh pasal sang a nu leh pa thu i lak zawkleh kikhenna leh nupa kal kisiatna omthei ahi. Nou nupa pen pumkhat a pangkhawm na hi ua, thupukna lakkhawmdan na kisin ding uh, nou nupa kal a Pathian chihlouh midang lianzaw leh thulak zawk na neihlouh ding uh ahi.

3. *Nupate insung thu a gamgi khun ding:*

Nupa thakte ahong kibuai ua, kisel leh kitawng a hongom chiangun, nu leh pate va kikum het louh ding ahi.Hiai hun a i va kikup pen in nupa thakte kikal sesakzaw hi. Nu leh pate'n tuh i tate chiat kigum ding sa ahi a,i theih louhkal a i tanu tapate i gupna lam a i mou ahihkeileh apasalte khawng ana kihousia, ahihlouh tawp a amau siatna i tate ana kihilh ding hi. Hiai in hoih lam hia siatlam hon tut zawkding? Nang na tanu ahihkeileh natapa gum na kisak lai a nupa thakte kal keklian leh kikhensaktu a pangkha hithei na hi. I tate nupa kibuai a amau nupa kal thu ahon genleh, va kuplouh ding ahi. Va kum lou a ngaihkhiak kia bawl thei ding nahihleh ngaikhia in, huchi loua va kikum kha ding nahihleh ngaih leng ngaihkhiaklouh mai ding ahi. "Nupa kal kisiat theih mah ahi, na lungsim atawldam deuh chiang in, na lungput hong kikheng pah ding a huai chiang in na kiknawn maiding," chi san lel ding ahi.

Itate' pasal leh zite i va gensiatna in thil hoih bangmah hon tun lou ahi. Nu leh pa khenkhat ngial bang tuh, nupa thakte kisiatna amau theih tan leng hunsalou, atanau teng ban phone in hilhsawn zomah uh. Hun tomchik sung ami tampi in nupa thakte kituahlouhna leh kisiatna theisuak ua, nupa thakte lungsim hong damchiang azumhuaipi in koih uhi.

Nou nu-le-pate amaute marriage counsellor hilou na hi uh. Na tate nupa kituak lou a nang kiang a hong taichiang un, "Ke'n siamna pilna nei lou ka hi, nou hon panpih theidingte marriage counsellor va zuanzaw un," chihsan ding ahi. I tate diklou himah le uh lengkigumzaw sim chiat a, huai i gupzawkna in thil hoihsang a thil sia tampi nupa thakte tung ah tunzaw hi. Nupa thakte kisiat ni a azi hiam ahihkeileh apasal hiam nana gensiatpihleh akhonung chiang a azi ahihkeileh apasal in hon muse den ding a, na mou ahihkeileh na makpapa uh toh na kal uh kise den ding hi.

Nu leh pate'n phone call khawng a thukan lua kisa, na kal uh ahoihzel maw chih khawng dotdotlouh ding ahi. Kitheihsiam tuahna ding a hun lut a, huai hun sung a kitheisiam louhna tampi om dingmah ahi. Nupa kal toh kisai laibu tampi ana sim a, huai lam a siamna nei khawng na hih kei ngal uleh va kidaihlah in panpih va sawm dah in, va panpih sang a hihsezaw kha thei na hi. Huchi a panpih ut taktak na hihleh, na nupa un va hoh unla, amau nupa anih ua a-om lai mahun, panpih tuam nei lou in, amau a di'a hoih ding deihsakna taktak toh thil hoih va kawkmuhpih un, honna theisiam ding uhi. Apasal omlouh kal ahihkeileh a zi omlouh kal khawng in natanu ahihkeileh na tapa uh va houpih tuamdah un, hoihna sang a siatna tun zaw thei ahi.

Kiten ma a i nu leh pate i hinkhua a mipoimohpente hi ua, amau thuthu a om dingahi. Kiten zoh chiang in bel Pathian nuai chet a i zi leh pasalte i hinkhua a mi poimohpen hong suak un, i pianna nu leh pa sang a i zi leh i pasalte hong masa zawta uh ahi. Nu-le-pate a ding inhiai thil zakhak mahlehthutak ahi. Thutakahkibulphuh in, ei ngaihdan toh kituak keileh lengzui thei lehang i khotang leh eimah a di'a hoihna ding ahi.

Nupa kikhen sang in Marriage Counsellorte zotdan kisin ni

Marriage counsellor in nupa kal thubuai teng hihveng a, haksatna teng beisak thei khop hial hikei mahlehsum leh tha tampi seng a nupa kal bawlhoihdan ding zil uh ahihman in, ei kia a nupa kal bawlhoih tup sang in, athei leh asinte mah toh pangkhawm in nupakal kisia bawlhoihpen kinephuai zaw ding hi. Singapore lehIndia sung a marriage counselling training ka lak ban ah, nupa kal laibu 30 val ka sim a, Biblical counselling leh Neuthetic counselling training sung in leng nasatak in nupakal (marriage) counselling ka sin hi. Ka gennoptak ahihleh nupakal counsellorte'n nasatak a nupa kal bawlhoihdan ding, itna punsakdan ding, ngaihdamna, kipomsiamna, kihousiamna leh atuamtuam kisin vek hi.

Nupa (marriage) counselling a hong paite adamsuah ua, akilamet nawnlouh nungnangawn un lengki-itthak thei nawn in, kihou thei nawn uhi. Nang nupa kal buaina pen atuam ahi kei a, nou aleng hoih thei nawn ahi. Nupa kalabuai chiang in mi tamzaw intheihna sangzawte azuan kei ua, kuama'n hon panpih thei keiding, ka pasal ahihkeileh ka zi/pasal akikheng ngei kei ding chi in, amautheihna tan kitheisak un counsellor zuan lou ua, nupa kal kikhen loh zel uhi. Nupa kal adamlouh chiang in panpihna zong ni, ei a training lakha het lou intheihna tam kineilou hi. Nupa kal ahoih hun in bel apoimoh kei a, na kal uah kitheisiamlouhna leh kimuanmohnaa-omchiang in counsellor kiang zuanle uchin, chidamhuaitak a kihoufel thei ding na hi uh. Nou kia nana kihou ualeh chidamhuai lou ding a na lungsim uh gim lel ding a, hoih lam sang a siatlam manoh zaw theina hi uh.

Nupa kikhenna tawh kisai (Divorce in Married life):

Khovel athil deihhuai loupente lak a khat tuh nupa kikhen ahi. Mihing hinkhua suse thei leh maban teng khenglamdang theite lak a lianpen leng ahi. Khenkhat in nupa kikhen ding lau luainzi leh pasal nei ngamlouchih bangleng om uhi. Akitengte nih akikhen ut kei ualeh kuamah khenzoh ding leng ahi kei ua, akikhen ut ualeh lahkuamah gawm zoh ding leng ahi tuan kei uhi.

Nupa kikhen ding na lauh uleh na itna (relationship) uah hun, tha, sum-le-pai tampi pe le uchin, kikhen i chih thil gamlapi hong hi ding ahi. Huchi loua hun leh tha leng pepeih lou, itna sang a kiletsakna khawng lenkip utzaw, ngaihdamna kitaksap lai a ngaidam ut lou khawng a om, bawlkhelh hun a ngaihdam nget akitaksap lai a ngaihdam ngen ut lou khawng a na omleh nupa kikhen i chih na maban uh ahi.

.

Kikhenna in ahihsiatte enkhawm ni:

1) **Taksa pumkhat phel nih kisuah hi:**Khristiante i kiten chiang a taksa pumnih pen khat kisuahna ahi. Kikhen chiang in, huai pumkhat hisa pen nih hong kisuahna a sisan kaikhia om ding a, nupa nihte kal a lungsim leh lungtangnatna tampi piang ding hi. Nou nupate kia ahikei a, na tate unleng thuak lai ua, na nu leh pate lungsim leng na ban ahi. Inkuan nih kigawmsa kikhen kik ahih chiang a, nou nupa tungtawn a kilemsa tengleng kise vek nawn hi.

2) **Na tate uh tagah suak ding ua, pa itna, nu itna ngah lou ding uhi:**Kei bang leng tagah ka hi a, Pate Ni alungsim anoplouhdan theilua ka hi. Nu-le-pate ana kituah ua, akikhenlouh uh na tate thilpiak lianpen ahi. Tagah a om i chih chiang in mi simmoh leh lawm-le-vual pha lou pah ding ua, alungkiakni ua hehnemtu ding nang om lou chin a, cycle hek kisinsak ding leh agumtu ding om lou ding hi. Nang itbang a midang in it thei lou ding uhi. Pa thak nei in, nu thak nei mah le uh leng, nang itzah akimkhatlengtukzou lou ding ua, na tate hinkhua a nang dinmun luah thei ding midang khat

leng om lou ding uhi.

3) Na kikhen mun deuhdeuh uleh kiteng thak le uchinleng kikhenna ding chance pungzaw hi: Na kikhen zoh chiang ua hunlui teng mangngilh a khuak a pan lakhe thei kihituan lou ahi. I lungsim omna i lungtang leng ompah hi. Zi thak nei in, pasal thak nei mah lehang leng ama dan hong bang nawn lou ding a, lungsim leh lungtang teng leng pe thei nawn lou ding na hi. Na zi thak ahihkeileh na pasal thak toh na kisuk heh teng ua, na zilui leh pasal lui na lungsim a hong suak ding a, tua na pasal ahihkeileh na zi pen toh va tehkak kha zel ding na hi. Huai in thil tampi hihbuai ding ahi.

4) Kikhending dinmun a na omleh hiai bawl ding ahi: Na nupa kal uh na hihdam ut ua, nidang a na itbang leh kingaih bang a na om ut nawn ualeh na nupa kal uh achidam ngai masa hi. Nupa kal chidamsak sawm a nou kal a na hih theih tawp uh suah a panlata nahi na ua, tu'n marriage counsellorte nou nupa kal chidamzawkna ding in pan lasak un, kikoih sang ke'nla nang theih louhnou nupa kal chidamdan ding a training course a sum a lakhs asin a, kumtampi ana sin uh, muhniamsak ke'n, na nih un va zuan un.

Kikhen dek chiang a last chance etna ding relationship techniques tuamtuam om a, himahleh hiai san ah ka hon taklang kei ding. A technique pen hunloupi a bawl kha ahihkeileh abawldan diklou in bawl le uteh ahoih lam sang a siatna lam hon tun zaw dingahih chiang a, huaiziak a hon taklang lou ka hi.

Marriage counsellor zot ut louhpen i thilhihkhelhpen hi tangpi a, nang na dik zawkleh marriage counsellor na zot utlouh na ding thu a-om kei hi. Khat a-ut keileh a-ut pen kia va hoh phot hen, ava hoh pen lungsim chidam phot henla, huai zoh chiang inchidamhuaitak in amau nupa kal hoihna ding in pan ala thei ding hi. Marriage counsellor kiang a va hoh kha High Court thukhenpa mai a vadingh ding in kingaih sun kei un, court mai a na din chiang un adiklou pen mohsak a om ahi. Counsellor kiang a din kichi tua bang hilou ahi.

Marraige counsellor in hon mohsa lou ding a, nang adik lou pen na hihleh nang a di'a zot ut huai zosem ahi. Marriage counsellor in nou nupa kal a chidam huailoute honna zonmuhpih ding a, lungsim leh omdan a chidamhuai zawte honna patpih ding hi. Nou kal a itna beisa leng hih pundan ding leh nou nupa kal kisesa tundingkikdan ding honna hilh ding hi. Kingaituah theilou a om na hihtak ualeh leng na kingaihdam theih dan ding lampi honna hilh ding uh ahi.

Na nu leh pate sang mah in nou nupa lohching na hih ding uh honna deihsakzaw ding a, nou hon hasuan leh panpihtu naipen hong hi ding uhi. I nu leh pate'n hon it luatna lam un nupa kal asiat chiang a kikhen suk ding khawng in hon sawl ding uhi. Himahleh marriage counsellorte'n lametna om ahihdan hon kawkmuhpih ding ua, panlakdan ding leng nou nupa sang a siamzaw ding uh ahi.

Kisuk heh khak chiang a chidamtak a kihoudan ding

1) **Victim(athuaktu) apang gige:**Mihing khenkhat zahngai lua ua, adeihdan leng genkhe ngam lou om uhi. Midangte lungsim sutnatkhak ding lau lua ua, amau utna hi khol keileh lengmidangte lungsim sutnat sang a midangte chihdan zui zaw om uhi. Amau lungsim naleh lengpaukhe ngam lou in athuaktu in pangden ua, athuaktu in amau deihtelna toh pangden uhi. Deihdan, hoihsakdan leh muhdan khawng leng genkhe ngam lou ua, mi nuai ahathuaktu in pangden uhi.

2) **Midang tung a kampau sia leh aw sang zang gige:**Mi khenkhatte aheh chiang ua kidek zou lou in midangte lungsim suknatkhak ding tanpha kiveng louua,kampau sia leh aw sang taktak zang uhi. Atung a athuaktu a pangte hihnatu in pangsekua, "na hon hih heh ua ei vele," chih kampau toh kisiamtan gige uhi. Alungsim ua bit kisa lou a mi'n alungsimlou lam agen khakzek ualeh panmun khoh pah uhi. Apolam ah hangsan bang mahle uh leng,asunglam a dawilokpi hi uhi. Kimuanngamna aneihlouh ziak ua, alungsim uh phelen pah a kidek zou lou in mi teng akampau leh omdan un hihna zel uhi.

3) **Aw nemtak a lungkim louhnate genkhe thei:**Hiaite kimuangngam ua, tawldamtak a khosa leh alungsim uh phelen pah

lou in kidek zohna nei ua, mihing teng lak a deihhuaipen ahi. Alungkim louhnaa-om chiang a alungkim louhnauh gen lel ua, midang suknat sawm ahihkeileh kampau sia leh aw sangleng zang lou uhi. Adiklou pen diklou chi ngam, adik pen adik chi ngam uhi. Athuaktu in leng apang kei ua, adeihlouhdan a-omleh leng kimuangngam ahihman in paukhia a, apaukhiak chiang a kidek zohna nei ahihman in alungkim louhnatan lel genkhia, midangte hihnalou ua, kampau sia leng zang lou uhi. Midang in ama ngaihlouhdan a amah ahihnat chiang ua, amah kimuang ngam ahihman a panmun (defensive) khoh pah lou in, tawldamtak (neutral) in dawngkik thei zel hi.

Nupa kal hi in, nungak leh tangval kalhitaleh, sanggam unau kal hi in, midang khatpeuh toh i kizopna uah hiai bang in omthei lehang chidamhuai pen ding a, midang leng va hihna louding, ei leng midangte hihnat a om lou ding i hi. Atung a khatna leh nihna omdan neite'n hiai thumna omdan chin zongsatsawm un, na deih leh deihlouhdan kamnemtak a genkhiak sawmding, na lungkim louhnana gen chiang a midangte va hihnat sawm ngei lou a, na lungkim louhnatan lel gen ding ahi.

.

.

Na koppih dingte mizia (personality) hoihtak in tel in, damsung a kikheng nawn lou ding ahi:

Personality test tuamtuam tampi a-om a, huaite lak a theisiam nop pen leh dik kasak pen DISC Test ahi. Nupate na kitheihsiam zawkna ding un, mizia ka hon taklang ding koi pen na kituak a chih thei nuamte'n hiai number 8794970270 ah na khutpite nih uh limlak hon whatsapp un, veilam finger print nuai ah (L) chih gelh unla, tanglam ah (R) chih hon gelh un, na min uh caption unla sum Rs.200 mikhat a dingtoh honkhak le uteh, whatsapp mah ah koi pen ahia na mizia uh chih hon hilh ding ka hi.

Na mizia uh na kitheihtuah chiang un, awlsamtak a nang hiai mizia na neihziak a huchi ei vele maw, kichituah thei ding na hi uh. Na tate uh a leng na theih nop ualeh hiai DMIT Test kichi bawl theih gige ding ahi. Mahni hihna i kitheihchet chiang a ei toh kituak ding thupukna kibawl thei pan a, i hatna leh hatlouhna teng i theih chiang a, i hatnate kizui thei a, i hatlouhnate kibawlhoih thei pan ahi. Whatsapp a na khutpi mai uh n'onkhak ualeh ahilhchetna Youtube video (Paite &English) ah leng honkhak ding ka hi, himahleh hiai sanah leng mizia tuamtuamte hatna leh hatlouhna ka hon taklang ding hi.

DISC Personality Type

Mizia khatna- Dominant Personality

Strengths (Hatna)

1. **Heutu siam ding:** Hiai mizia neite'n heutu hihna a poimohte nei ua, maban muhkholh theihna (vision) nei ua, midangte pisiamna nei uhi.
2. **Thupukna bawl kin uh:** Dominant mizia neite alungsim uh leng kin ua, thupukna bawl ding omte leng bawl thei pahpah ua, adeih leh deihlouhte uh theikhen pah uhi. Thupukna bawl kin uh ahihman in, mi haksatna leh buaina omte leng chingfel thei pahpah uhi.
3. **Kimuanngamna nei uh:** Pianpih kimuanngamna nei ua, hiai kimuanngamna aneih pen un midangte zahtakna leh ngaihsanna dong ua, midangte makaih thei uhi.

4. **Lohching utna in nna semsak hi:** Hiai dominant mizia neite'n lohchinna ngai poimoh ua, anasepna ua pat bang ahia alohtak ding uh chih ngaihtuah ua, atawptan atun ma uh akim lai a khawlsan ut lou ua, tupguhna hoihtak nei uhi. Khovel a milohchingte atamzaw dominant mizia neite ahi uhi.

Weaknesses (Hatlouhna):

1. **Lungtom uh:** Lohching ut lua uh ahihman in lohsap ding ngai thei lou ua, midang in anasep hihbuai zek le uh leng heh pah ding ua, alohchin ma un lungtomna ziak in thupukna dang siam kha pah thei uhi.

2. **Kihoulimna thuzoh ding uh:** Midang toh kihoulimna a neih chiang ua, ama'n houlimna pen makaih ding ua, achang in hiai pen thil lauhuai ahi. Midang va thuneihkhumna in kihoulimna hihse thei a, midangte toh pankhawmna hihbei thei hi.

3. **Kiliansak kha pahpah uh:** Apianzia ua mi kisathei leh kiliansak chihte ahi ua, atheih louh kal ua kiletsakna (ego) lian kha pahpah hi. Midangte'n mikisathei leh kiliansak a koih ding ua, kiheutusak chih khawng in leng ngohna tuak zel ding uhi.

4. **Midangte lungsim khual lo lou uh:** Dominant i chihte'n nna asep chiang ua, midangte ngaihdan khual vak lou ua, akim-akiang ua mite'n haksa asa lo ding uam aw chih khual lou in lohchin ding, ahoih pen hih ding chih kia ngaihsut in nei uhi.

Opportunities (Midangte'n ahamphatpih theih nate uh):

1. **Heutu hihna;** Dominant mizia neite makai ding a chitna nei pente hi ua, thupukna la kin, lohchinna ngai poimoh, tupguh nei, maban mukhol thei (visionary) leh kimuanngamna nei ua,

heutu nna sem le uh kituak pen uhi.

2. **Mi hasuan thei uh:** Dominant mizia neite'n asung ua hinkhua leh nasep toh kisai ah kilawpna nei ua, thathou (energetic) uh ahihman in midangte leng hasuan thei ua, ma sawnsak thei uhi.

3. **Maban muhkholhna nei ua, maban gelkhol thei uh:** Hiai mizia neite'n etdan liantak a pan thil en ua, maban saupi a-om nailoute tanpha leng hisap kawm in thupukna bawl thei uhi.

Threats (Pilvanna dingte):

1. **Mahni kia a nasep ut ua, midang toh nasep khop siam lou uh:** Midang hasot ngai lou a amau kia in leng nna semsem thei ua, lohchinna hau uhi. Himahleh midang toh nasep khopdan leh pankhawmdan siam lou uhi.

2. **Relationship siam lou uh:** Midang toh kingaihzawng siam lou ua, midangte toh omkhawm haksa sa uhi. Romantic thei lou chihna lam hilou in, tup-le-ngim aneih chiang ua, huai a tangtun masiah uh relationship sang a career buaipihzaw ua, thupi bawlzaw uhi. Anungaknu leh a career deihtel ding in omleh career telzaw ding uhi. Steady personalityte'n bel ami telzaw ding ua gintak ahi. Za-a-za dikkim dan a hon gen ka hi kei a, athupukna lakdan ding (possibility) hisapna ahi.

3. **Midang toh nasep khop haksa sa uh:** Mimal a lohchinna pibawl ua midang hasot leh sawl ngai lou in leng nna sem thei uhi. Amau kia a nna sem munta uh ahihman in, midang toh sepkhop sang a mimal a atuam a sep nuamsa zawta uh. Biakin kai ding bang leng midang va tot sang a biakin a paisuak utzaw ding uhi. Tangtak a hinkhua zang mi hi deuh uhi.

4. **Thupukna lauhuai (risk) sangpi khawng la ding uh:** Thupukna lauhuai (risk) sangpi khawng alak theih ziak ua hinkhua a leng lohchinna sangzaw ngah ua, himahleh thupukna lauhuai amawk bawl chiang un lunggim leh haksatna tampi hinkhua uah tuak uhi. Lohchinna ding in thupukna haksapen leng lak

theih ngai a, himahleh hoihtak a enchian loupi a thupukna lak in hinkhua ah haksatna leh lunggimna, kingaihsiatna tun thei hi. Pilvangtak a thupukna i bawl dingte ei sang a theizaw leh pilvangzawte dot zel ding ahi.

Mizia nihna- Compliant Personality

Strengths (Hatna)

1. **Thil sui detdet:** Compliant mizia neite'n thil anen-aham a enchian in sui detdet uhi. Thil neu lua, ngaihsak tak kei chih nei lou in enchian uhi. Sum-le-pai kem ding leh numbers toh kisai khawng enkhe ding in hoih mahmah uhi.
2. **Lungsim a dan zuih khat neisa in enchian thei uhi (Analytical Skills):** Thil asui chiang ua alom a ban et zualzual sang a en sipsip ua, et khak louh aneih louhna ding ua thil asuidan leh etchetdan (system) paidan khat nei in entel uhi.
3. **Anasep zohsate uh muan tak hi:** Compliant mizia neikhate'n lungsim mumal neitak a nna sem ua, anasepte uh ahoih bukim ding deih uh ahihman in lungsim leh lungtang naktak a seng in nna sem ua, anasep zohsate uh leng hoih in muan tak hi.
4. **Lungsim mumal neitak a thil bawl uh:** Hiai dan mizia neite'n mumaltak a nasep leh nasep ding kilemsa (structured) omte ah nasep nuamsa uhi. Lunggelna hoihtak a zangsiam uh ahihman in maban toh kisai gelkholhna (planning) leh paidan ding (processes) khawng kigenkhawmna ah angaihdan uh laktak hi.

Weaknesses (Hatlouhna):

1. **Thupukna bawl haksa sa ua, thupukna lakna ding in hun saupipi lutsak uh:** Thupukna lauhuaite (risks) khawng lau ua, a-ut mahmahte uh leng hih ngam lou leh semkhe ngam lou in paikan uhi. Hinkhua a thupukna poimoh leh lauhuai (risky) a-om chiang a thupukna la pah thei lou ua, ahi thei tan a thupukna lak louh khawng utzaw lai ua, hiai in ahinkhua a sangtak atunna ding a daltu in pang sek hi. Kal khat lel khawng a thupukna alak dingte uh akingaihtuah khit nung nangawn a leng thupukna bawlkhiak haksa sa lai uhi. Thupukna lauhuai leh bawl kin ngaite ahun a thupukna lak pah haksa sa uh ahihman in heutu dinmun alet chiang ua, haksa sa ua, heutu ding a ching kisa lou sek uh ahi.

2. **Lungsim thuahnih nei ua lunggim sek uhi:** Thil teng phial akhengval in ngaihtuah kha sek ua, amau-le-amau lungsim sung ah kidou kha zel uhi. Alungsim uh langnih kisuah tangpi a, a-ut uh leh utlouhte uh kidou den phial a, "Thugen in ka dingh diam, ka dingh kei diam?" chih dante lungsim hau ua, thupukna kichian lak haksa sa ua, hiai in alungsim uh gimsak hi.

3. **Midangte kiang a mohpuakna piaksawn haksa sa ua, thil teng amau mah in etkai sawm uh:** Compliant mizia neite'n hoih bukim utna nei ua, thil teng amau lungsim a alunggel dan chetchet ua tangtunsak ut uh. Midangte mohpuakna piakkhiak leh nasep ding got chih khawng haksa sa ua, atawp chiang a amau kia in thil teng sem kha sek uhi.

4. **Mi muhdan leh gensiatna lau uh:** Midangte ngaihtuah ding khawng khual ua, midangte'n bang hon chi muh ding ua, bangchidan in hon ngaihtuah ding ua, leh midangte lungsim hihnat khak ding khawng lau petmah uhi. Midangte'n amau hoihna ding khawng in kampau (feedback) va pe le uh leng, amau ana kiveng (defense) pah uhi. Midangte kampau sia in amau hinkhua hihse zou lua a, kampau hoih leh aw nem pakta uhi.

Opportunities (Midangte'n ahamphatpih theih nate uh):

1. **Quality hoihtak nei in nasep dingte semkhe thei uh:** Anenaham a thil etchet theihna in Compliant mizia neite'n thil adik sipsip in bawl thei ua, adik sipsip matan a nna sem peih uh ahihna uah quality hoih deuh semkhe thei ua, quality sang deuh poimohna munte ah sem thei uhi.

2. **Maban sep leh bawl dingte gelkholh siam (Project Planning):** Compliant mizia neite'n project bawl leh organisation lian taktak sung a dan leh paidan dingte bawl siam uhi. Thil ahunhun a sep leh tup-le-ngim omsa sepsuah siam uhi.

3. **Phuahphatna bawl siam uh:** Organization sung ah kitasam leh poimoh zonkhiak lam ah zat theih ua, akitasam leh poimohte puahphatna panlak siam uhi.

4. **Regulation leh policies etkai lam nasep siam uh:** Compliant mizia neite'n thil etkaina nasep bawl thei ua, dan omsa akizui na hia, paidan ding leh nasep ding a kigelkholte akisem na hia chih etkaina lam ah midangte'n zang manpha thei uhi.

Threats (Pilvanna dingte):

1. **Kikheng ut lou uh:** Hinkhua khen, omdan leh nopsak sate va khen lamdang ut lou uhi. Hiai dan a kikhenna in kibawl lepthakna ngai a, amau kilawm lep thak chihte peih lou uhi.

2. **Hoih bukim utna in lungkim louhna tampi tun thei hi:** Thil teng a hoih bukimsak sawm pen in chihtakna leh ginomtak a nasepna piangsak mahleh thil poimoh lua leng hilou khawng leng hoih bukimsak sawm a pan va lak gigena in lunggimna leh thaneih lai teng lamang thei a, i taksa leh i khuak a ding in hoih lou thei hi.

3. **Thupukna lauhuaite (risky) lak ngamlouhna:** Compliant i chihte amau tawldamna mun ah om nuamsa ua, ahinkhua uh hong kikheng lamdang ding leng deih lou ua, thupukna amau hinkhua kheng lamdang thei leh haksa tun thei dingte leng la ngam lou uhi. Hinkhua a lohchinna ding in thupukna poimoh leh lauhuaite (risky) leng lak ngam ngai a, apoi thei thilte hoihtak a theihchet nung a lauhuai (risky) thupukna leng bawl zel ding ahi.

4. **Midang toh kihouna a kitheihsiam louhna piang thei (Communication Challenges):** Thil teng enchian sipsip a nasem mite'n midang toh kihoulimna aneih chiang ua leng thil teng kim taktak in genkim sawm ua, agendan leng kilepdan khat nei in gen sawm uhi. Mi khenkhatte'n hiai dan a kihoulimna pen man siam lou ua, midang toh kihouna ah haksatna tun thei hi.

Mizia thumna - Influential Personality

Strengths (Hatna)

1. **Midang toh houlim siam (Effective Communication Skills):** Influential mizia neite pen midangte toh houlim siam ua, midangte lungsim thuzoh zou ua, nuamtak a midang toh houlim thei uhi.

2. **Midang toh kitanauna bawl siam uh (Relationship Building):** Midang toh kitanauna (relationship) bawl siam ua, midang houpih, leh mi toh kithuah leh mi lungsim dan a polhlim siam uhi. Tamtakte politicians leh social workers lohchingtak suak thei uhi.

3. **Tha nei ua akiang a om chiang a kihing (alive) diak ahi (Enthusiastic and Energetic):** Influential mizia neite kiang a om chiang in i lungsim leng nuam diak in hing diak hi. Amau tha nei un, maitai leh kipaktak in hinkhua zang tam ua, akim-akiang

a omte a ding in nuamtuamsak uhi. A group omnate a ding in noptuamna pia a, chiamnuih leh midang kipahsak siam uhi.

4. **Alungsim uh thil thak leh phatuam ding ngaihsun thei uhi (Creativity and Innovation):** Influential mizia neite'n 'outside of the box' i chih, etdan lianpi a pan thil en thei ua, midang thuaknat louhdan leh muh phaklouhte leng muban ua, ngaihtuahna thak leh haksatna (problems) hihven theih dan ding hisapna pekhe thei uhi.

Weaknesses (Hatlouhna):

1. **Akhengval a thuchiam (Tendency to Overcommit):** Midangte kipahsak a-ut ziak in akhengval a thuchiam a ging om ua, poimoh lou tantan in thil khawng enchian ua, hiai in ana sep zoh hunchiam leh anasep ding ua kipiate ahunchiam a zou lou in omkha sek uhi.

2. **Kikheng guih thei ua, thil hih thuhthuh zel uh (Impulsivity):** Thupukna khawng la kin ua, thupukna khawng apoimoh lou tantan a bawl ua hiai in thil poimohtak etchet tuakte ngaihnepna nei kha sek ua, hiai in thil poi tun thei hi.

3. **Midang toh kisiat leh kibuai ding ut lou uh (Avoidance of Conflict):** Midang toh kibuai a-ut louh ziak ua thil poimohte kihoufel ding sang a kihou louh khawng in nusia ua, kihoufelna a-om louh chiang in thil tampi hihse zaw nak hi. Midang toh kithuah louh ding lauh ziak a buaina omte nawlkhin lou in maituah ngam a, kihoufel kizil poimoh ahi.

4. **Lungsim mun khat a sawtpi koih thei lou (Short Attention Span):** Thathou ua (energetic) hiai in alungsim uh leng kingangsak in lungsim mun khat a sawtpi va ngaihtuah pen haksa sa ua, apoimoh tantan a etchet leh anen-aham a etchet pen kitasam kha sek ua, hiai in thil tampi hihse thei hi.

Opportunities (Midangte'n ahamphatpih theih nate uh):

1. **Thil zuaktu leh company a thil zuakna lam saitu ding in hoih uhi (Sales and Marketing Roles):** Influential mizia neite pen van zuaktu ding in hoih ua, amizia un chin uhi. Company lian taktakte nuai a thil zuaktu lemgelte (marketing) lak ah dinmun luah le uh siam ding uhi. Hiai dan nasepnate'n midang toh kihousiamna leh kitanauna (relationship) bawlsiam ngai a, influential mizia neite siam lamtak ahi.

2. **Nasepkhawm dingte makaitu in pang le uh hoih ding hi (Team Collaboration):** Organization a-omna peuh uah midangte kaikhawmtu leh nasepkhawmna pitu hihna siam ua, organization sung ah kilemna leh khantouhna bawl sek uhi.

3. **Organization sik-le-tang in pang thei uh (Public Relations):** Organization sik-le-tang a pauna ding mun leh bawl ding a-om chiang a influential mizia neite'n hiai dinmun len siam uhi. Midang toh kihousiamna leh kitanauna (relaitonsip) bawl siam ua, midangte lungsim zia toh kituak houlim thei ua, amizia pen uh midangte a di'a thathousak leh nuamtuamsak thei mizia ahi.

4. **Ngaihsutna tuamtuam apoimohnate pan la thei uh (Idea Generation Workshops):** Maban paidan ding kikupkhawmna a-om chiang in influential mizia neite'n ngaihthuahna hau diak ua, kup theih ding nei uhi. Midang ngaihsutna toh kibang lou ngaihsutna thak hoih pipi khawng leng pekhe thei uhi.

Threats (Pilvangna dingte):

1. **Midangte pahtakna leh thil akhengval a ngaihtuahna (Overemphasis on Likeability):** Midangte pahtak leh midangte ngaihsakna don ut luatna nei ua, hiai in aheutu hihna uah thupukna haksate (risky) lasak ngam lou ua, adik leh ahoih pen

sang a midangte lungsim tuah ut man in thupukna bawl kha sek ua, hiai in aheutu dinmun uh hihse kha zel uhi.

2. **Aheutu hihna sung ua kilemlouhna piangsak thei uh (Potential for Disorganization):** Tha aneih ziak un agamtat uh leng kin-gang a hiai in ateam sung ah kilemlouhna (disorganization) piangsak thei a, thil tampi anasep dingte akul leh poimoh bang a sepkhiak lam ah nawngkaisak thei hi.

3. **Ahithei kei ding chih haksa sa uh (Difficulty of Saying "No"):** Midangte lungsim tuah leh midangte pahtak, ngaihsang a-utna lam un midangte chih dandan zuih nuam sa ua, ka ut kei, ahithei kei ding chihna ding munte ah buaina nei sek uhi. Apoimohna ah ka ut keileh ka hithei kei ding chih ngam louhna ah buaina tampi piangsak zel hi.

4. **Maban saupi en lou sek ua, tuni a nek ding a-om nakleh hun chih lungsim put nei uhi (Unable to Foresee and They Live in Today):** Dominant mizia neite dan a maban saupi muhkholh theihna nei tawm ua, aneu lai ua anu leh pa uh hiam a teacherte khawng in ana sinsak uh khawng ahihkeileh amau pianzia a maban muhlawk theihna nei lou uhi. Tuni a nek ding a-om nak leh hun chi a lungkim thei mite ahihman un, lungkimna hau ua, atunna tantan uah lungkimtak in hinkhua zang thei uhi.

Mizia lina - Steady Personality

Strengths (Hatna)

1. **Heutu nasep sang a member hihna a pan nna sem thei zaw uh (Team Player):** Steady mizia neite midang toh nna sepkhawm siam ua, team a nna sepkhop manpha sa in, midangte toh kituaktak a pankhawm chih khawng siam uhi. Khovel vai a heutu dinmun khawng alet sang un member dinmun ah omzaw le uh amau leng nuam sazaw ding ua, midangte'n leng

hamphatpih zaw ding uhi. Saptuam vaitak ah tuh heutu ahih uh hoihzaw ding in ka gingta, kingainiam ua midangte toh kilem ua, amau sang a midangte awlmoh zawkna nei ua, hiaite ziak in kei mimal tak in tuh saptuam lam a heutu dinmun len di'a hoih ka sakna chiang om hi.

2. **Zahngai ua kingakna tak ching uh (Patience and Dependability):** Steady mizia neite tua mizia chi 4 i gente lak ah zahngaipen ua, nasep thilhih ah kingakna tak ching uhi. Midang ngaina un, midangte'n leng amau ngaina ua, midang toh kisia tam lou ua, kilemna ngaina uhi.

3. **Mi khat leh khat kibuaina aneih chiang un aphelhtu a pang thei uh (Conflict Resolution Skills):** Steay mizia i chihte khovel pumpi a mizia tam kimupen hi a, Steady mizia zoh in Compliant mizia anihna ahi, huai zoh Dominant mizia (25%), atawppen in Influential mizia (5%) kia khovel ah om hi. Khovel a heutu nasep len tampente atangpi in Dominantte hi ua, mi naran (common people) i chihte Steadyte ahi. Steadyte lohching thei lou ding chihna hilou in, Steady mizia nei khovel ah mi tampen ua, lohching lou leng atampen ziak ua mi tangpi hi uhi. Alungsim uah thiltup sangpi leng buaipih khol lou ua, tawldamtak leh lungmuangtak a hinkhua zangte hi tangpi uhi. Hiai amizia un midangte kal ah lemna leh muanna bawltu in pangsak hi. Thil hoih atheihte uh nungthuap (support) pah ua, mi khat-le-khat kikal akilem louh chiang in leng lemna bawltu in pang pahpah uhi.

4. **Lungsim kip nei uhi (Consistency):** Steady mizia neite'n nasepna khatpeuh ah ginomna leh lungsim kip nei uhi. Hinkhua kikheng thithe chih khawng ut lou ua, athupukna uh khawng leng kheng lehleh lou uhi. Thil agensa leh achihsate uh lenkip tangpi ua, team members ahihna uah leng a team omna uh kheng zihzeh lou uhi. Amizia un organization sung ah bitna leh tawldamna pia ua, nasep ding a kipiate sem ngiitnget uhi.

Weaknesses (Hatlouhna):

1. **Hinkhua kikhen ut lou uh (Resistance to Change):** Hinkhua a omdan leh mizia kikhen lehleh khawng sang a mun khat a dinkip utzaw ua, hiai in lohchinna ding a kikhenna apoimoh hun ah nawngkaisak in lohchinna ding daltu in pangkha sek hi. Dominant mizia neite bangziak a lohching tampen uh hiam i chihleh amau hinkhua kikhen ding lin lou ua, lohchinna ding a poimoh ahih nakleh kikheng thei zel uhi.

2. **Thupukna lauhthawnhuai la ngam lou uh (Reluctance to Take Risks):** Dominant miziate toh Steady mizia neite kikalh ua (opposite), dominant miziate' neihlouhte Steady miziate'n nei ua, Steady miziate' neihlouhte Dominant miziate'n nei zel uhi. Thupukna lauhuaite (risky) lak ngam kichi hinkhua a lohchinna di'a poimohtak ahi a, Steady mizia nei mi na hihleh thupukna lauhuaite (risky) leng lakdan kisin in, dominant miziate kisin lechin na siam baihpen ding hi.

3. **'NO' leh 'Yes' zat siam haksa sa uh (Difficulty with Assertiveness):** Midangte toh kituaktak a om khawng alunggulhna lam uah midangte lungsim sutnat khawng ut lou ua, a-ut luat louhpi leh thil hoih lua hilou khawng leng ka hihthei kei ding chih haksa sa uhi. Amau lungsim a utdan leh hoih sakdan adik-atang a genkhiak leng lauthawng ua midangte lungsim sutnak khak ding lau uhi. 'Yes' or 'No' apoimohdan zatsiam kisin ngai a, i tate Steady mizia nei a-om ualeh nu leh pate'n sinsak ngeingei ding ahi.

4. **Midangte toh kituah teitei sawm uh (Overemphasis on Consensus):** Thupukna a amau kia a lak haksa sa ua, midangte ngaihdan dong masa lou in thupukna bawl thei lou uhi. Mipil leh siamna neite kawkmuhna poimoh mah ahi, himahleh siamna leh pilna nei ngel loute thugen va pibawl a va thulak ziak a lohching ding lai lohsap theih ahi. Kua ahia thulak ding, kua ahia thu dot a neih louh ding chih kal kha theihsiam ngai ahi. Tua na haksatna toh kisai laibu tampi ana sim khinta leh

training ana zou khin, hinkhua a thiltuah leng ana hautate kawkmuhna lak luat ding ahi. Himahleh huchi leng hih tuan lou i khanvual leh laibu leng sim ngei lou, siamna leng pakta lou leh siamna leng tua na haksakna toh kisai a ana neiloute thugen leh kawkmuhna pen va thupi bawl ngai lou hi. Steady miziate'n akim-akiang ua midang khatpeuh kiang ah thupuk ding toh kisai kikuppih sek mawk ua, hiai in ahinkhua uah thil tampi hihsia hi.

Opportunities (Midangte'n ahamphatpih theih nate uh):

1. **Memberte supporttu in pang thei uh (Team Support Roles):** Steady mizia neite'n midangte amau dinmun leh nasepna ua nungthuapna (support) pia ua, organization sung a nasep khop nuamsaktu in pang uhi.

2. **Van hon leitute houpih nasepna ah zat theih uh (Customer Service):** Customers i chih i van leite ahi ua, customerste toh kisai a kisuk khak na ding a-om chiang in Steady mizia neite sawl hoih hi. Amau milungsim tuah sawm ua, midangte hehpih siam ua, azahngaihna mizia un midangte lungsim heh lai leng daisak thei uhi.

3. **Project nasep enkaitu in pang thei uh (Project Coordination):** Steady mizia neite'n midang toh kithuah a nasep, pangkhawm a nasep leh thil leptuah (organizing tasks) lam siam ua, amau nuai a project omte hoihtak in sepkhe thei uhi.

4. **Midangte lamhilh leh kawkmuhtu nasep hih thei uhi (Mentorship and Coaching):** Midangte amau sang a awlmoh zawkna leh nungthuap (support) mizia aneihna un, midangte lamhilhtu leh kawkmuhtu nasep ding in chingsak hi. Midangte panpihtu nasep khawng sem le uh amau mah in leng nuam sa ding uhi.

Threats (Pilvanna dingte):

1. **Hinkhua kikheng leh apoimohdan a gamtat haksa sa uh (Limited Adaptability):** Industries leh company lian taktak khawng a nna asep chiang ua technology thak leh paidan thak aneih chiang in kikhen haksa sa diak ua, hiai in akhantouhna ding tampi dal kha sek hi.

2. **Alauhthawnhuaidan enniam kha sek uh (Risk of Being Overlooked):** Thil haksa phut ding ut lou ua, thupukna haksa leh lauhuaite ahihna bang a maituah ngam lou ua ginatak a enchian loupi in thupukna bawl kha sek uhi.

3. **Kilemlouhna omte genkhiak haksa sa uh (Difficulty in Expressing Disagreement):** Midangte toh kilemtak a om ut leh midangte lungtuah sawm, kipah sawmna mizia nei mite ahih man un, midangte zak thadah ding leh alung lou lam uh va gen ding ut lou ua, kilemlouhna om chiang in leng alungsung ua thil om taktakte genkhe ngam lou sek uhi. Midangte ngaihdan toh kituak lou ngaihdan aneihte uh leng genkhiak haksa sa uhi.

4. **Lungsim gim leh thabei in om zel uh (Potential for Burnout):** Midangte hinkhua amau a sang in awlmoh leh pibawlzaw ua, amau kipahna ding sang a midangte kipahsak khawng a-utzawk ziak un, amau-le-amau akibawllemna (adjust) lam un lungsim gim leh tawl ua, lungsim leh thachau khawng in omkha sek uhi.

Khristian tate kepdan ding

Tate awlmohna tawh kep poimoh

Miteng in kiteng lehang ta nei ding ka hi a, ta kepdan ding ka hon kisin ding i chi ngei kei uhi. Nupa hinkhua a ta kepsiam i chih poimoh mahlehva kisin a tha leh hun piak ding in i ngaihtuah kha ngei kei uhi. I nu leh pate'n leng tate kepdan ding (parenting skill training) lalou in honna kemtou ua, tate kepdan ding kisin apoimohna leng honna hilhlouh ziak uh hi pen ding hi. Tate kep khelh i chih thil poi petmaha, himahleh tate kepdan ding va sin hial ding in i ngaihtuah kei ua, khenkhatte'n tate kepdan ding kisinsakna (training) om lam leng thei lou ding uhi.

Nu leh pate'n i tate chiat hoihtak in kepsiamna (skill) toh kemtou chiat leng, tuni a khamtheih bawl muh dingomding ingintakhuai lou hi. Kisinlou i hihman in bangchi kepding, athukhel chiang ua bangchi panlak ding leh sawina koi tan kilawm ahia chih tanpha theih hak hi. Khenkhatte'n atate sawina apiak chiang ua, akhengval a sawikhak ding lau ua, duat lua uhi. Khenkhat in lah, akhengval a sawina pia ua, lah kiphawk het lou uhi.

An nek ding bang leng mi teng in huan thei chiat uhi. Himahleh an huandan ding akum asim kisinte kia restraurant thupi taktak ah zat theih uhi.Mi teng nek theih ding, alim va huansiamna ding in kisin ngai a, himahleh ei singtang meh khawng gilvahnading tan a huan utte'n bel sinlouh in leng i huan thei uhi. Tate kepna i chih huai ahi. Kisin het lou a leng kep theih luat ahi a, himahleh tate kepdan ding sinte'n tate kepna ah poimoh teng thei ua, mithupi ding intate kem piching thou thei uhi. Hun, tha leh sum tampi kiseng a dawr van kibawl himhim a mantam in manpha hi. Hun, tha leh sum seng atate kepdan ding sinmi in mimanphatak leh mi thupitaksekkhe ding hi.

Ke'n leng zi leh ta nei nai kei mahleng tate kepdan ding laibu 30 val ka simkhia a, training course khovel pumpi a hoihpen hi a kigente training tuamtuam a pan course tampi Rs.50,000 val seng in ka na sin kheta hi. Kei mah in leng phone a pan sin theih ding in online course (Bukim Growth App) a pan training ka pia a, hong sinnuamte a ding in kei sumsen zah seh nga lak a pan seh khat leng pha lou in na hongsin thei ding uhi. Hiai chapter ah kigen kimzou kei mahlehapoimoh diak nu leh pate'n tate kepna a zat theidingte ka hon taklang zek ding hi.

.

.

Pathian thu a tate kepdan ding

[Diuteronomi 6:4 Israel mite aw, ngaikhia unla, TOUPA na Pathian kia TOUPA ahi a: v5 TOUPA na Pathian uh na lungtang tengteng un, na lungsim tengteng un, na hatna tengteng un na it dinguh ahi. v6 Huan, hiai thu, tunia ka hon piak na lungtang uah ataam gige ding a; v7 Na tate uh phatuamngaitak in na sinsak ding ua, na inn ua na tut lai bang un, lampi a na pai lai bang un, na luplai bang un, na thoh chiang bang un na gen zel ding uhi. v8 Huan, chiamtehna ding in na ban uah na vial ding ua, na mit kikal uah talgakna ding in a-om dingahi. v9 Huan, na inn kongkhak bianguahte, na kongkhak uahte na gelh ding uh ahi.]

Hiai atung a bible chang kia zui lehang lengtate kepna kilohching lokhintading ihi. Himahleh i tate uh bible thu toh kituak a kikhep sawmlou hia, nu leh pa tamtakte'n bible thudon khol lou uhi. Bible a thil teng kimvek ai bible pen uh omdan ding leh hinkhua zatdan ding sinna in laibuzangleng kilohching mahmah ding hi.

Bible in amasapenin tate kepna toh kisai a, tate pen Pathian lungtang, lungsim, leh hatna tengteng a it ding in hon thuhilh hi. Nu leh pa tamzaw in Pathian itpen a nei ding in tate kithuhilhlou a, Pathian sang a eimah khawng hon it ding ua kideihzaw hileh kilawm hi. Pathian thumang a bible zuih ding chih sang in nu leh pa thuman ding chih khawng kisinsak tamzawsek hi. Pathian lungtang, lungsim leh hatna tengteng a it dinga na thuhilh a, na tatete'n tua bang a Pathian a-it ngeingei uleh na tate kepna ah lohchingsa hi pah mai na hi.

Pathian lungtang, lungsim leh hatna teng a itmi in zu leh sa a kibuai lou ding a, khamtheih leh tep-le-muam hih lou pah ding a, khelhna pakta lou ding a, mi itna, thutakna, leh khagahte nei ding hi. Tate maban i khualleh Pathian lungtang, lungsim leh hatna teng a itdan ding sinsak ding ahi. Pathian a-itna pen un ama'n bawlhoihpen ding a, school hoihpen leh monthly fee tamna pen sang in leng bitzaw lai ding uhi.

[Matthai:22:36Sinsakpa, dan thu ah bang thupiak pen ahia thupipen? chi in,v 37 Huan, ama'n akiang ah, "Toupa na Pathian tuh na lungtang tengteng in, na kha tengteng in, na lungsim tengteng in na it ding ahi," chih. v38 Huai tuh thupiak thupipen leh poimohpen ahi. v39 Huan, azom in, akibatpih tuh hiai ahi, "Nangmah na ki-it bang in na vengte leng na it dingahi," chih. v40 Huai thupiak nih ah danthu leh zawlneite thu tengteng akikhaikhawm vek ahi, achi a.]

Pathian lungtang, lungsim leh hatna teng a it dingchih i hilh khit nung in, thupiak lianpen nihna, 'Nangmah na ki-it bang in na vengte leng na it ding,'chih sinsak nawn in, hiaite nihkia zui khial het lou ding ini tate pilehang nu leh pa lohching kihi mai ding ahi. Thudang ladang sinsak kha keimah lehang mihoih khat i tate a pan kisekkhe ding hi. Mahni ki-itbang in midang it le uh, huatna, enna, angmasialna, kiletsakna leh adangdangte hon nei lou ding ua, mi toh kibuai, kisel, kitot, kisual chinglou pah ding uhi. Bible in hon sinsak ngaihsaktak in zui lehang tate kepna ah leng kilohching ding a, bible thu toh kituak in kemlehang akep leng nuam zotham ding hi.

Diuteronomi 6:7-9 kikal enkhawm lai leng

- **Inna na tut chiang un (Insung ah):**Insunga kikhopna hoihtak nei a nu leh pa thuhilhna tang naupang tuh school ah leng teacherte'n ana thei lua uhi. Kep hak het lou ua, mi thuzuihdan thei uhi. Insung a kikhopna nei ngei lou leh nu leh pa thuhilhna dong lou naupang tuh koi mun peuh ah kep hak pah hi. Insung a kikhopna neih chiang in, nu leh pa khenkhatte'n bible sim a kisakkholhna leng nei ngei lou ua, Ephasate 6:1-3 kikal "Naupangte aw Toupa a na nu leh pa zahtak un," chih teng khawng kum khotawn in sinsak uhi.

- **Na thoh chiang un (niteng hunteng in):**Khanloh nakleh Pathian thu kisinsak ding ahi. Huntamzaw ahnu leh pate'n khovak ahihlam hon hilh ua thou pahpah ding a hon sawl uh a, himahleh bible a vakna pen hon sinsak vang mahmah uhi. Niteng hunteng zatdan ding kisinsak ding ahi. [Ephesate 5:15 Huan, mipilloute bang a om lou in, mipilte bang a om zaw in, na omdan uah pilvang un;v16 Nite ahoihlouh ziak in hun na neih sung un atamtheipen sem zel un.]Hun manphatak a zatdan ding (productively) bible zang a kisinsak ding ahi. [Philippite 4:8 Huai khit chiang in unaute aw, thil dik peuhmah, thil phathuai peuhmah, thil kilawm peuhmah, thil siangthou peuhmah, thil hoih peuhmah, thil minhoih peuhmah, hoihna himhim a-om a, phatna ding a-omleh, huai thilte tuh ngaihtuah un.]I hun zatna ding leng hoihtak a hon hilh khin ahi. Thil adik peuhmah, thil phathuai peuhmah, thil kilawm peuhmah, thil siangthou peuhmah, thil hoih peuhmah, thil minhoih peuhmah, hoihna himhim a-om nakleh huaite hun leh tha piak ding ahi.

Pathian gingta in chi a va thuhilh pen in omzia nei vak lou a, David in Pathian amuan ziak a Goliat azohdan khawng sinsak leng alungsung uah ginna (belief leh faith) kiphankhawm ding hi. Aneu lai ua ginna aneih uh alet nungun bangchituk in khensawm le uh leng khengzou nawn lou ding ua, leinuai a singzung kiphutkip toh kibang ahi. Tangthu hoih atam thei tawp na tate aneu lai un sinsak in, asihtanpha un huai tangthu tungtawn a ginna kisiam pen zangtawntung ding uhi.

- **Na lup chiang un (ki-oihna/lupma tangthu):**Lupna tung a i luplai leh naupang ihmu ding a i oih chiang in leng bible sung a tangthute mah kihilh leng amau hinkhua a Pathian tengkha zaw ding hi. Chota Been, Ben 10, leh adangdangte sang mah in bible sung a Samson, David, Joseph, Solomon leh adangdangtetangthu khawng hilh tam leng, ahong khanlet chiang ua bibletheihna leh Pathian lauhna toh hong khanglian ding uhi. Naupangte aneu lai (kum 12 phakma) ua tangthu kan a amau ginna siamtu om lou ahi.

Insung kikhop chiang a Pathian zahtak ding leh itdan ding kisin tamzaw ni, Pathian sang a nu-le-pate i ngaih poimohzawkna in thil tampi susia ahi. Khenkhat in Pathian ni zingkal inkuan kikhop pen kithuhilh leh kitaihilhna, kimohsakna khawng in zang ua, Pathian thu kisinsak kha lou uhi. Tate thuhilh leh taihilhna nei dingmahahi. Himahleh Pathian be di'a kikhop hun in hih kei ni, hun dang ah kitaihilh leh kithuhilh zaw ni, Pathian itna kisinsak hun pen a thil dang ngai poimoh zaw in, thil dang kisinsaklouh ding ahi. Pathian ni zingkal kikhop hun a Pathian thu kisinsaklou a kitaihilhna khawng a nazat ualeh, na tate un Pathian ni zingkal kikhopna nuamsa lou ding ua, anawn chiang in tel ut lou ding uhi.

Pathian itna leh bible thu khawng kisinsak lehang aza thadah ki-om lou ding a, kikhop pen inkuan kim in nuam kisa ding hi. Huchi loua nu-le-pate'n tate taina hun a na zat ualeh tate a di'a kikhop hunpen nuamsa lou ding ua, Pathian gamlat kha thei uhi. Tate omdan hoih lou i thuhilhma in, bible zang in eimah hoihlouhna leh hoihzaw ding a pan i lak sawmdan ding gen masa leng, huai zoh chiang in i tate omdan hoih lou leh akibawl hoihna ding uh thuhilh leng zathadah het lou ding uhi. Tua ei ahoih bukim pen dan a bible chang zang a i tate i thuhilh chiang a nek haksa sa uh ahi.

- **Lampi a na pai lai un (Nasep leh inpua):**Khovel a hinkhua i zattouh zelna a thil tuamtuam kituaktou zel hiven, i nasepna leh midang toh kithuahna khawng ah leng bible thu a pan bangchi panlakding, bible in bang gen a, ei bangchi om ding chih kidotna leh tate thuhilhna a i neih ding uh ahi. Bible thu pen inkuan kikhop kia hiloua kholak a kihoulimna leh nasepna khawng a leng i gendet ding ahi. Hiai bang chin zongsata nei thei ding in i tate sinsak ni, akam uah Pathian thu mopni, atam thei lam bible chang by heart sak in, alungsung uah bible thu tampenleh kingaihsiatna (depression), bit lou kisakna (insecurity) leh lungsim siatna tampi a di'a damna hong hi ding ahi.

.

.

Nu leh pate theihtuakte

1. I tate Pathian aa ahi:

Tate ei a pan piangkhia hileuh leng ei aa hilouuh ahi, Pathian aa ahi ua, Pathian in ama deihdan a kep dinggoutan hon piak ahi. Nu leh pate pen Pathian seh bang aama deihdan a kemtu nasep i mohpuakna ahi. Nu leh pa tamtakte'n hiai phawk lou ua, atate uh amau deihdan leh hoihsakdan in kem mawk ua, Pathian in ka tapa ahihkeileh ka tanu a pan bang deih nei ahia chih sang in, ei i deihsak sepna khawng nei ding inkichiil mawk hi. Nang hoihsakdan a na tate na kepleh kemkhial ding na hi, Pathian deihbang in kep sawm inla bible thu naktak in sinsak in, bible toh kituak a hinkhua zangding in i tate i chiil ding uh ahi.

Kemtu nasep ginomtak a sep chiat ding ahi. Ei sang a Pathianitzawk a nei ding a sinsakding, ei lungsim sang a Pathian deihdan atheih zawk ding uh ahi. Nu leh pa khenkhat Pathian phawkloute'n atate hinkhua ah amau lianpen hih ut ua, Pathian lianpen ding ahihna tuh uhi. Nu leh pa tampite hihkhelh ahi.

2. Naupang ahong piankhiak tung a notebook thak liklek toh kibang ah:

Naupang hong piangkhe tungte'n omdan, lungsim put, ngaihdan leh hoihsakdan khat lel leng nei lou ua, nu leh pate'n amau khuak leh hinkhua a hoih i sakte tuh ding ahi. Hoih nasakte na tuh mengmeng keileh asung ah khelhnate in ahinkhua hon luahdim ding hi. Tate ngaihsak leh thudawnlou a na om a, TV mai leh phone khawng nau donna ding a na et saksakleh TV leh phonete'n na ta lungsim achi hoih lou tampi tuh ding ua, ahong let chiang inthuhilh lechinleng phatuam nawn lou ding hi.

Hunteng in nau donna ding in i tate phone ensak kei ni, cartoon etlawm pipi ahihtak zong in, cartoon leh YouTubete sang a nang anu leh pa hon poimohzaw ahi. Nang itna toh na etkolkana alungsim chidamhuaizaw ding adang om lou hi. Akah teng in phone pe ke'nla, nang mahmah in khemdam zel in, huchi loua phone kia tate kepna a nazatleh nang leh tate kikal ah kikakna (huge gap) om ding a, lungsim leh lungtang (emotional attachment) ah kizopna hoih lou ding hi.

3. Ganhing dan toh kibang lou, naupang pen in emotional support poimoh lua ahi:

Mihing pen ganhing toh kibanglou a, ganhing in nou aneih chiang a kal khat ahihkeileh kal nih khawng amau in nek kizon thei pah uhi. Anu leh pate a pan zalentak in hinkhua zang thei pah uhi. Ei mihingte bel kum 20 tan a leng zalentak a mahni a nek kizon thei nai lou leng kitam hi. Nu leh pate lungsim leh lungtang a kizopna kipoimoh a, nek ding om mahlehnu leh pate'n ittak a hon kep kei ualeh kikhang hoih tuan lou hi.

I lungsim kimuanngamna, bit kisakna, kipahna leh nopsakna i chihtekhawng i neu lai a i nu leh pate toh i kizoptuahna in thupo lua a, pichin nung a bawlhoih thak hong haksata ahi. Piantung a pan nu leh pate'n ittak aakepte uh alet nung unleng lungsim chidam thei ua, hong kimuangngam ua, thilhih thei kisakna leng hon hau ua, na thupitak leng sem khe thei uhi.

4. *Tarzan- gamlak a khangkhia naupang in gamsa omdan enton (copy) ahi:*

Naupang in asia apha theikak lou ua, akim leh kiang a thil omte enton in hong khanglian uhi. Bangchi mi na hia? Bang chituk a mi thupi na hia chih na theih nopleh na tate en lechin na thei ding hi. I insung achidam leh chidamlouh i theih nopleh i tate enlehang kithei mai ahi. Nupa pangkhawm a i thohkhawm pen i tate ahi.

Tarzan hong pichin nung in mihingte lak ah hong khosa hi. Himahleh mihing dan aannek leh tuidawn, lupna tung a ihmut chihte hon kheng thei nawn kei hi. Neu lai a nu-le-pate'n i sinsakte naupang alet khit nung ua kikheng zou nawn lou ahi. Bang a na sinsak chih sang a bang a na sinsaklouh kidot tuakzaw ahi. I sinsak khelhte sang a i sinsaklouhte'n i tate hihse zaw uhi. Sinsak khelh ding laulua a bangmah sinsaklou a na omleh, huai in thil tampi hihsezaw ding hi. Nu leh pate sang a thil hoih sinsak zaw ding a mohpuakna lianzaw neimidang kuamah a-om kei. A school ua heutute hi in Sunday school a teacherte hitaleh, alawm-le-vualte hi in, midang khatpeuh tung ah thil hoih sinsak ding mohpuakna nu leh pate'n ngansiah kei ni, ana sinsak mah unteh, himahleh nu leh pate sinsak ding akim leng sinsak lou ding uhi.

5. *Insung a thuleng tampen (emotion) naupang hinkhua ah hong kilangkhe ding ahi:*

Na insung a aw sang leh kimohsakna a thulengtampen leh na tate'n aw sang leh mimohsak hon ching pan ding uhi. Naupangte'n bang hoih a bang sia ahia chih theikak lou ua, akim-akiang a thulengtampen (emotion) amau a ding inana kilaklut uhi. Naupang kiang ah aw sang in nupate va kina le uteh, naupang in amah tai sa dingin chin, ana kap pah ding hi. Hiai aw sang pen kei hong kitaina hilou, kei buaina ding hikei chih theilou ua, azak leh amuhna chiangchiang amau a ding inana kilak pahpah uhi.

Nupa kisel a kitawng ding i hih ualeh lengnaupangte kiangahhih het kei ni, naupangte lungsim hihsia ahi. Tate kiang khawng ah i nupa kal buaina va gen het louh ding ahi. I pasal ahihkeileh i zite siatna khawng leng i tate kiang a gen het louding, na tate un anu hiam, apa hiam azahtakna leh ngaihsanna keniam ding a, na gensiat anu ahihkeileh apa pen leng muan hak sa ding uhi. I tatete'n huai mipa, huai minu muthadah in hua uh hen i chih ngal keileh kuamah amau kiang a va gensiatlouh ding ahi.

Naupang in thil dik leh diklou kizonkhiak thei lou ding ua, na gen teng za-a-za dik dan in pom ding ua, nang na hehna abei chiang a leng amau ami muhdan asia pen ana kheng nawn lou ding uhi. A-upa ahihkeileh anaupa hoihlouhna khawng leng asanggampa kiang a gen het lou ding ahi. Amau unau kizahlouhna leh kithuahlouhna piangsak ding ahi.

6. Tate kepna a nu leh pa tup-le-ngim ding pen tuh hotdamna ahi:

Bangchik chiang a na tate sihsan ding na hia chih na kithei kei, himahleh na tate Jesu Khrist khebul a natut a, hotdamna angahman nak ualeh nu leh pa na hihna a nasep Pathian in hon piakpen semsuah khin hita na hi. Huchi loua kum 60 khawng phata, lah tate Jesu Khrist kiang tun nai lou, hotdamna leng hilh kha nai lou a na omleh pa lohsam, nu lopsam hi ding na hi.

Piangthak leh piangthak kiteng ding i chih pen in atup-le-ngim lianpen tuh atate uh Pathian deihdan ahon keplet ding ua, atate hongkhanlet chiang ua abaih thei lam a hotdamna hong tan ding uh ahi. Hiai mohpuakna nu leh pa tamtak in phawk lou ua, Pathian thu ka hilh nakleh hun chihbawl uhi. Omdan hoih nasinsakleh bible a tangthute na sinsak in atuppipen tuh khalam hotdamna ahi. Akhalam hotdamna gen khaka nei lou, awlmoh a leng nei kha lou na hihleh omzia nei lou ding hi. Nang kam mahmah in hotdamna gospel (tanchinhoih) sinsak inla, Pastor leh Evangelistte kiang khawng ah leng tonpih in, ahihlouhleh na inn ah home crusade nei ding in chial inla, na tate tangthupha za tamsak in, camp om chiang in lutsak inla, piangthak khin ahih takleh lengakhalam hatna ding a gospel (tanchinhoih) zaksak tam ding ahi.

Nu leh pate'n tate kepna a azat uh chi lite (4 Parenting Style)

Nu leh pate'n hiai chi lite lak a pan khat zosam zang in i tatei enkol zel uhi. Akithunun, akiang a om nuam, leh kihoulimna a pan tate enkai zel tate kepdanahi. Nu leh pa tate kepdan chi lite pen psychologist Diana Baumrind in asuikhiak ahi. Hiai chi lite lak ah koi pen ahia tulel a nazat chih theisuah inla, achidamhuaipen in tate etkolna pan hon la in, nang leh natate a ding in chidamhuai ding a, nang leh na tate kal hong hoih ding hi.

1. Thuneihna zangsiam in tate hinkhua bawlhoih thei uhi (Authoritative Parenting):

Nu leh pahiai dan zang atate enkolte'n atate uapan kinepna lianpi (expectation) leh zahtakna lamen uhi. Tate zuihdan ding (rules) chiangtak bawl ua, hileh leng tate a di'a leng anuam huntan, amau poimoh muh theih ding leh kihongtak a kihoulimtheihna ding bawl uhi. Hiai dan tate kepna chidampen a zuih theih sawm chiat ni, ei leh i tate a ding inchidamhuai hi. Nu-le-pate leh tate kikal a kihoulimna tamin chin, tate'n leng aduh leh deihte uh genkhe ngam un, kihou thei uhi.

Ahihnate uh (Characteristics):

1. Nu leh pate'n atate uh tung ah kinepna dik leh kilawm tan chiang nei uhi.
2. Tate taksa poimoh leh lungsim a nungthuap (support) poimohnate ngaihsak leh awlmoh uhi.
3. Midang tung akingalou a mahni hinkhua zatdan ding sinsak ua, amau a thupukna bawl dikdan ding lamhilh uhi.
4. Tate'n athumanna ding ua kipahman leh athumanlouh chiang ua ahun chiang a thununna leh bawldikna pia uhi.

.

2. Kithuneisaktak a tate kem, khuahtak a tate enkol nu leh pa (Authoritarian Parenting):

Hiai dan tate kepna a zangte'n atate uh tung ah kinepna lianpi nei ua, hileh leng atate poimohte limsaklou uhi. Tate zuihdan ding (rules) khauhtak nei ua, azuih ngeingei ding ua enkol un chin, himahleh tate nopsakna leh amau deihtelna limsaklou uhi. Tate toh kihoulim a kikup chih om lou, nu leh pate kia in tate houpih, tate'n nu leh pate kiang a thil gen haksa sa uhi. Tate'n anu leh pate kiang aaduh leh deihte uh genkhe ngam lou leh agenkhiak chiang ualeng, anu-le-pate ngaihsakna tanglou uhi.

Ahihnate uh (Characteristics):

1. Dan (rules) khuahtak leh nu leh pate'n atate tung a kinepna awmloupi nei uhi.
2. Kithutuak a kihoulimna leh deihdan gen theihna hilouhi.
3. Tate a thumang ua akithunun ding uh chih tup-le-ngim ahi.
4. Tate leh nu-le-pa kikal ah kingaihnatna leh kinungthuapna (support) tawm hi.

3. Tate kepna a nu leh pate'n atate uh ngaihsak un chin hileh leng kinepna lianpi nei lou uh (Permissive Parenting):

Nu leh pate'n atate uh zuihdan ding (rules) bawlsak lou ua, thununna leh thuhilhna leng limtak a bawl ngei lou uhi. Atate uh naungek kep in kem ua, mohpuakna leng lasaklou in, amau ah kinepna lianpi nei lou uhi. Nu leh pate'n atate tung ua itna leh nungthuapna (support) akan-aval in pia uhi.

Ahihnate uh (Characteristics):

1. Dan neuchik om in bawl leh bawllouh ding leng tate'n theikak lou uhi.
2. Tate'n anu leh pate itna leh ahihna bangbang ua pomna dong uhi.
3. Bawlkhelh neihchiang in mohpuakna la thei lou ua, tate'n thununna tang ngei lou uhi.
4. Nu leh pate pen atate uh a di'a lawm leh khanvual dan a om ua, thuneitu leh bawldikna petu hi kha lou uhi.

4. Tate hinkhua a nu leh pa dinmun nei lou leh ngaihsakloute (Uninvolved/Neglectful Parenting):

Nu leh pate'n atate tung a kinepna leng nei lou, amau leng atate hinkhua ngaihsak lou uhi. Atate hinkhua zatdan ding thuhilhna leng nei ngel lou ua,tate taksa a taksap leh nungthuapna (support) leng pe lou ua, atate hinkhua panlakna leng nei lou uhi.

Ahihnate uh (Characteristics):

Ahihnate uh (Characteristics):

1. Lungsim a ittak leh deihsaktak a kithuahna leh kingiahsakna om lou hi.
2. Tate etkaina leh tate toh kithuahna, houlimna tawm hi.
3. Tate'n akul leh poimoh diakteuh nangawn limsaklouh in om hi.
4. Tate leh nu-le-pa kikal a kihoulimna tawm a, tate lunglutna leng hihpih a om ngei lou hi.

.

.

Khovel vaitak a tate kepdan ding

 # I theih ding a poimoh masate

1. Ei toh kisai hilou ahi:

Ei a pan i tate piang himah le uh leng ei ngaihtuahna, muhdan, hoihsakdan, haksa sakte, lauhthawngte leh adangdangte kibang het lou a, amau akineih chiat uhi. Ei anu leh pa ngaihdan leh muhdan, hoihsakdan, lauhthawnnate hon koppih kei ua, ahong pian uapat amau-le-amau a dingtuam neihsa in hong piangkhia uhi.

.

2. Asunglam en in:

Na tate'n buaina leh thil hoih lou abawl chiangun asunglam en in, asunglam ua diklou a-omziak a huai bang ahong gamtang ahi uhi. Nu leh pa tamzaw in, i tate'n thil sia abawl chiang ua athilse bawl pen kia ki-enin chin kitai leh kisatsek hi. Agah pen kia kibuaipih a alungsung a anaupan haksatna pen kibuaipih lou a, hihveng ahihlouh chiang a huai chiindan hon tawpsan thei lou uhi.

Naupang huchibang a hong gamtat theih bangziak, bang in gamtangsak ahia, chih pen zonkhiak tum in asung a omte dotkhiak sawm inla, ama lungsung a buaina leh haksatna omte hihveng lechintua a-omdan hon tawpsan ding hi. Naupang pen alungsung a theisiamlouhna, panpih bei kisakna, lauhthawnna, kinepna ching zou lou kisakna, lunggim luatna ziak a huchibang a hong gamtang hikha thei ahi.

.

3. *Na ngaih poimoh pen khang ding:*

Naupang in thil sia abawl teng kia a nu leh pa ngaihsakna a don ngeingeileh thil sia bawl pen nu leh pa ngaihsakna a don utziak lel in hon sunzom ding hi. Na tate bang abawl chiang a ngaihsak na hia? chih kha pilvan ngai mahmah hi. Na tate ahoihna ua pan mu inla, thil hoih abawl chiang in ngaihsakna leh kipahpihna pia in, thil sia abawlteng uh ngaihsak loke'n, apoimohleh apoiban mahmahdingte kia bawldik lel in, huchi loua thil hoih a bawl teng ua ngaihsakna piak tam zawk ding ahi. Na tate hoihna lam en inla amau a pan ahoihpen suak ding in lametna nei in, akim-akiang adik nakleh hoihtak a hong khangliantou ding ahi.

Pak bang leng room mial bekbuk sung kiaakoihin, apoimoh nisa, vuahtui leh huih siangthou dong keileh akhanding bang a hong khangtou lou ding ahi. Naupang leng huai toh kibang ahi, akim-akianga omte pen amah a di'a poimoh taksa chidamna, lungsim chidamna, ngaihsakna tang, leh nu leh pate gintakna tang leuh, hong khang hoih ding uhi. Na insung ua na kihoudan uh, na ki-ittuahdan uh, na kingaksakdan uh leh adangdangte pen na tate lungsima omtampen ding a, na tate na insung kim-le-kiang (environment) a pan suakkhia (product) ahi. Nu leh pate nou kal chidamhuaitak in kihou le uteh, na tate uh lungsim chidamding sa ahi. Na inkuan omdan leh paidan hoih pen kembitle uteh, na tate abitsa himai ahi.

4. Na tate tuambikna pomsiam in:

Tate lungsim hihsia pen tuh amau manphatna phawkpih lou a midang toh tehkhinna ahi. Teacher's training ka piak chiang in, 'na studentte uh aclasspih leh atutkhawmpihte uh toh tehkak ngei kei un, tehkaknain na naupangte lungsim chidamna hihse ding hi,' ka chisek hi. Ei apichingte nangawn midang toh i kitehkak chiang a i lungsung a bit lou kisakna (insecurity) hong piang pahahih chiang a, naupangte lungsung ahbangchituk in apiang khin di'a chih ngaihsun ni, midang va tehkhinna in amau manpha kisakna hihbei thei ahi.

Nang apichingsa anu leng, na pasal in numei dang toh hon tehkak den henla,nang sang ainsaknu sam hoihneizaw, kamsiamzaw, ngouzaw chi hiam in hon genleh bang chituk in na lungtang ana di'a le? Nang leng za thadah na hihleh na tate na tai chiang in insakte tate leng na bang kei uh chichi nawn ke'n, tate lungsim chidamna leh amau kimuhdan hoihte i va suksiatsak a thil hoih i lohtak ding om lou hi.

Nang hun lai toh tua hun pen tehkak a leng taitai ding hilouahi. Kou hun lai a zaw meivak hoih leng kinei lou a, haksapi a lai kisim hia khawng chihchihlouh ding ahi. Tu hun a meivak hoih om hileh leng alungsim hihbuaitu ding phone leh internet om ahi. Ahaksatdan kibang kei mahlehnou hun lai leh tuhun ate'n haksatna tuam tuak veve uhi. Amau kibawlhoih ding i deihleh amau haksatna hihvenpih sawm in panla ni, i va phun bawl a, ei leh ei i va kigenhoih hang a i tate'n hamphatpih lou uhi.

Na tate'n nang atoh kibang ngaihtuahna, lunggeldan, hoihsakdan leh lauhthawnnate aneihlouh ziak un taitai ke'n, amau leng midang khat kuamah toh kibang lou ding a Pathian in asiam ahi. Leitung a ei dan chet, ei melpu, i din san leh niamdan kikim, i lungsim ngaihtuahna leh lunggel kibang, hoihsak leh nopsakdan kibang i mu zou ding uam? Kiphik i chih teng leng amel uh kibatna chiang om mahle uh, alungsim uh leh mizia kibang tuan lou hi. Na tate hi tawkle uh lengnang hoihsak leh muhdan teng hon koppih ding hi tuan lou uhi. Nang chihdan hon chihpih louh tengin thilhihkhial dan in salh leh tai nawn ke'n, athilhihuh hiam khelhna ahihte uhthutuam, huchi loua nang neih leh ama neih akibatlouh ziak lel a tai, salh leh zep chihte i tawpsantak ding uh ahi.

Nu leh pate hih dingte

1. Na kal uh bawlhoih masak ding

a) Bawldik ma a kizopna bawl masak ding:

a. Nu leh pate'n hihtheihna (power) chi nih, bawldikna (punishment) leh kizoptuahna (relationship) kinei hi. Bawldikna pen na tate'n leng nuamsalou a, nang a di'a leng thil haksa ahi. Kizoptuahna thilhihtheihna pen na tate a ding in leng chidam a nang a ding inleng tawldam zaw hi. Koi pen na bawltamzaw a?

I tate toh i kizoptuahna hong hoihlouh chiang in i thu leng mang lou deuh ua, hon zahtak ding zah uahon zah lou pah uh ahi. Huchih hun chiang in genhak ua, amau leng haksa sa, ei anu leh pate'n leng haksa kisa hi. Hiai bang ahong omlouhna ding in i tate toh i kizoptuahna (relationship) hoihtak bawl ngai ahi. Amau toh kilem in kituaktak in omkhawm leng hon thuman ding ua, chih nop ding uhi. Ngaihsakna leh itna ahun tawk i piak zohlouh chiang a i tate'n hon gamlat diak ua, amau toh hun zangkhawm tam lou a ahaksatnate uh leng i bildohlouh chiang a amau leng i thugente zuih ding haksa sadiak uhi.

Tate thumang lou leh omdan khel deuh ahong om ngeingei ualeh i bawldik (punishment) i piakma in i kizopna enkik phot in, ngaihsaklou leh hun pe lou lua i na hihleh tuate pe leng hong hoih mai ding uhi. Thumanlouh teng leh athil bawlkhelh teng ua va zep poimoh gigelou a, ngaihsakna leh itna, amau haksatna ngaihkhiak i chih khawng in amau omdan hoih lou hihveng baihzaw thei hi.

Kitai, kisalh, leh kizep khawng na zat mun ut keileh na tate a di'a lawm hoih, ahaksatnate uh ngaikhetu, ahinkhua thil khatpeuh genkhiaktheihna nu leh pa suak in, na kizopna uh ahoih nakleh amau leng na thugen zuih haksa sa lou ding ua, hon muang ding uhi. Mihing in i kikuppih tam, i haksatna ngaikhetu, leh ngaihsakna hon petute thugen kibildoh in kingaikhia a, va zuihlouh ziak a i kal asiat ding kilau a, kithuman tangpi hi.

b) *Na hinkhua leh thiltuahte houlimpih ding*:

a. Na tate na mawk zepzep sang in sinlai hoihtak na neihte genkhawmpih zel in, chiang a sawmvei va zepsang a sinlai hoihtak khatvei aginna uh kheng thei ding hilh lechinphathuamzaw lai ding hi. Tate kiang khawng a hinkhuai thiltuah haksatna leh nopnai houlimpihte a pan amau leng ahinkhua ua thil tungte houlimpih thei ding inhon gingta pan uhi. Nu leh pa tamtakte'n atate uh amau hinkhua toh kisai houlimpih ut lou ua, atate uh theithuk het lou ua, amuan ding bang tuk un muangzou lou uhi. I mi theih thuktekimuang thei a, i haksatna i genkhawmpihte thugen kithulak in kibildoh hi.

Athilhihuh hoih lou ahi chih i hilhna ding in, ei thiltuah hoihloute a pan zillai i lakte khawng hilh in, i hinkhua houlimpih leng amau leng ei hinkhua a pan thil tampi hon sinthei ding uhi. Na tapa zudawn na theih khiak masakpen in zep lou in, pichingtak in houlimpih in, nang leng zu nana dawn khakziak a haksatna tampi na tuahte sutpih lechin, ahihkeileh nang zu dawnkhalou na hihleh na lawm zudawnte ziak a hinkhua kisia a omte hinkhua khawng leh asiatdan khawng houlimpih lechin, hon ngaikhe mahmah ding uhi.

c) *Hun zangkhawm leh lungsim a omte kihoulim tam ding:*

Itate'n alungsim a lauhthawnna, beidotna, bit lou kisakna leh adangdangte maituahdan ding thei lou ua, nang na panpih ngai ahi. Na lauhthawnnate mangngilh in chi a va sawl ziak a mangngilhmawk theih ahi kei, nang na hinkhua a lauhthawnna na neihlai a na maituahdan na gen a pan ama'nleng lauhthawnna maituahdan ding hon thei ding ahi.

Hinkhua a thil pomsiam haksa asak hun chiang a nang na hinkhua a thil haksa na tuahlai a, pomsiam haksa na sakte khawng genpihin, bangchi a huai thil deihhuai lou hong pomsiamna hia chih pen hilhchian ding na hi. Himahleh ei hinkhua i gen chiang a abukim dan in kigen kei ni, mihing thilhihkhial thei mah,hihkhelh tampi nei, huaite a pan sinlai lakhia a hong pilbehdan in na tate'n hon muzaw uh hen.

Ei hinkhua a thil tungte i gen chiang a i tate thiltuah leh haksat atuahte uh gen neusakna in zang hetkei in, na thil gen hon ngaihkhiaksak peih lou ding uhi. Amau hinkhua a thil tungte ah ngaihsakna pia inla, huai bang a thil haksa a tuah khakuh poi nasakpihdan gen le uteh, na tate un ka nu leh pa'n ka haksatna hon theisiam uh e, chi a ngaihtuah ding ua, na itna muchian ding uhi.

d) *Na tate toh kizopna akip keileh polam thilte thudon zaw ding uhi:*

Na tate'n amau hinkhua a thil tungte ahaksatnate uh hon gen dek teng ua, nang agen khit leng ngak lou a ana taibawl pah leh mohsa pahpah na hihleh anawn chiang in hon gen ngam nawn lou ding uhi. Na tate'n nathugen ngaikhia uhen na chihleh nang leng amau haksatna leh athiltuahte uh hon gen chiangun ngaihkhia in, nang na ngaihkhiak chiang in amau leng na thugen ngaihkhiakdan hong kisin ding uhi.

Ahinkhua a bawlkhelh hou chikchikte hon gen chiang a nang kidek zou lou a taibawl, thuhilhbawl leh mohsa pah na hih chiang a, athugukte bang chiin hon hilh ngei mah dia? Na tate thuguk kemtu a na pan keileh polam alawmte kiang a thuguk teng genkhe ding un chin, hinkhua a thupukna lak hun chiang a athuguk kemte mah thulakzaw ding uh ahi. Na tate hinkhua a mun nei lou na kisakleh nang hinkhua a na tate mun pekhalou na hi zaw diam chih kisui in, alawm-le-vualte sang a na tate natheihchet zawk ding ahi. Bangchidan tangvalte ngaisang a, bangchidan numeite ngaihbawl ahia, banglam in alungsim hip a, khovel bang chiin amu a, anek theih duhpen bang ahia, adah chiang in koisan mun a om a-ut a, chih leh adangdangte na theih ding ahi.

e) Zuau gen ngai lou, kizoptuahna bawl theih:

Nu leh patamtakte'n atate tung ahihkeileh amai ua thil abawlkhelh chiang ua, ngaihdam ngen lou ua kisiamtan zaw uhi. Nu leh pa ngaihdam ngen ngeiloute tate in ngaihdam ngen ngei lou uhi. Na tate un ngaihdam nget nou a pan hon sin ding uh ahi. Ngaihdam ngen ding a kisawl ngai lou ahi. Nu leh pate'n na tate uh omdan ding a hoih na sakte uh insung ah chiingle uteh na tate'n hon enton ding uhi. Na tate mai a bawlkhelh na neih ua, na tate'n nang leng na huchi vele ahon chih chiangun, kei omdan khawng nawn soisel ding uh ahi kei chi in dawng kei un, na tate toh kisel kipan ding na hi uh.

Na hihkhelhna tate'n ahon matkhiak chiang ua, nang leng mihing thilhihkhial thei mah na hihdan taklang inla, ana bawlkhial kha mah na hihdan hilh in, na bawlkhelh poi na sak genkhawm in maban a huchi nawn lou ding na hi chih theih sakkawmangaihdam nget ding ahi. Na tate'n abukim thil hihkhial ngei lou ding a hon koihna pen na lakkhiak ding ahi. Huchi keileh na bawlkhelh a-om chiang a, mak ana sa ding un chin, ahon zahtakna uh kiam thei zaw ding ahi. Bawlkhelh hun chiang a ngaihdam nget zel ding ahihdan nangmah in ngaihdam nget in pan in, na thuhilhte sang a nang omdan hon enton nuam zaw ua, na thuhilhnate 10% khawng anek thei lai ua, na omdan a pan 70% bek honna enton ding uhi.

.

.

2. Achidamhuai tan a kikak ding:

a) Abawl leh bawl louh ding chiangtak a akigen keileh naupangte lungmuang thei lou uh:

Na tate toh na kal ua chidamna a-omtheihna ding in, achidamhuai tan a kikakna na neih ding uh ahi. Kineltuah ding himahleh kimaingap luat a ut leh dahteng kigenkhumlouh ding ahi. Nu leh pate'n leng tate chih ziak a heh chiang ua ut teng pawng genkhum louhding, amau lenglungsimna nei thei ua, ahong let chiang ua nang na hou dandan a hon lehhou kik thei uh ahi. Tate leng aheh chiang ua nu leh pate zah lou tak a kihousaklouh himhim ding ahi.

Na tate'n in anu ahousiat ngeingeileh apa pen in thununna na piakding, apa pen simmoh a a-omleh anu pen in thununna pia a tate na sat ek ding ahi. Na tate un nou nupa kal a kipumkhatna leh kizahtuahna om ahihdan theichian uheh, huai chiang a na kipumkhatna uh hon simmoh ngam lou ding uh ahi. Tate'n anu simmoh un, anu pen in atate azep dek chiang a apapen in tate ana gum ngeingei ualeh na tate'n anu uh simmoh deuhdeuh ding uh ahi. Huai mah bang a tate'napa uh thumang a-om chiang a, apa'n poimoh sa aazep dek chiang a na tate gum a nupen ana pau ngeingeileh na tate'n apa uh simmoh deuhdeuh ding ua thuman lou ding uhi.

Tate bawlhoihna a na pankhawm theih kei ualeh, khat in tate atai chiang in atai lou pen ana pause dah in, apa toh na tate kitai aakizep chiangun room tuam hiaminn polam ahpawtkhiaksan phot mai in, na va kidaih zawkleh atate gum a na va pau sang in ahoihzaw hi. Anu in leng tate abawldik chiang a apa pen daitak a a-om theih kei dingleh room tuam hiaminnpolamhiamahpawtsan zaw phot mai hen. Tate bawlhoihna a nupa pangkhawm theiloute'n atate uh hihsia uhi. Na pankhawm theih louhtawpun nou leh nou tate gum in kidou ngei kei un, na tate un na nih ua hon simmohkhawm ding uh ahi.

Khengval lua na sak a-omleh tate omlouh kal in awl in kihilhtuah un, tate mai a nupa kisel leh tate gum a na om ngeingei ualeh bawldikna pe tampen atate'n mudah leh huatbawl zaw ding uhi. Na. Na nih ua na pankhawm ualeh na nih ua hon ho thei ngei lou ding ua, hon zahtak zaw ding uhi.

b) *Hih leh hih louh ding achian keileh naupangte'n angmasialna leh amau kia kingaihtuahna nei:*

Tate'n bang tan akimawl theih ding uh, bang tan a kampau azat ding uh, bang tan a amau hinkhua a thuneihna aneih ding uh chihte chiangtak a na theih sak ding uh ahi. Unau kisuk heh chiang a ahehna uh bang tan genkhia a, bang a abawl theih louhding uh, nitak apawt ualeh dak bangzah tan phal ding hia, leh adangdangte chiangtak a hih leh hihlouh dingte na hilhchet kei ualeh amau hong kitheih louding uhi.

Nu leh pa khenkhat in hiaite tate hilh ngei louun chin, amau ngaihdan azuihlouh chiang un zepthoh zel uhi. Abawlkhelhma ua na deihdan hilh lechinhun tamzaw a zep ngai het lou in leng hong om thei ding uhi. Na phalnatan chiangdeuh in hilh lechinnaupangte'n lungmuangtak a phal ahih tan uh bawl ding ua, huchi a na phal leh phallouhteleng hilhchiang lou a na omleh, naupangte'n lauhthawnna toh hinkhua zang ding uhi.

Na tate na bawl phal leh phallouh tan (boundary) kichiantak na hilh keileh alungsung uahangmasialna leh mahni kia kingaihtuahna piang thei hi. "Hiai na upa van ahi a, na khoihsaklouh ding ahi," chi a na hilh keileh a-ut teng midang van tanpha maingaltak a khoih ding ahi. Ama ut dandan a hong om zongsang dingin chin, bang tan sawk a bang tan gen kilawm a, bang tan a ka bawl ding chihte hon thei lou ding a, thil teng ama a di'a kisiam leh amah tungtawn a hong om khawng hon sa ding ahi. Midang toh akipolhna ah buaina leh haksatna, theihsiamlouhna tampi hon nei ding a, midangte'n ning pah ding ua, lawm leng nei thei vak lou ding ahi. Hiai bang hinkhua na tate na deihsak keileh hoihtak a neu uapan, hih ding leh hih louh ding (boundary) chiangtak a na hilh ding ahi.

.

c) *Hih leh hih louh ding achian chiang in zalen kisa uhi:*

Bazar kaisan dek in, tate kiang a, "Thumangtak in ana om un aw," chih teng gen a nutsiatlouh ding ahi. Bang ahia thumangna? Bangte ka bawl chiang a ke'n thumang e? Bangte ka bawllouh chiang a kei khel e? chih amau a kingaihtuah thei nai lou ahi uh. Na hilhchet ngai ahi.

Bazar hoh dek, tate kiang a, "Bazar ka va hoh dek a dakkal khat khawng a hong tungkik ding ka hi. Ka omlouh kal in, gate pua nana kanlouh ding uh, inkong a pakte na khoihlouh ding uh, TV na ut ualeh ettheih , insung a nau milemte kimawl theih , na kisuknat tuah louh ding uh, na kikahsaklouh ding uh," chihdanaachiang thei tawp a genzel ding ahi. Hichia i gen zoh chiangatate'n bang a ka nu'n hon phal, bang ahon phallouh chih theikhen ding ua, na phal teng abawl chiang ua tawldamtak a om thei ding uh ahi. Na phallouhte abawllouh chiang ua amau mahleng thumang kisa ding ua kipakta ding uhi.

3. *I thil gente chiansak ding:*

Naupangte ei apichingte bang hilou ua, amau thil ngaihsut leh akhuak uh kisiam khin nai louteahihman un, thil houchik i chihte khawng leng theisiam lou uhi. Piching kihoudan a thil gen thei lou a, achiang thei tawptawp a genzel ngai ahi. An tawmchik ne in chih sang in an buhtei nih kan na neklouh ding chih hoihzaw hi. An tawmchik na chih pen ama'n buhtei thum leng sa thei a, ahihkeileh buhtei khat kia leng sa a gilvahloupi a an ne thei ahi. Naupang kiang a thil kawkmuhna (instruction) na piak chiang in atawm leh tam (less or more) zang ke'n, numbers leh quantity zang zaw in (sik keu khat, buhtei khat, nou khat, leh adangdang).

.

4. Dan bawl inla zui tawntung in:

a) Dan kichiantak a-om chiang a insung paidan leh kivaipuakna nuamsak ahi:

Inkuansung hi in organization hitaleh mihingi omkhawmna peuh ah dan zuih ding a-om chiang in, mohpuakna kichiantak kinei thei a, mohpuakna kichiantak a-om chiang in omdan ding leh bawl ding om a, sep leh bawlding, mohpuakna i zoh chiang in manpha leh lohching kisakna om thei pan hi. Oraganization khat in dan leh mohpuakna nei lou a a-om leh bang achi dia? Kuama'n hiai kei mohpuakna ahi chi a gamtang om lou ding a, khenkhatte'n tampi sem ding ua khenkhat in tawmchik sem ding uhi. Bawl ut leh hihnop kibang ahongom chiang a kiselna leh kitheihsiam louhna hong piang ahi.

Na insung ua kiselna, kitheihsiam louhna leh manpha kisakna atawm ngeingei in tuhinsung DAN leh mohpuakna et thak zel ngai chihna ahi. Nasep in manpha kisakna leh lohching kisakna piangsak thei a, nasemlou in omleng mahni ning kitelna leh manphalou kisakna piang ding hi. Huaiziak a na insung ua, kua in bang bawl ding chihte navek un kihoulim unla, akum dungzui leh hih theih lam chiat insung nasepna a thohkhawmdan ding kihoukhawm un, na tate leng ahih theih chiangte uh hih phal in, fel kisintou hipah ding uhi.

Insung DAN navek un bawlkhawm unla, tate teng zuih dingleh nupa kal a zuih tuak hitaleh na inkuan ua ding dan kibang zuih vek ding leng bawlkhawm un, na tate mah in leng dan hoih asakte uh genkhiak phal inla, genkhesak in, athugen ua hoihte zuihpih lehang

insung a tanmun nei kisa ding ua, amau gente mah zui ut diak ding
uhi. Zuihzohlouh ding agente uh na phal nailouhdan hilhchian gige
inla, tu-le-tu a phalna chiangtan hilhchet ding ahi. Nu leh pa in hoih
na sak teng na gen ma in, dotna bawl thoh unla amau gente nou
hoihsakdan toh kituakte, zuihpih pah un.

Tehkhinna in, "Zingkal dak bang zah a thou chiatding? Kua'n an
huanding? Kua'n inn phiat leh innzut bawlding? Kua'n ninte va pai
zelding? Mahni lupna chiat hah hoih nasa uhia?" leh atuamtuam
dotna bawlthoh un, thupiak pe dan a na huchih ding uh chih sang
in hoihzaw ding hi. Inkuan kihoulim leh kikupkhawmna hun nuam
a zat theih ahi. Tate ngaihdan hong kibatlouh chiang a aw nem a
ngaihdan aneihte uh genkhiakdan sinsakding, amau ngaihdan lou
midang inhon gen chiang ua pomsiamdan ding khawng kisinsakna
ding a hun lemtang ahi.

b) Azuih teitei ding uh dan omsak inla, azuih theih ualeh ahoihdan leng theisak in:

Bohsiat theih louhdan bawl inla abohsiat ualeh bawldikna
(punishment) leng gen chiang pah in, azuih ding ua hoih thil
kilawm leng sinsak inla, azui theite kipahman piak ding leng chiam
in, na chiam mah bang in kipahman leng piain. Unau kisualte kal
khat sung phone leh TV nitak chiang aet phallouh, min hoih lou a
kisamte ni 5 sung phone leh TV nitak chiang a et phallouh, nitak
dak 7PM tan a inntungkikloute kal nihsung nitak pawtkhiak
phallouh, zingkal thoh chiang a lupna bawllou a omte azing nawn
chiang a asanggamte teng lupna abawlding, leh adangdang dan
bawl theih ahi. Hiaite etsakna a ka hon genahi.

Dan na bawlleh akizui hia kizui lou chih etchetngeingei ding ahi.
Akizuihlouhnate a nagensa bang a bawldikna leng zekai het lou a
piak pahding, piaklouh tuam leng neihlouh ding ahi. Bang chituk in
kap in kiphin le uh leng na gensa bang a na tangtunsak ding ahi.
Na tate'n hon etkhiak bawl den ding ua, bang tan ka nu leh pa ka
thuzoh zoudi'a, chi a hon test ding uh ahi. Na chih bang a na gamtat
kei ngeingeileh anawn chiang a hon zahtak lou ding un, hon thusim

lou ding uhi. Na zuihzohleh na etkai peuh tan kia dan leh gawtna na bawlpih ding ahi.

Dan bawl zok in enkailou a na om dingleh bawllouh hoihzaw hi. Insung a dan na bawl ngeingeileh abohsete a dingleng gawtna kilawm huntawk bawl a hilh pah ding ahi. Dan abohsiat chiang ua agawtna leh bawldikna ding ngaihtuah tawmlouh ding ahi. Insung a dan na bawl zoh chiang in na tate, amau hoihsak bang in thupukna bawlsak in, azui nuamte'n zuihtheih , azui nuamloute'n zuihlouh theih , himahleh ke'n tuh ka gen bang a hong gamtang ding ka hi. Azuiloute tua ka genbang a bawldikna hon peding, dan zuilou a bawl dikna tuak utzaw a-omleh nang va hutdam sawm in panla hetke'n, ama thupukna dungzui in gamtangsak lel in, huchi a thupukna hoih lakdan leh dan zahtakdan ding hong kisin ding uhi. Mundang khatpeuh a pai in, koi mun peuh ah om le uh leng dan zuih ding ahi chih insung a pan hong kisinkhe ding uhi.

Insung a dan a-om chiang in, i tung a thuneitute zahtakdan kithei a, ei sang a lianzawte kizahpah hi. Insung a dan neiloute koiah paileuh leng mizahdan thei lou ua dan kibawl omte leng zahtaklou pah uhi.

Insung a dan i bawl,itate'n huai dan pen azuih chiang ua hinkhua nuamtak a zang thei ahi uh chih kiphawk ua, azuihlouh chiang ua hinkhua haksa tuak uh ahi chihkithei ua, thupukna bawlkhelh pen thil lauhhuai ahihdan hon theisuah ua, pilvang deuh a thupukna hon bawl ding uhi.

.

c) *Khut zang a kisuknat, min diklou kisap chihte chin louh ding:*

Na tate na deihlouhdan ahong om chiangun kinak leh kiselpih hetlouh ding, gawtna piak ding a na chiamsate semsuah in, na tai a nazep ma in amau kisiamtanna leng ngaikhe masa in, zep leh tai pen kinoh luatlouh ding ahi. Amau mohnaloupi in zep kha lechinbang loh ding e? Na theih khelh ziak a zepkha na hih chiang a, ngaihdamna nget ding ahi.

Amau mohnaloupi a tai leh zeplouhna ding a bawldikna i piakma a thil omdan hoihtak a dot phot ding ahi. I dotchiang khit nung a hiai tuh zeptakmah e i chihte i zep ding a, hiai zaw ama mohna hikei i chihte i zepse kei mai ding hi. Tate pen ei lungsim noplouh lai (bad mood) khawng a bawldik ngeilouh ding ahi. Khenkhat in amau om nop louhziak ahihkeileh agim luat ziak khawngua atate thumang kei zek le uh zep loh mawk uhi. Hiai nang toh kisai hilouahi. Amau gamtat zepna ding chiang a chin ahihleh na lungsim noplai ahihleh leng zep in, nang lungsim noptuamna ding khawng atate bawldikna piak het lou ding ahi. Amau hoihzawkna ding deihna ziak kia a zep leh tai ding ahi.

Zep leh tai ding chiang a heh lua a kidek zou lou ding zen a omlouh ding, nu leh pate'n kidektheihna (self-control) i neih ding ahi. Tate i zep leh taima in i zep ding ziak hoihtak in hilh phot ni,i itna ziak a i zep ahi chih tate'n atheih khit nung kia ua zep ding ahi. I zepzoh chiang a leng i itna i suklat ding ahi. Zep zoh nung nangawn a papen ahihkeileh nupen heh den lai, houpih butlouh khawng a omlouh ding ahi.

Unau kisual khawng a-om ualeh anih ua zep pah mawklouh ding, thu hoihtak a dot phot a, thuchian theih phawk ding ahi. A-uzaw pen in anau pen vo ut lou a kidoh a thuak hamham khawng,nang gawtna kibang na piak mawkleh, anawn chiang a gawtna kibang thuak chiang asat a ki-omthou ding khawng, chi a anau pen ana vota ding ahi.Huaiziak a mawk zeplouh ding, akidek a khut kha lou pen kipahpih ding hileh anawn chiang a leng kideksawm dinga khut khalou a om zom ding ahi.

.

5. Adik a pahtawi ding:

a) Ahahpanna uh pahtawi ding:

Na pahtawina pen in na tate bawl thanuam ding a, na pahtawina ziakin amau a di'a manpha kisakna mun di'a hon zangtou ding uh ahi. Thil houchik himahlehmasawnnaahon neih nak ualeh kipahpihnamangngilh lou ding ahi. Neu lai atate a di'a mi ngaihsanhuai leh zahtakpen kihi ahi. Nang na phatna pen amau a di'a lungsim chidamna leh thil hoih bawl zom utna piangsak ding hi. Na phat vangleh athil hoih bawlte leng manpha sa lou ding a, athil hoih bawlte leng tawpsan ding hi. Athil hoih bawl alohchin ziak kia a kipahpih ding hilouahi. Thil hoih bawl akipat himhim leng kipahhuai tham hita ahi.

b) Ami zia leh omdan hoih pen phat ding, a mark pen hilou:

Tate kia hiloumi khatpeuh toh i kisaituahna a amau hoihna a pan etdan kizil ngai ahi. Bang pen a pan na mu (identify) a? Tate bang a thil sia bawlte kia a pan na muh mawkleh bel tai den ding chin a, niteng a na kitai gigenaun thil hoih sang a thil sia hong tungzaw lai ding ahi. Khovel a mihoihpen leng asiatna a pan en lehang iplah den thei i hi.

Nu leh pa khenkhat in atate uh iplah den ua, "hiai zaw alawmte leng bang zou lou, miphalou, thadah, mihai," khawng chi atate kou zialzial khawng om uhi. Hiai dan a kampau zangte amau mah lungsim chidamloutehizaw uhi. Mi lungsim chidam khat in ahehni tawpin leng midang hamsiat leh kou bawl lou ding hi.

Tate a thil bawlhoih a pan en thei lechin, ahoihna uh mu tam semsem ding chin a, phat tam deuhdeuh ding chin a, nang leh tate kikal a ki-itna tam deuhdeuh ding a, huaiziak a na tate'n hon ngaina a hon zahtak in hon thulak deuhdeuh ding ua, mi lohching khat hong suak thei ding uhi. I tate amau a kigintak zohlouhna khawng aneih chiang ua ei nu leh pate'n i tate a ginna i koih ua, i hasot ding hi zaw ahi. Amau lungsung a kimuanlahna leh vual pha lou dan aakingaihtuahkhak ding uhlau ding un chin, huchi bang a kingaihtuahna aneih ualeh lengdiklou ahihdan i genpih zawk ding ahi.

Nu leh pate'n i tate tung a i kampaute amau a di'a akhovel uh hong suakkhezel ahi. Na tate neu lai a, "Mihai, mimawl, mithadah, insakte tate leng pha zou lou," chih khawng na zatkhum ngeingeileh ahong upat chiang ua tua na kampaute a pan amau hongki-enkik ding un chin, atak dan a pom ding uh ahi. Ataktak a leng alungsim uh chidam lou ding a, thanopna nei lou ding ua, amau kimuse ding ua, hiaite ziak a hong thadah ding ua, thil hon sin peih lou ding ua, alawm-le-vualte hon pha lou taktak ding uhi.

Exam result suak a first topper a hong pan chiang a, a topper ziak lel in pahtawi ke'n, a mark muh hoihziak a na pahtawileh a mark asiat chiang a amau kimu hoih lou ding uhi. Ahahpanna ziak in pahtawi zaw in, "Nitak pawt lou in, zan sawt pipi leh zingkal thoubaihalaisim na awlmoh a, na kulhkalna ziak a topper a na hong pan ka hon kipahpih lua, na hahpannate, na kulhkalnateka hon kipahpih lua," chih ding ahi. Ahih theih tawp asuah khit nung ua honglohsap khak uleh leng akulhkalna leh hahpanna ziak ua pahtawi veve ding ahi.

A result ziak a na kipahpihleh ahon pass zohlouh chiang ua amau kimuse ding ua, mark hoih amuhziak kia a it a om kisa ding uhi. A mark tungtawn ua amanphatna uh hon nga ding uhi. Huaiziak a vaigam a 90% sang a tawmzaw muh ziak khawng a student tampi mahni hinna kila om uh ahi.

.

6. Chiamnuih leh nopsakna mangngilh ke'n:

a) Naungekte ni khat a 300 vei nui ua, mi pichingte 40 vei nuih poimoh:

Chiamnuih in mi kinelsak a ngaihhuaisak diak hi. Lunggimna leh lungsim natna tampi a di'a damdawi hoihtak ahih ban ah mikilemloute leng kilemsak thei hi. Mi nui tamte'n tha nei zaw ua, midangte toh leng kituak zaw uhi. Na tate kepna a chiamnuih leh nuihkhawmna atam keileh na tate'n hon neel lou ding ua, hon ngaihnatna uh tawmzaw ding hi.

Midang hihna theichiamnuihte a pan kiveng inla, midang hoihlouhna kapna in leng chiamnuih zang ke'n, chiamnuih thanghuai khawng ahih kei nakleh tate toh kichiamnuih zel ding ahi. Tate leng hong chiamnuih zel uh henla alawm hoihpen bang in hon pawl thei le uh insung nuamsa ding ua, insung ah bitna mu ding uhi.

Insung a mai gumsa ngen a nu leh patei om chiang a i tate'n hon mai ngap lou ua, agennopte uhleng genkhe ngam lou ding uhi. Mai gumsa a hinkhua zangtamte'n lungsim chidamlouhna nei baih ua, heh leng hehbaih uhi. Nu leh pa pil na hih ualeh nou mahmah in chiamnuih gen tam unla, na tate nuihsak mun sawm in, insung a nuihkhawmna leh kipahna atam thei tawp siam ding ahi. Inkuan dangte kithuahdan leh nuihkhawmte khawng eng mawk ke'nla nang leng na insung a huchibang ding a panla thei na hihlam kiphawk thak in.

Chiamnuih gensiam lou na hihleh chiamnuih laibute lei inla kiginni tak khawng a inkuan a kipolhlimna zangkhawm unla, huai hun chiang in sim zel in, kipat tung haksa mah ahi. Chiamnuih laibute atam thei tawp simzel inla hoih na sakte na tate leh na nupa kal kihoulimna khawng uahgenkhe zel in, awl a mingaihhuai leh nelhuai hong suak ding nahi.

Naungekte'n nikhat a 300 vei nuizel ua, huaiziakin leng ngaihhuai diak uhi. Naungek mai gumsa aa-om detleh na pahtakna uh leng hong kiampah ding hi. Nou nupa hi in na tate uh hitaleh, na nuih tawm ualeh kipahtakna leng hong kiam ding a kihehsan leh kihansan khawng hong tam ding hi. Pichingte nikhat a 40vei bek i nuih gige uh i lungsim chidamna ding a poimoh ahi.

b) Naupangte'n ni khat a 40vei bek angkawi poimoh ua, pichingte'n 8vei bek poimoh uh:

Niteng in na tate bangzahvei na angkawi a? Alungsim chidamna ding a 40vei bek i tate angkawi (hug) bawl zel ding ahi. Kipahtakna leh ki-itna lahsakna leng ahih ban ah, ei a di'a leng poimoh a i tate a ding in leng poimoh hi. Na nupa kal ua niteng a 8vei bek ki-angkawi sawm un, zingkal thoh phet kimuh tung chiang, nasem a kuankhe ding a pawtkhiak dek chiang, khat pawt dek a na kikhen dek chiang uh, na kisuk heh chiang uh, leh hun dangdang a ki-angkawi tam ding ahi.

Na tate leng atam thei tawp kawi tam un, kum 12 nuailamte 20 vei bek, kum nga nuailamte 40 vei bek alungsim uh chidamna ding aangkawi tam ding ahi. Sunday school a naupang beginnerte hong kuan chiang ua khatpeuh na welcome na angkawi ding ahi. Naupang kum 8 tunglam ahih ualeh i hihna kibatpihte (same gender) kia angkawi ni, midangte gensiat leh ngaihdan sia a-omlouhna ding in kum ngiat tunglamte bel i hihna kibatpihte kia angkawi leng ahoih ding hi.

Angkawi nihvei hoihtak ka mangngilh theih louh a-om a, ka damsung in ka theigige ding hi. Kum 2014 February kha in Imphal a "1ˢᵗ K-1 AMATEUR OPENINDIA CHAMPIONSHIP-2014," Martial Arts competition National levelkidemna hun in Silver Medal ka va la a, inkong tung phet in ka Usiam in honna angkawi in, ka lungsung ahit aom ka hi ve chih hon phawkkhesak hi. Ban ah kum 2021 July kha in Rev. James Lalpu in kikhopkhawmna ah thumsakna hon neihsakkhawm ahon angkawi kha, ka lungsim dam huaihuai in ka thei hi. Itna kitasam leh mi pom (acceptance) zongte a dingbik in angpom poimoh ka sa a, na tate itna leh mipomna a taksaplouhna dingun angkawi mun in, aman bei a lungsim chidamna i kipiaktuah theih omsun ahi. Mimaltak in leng phatuam ka sa a, pasal leh pasal va kikawi tuh anuam chet lo keina a, himahleh lungsim chidamna leh tawldamna bel om veve ahi.

.

.

Tate mizia chi nih i theihsiam dingte uh:

1. Adai dide, azumhat leh zahkaite:

Mihing kikhen dan in chi nihi pha ua, adai dide a zumhat leh zahkai om hithiatte mizia khat ahi.Adang khat pen ahihleh om maimaithei lou thaneitak leh thil maingal mizia leng a-omhi. Nu leh pa khenkhat in hiai theisiam lou ua, adai dide leh zahkai deuhte bang miphalou, genhak leh hi nelnol sa uhi. Thilhihding a i sawl chiang a leng hiai mizia neite'n ava bawl ma ua hun la zeksekua, ato uh zaang lou a kisakhe pahpah lou uhi.

Kamtawmua, ahinkhua uh toh kisai leng midang kiang ah mawk gen lou uhi. Alawm hoihte uh kiang khawng ahbel akam uh tamin, gen dingleng hau diakuhi. Mi thak leh melthak khawng maingap lou ua, mipi lak a omsang a mimal a atuam a om utzawuhi. theih ngeilouh va houpih masak ding lin mahmah ua, theih ngei louhtekiang a leng mawk pau leh dangnaltak in paukhe ngam louuhi. Zum hat ua mipi lak a kizat chih khawng leng utvaklou uhi. Lawm-le-vual leng tampi nei lou ua, bangzah hiamte toh kinaitak leg dettak in kithuah uhi.

2. *Thanei, zahkai lou leh midang toh kithauh nuamsa:*

Hiai bang mizia neite lah theih ngeilouhte khawng leng maingap pah ua, va houpih masak ding leng kihtalou uhi. Atung a mizia neite toh kilamdang ua, ahihna uh kilehbulh (opposite) hi. Misawlna khawng leng mangthei pahpah ua, atha uh leng zaang hi. Mi sel leh midot khawng leng hatua, kimuanngamna hauuhi. Mipi lak a om khawng nuam sain, lawm polh leng hauua, pawt leng pawt hatzawuhi.

Mun khataom hithiat chih khawng haksa saua, atha uh hat ahihman in thil tuamtuam bawlleng bawl kilawpua, aneulai bang un delhdelh ngaiuhi. Thil bawlkhelh leh hihkhelh leng hau diakzelua, mite iplah leh tai khawng leng thuak mun diakuhi.

<u>Tate sinsak ding a poimoh diakte</u>

1. Thupukna lakdan ding:

Thupukna dik lakdan ding kisinsak ngai a, thupukna la dik theiloute'n hinkhua kisikna leh lohsapna hau uhi. Naupang kum nga nuailam bang ahihleh apuansilh ding uh arong khawng telsak theih ahi. Kum 15 nuailam khawng ahih ualeh a Pathian ni puansilh ding uh chi thum telkhiak a koih pen asilh nop uh telsak theih ahi. Kum 15 tunglam khawng ahih ualeh amau van ding mah lei di'asawl theih a, avanlei ding iphaldan hilhchet aamau kileisak ding ahi. Nik sing lua leh taksa dawklua hiloupeuhmah khatpeuh lei phal chih dan hiam a vanlei a sawl theih ahi.

Amau delhtelna pen thudot ngei lou a na khanletsakleh ahong let chiang ua thupukna dik bawl haksa sa ding uhi. Amau deihtelna dot zelding, atel diklouh chiang uai phallouhna ziak hoihtak a hilhkawm a amau a di'a hoihpen kawkmuh zel ding ahi. Thil amau a di'a hoih lou na sakte 'phal lou'chih kia gen mai lou a, bangziak a phallou, bangchik chiang a phal? chih khawng na sutpih ding ahi. Aziak-asan khawng hon thei thuk le uh amau leng nang ngaihdan a siate sia hon chi thei ding ua, nang om lou a thupukna ana kibawl dek chiang ualeng thupukna hoihte ana kilak theih ding uhi.

Thupukna dik lakdan i kisinsak chiang in i tate'n nang deih louhleh thil hoih lou atel khakchiang un, iplah leh tai bawl pah kei ni, na lungsim teng thei suak a nang hehna ding a huai bang thupukna bawl hi tuan lou uh ahi. Thupukna abawlkhelh teng ua heh a tai ekek na hihleh thupukna bawl nawn ding lau ding ua, thupukna abawl tam kei uleh thadah ding ua thil poimoh sem khe ngei lou ding uhi.

2. Mohpuakna lakdan ding (Responsibility):

Nu leh pa tamtak in atate uh mohpuakna lakdan ding sinsak kha lou ua, atate hongkhanlet chianguamohpuakna lakdan ding theilou tam uhi. Aneu uapat thil ahihkhelh uh leh bawlkhelh aneihte uh, amau mah mohpuakna na laksak ngeingei ding ahi. Ball apekna ua innkiang a pakbawm hihse kha ahihleh uh leng, amau mah hahsiangsakding, pakbawm thak lei a amau mah apak suansak ding ahi. Ahihdan ding atheih keiualeh akiang ua aw nemtak a hilh ngiatngiat ding ahi.

A school kaina ua kigu a school kai lou khawng a-om ua, absent fine piak ngai ahih ualeh athawn a sum pe louding, huan khohsak hiamahihkeileh banghiam sepsakding, huai zoh chiang aasepman absent fine ding sum piak pat ding ahi. Amau suksiat leh hihkhelh aneihte uh, amau panlaksak teiteiding, amau na telsak kei a nou, anu leh pate'n abawlkhelh teng ua na hihsak gige uleh mohpuakna poimohdan leh mohpuakna lakdan ding hon thei lou ding uhi. Insung a nasep ding (duty) piak ngeingeiding, amau van mah kisawp leh alupna chiat uh kihepsak ding ahi. Nu leh pa khenkhat dan a school a teacherte'n apiak home workte khawng amau sik-letang ahihsak het louh ding ahi. Amau kia a abawl theih louhte uh akiang a panpihtu di'a omding, ahihdan ding diktak hilh a amau mah in akibawl ngeekngeek ding uh ahi.

A-unau sanggamsukap kha a-omleh lengngaihdam ngetsak teitei ding ahi. Aneu a pan a thil hihkhelhte bawldik pen amohpuakna lasak pah inla ahongpichin dungzui a amah hinkhua a kitasamte amah kizonsuah leh kisepsuahsak inla, ahong pichin (kum 18) chiang a insung van leh poimohte ama muhsuah leh sepsuah ding leng mohpuakna piak ding ahi. Nna asep ding uh phal luat ding ahi. Khenkhat in tate sum zong a nna asep ding uh amau minsiatna dan khawng a la ua, nnasemsak ut lou mawk uhi. News paper hawm khawng hihsak luat ding ahi. Zingkal thoubaih ding ua, sumzon haksatdan hon theihsuah chiang ua sum manphatna hon thei ding un chin, hon pawng nget lou pah ding uh ahi.

Amau nopsakna a zat ding deih leh duhte toh kisai in, nou anu leh pate'n za lak a 50% siksak unla, adang za lak a 50% amau tha kilohkhiaksak un, a school kailouh kal ua jugali, huan nasep, tanaute inbawl vapanpih leh sep theih theih sem uh henla, asummuhte uh hoihtak a kholsakding, amau za lak a 50% bek ahon muhsuah chiang ua, ei anu apa in adang 50% behlap a leisak zel ding ahi. Mundang a vasem ding a naupang deuhte adia, zingkal teng a inn khawng na phiat gige a kha thum sung na hih zohleh na khedap deihte ka hon leisak ding chihdan a leng gen theih ahi. Amau adeih uleh lunggulhte mah in amau nasem ding a sawl zou ding a, nou anu leh pa inlah na leisak thou ding lah hi si, athawn bang a na leisak sang un, amau hoihna ding leh felna ding a lunggulhte zat siamsak ding ahi.

3. *Sum zatdan leh kepdan ding:*

Sum zatdan leh kepsiamdan kisinsak ding ahi. Israelte sum lam toh kisai kisinsak nak ua, khovel a business leh mihau i chihte Israelte mah hi uhi. Hitler in nasatak a German mite lungsim aIsraelte huatna chi atuhtheihna ziak leng huai hun lai aIsraelte'n German sung a business centre mun poimoh teng aneih ban ua,Israel i chihte mi hausa ngen hi ua, agam neitu German mite lah atamzaw mizawng lehIsrael mite nuai a nasem ngen ahih ziak ua, Hitler in hiaIsrael mite ei gam sung a di'a cancel ahi uh, nohsuah in thatgam lehang eimah ahausaleh i thuthu hita ding uh ahi, chi a gamnei mite akhemzoh ahi.

Isarel mite aneu uapan a nu leh pate'n sum kepdan ding leh zondan ding hilh ua, akhang-akhang ua huchi a hauhsakna kipesawnte hi uhi. Ei singtang mite'n leng i tate hiai bang aneulai uapan sinsak leng sum manphatdan leh kepdan ding, hihpundan ding hon thei ding uhi. I hinkhua ah sum i chih poimohtak ahi a, achangchang in hun tamzaw ah Pathian sang a i ngaih poimoh zawk uh leng ahi. Pathian sang in dinmun lianzaw i pe kei ding ua, i zi leh pasal, tate, nu leh pate, sum-le-pai, leh adangdang teng Pathian sang a it zawklouh ding ahi.

Sum i chih amah kia a sia ahi kei, sum zon leh sum neih leng khamtheih dan a khelhna ahi tuan kei hi. Leitung a sumzong lou khat lel leng ki-om lou ahi. I biakin lamna leh missionary vakna teng leng sum mah ahi. Biakin sung khawng a Pastor khenkhat in sum pen khelhna dankhop in gen ua, huai hilou ahi. Sum i chih leitung a hinkhua i zat lai a thilhihtheitak leh i hinkhua khenglamdang theitu ahi a, manpha sa a zonding, kepding, hih pun ding mah ahi. Sum in i sung ah i hoihna leh hoihlouhna hihlang lel ahi. Sum nei het keile uhleng mihing asedingte se thou ua, ahoihdingte leng hoih thou uhi. Sum in hon hihsia leh hon bawlhoih hilou ahi. Sum i chih vanzat lel ahi a, asiat leh ahoih ding azang mi ah kinga zaw hi.

Sum zon, sum zeek leh hihpun i chih siamna (skill) ahi a, huai siamna (skill) neite'n sum hau ua, sum etkoldan theite kiang zuan semsem uhi. Ei singtangmi in hiai sum siamna (Finanial Education) pen kisinsaklou hang a, hiai ziak a leng kizawng thei diak hi ding ahi. Crore patti suahna ding in kum nga bang lut thei a, himahleh khatvei crore patti na suah khit nung,adang crore khat muhkik ding pen kum nga lut nawn lou ding a, akum nawn mah khawng in na mukik ding hi.

.

4. *Lungsim natnate damhuaitak a khahkhiakdan sinsak ding:*

Lungsim a chidamlouhna (hehna, thangpaihna, enna, huatna, adangdangte) khawng chidamhuaitak a piakkhiak leh genkhiakdan zilngai ahi. Khenkhat in lungsim chidamhuaitak in pekhe theilou ua, ahehchiang ua midang tung khawng a khut kha, thil hihsia, leh kampau hoihloupi (hamsiat) khawng zang a alungsim chidamlouhnate uh pekhia ua, amau a dingleh akim-akiang a omte a ding in hoih lou hi.

Tate alungsung ua thil apuaknatte uhchidamhuaitak a genkhiakdan kisinsak ding ahi. Huai ding a nu-le-pate'n i tate amau hinkhua a lungkim lou leh dahmelpu a hong om ngeingei uleh tutkhawmpih unla, "Na lungkimlouhnaahihkeileh na haksatna na hon genkhe thei diam, ka na ngaikhe ding, na pausung teng hon pau tuh lou ding ka hi. Na thil gente ziak ahon tai leh hon zep lou na ding ka hi," chi a houpih pahpah ding ahi. Amau ahinkhua uh hon gen chiang ua pautuh louhding, ngaihdanlou lam agen khakualeh leng pau lou a ngaihkhiak photding, minute 20-30 khawng amau kia pausaka, agen ut teng uh agen bei chiang ua,theihsiam louh a-omleh aw nemtak a dongkhe ding na hi. Na tate hinkhua leh haksa atuahte ka theisiamta na kichih chiang in, na tate kiang ah, "Na haksatna ka ngaikhe vek a, katheihsiamdan atomkim in ka hon gen thak di'a, adiklou a-omleh na hon bawldik ding aw," na chi di'a, na ngaihkhiakna a kipannatheihsiamdan na gensuah ding a, ama'n huchi hi zaw achihte na pompih ding ahi.

Ama'n adik vek ahihkeileh hiai dan hi zaw achiha-omleh, ama chihdan na pompih ding ahi.Huai zoh chiang in, "Na haksatna leh thiltuahte ka theisiamta a, ka ngaihdan ka hon gen thei diam?" chi a dong ding na hi. Huai zoh chiang in ama hinkhua a panlakdan ding leh hoih na sakdan na genpih ding hi. Hiai dan in houlimpih mun lechin, ahehna leh lungsim chidamlouhnate (hehna, thangpaihna, enna, huatna, adangdangte) lungsim chidamhuaitak ahon genkhe thei ding a, agenkhiak thei chiang in hong dam ding hi. Aw sangtak a hon houpih dek ngeingeileh, "Aw sang na zat ngai lou ding a hon ngaikhia ka hi. Hon kiselpih ding leng hilouka hi.Huaiziak in tawldamtak in hon genkhia in, kinoh luat leng ngai lou,na gen noptantan hongen in, ana ngaikhe ding ka hi," na chih ding ahi.

XVIII
Khristian inkuan chidam

Inkuan ki-etkolna tawh kisai

Khristian inkuan chidam i chih chiang in taksa, kha leh lungsim chidamhuaitak a ki-enkol chihna ahi. Taksa chidamna ding in nek-le-tak siangthou, taksa kisilsiang gige, kho-ul kaisak lehinsung inpua hihsiang chihte khawng ahi. Khalam damna ding in bible sim, thumna neih, kikhop, tangthupha gen, khelhna taihsan chih khawng poimoh a inkuan sung a nu leh pate'n i tate bang kitasam hiam chih etkai ding ahi. Lungsim chidamna ding in kihamsiatna, kimohsakna, kisel, kinak, taksa leh kampau a kisuknat, kingaisia, leh adangdangte hong kiam mahmah ngai a, thu hoihte, kihasuannate, phatnaleh phatawina, aw nem a kihouna leh adangdangte insung a zatmun ngai ahi. Tutak in na inkuan uh bang lam ah na chau ua, bang lam na kitasam ua, chih kivel gige ding ahi

Tua teng gen bukim sawm a chapter khatna a pan hiai chapter tan laibu khat a ka hon tunkhawm ahi. "Miteng Poimoh" laibu pen khennen leng laibu hoihtak thum leh li bang phazou ding hi. Himahleh laibu thum leh li hon suah hita leng, laibu khenkhat na neih khaklouh leh na sim khaklouh hong om thei a, huai ka deihlouh ziak a laibu khat a ka hon tunkhawm vek ahi. Etsakna ding in hiai "Miteng Poimoh" bang leng laibu copy khat Rs. 500 zuakding bang na hitaleh, huai sang in laibu thum bang suah in,copy khat Rs.300 chiat in zuak henla hileh avek a Rs. 900 mu ding ing a,kei a ding in lawkpihzaw ding ka hi. Himahleh kei lawkna ding sang a inn chih in hiai laibu anei uh, khatvei sim mai hiloua sim thakthak ding in kemleuh chih ka deihna ziak a kiman thei tawp a zuak thei ding in laibu khatahka hon gawmkhawmhi;Khristian inkuan chidami tup-le-ngimpen ahih zawk mah toh.

Family counselling i chih inkuan a kituahlouhna ahihkeileh masawn utna ziak a inkuan kim a counselling kipiakna ahi. Hiai san in avek in ka hon gelh kei ding a, a poimoh diak kasak, zuih ngeingeidingte kia ka hon taklang ding ahi.

.

.

Inkuan ki-etkolna a zuih ngeingei dingte:

1. Inkuan tup-le-ngimte bang ahia:

Saptuam hi in organization khatpeuh hitaleh, tup kibang aneih kei mawkleh masawnna leh kituahna haksa ding hi. Innkhat a tengkhawm inkuan khat hi ngal, lah inkuan a i tup-leh-ngim leng nei lou leh thei lou ai om ualeh bel kikhang hat lou ding a, huai sang a kinak leh kiselna, kilemlouhna tam ding hi. Inkuan a tup kibang leh sepsuah ding i neihlouh chiang a ut dandan aki-omin chin, thil sia leng bawl baihlam hi.

Taksa thil tak a tup-le-ngim i bawl ma in, inkuan sung mite chidamna ding tup-leh ngim in nei phot ni.Nou inkuan lak a kua a kha lam, taksa leh lungsim a chidamlouhna nei a panpih ngai? Anu pen bang akampaute siat asia khawng ahihleh counsellor amuh teitei ding ahi. Taksa, kha leh lungsim a chidamlouhna i neihte uh, inkuan masawnna leh lohchinna ding daltu lianpen hongsuak ding hi.

a) Kha lamtak a piangthaklou kua i om a? Gospel (tangthupha) gente sap a inkuankim a home crusade bangzahvei hiam bawl phot ni, khalam a inkuan a dinmun (level) kibang in kibawl phot ni, huai chiang inkipumkhatna hong om thei ding hi.

b) Taksa lamtak a kuaahia damthei lou pen? Adamdawi nekte ban ahbangchi panpih leng ahoih dia? Kingaihsiatna ziak hiam a taksa chidam thei lou leng hithei a, huchibang ahihleh inkuan apankhawm a hasotna leh kampau hoihte ama tung azat tam ding hi pah ahi. Taksa vaitak ah bangchi in i panpih thei di'a chih inkuan sung a houlim ding ahi.

Inkuan chidamloupi a lohching kichi vang mahmah ahi. Na chidamna uh kembit masapen unla, na chidamna ding un lunggelna nei masa un, taksa, kha leh lungsim chidamna pen inkuan sung a tup-le-ngim a neih masakpen ding ahi. Hiaite na ngaih poimoh ua, chidamtak a na kikep nak ualeh mimaltakin leng lohchinna na hau ding ua, inkuan tup-le-ngimte leng na tangtun zou ding uhi.

.

.

Inkuan a tup-le-ngim ding a hoihte

a) Budget leh expenditure:

Insungpen Govt. dan in kivaihawm theih a, India leng akhanhatna tuh parliament ah kikupkhawmna atam a, sumzatna leh muhna (budget leh expenditure) khawng alangtang tak akikupna om hi. Khenkhat in tate khem ua sum nei lou zenpi khawng sum aneidan in om uhi. Khenkhat inlah tate'n i sum neih khawng atheihsuah ding uh lau ua, i neih zahleng hilh ngam lou in i om uhi.

Insung a thutak a kihounahong om theih mateng kimuanlahna leh kiginlouhna in vaihawm ding hi. Nu leh pate'n leng thahatna leh pa hihna, nu hihna suang in tate enkol nawn kei ni, theih na, pilna leh thutak zang in tate etkol i kipan chiatta ding uh. Hiai bang atup-le-ngim nei a hiai laibu leng hon kigelh ahi. Sappau in gelh leng khovel pumpi dengsuak zou ding a sum a lakhs lam mu ding ka hi. Himahleh ei mi-le-sate khualna ziak a ei singtangmipau mah zang a ka hon gelh ahi. Nu leh pate'n ana sim ngeingei unla, ka mawl, ka thei kei chihte taisanta un. Tate kepna leh insung vaipuakdan ding leh thil poimoh tampi ka hon taklat khit ahita hi.

Na tate un cycle, phone ahihkeileh bike khawng hon leisak in chi in, nou inkuan sum muhna toh kituak het lou khawng hon nget ualeh, na summuhdan uleh na zatkhiakna teng uh hilh unla, sumval omte damlouhna hun a zat ding a kem nahihdan theisak ding in. Sum ka nei kei, chih teng kia khawng a na dawn ualeh amau sum hau dan a hon ngaihtuah ding uhahih chiang a, hon ginglel ding ua, amau nopsak ding na utlouh ziak a sum it khawng hon sa thei uh ahi.

Kum teng in kumkhat budget bawlpih zel ding ahi. Tate laisimna a bangzah budget koihding, nek-le-tak a bangzah koihding, niteng hun zatna a sumzat poimohte a bangzah koihding, nopsak leh duhduh leina abangzah koihding, chidamlouh chiang a ki-etkolna ding a bangzah koihding, maban a inn thak, gari thak ahihkeileh sum tampi lutna ding tup-le-ngimte a bangzah koihding, chihte kihoulim ding ahi. Hiai dan athu poimohte toh kisai a na houlim ut kei ualeh thu poimoh lou ngen gen a kihou kha ding na hi uh.

Kum khat a sum poimoh zah leh zatdan ding i houlim zoh chianga, inkuan pangkhawm a sum zonkhawmdan ding kihoulim hong ngaiding ahi. Pa pen in akhaloh a pan bangzah lohsuah zou, nu pen in bangzah a kha khatamusuah zou, tate chiat in bangzah athohkhawm zou ding ua? chihte kikup ding ahi. Khenkhat in tate apichin ma ua sum lohsuah ding phal lou ua,'ka hon vakzohlouh leng hi kei na lai hoihtak in sim maimai in,'chisekuhi.

Hiai san a poimoh pen tuh i tate zang in sum i lohsuah ut chihna lam pang ahi kei a, mohpuakna lakdan kisinsakna leh sum siamna (skill) kizilsakna hi zaw ahi. Tate'n alaisimna uh bahloh zen in sum va lohsuah uhen chihna lam ahi kei, alaisimlouh kal un banghiam phatuam semsuah uhen chihna lam ahi zaw hi. Lai kia simsak i chih chiang ualeng hun awl tampi nei ua, azang siamloute'n khamtheih leh lawm hoih lou thuahna ding khawng in zang uhi. Huaite a pan vengbit na ding in hun awl hau kei zaw uh henla, a hun neiteng a manpha pen in zang le uh chih i deihsak hi. Taimakna leh mohpuakna kisinsakna leng ahi. Sum haksatdanleh amanphatdan kisinsakna leng ahi. Omdan hoih kisinsakna leh omdan sia a di'a hunlem kipiaklouhna leng ahi. Inkuan sung khantouhna ding a pangkhawmna leng ahi.

Tate manphatak a zatahih theihna ding una graduate uh ngaklehangkikhel ding ahi. Pichin zoh nung in i damsung ai omdan ding (character) kisiam zoukhintaa, kikhonung khen i chih thil haksapi ahi. Atuailai hunun haksa sa uhen, hun awl hau kei uhen, siamna pilna tampi sin uhen, sumzondan kisin uhen, hinkhua ahi bangtak in maituah pah zaw uhen, akhanlet sang a lohching a nuamsa ding khawng in kimawk gintak kei uhenla tua atuailai hun a, anasepdan leh hun zatdan a pan amaban ua alohchin leh lohsap ding uh kitheichian uhen, tuailai thahat, dam theih lai leh sisan hat lai in kipawng duat kei ni,i society sung a nu leh pa hihkhelh tam pen ahi.

.

b) Inkuan a tup-le-ngim:

Inkuana pangkhawm a missionary vakna in bangzah i thoh zou ding ua? Kum khat a Rs.20,000 bangi sawm ualeh apa pen in Rs.10,000 leh inteknu in Rs.5,000, tate nih in Rs.2500 tuak chi a pangkhawm theih ahi. Yes, tate leng thohsak ding ahi. Class 8 tunglam a laisimta ahih nak ualeh naupang class A a pan 3 tan khawng lai hilh thei lo ding ahi.Ahihlouhleh zingkal a newspaper hawm, kiginni chiang a kithaloh, tanaute va panpih ahihlouh tawp a ei insung mah a nasep ding piching deuh i neihte sepsak a kipahman tam louloupiak zel theih ahi.

Tua a sum lohte uh mawk zatthangsaklouh ding, za lak a 30% khawng kholsakding, sum kepdan kisinsakding, 30% amau deihdan aapoimoh uh leina ding a zangsakding, 40% pen thil zilna a zangsakding, laibu ahihkeileh online certificate training course, computer leh athil zil utte uh zilna ding a zangsak ding ahi. Tuasum neihzah a hut nai keileh kholsak laiding, tate'n za lak a 50% ahon neih nak ualeh nu leh pate'n adang 50% siksak zel ding ahi. Kum sawm-le-giat a chinchianguaamau mimal poimoh teng kileisakding, face wash, puanak leh khedap chihtekhawng, amantam deuh phone, computer leh gari i chihtekhawng ahihleh amau za lak a 50% athoh zoh ua, ei anu leh pate'n leng i lemchangchiah 50% thoh a leisak zel ding ahi.

Tua atung a i gendan a naupang na kep theih nak ualeh nu leh pa piching na hi ding uhi. Tate mohpuakna la thei, mitaima, omdan hoih leh ahong pichin chiang ua mahni kitoudelh thei tatesekkhe ding na hi uh. Tate kepna ai tup-le-ngim ding tuh naupang kipahsak sang a mohpuakna la thei mipichingsekkhiak sawm zawk ding ahi.

.

c) *Mimal tup-le-ngimte*:

Inkuan sung khat a tengkhawm hi ngal, lah tup-le-ngimte kitheituah lou, kihou ngei lou khawng a omlouh ding ahi. Tate'n leng i nu leh pate tup-le-ngim theihpih uhen, maban kum nga tan a innbawl dek in sum akikhol uhia, gari thak leisawm a kisa ahi uhia, ahihlouhleh tate maban a college kaina ding a sum khol uhia, chihte i tate theisak ding ahi. Nu leh pate'n leng i tate'n hinkhua a atup-le-ngim aneihte uh theipih in, tup-le-ngim aneih kei ualeh lengcareer counsellorte kianga tonpih in zonkhiakpih ding ahi.

Inkuan sung a tup-le-ngim nei lou a hinkhua zang ding in kiphal kei ni, mimaltak in leng tup-le-ngim nei chiat in, pankhawm a bangchi sepsuah ding chih khawng kihoulim in kikum leng anopdan ding ngaihtuah ua, kisel leh kinak chih khawng a hun zat pen hong kiampah ding a, hinkhua a koi lam nga a pai a, koisan tungta i hia chih kitheituah vek mai ding i hi uh. Zu leh khamtheih a di'a hun man om louhding, lawm hoih lou thuahna ding a hun nei lou a, tup-le-ngim (goal) sepsuah ding kinei vekta ding ahi.

2. Niteng a minute 5 kihoulimna:

Inkuankhat kihou ngelloua niteng hunzang khawng leng kitam hi. Nikhat a minutes nga bek tate leh nu-le-pa kikal a kihouna om leh adeihhuai hi. Zingkal ahihkeileh nitak lam bek a tukhawm a lungsim kipetuahtak in kihou thei leng i kal ua (gap) kikakna hong tawm ding ahi. Zingkal chiang a i kihou ualeh ahi geih (specific) kidotding, adongtute'n leng ahichet pen mah a dot ding ahi.

Tate'n pate kiang a, "Tuni bang nasem ding ua, anop chi tuak hia," ban ah pate thiltuahsa (experience) khawng leng dot zel ding ahi. Pate'n leng, "Office kaiding," chih tan lel khawng a dawnlouh ding, kizoptuahna (relation building) na bawl sawm ding uh ahi. "Kal lui a huai ka program sai pen uh na thei lai hia, huai pen sai ding a office tuamtuam va phading, DC office, SDO, leh ADCC office khawng a signature va lakhawm ding ka hi," chihdankhawng.

Nu leh pate'n leng i tate hun zatdan ding khawng dot zel ding ahi. Tuni bang na bawl dek a chih khawng a kidong louding, ahigeih (specific) dotna kibawltuah ding ahi. Huchi ahih keileh i tate'n, kei school kai ding chi lel ding ua, kizoptuahna (connection) nei lou ding na hi uh. "Tuni bang subject a test nei uh e," ahihkeileh, "Tuni home work bang subject teng a nei e, na by heart vek man hia," chih khawng a kidot ding ahi. Tate'n leng a subject kia khawng a dawnna pe louding, na lawmte na houpih bang a nu leh pate leng houlimpih ding ahi.

Zingkal a i kihoupih man keileh nitaklam a minutes nga bek thil dang bangmah bawllou a, tukhawm kawm a kihou ding ahi. "Tuni a na hun zatna anuam hia, bang na chi?" ahihkeileh, "Tuni in bang nuam nasapen a, bang haksa nasapen? Ahun zatdan theisak na hihleh huai toh kisai dot ding ahi.

a) Kal khat a khatvei bek kihoukhawmna:

Inkuan kimuhkhawm teng a thil chihtakhuai (serious) topic gen ngai seselou ahi. Nuihkhawm a paukhawmna ding hun leng bawl zel ding ahi. Na kihoudan ding uh ka hon taklangding, 'Khovel a kualzin utna pen mun thum gending,"Meh duhdan chi thum,"Hunpaisaa i thiltuah nuam i sakpen,"I puan deihdan chi thum,"Tu mahmah in na deihdeih thil thum hon kipe ding hileh bang na deihpen di'a,"Hinkhua a haksa i tuah teng lak a haksa i sak hun thum gending,"Khovel a ka kisik penpen thumte,"Kum 20 nung in bang na hih di'a, bang dinmun in na omdi'a,' leh adangdang leng guantawm theih ahi. Hiai dotnate mikhat kia in adot ding hiloua, taklam ahihkeileh veilam a pan abanban a dotnopte genkhiakding, adongtu in adawnna gen masapending, huai zoh abanban a paitouh ding hi. Yes, dawnna i piak chiang a aziak toh genkhawm zel ding ahi.

b) Kihoulimna dan (Rules):

Khat apau lai a midangte kipautuh a pau phallouh, atuam a thil dang gen phallouh, phone leh thil dang a buai phallouh, athugentu et chiatding, mahni ngaihtuahna toh akibat keileh lengsel phallouh, eimah ngaihdan gen lelding, mi khat in minute 3 tan kan genlouh ding, kimohsakna a-omlouh ding, apaukhe ngam lou leh ngaihdan nei lou a-omleh lengtheihsiam atawmkanding, round khat achin ma a kihoulimna beisaklouh ding ahi.

Tua inkuan sung hiai dan a na kihoulim ualeh na tate un milak a a-om chiang ua, paukhiakdan sin ding ua, ngaihdan aneihte uh leng kimuangngamtak a genkhe thei ding ua, thu ngaihkhiakdan (listening skill) leh lungsim suangtuahna hat (common sense) nei ding uhi.

3. Kinakna a-om chiang a panlakdan ding:

Nupa kal hi in tate kal a kinak leh kitheisiamlouhna a-om chiang a, aw sang leh kamsia zat kham bikbek ding ahi. Dinsa a leng ngaihdan gen phallouh, agal a pan leng kigalhou phallouh ding ahi. Ngaihdan lehhoihsakdan akibatlouh chiang a tutkhawma, khatpeuh in masa henla, apansa ut pen pan masaksakding, "Na ngaihdan leh hoihsakdan, hoihsaklouhdan hon gen awle, na gen hon tuh a hong pau lou ding ka hi, na gen peihtantan ka hon ngaikhe ding, aw sang leh kampau sia na hon zatlouh ding ahi," chi a khat gen masaksak ding ahi.

Tate kisel a kihihna khawng a-om ualeh lengpawngzep mailou a, ngaihdan kibang lou aneihte uh manphatak a kihoulimdan leh genkhiakdan kisinsak ding ahi. Anih ua table langkhat tuak ah tusak inla, tua atung a nupa kihoudan zuisak in, khat kia pau masasakding, huai zoh chiang a khat pen pausak nawn ding ahi. Huchi a heh lua a ahehna uh genkhe thei lou leh genkhe ngam lou a a-om ualeh, paper khat tuak piak a, hoih na sakdan a point in hon gelhkhia awle chi a gelhkhiaksak ding ahi. Alang khat lam ah hoih na saklouhdan hon gelh nawn awle, chi a anih ua gelhsak ding ahi.

Anih ua agelh zoh chiang un, athil gelhte uh kikhentuahsak inla, a-upa pen in anaupa hoihsakdan agelh pen sim hen, atheihsiam louh a-omleh a naupa dong henla, huai chiang in anaupa'n aw nemtak a adawn ding ahi. A-upa in anaupa point teng asim zoh a atheihsiam chiang in, anaupa pen in a-upa hoihsakdan a point gelhte simsak nawn in, atheihsiam louh a-omleh a-upa kiang ah dong henla, a-upa'n leng aw nemtak a ahilhchet ding ahi. Hoihsakdan akihou zoh chiang ua, hoihsaklouhdan agelhte uh simsak nawn ding ahi.

.

4. *Lungsim chidam lou kua pen ahia?*

Inkuan sung a lungsim chidam lou pen theisuah a kep pah ding ahi. Kuamah lungsim sia leh mi gilou mawng i om kei ua, lungsung a bit lou kisate'n midang gensia ua, lungsimnatna neite'n midang hih nazel uhi. Inkuan kituak lou i chih khawng leng lungsim chidamlou ahih ziak uh hilel ahi. Hoihtak in counsellorte toh pangkhawm in lungsim chidamhuai a kihoudan ding leh kikepdan ding kisinsak leng inkuan kituaklou pen leng kituakpen suak thei ahi. Tua i laibu sung a kigelhte ana zui leng nasatak a masawnnahon tun ding ahi.

Lungsim gim leh lungkham, lungsim a bit kisa lou, midangte enna, huatna, muhdahna nei khawng inkuan ai om ualeh Satan mun awn kei ni, Counsellorte kiang zuanpah in lungsim kemdam pah ni, huchi keileh inkuan a mikhat ziak a adangteng in leng lungsim natna hon vei thei ahi.

THUKHITNA

"Miteng Poimoh" laibu atawptan na hon simzohna in mi maimai hiloua, mi chitak lehtheihna pakta mi na hi chih alangchiangsak hi. Mi tamzaw in hiai laibu a sim peihlouh lai a nang atawptan na simzoh ziak in k'on kipahpih lua a, mipil leh mizahtakhuai na hi chi alangchiangsak a zahtakna ka honpia hi.

Tu'n hiai laibu a pan hamphatna ding za lak a 50%theihna in na ngahta, adang 50% pen asung athu kigelhte na zuihna akipan hong piang ding ahi. Asung a kigelhte pahtak bawl a na pibawl keileh na zui kha kei ding a, atak a na hamphatpih atawm ding hi. Huaiziak in, nasatak in kisakhol inlanatheihsiamdan book review gelh inla kei kiang leh midang kiang a na book review pen pesawn in, midangte kiang ah thuhoih natheihte va kum inla midangte leng hiai laibu simsak in,amau leng ahamphatpihna ding un, thuhoih kihilhsawn ni, i chi hi. Asung a kigelhte natheihsiam louh leh theih haksa a-omleh a training course-te Bukim Growth App a pan vatel lechin, chiangzaw leh bukimzaw in na theichian thei ding hi.

Khristmas gift leh birthday gifts ding khawng in leng hiai laibu azat theih ding a, midang hinkhua khatsehkhiakna dingalaibu piching khat ahi. Agelhtu in atheihna tengteng agelhkhiak ahi kei a, awlmohhuai asak diakte leh midangte'n leng kei hamphatpih bang in ana hamphatpih le uh chih lungsim toh laimal chiltak a hon gelhkhiak ahi. Khenpitei etchiang in topic lianpipi ngen ahi ua, hiai laibu sung a za lak a 30% leng akigelhkhekim lou ahi. Adangtheihna leh siamnate pen certificate online-training course a hon kipekim ding ahi. Hiai"Miteng Poimoh" pen in atopic poimoh teng leng hon kitunkim zou nai kei a, kuamah insim louha laibu sahpi va bawlkhiak ding lauhziak in, khenpi tampi nusia in, hiai teng hon kisuahkhe phot ahi. Pathian in hon lemsakpihleh abaih thei lam in "Miteng Poimoh- PartII" hong kisuahkhe nawn ding hi. "Miteng Poimoh- PartII" a khenpi leh thu kigelhdingte,anuai a bang inka hon taklang zek ding:

.

Miteng Poimoh- Part II

Khenpi 1na: **Lungsim put leh lohchinhuai omdan**| Personality Development
Khenpi 2na: **Midang tawhlim siam dingdan** | Communication Skill
Khenpi 3na: **Nek-tak zonna leh sumdawnna toh kisai** | Career & Entrepreneurship Skill
Khenpi 4na: **Ngaihdan leh vanzuak siamdan ding** | Sales & Marketing skill
Khenpi 5na: **Heutute theituak leh kisinsak dingdan** | Teachers' Training
.

Miteng Poimoh- Part III

Khenpi 1na: **Biblical Counselling tawh kisai** | Kristian counselling
Khenpi 2na: **Laibu gelh dingdan tawh kisai** | Book writing skill
Khenpi 3na: **Heutu lohching hihna ding a poimohte** | Leadership Skill
Khenpi 4na: **Kilakna hilhchetna leh hun tawpdan ding theihchetna** | Revelation & End times
.

Pathian kiang ah honna thumpih unla, (printing nadia sum hon thoh ut ahihkhe hon bat laksak thei i om ualeh hon theisak un) i mi i sate a di'a laibu manphatak leh i mihinpihte hinkhua tawi sang thei ding khop a laibu hoih ka hon bawltouh theih zelna ding in na kithuahpihna uh ka poimoh lua hi.

American Nation i chih leng bangziak a hichi lawmlawm a nam changkang leh hausa hong suak theiuhiam i chihleh laibu hoihpipi gelhkhia ua, huai laibute asim ua kipan a mipite'n lametna leh lohchinna thak hon neitouhi uhi.Abiktak in 'The Law of Success' volume 4te leh 'Think and Grow Rich' kichi Nepolian Hills Researchte gelhte tungtawn bang in American mite'n hinkhua a lametna thak leh business bawldan ding hong kisin ua, huchi a 'Great Depression 1929' hon douzouin, tuakhovel a gam hausapen hong suak thei uh ahi.

Tu in leng 'Miteng Poimoh' laibu sim a inkuan khantouhna di'a pan late'n thupitak a khantouhna leh masawnna mu ding ua, huchi loua laibu leng mantam sa a lei ngamloute'n bel bangmah khantouhna mu lou in,dinmun kibang in hinkhua zang ding uhi. Laibu simni, lungsim a di'a an hoihtak ahih ban ah, hinkhua pichingzaw leh chidamhuaizaw in hon zangsak thei ding hi. Asung a thu kigelhte lakkhawm leh kaihkhawmna ding a lakhs 7 lam ka na sen ahi a, avek in hon gelh kim kei mahleng leng ka gelh sunsunte phatuam di'a gingta sa a ka gelhahi. Hiai laibu, asung a thu kigelhte et in manpha (valuable) petmah a, amanphatdan toh kiphu a sum a lei ding hileh tampi man hi ding hi.Himahleh mitamzaw in sim uhenla hamphatpih le uh chih ngimna in paper quality ka hon hih niam a,kiman theipen leh i khosa (economic condition) toh kituak a leng kituak ding a, man tam lo lou a zuak kisawm ahi.

Public Speaking laibu ka zuak lai in, ei lak a author khat kiang ah ka va zuak kha a, "Ke'n hiai dan a laibu sahte Rs.150 khawng a zuak ka hi," honna chi a, ke'nleng huchi in ka dawng hi. "Sir, ke'n hiai 'Public Speaking Siamdan Ding' laibu ka gelhtheihna ding in Rs.1.5 lakhs certificate training lakna ah ka seng hi. A paper manhuzou di'a hon zuak ka hi kei a, asung a thu omte ahi ka hon zuak," ka chihleh ama'n leng theisiam pah in ka laibu man sum hon pe geih hi. Kei laibu gelhdante kha sum tampi sen zoh nung a laibu hon kigelhkhia hi a, mi teng gelh theih leng hilouahi. A print mankia ka sum senna ahi kei a, asung a thu kigelhdingte kaihkhawmna lakhs asim sum senna ahi. Himahleh tutung a "Miteng Poimoh" laibu pen tuh inkuan chihin khat bek ana lei ua, ana sim ngeingei uh tup-le-ngim ahihman in, akiman theitawp a inkuan khat in khatbek a leizoh ding kingim ahi.

Sappau a gelh laibu hoih tampi a-om lai a bangziak a 'Miteng Poimoh' lei a sim ngai ahia?Miteng Poimoh laibu pen ei singtang mite context enkawm a gelh ahi a, i poimoh diak leh i hihkhelhte hihveng atheihchet ding ngimna a gelh ahi. Ei singtangmi kampau pen tawisanna ding leh ei singtang mite lak a laibu simna tungtawn a khantouhna hon tut ding lametna toh kigelh ahi. Huchi keileh sappau in gelh leng mi'nhoih leh alaibu mahmah leng gamteng a zuak thei ding ing a, hoihzawmoh lou ding hi.Kuapeuh in phatuamngaihna leh asung a thu kigelhte ei hinkhua a haksatna dawnzangkhai thei ding a gelh ahihman in, honna leisak a, ei leh ei i kipanpihtuah a i kinungthuap (support) theih ualeh laibu gelhte a ding in leng thanophuai a, nam laibu hau leh nam changkhangkihi ding ahi.

Pathian tung ah thupina leh pahtawina tengteng piak in omta hen...AMEN.

Laigelhtu Toh Kisai

Lammuansang Tombing ahih aleh maban (Visonary) muhkholhna liantak nei mi, khotang awlmoh, laizilna lam a sumdawngtu (Edupreneur) ahi. Ama'n MA Psychology azohkhiakban ah, kum guk sung in sum 7 lakhs val seng in siamna tuamtuam Certificate Training course (Public Speaking, Relationship, Leadership, Entrepreneur, Sales, Coach, Parenting, Book writing, and Counselling Courses) sawmnga sang a tamzaw ana sinkhia hi. North-East Recreation kichi June 5, 2019 in ana pankhia a, akhonung in Bukim Growth Pvt. Ltd. in 2021 July in amin kheng thak hi.

Ama'n laibu chi 4 ana gelhkheta a, huaite lak ah "Public Speaking Siam Dingdan" kichi January 16, 2021 in self publishing inkal nih sung in copies 900 khawngkhia hi. Huai nung in midang laibu ding sum haksat ziak in ana gelhsak a, ban ah midang tawh leng laibu ana gelhkhawm ngei hi. Alaibu gelh nunungpen ahih aleh english a kigelh "Life and Career Transformation" kichi April 22, 2023 in ana suahkhia a, Amazon leh Flipkart chihte ah muh thei ding hi. Eimite lak a siamna leh hinkhua panpihtu laibu gelhte lak a madok pen leng ahi. Thilzil lunglutmi leh zilpeih den mikhat ahihna ah adamsung thil sintouh leh laibu gelh sutzop zel sawm hi.

Lamka leh asehvel lak adi'a school leh college a seminar pe tampen ahih ban ah, biakin leh saptuam tuamtuam a kizang in, Rehab centre hiin, Children's Home leh Khotang ah seminar tamtak ana pekheta hi. Ama seminar leh training apiak khenkhatte ahihleh: Mental Health Seminar, Relationship Seminar, Career Guidance Seminar, Parenting Seminar, Teenage Issue Seminar, HIV/AIDS Awareness Seminar, Public Speaking Workshop, Teacher Training, Book Writing Training. Counselling lam ah clients 2,000val ana neita a, psychometric chi 20 vel leh DMIT Test tuamtuam school/college leh ama office ah ana pia hi. Mizoram state sung a kho tampi ah leng seminar, training leh counselling-te ana pia in, atel khate'n lawkpih mahmah uhi. Manipur pumpi leh

Mizoram a di'a DMIT Test conduct masapen leh hon posuahtu leng amah ahi.

Bodhami Company in, "Bodhami Educator of the Year 2022" Award ana pia ua, mi 1,515 Career Counsellor lak a telkhiak ana hi ahi. 2023 kum in, "100 Influential Educationists in India Education" award kichi Indian Education Awards pawlte apat ana sang hi.

A business pen ISO Certified ahih ban ah, Sikkim Skills University, Bodhami, Counsel India, leh company tuamtuam toh leng kikhutzop uhi.

"Meet 12 Inspirational Companies Redefining Business Success In 2024" kichi thupi zang atheih phak in ana om a, huai ziak in ANI, Business Standard, Zee5, Google News, leh website 100val (87.79 Millions viewers) ah suahkhiakin ana omta hi. Entrepreneur Street Magazine (National) leh Thaikawi Leelpi Magazine (Local) chihte khawng ah leng ana kisuah khata hi. Tagah-meithai tapa, huchi bang a hong khankhiaktouh pen mi tampi ading in hasothuai mahmah a, a seminar leh training piakte mitamtak a di'a vualzawlna leh hinkhua lamzang saktu in pang hi.

Author pa chiklai peuh in www.bukimgrowth.com (Website sung a whatsapp contact om ding) leh lammuansangtombing@gmail.com ah contact theih ding hi.

૭૦

Counsellling Training tawh kisai a Certificate Course ka zohte kon taklang ding aw:

1) **MA Psychology**

2) Certified in **Certified Recruitment Analyst (CRA)**

3) Certified in **International Studies Career Counsellor Program**

4) Certified in **Advance Career Counsellor Certification Program**

5) Certified in **One Year Counselling Master Course**

6) Certified in **6 Months Counselling Master Course**

7) Certified in **Therapy Master Class Certification**

8) Certified in **Psychotherapy Certification Course**

9) Certified in **YMCA Advance Biblical Counselling Level 1 & 2**

10) Certified in **Biblical + Psychological Counseling**

11) Certified in **Biblical Counseling Trust of India (BCTI) Course**

12) Certified in **Psychometric Test**

13) Certified in **Career Coach**

14) Certified in **DMIT Counsellor**

15) Certified in **Study Skill Training**

16) Certified in **Global Student Employment**

17) Certified in **Mid Brain Activation for Kids & Adults**

18) Certified in **Child Psychology Course**

19) Certified in **Clinical Psychology Course**

20) Certified in **Counselling Psychology Course**

21) Certified in **Child Psychometric Test**

22) Certified in **School Counselling Course**

23) Certified in **Learning Disability Training Course**

24) Certified in **Autism Training Course**

(Line tuamdang a certificate-te kontaklang kei hi: Parenting, Relationship, Sales, Leadership, Entrepreneurs, leh adangdangte).

Bukim Growth is...?

Bukim Growth is the ultimate destination for personal and professional development. Our mission is to help you become a successful and fulfilled individual in all areas of your life.

Whether you are an employee looking to advance in your career, an employer seeking to build a strong and efficient team, an entrepreneur looking to grow your business, a student striving for academic excellence, or a parent seeking to raise happy and healthy children, Bukim Growth has something to offer you.

Our comprehensive training programs are designed to provide you with the skills and knowledge you need to succeed in your personal and professional endeavours. We offer a wide range of courses covering a variety of subjects, includiing entrepreneurship, leadership, personal growth, sales, parenting, relationship, and more.

In addition to our training programs, we also offer services such as counselling, consultancy, and coaching to help you navigate the challenges of life and achieve your goals. Our team of experts is here to support and guide you on your journey to success.

Choose Bukim Growth and take the first step towards a better and more fulfilling life.

Sign up today at www.bukimgrowth.com

Dear reader,

Have you ever wished to enhance your personal and professional life to seven times better than where you currently are? If so, Bukim Growth is here to help!

We are excited to introduce you to our one-year course that is designed to take you on an incredible journey of self-discovery and transformation. Our platform is the first and only one of its kind that offers a comprehensive online course to help you learn most of the important skills to be successful in life and career.

Our course is a combination of live and recorded lectures that are self-paced and certification-based. We offer a range of skills that will benefit you in various aspects of your life, such as public speaking, leadership, sales, entrepreneurship, parenting, relationship buildiing, job hunting, book writing, study skills, and counselling.

We understand that life can be hectic, and you may have limited time to learn new skills. That is why we have designed our course to be flexible, so you can learn whenever you want, wherever you like, and on your own comfort zone. Our live classes are conducted once per week to ensure that any doubts you may have are cleared.

If you are unable to complete the course in one year, you can attempt the exam the following year. We do not focus on overwhelming you with data dumps. Instead, we teach you the most relevant things and practical ideas to help you succeed.

Investing in yourself is the best decision you can make. Our one-year course is designed to help you grow personally and professionally, and it is an opportunity you do not want to miss. Our website: www.bukimgrowth.com | +91 8794970270

Sign up today and join our community of successful learners!

Best regards,
Lammuansang Tombing
Founder & CEO
Bukim Growth

૪౧

For academic institutions:

Dear Sir/Madam,

I hope this letter finds you well. I am writing to offer my expertise in **Public Speaking Training** to the students of your school/church. With **over 7 years of experience** teaching this skill in various **schools, churches, and organizations**, I am confident that I can help your youth members develop the skills they need to speak well and with confidence in any setting.

As the author of the bestselling book **"Public Speaking Siam Diindan," which sold 900 copies in its first month**, I have a wealth of knowledge and experience to share with your youth members. **The top 3 benefits of this training include:**

1. The ability to speak well and with confidence in any program.
2. Development of leadership skills for the future.
3. A more valuable person who can represent their family, church, and organization at programs.

Incorporating this training into your youth fellowship program **will bring a new level of engagement and entertainment to your youth program.** And, there is no need to conduct a special separate day for this seminar, we can work together to incorporate it into their normal youth program schedule.

Public speaking is an invaluable skill that provides a great opportunity for your youth members to **develop confidence, improve communication, and practice self-expression.** Through this program, I will teach them the skills, techniques, and strategies needed to deliver effective presentations and become more successful communicators.

I am confident that this program would be an excellent opportunity for the members of your church and would help them to achieve the best possible outcomes. I look forward to discussing this further and hearing your thoughts on how it can be implemented.

I believe this seminar will be a valuable asset to your church community, and I would be honoured to lead this program for the youth of your church. **We have attached a detailed proposal for your review, includiing information about our accreditation, the program offerings, topic details, and extra information.**

Thank you for considering this proposal, and please do not hesitate to contact us if you have any queries | Call- +91 8794970270 | bukimgrowth@gmail.com | Website; www.bukimgrowth.com

Sincerely,
Lammuansang Tombing
Founder & CEO
Bukim Growth

✠

Dear Sir/Madam,

I am pleased to offer your school and students our **Multiple Intelligence Psychometric Aptitude Test (MIPAT) and Study Skill Training program.**

At the career group counselling session, our team will carry out MIPAT, which is a Psychometric Test that identifies each student's multiple intelligences (**linguistic, logical-mathematical, visual-spatial, musical, bodily-kinaesthetic, Naturalistic, interpersonal, and intrapersonal**). In addition, our team of career guidance experts will help them understand their skills and interests while introducing them to different career options available in today's market that suit them.

The Study Skill Training component of the program is **used widely in developed countries, and we invest over 8 Lakhs rupees** for research and to get certified by 39 different institutions, includiing Sikkim University, Rajasthan University, Counsel India, Bodhami, HealthyMinds World, Graphy (Unacademy), Mindpriests, and IAP Career College (USA) to name a few. **We are trustedpartners** with some of these institutions and **are the only provider of this type of training in the entire northeast region.**

We provide solutions for students who are unsure of what course to take or what career to pursue after high school, and higher secondary. We have conducted **over 200 Career Guidance Seminars** in many schools, and colleges, and have received overwhelmingly positive feedback from students and faculty members. Our techniques have proved to help students reduce the time it takes to **memorize their notes by 50%.** The training will include tools such as the **Wheel of Life, Mind Mapping, Speed Readiing, Mnemonic techniques, Goal setting, and Neuro-linguistic programming (NLP).**

We will **provide you with all of your student reports (PDF) for your future use and train your teachers for free** on how to effectively read and utilize those reports in order to promote the success of your institution.

Since we are aware of the importance of our training for students and the potential impact it has on their future, **we offer our services at a reasonable price.**

We are confident that this program, featuring certified trainers and proven study skills techniques, will be an invaluable resource for your students and will help them succeed in their academic and personal endeavours. We have attached a detailed proposal for your review, includiing information about **our packages/pricing, credential, program offerings, topic details, extra information and questionnaire for MI Psychometric test.**

Thank you for considering this proposal, and please do not hesitate to contact us if you have any query | Call +91 8794970270 | bukimgrowth@gmail.com | Website; www.bukimgrowth.com

Sincerely,
Lammuansang Tombing
Founder & CEO
Bukim Growth

Subject: **Request to conduct Midbrain activation for the benefit of your school's students.**

Dear Sir,

We would like to request your consideration for conducting Midbrain activation for the students at **[School Name]**. Midbrain activation is a unique learning technique that allows children to influence their performance by stimulating the part of the brain associated with memory and learning. Midbrain activation uses specially designed exercises to stimulate three key areas: Maths, Memory and Development (MMD). It helps a child to develop their abilities, by unlocking the power of their mind, through a combination of cognitive and physical exercises.

Midbrain activation boosts concentration, concentration span, speed of recall, memorizing skills and creative visualization abilities. It is considered to be a safe and natural way to increase the potential of a child to the fullest. The midbrain activation program also helps the child realign their focus and encourages them to use the power of their imagination. Some of the benefits are:

1. **Improved sensory abilities**: One of the primary benefits of midbrain activation is its ability to enhance the five senses of the human body. This is achieved by stimulating the area of the brain responsible for sensory processing, leadiing to sharper senses and increased sensory awareness.

2. **Balanced brain hemispheres**: Another benefit of midbrain activation is its ability to balance the left and right hemispheres of the brain. By balancing these two halves, individuals are better able to utilize both their analytical and creative faculties, leadiing to more well-rounded and effective thinking.

3. **Increased brain connectivity**: Midbrain activation can also help to improve the speed and efficiency with which information is transferred between the two hemispheres of the brain. This leads to faster processing and increased overall brain connectivity.

4. **Improved long-term memory**: A further benefit of midbrain activation is its ability to improve long-term memory. By

stimulating the midbrain, individuals are better able to process and retain information, leadiing to improved memory and recall.

5. **Increased learning speed:** Finally, midbrain activation has been shown to increase learning speed, allowing individuals to learn and absorb new information at a faster pace. This can be particularly beneficial for students or those in professional fields that require ongoing learning and development. Overall, midbrain activation has many potential benefits that are worth considering for those looking to improve their cognitive abilities and overall well-being.

We believe that such a program would allow your students to reach their full potential and excel in their studies. We also believe that this is the kind of learning strategy that will have an impact for many years to come.

We would be grateful for your consideration of this request and look forward to your response.

Thank you for your time and consideration.

Sincerely,
Lammuansang Tombing
Founder & CEO
Bukim Growth

વ્ર

Subject: **Request to conduct a relationship seminar for the benefit of your members.**

Dear Sir/Madam,

We are writing on behalf of Bukim Growth, an organization dedicated to providiing workshops, seminars, and counseling to promote healthy relationships. We are passionate about helping people form and maintain healthy relationships, both with themselves and with those in their lives, and we believe that providiing our services to the community as a whole can be very beneficial.

We are excited to offer our services to you and your org. members. We offer a two-sessions Relationship Seminar that can help your members improve the interpersonal relationships in their lives. The seminar includes topics such as the importance of communication, healthy boundaries, understandiing conflict and dispute resolution, the essence of love, and much more. We would be happy to customize the seminar to meet any specific needs that your members might have.

The seminar is presented in an interactive, encouraging, and non-judgmental way, and we strive to provide each participant with the tools and resources they need to create and maintain meaningful relationships. We believe our Relationship Seminar can be a great addition to your church programming, and we would love to discuss the possibility of bringing our program to your church and its members. Please feel free to contact me directly anytime at 8794970270 or by email at bukimgrowth@gmail.com

We look forward to hearing from you.

Sincerely,
Lammuansang Tombing
Founder & CEO
Bukim Growth

&

Subject: **Request to conduct DMIT lifetime test for the benefits of your school' students.**

Dear Sir/Madam,

We are excited to introduce you to the benefits of conducting a lifetime DMIT Test for your students. DMIT stands for Dermatoglyphics Multiple Intelligence Test, a specially designed test designed to help each individual recognize their own uniqueness and capabilities.

This test is administered at the onset of the individual's school career and evaluates potential learning styles, personal passions, multiple intelligences, and other pertinent personality factors. It is intended to build a lifelong profile of each student and identify unique capabilities, interests, and core skills that are best suited for that individual.

The benefits of the DMIT Test for your student population include accurate identification of learning styles and strengths that can serve as a basis for career counseling and better academic decision-making, greater introspection and self-reflection, and more personalized feedback for each student.

We understand that each school has unique needs and goals, and we look forward to working with you to implement a customized DMIT test program that will best benefit your student population.

Thank you for this opportunity and we look forward to hearing from you.

Sincerely,
Lammuansang Tombing
Founder & CEO
Bukim Growth

☙

Subject: **Teachers' Training Program Proposal- Basic Counseling Skills, Public Speaking Skills, Parenting Skill, and Child Psychology for Teachers.**

Dear Sir/Madam,

I am writing to propose a training program for your teachers that will focus on developing basic counselling skills, public speaking skills, and knowledge of child psychology and care. As you are aware, school is committed to providiing our students with the best possible education, and we believe that this training program will help us achieve that goal.

The purpose of the training program is to equip your teachers with the necessary skills and knowledge to effectively communicate with and care for our students. The program will cover topics such as active listening, empathy, effective communication, public speaking, child psychology, and care, among others.

We intend to hold the training program over a period of three weeks, with each week focusing on a specific topic. The program will be conducted by qualified and experienced trainers who have a wealth of experience in counselling, public speaking, and child psychology.

We believe that this training program will have a positive impact on our teachers and students alike. By developing basic counselling skills, our teachers will be better equipped to deal with any emotional or psychological issues that our students may face. Additionally, by iyourmproving their public speaking skills, our teachers will be able to deliver engaging and informative lessons that will capture the attention of our students.

The cost of the training program will be [Negotiated], and we believe that it is a worthwhile investment in the future of our school. We are confident that this training program will have a positive impact on our teachers and our students and we hope that you will consider our proposal.

Thank you for your consideration, and we look forward to hearing from you soon.

Sincerely,
Lammuansang Tombing
Founder & CEO
Bukim Growth

❧

Subject: **Request to conduct a leadership training program for the benefit of your Youth Members.**
Dear Sir/Madam,

I am writing to request permission to conduct a leadership training program at our school. I believe that this program would be a valuable and beneficial event for our students, and I hope that you will consider granting me permission to organize and host it.

The leadership training program will focus on helping individuals to develop the skills and knowledge needed to be effective leaders in their school, community, and future careers. It will cover a wide range of topics, includiing communication, teamwork, and problem-solving.

The program will be led by experienced leaders from the local community who will provide valuable insights and practical advice on how to be an effective leader. It will also include interactive activities and discussions to help students apply what they learn to their own leadership experiences.

I am confident that this program will be well received by our youth and will provide them with valuable skills and knowledge that they can use to become successful leaders in the future.

Thank you for considering my request. I look forward to discussing this further with you and obtaining your approval to conduct the leadership training program.

Sincerely,
Lammuansang Tombing
Founder & CEO
Bukim Growth

ℬℭ

Dear Sir/Madam,

I hope this letter finds you well. I am writing to propose a **'Mental Health and Teenage Issues'** Seminar to help the **junior, intermediate/junior high, and senior students** of your Sunday school. As a career counsellor and biblical counsellor, I understand the need of our teenage today. This seminar is highly valued, as it was successful in the previous program that I conducted at another church.

The seminar will focus on helping teenagers deal with current stress, depression, anxiety, and relationship problems. It will be divided into two sessions: **the first session will cover Mental Health, includiing the wheel of life, cognitive restructuring, the right attitude, readiing the Bible, and Kristian life**. The second session will **cover Happiness, Relationship Issues, Porn Addiction, Game Addiction, Drug Addiction, and Study Problems**. Our teaching will be based on the Bible, but we will not focus on doctrine or sensitive issues that may be different for different churches.

This program will be **two sessions, each 1.5 hours long**, and we can conduct it in your normal Sunday school program on two separate days or plan it for one single day as a special seminar. I am confident that this seminar will help your teenage members to cope with their mental and emotional struggles, and to live a healthy and fulfilling life.

I believe this seminar will be a valuable asset to your church community, and I would be honoured to lead this program for the youth of your church. **We have attached a detailed proposal for your review, includiing information about our accreditation, the program offerings, topic details, and extra information.**

Thank you for considering this proposal, and please do not hesitate to contact us if you have any queries | Call- +91 8794970270 | bukimgrowth@gmail.com | Website; www.bukimgrowth.com

Sincerely,
Lammuansang Tombing
Founder & CEO
Bukim Growth

ॐ

Subject: Proposal for Book Writing Skill Training Program for Students

Dear Sir/Madam,

I am writing to propose a book writing skill training program for our students. Writing is an essential skill that is necessary for success in almost every academic and professional field. However, book writing, in particular, is a unique form of writing that requires specific skills and techniques.

As an experienced book author, I would like to propose a comprehensive book writing training program for our students. The program will consist of two offline sessions conducted at the school, each covering different aspects of book writing, such as outlining, drafting, editing, and publishing. In addition to the offline sessions, interested students can also enroll in my online course, Bukim Growth (www.bukimgrowth.com), to further enhance their writing skills and knowledge.

The program will be specifically designed to help our students develop their writing skills, grammar, story-telling abilities, and critical thinking skills. The offline sessions will be conducted by me, and the online course will provide students with additional resources and guidance.

I am confident that this program will provide our students with practical tips and strategies for writing a book, as well as guidance on how to navigate the publishing process. By the end of the program, our students will be equipped with the skills necessary to write a book successfully.

Thank you for considering my proposal. I look forward to discussing this further with you.

Sincerely,

Lammuansang Tombing

Founder & CEO

Bukim Growth

Midangte Awlmohna

Mr./Mrs._____________________________________

 Thil manphatak ka hon present nuam a, na na hamphatpih a, kipahpih ka lamen hi...

 "Miteng Poimoh" kichi Lammuansang Tombing in ei khotang, saptuam sung, leh inkuan khantouhna a-omtheihna di'a agelh laibu sung ah, thuhoih i zak ngei louh leh i hamphatpih tuak tampi om hi.

 Ke'n ka sim sung in nuam sa lua a, nang leng asung a thu kigelhte awlmoh mi na hi chih ka theih man in, hiai laibu sim a na hamphatpih ding deihsakna toh hon present ka hi. Na tudinmun a natheihtuakkilawm leh hamphatpih om ngal ding ahi.

 Hun-le-tha pia in ana sim ngeingei in, deihsakna lian pen k'on pia hi.

 Simnuam awle...

℘

 (Lawm-le-vual, tanaute, inveng, leh midang hiai laibu sim di'a na deihsakte kiang ah honna kawkmuhpih in, hiai anuai ah tehkhinna dan k'on gelh a, copy or cut khia inla hiai dandeuh in ahihkeileh huai phone ah ana khaksawn in)

.................cut here........................

Mr./Mrs._______________________________ .

 Tulai a laibu kithang mahmah Lammuansang Tombing in research leh study thuktak bawl a agelh "Miteng Poimoh" kichi ka na sim a, asung athute ka simlai in nang k'onna phawk a nahamphatpih ngei ding ka lamenhi.

 Hiai laibu in ka tulel dinmun a haksatna, laibu content a Khenpi (......): _______ __________ leh adangdangte adi'a panlakdan ding leh theisiamna hon pia hi. Tulai ei geli haksatna kibang in ka thei a, nang leng hon panpih ngei ka lamen hi. "Miteng Poimoh" kichi intheihtuaktamtak tuunkha a, asung ah Khalam, Kristian hinkhua, Lungsim chidamna hiin, Nungak-tangval kal leh nupa kal, Tate etkoldan ding leh Inkuan kikepdan ding i na theih ngeilouh

• 435 •

tamtak, thuhoih zuihtuak hunkhop kigelh hi. Alaibu ka simsung in huntamkhop ah nuihzakna ding bang om a, kizephawkhuai tuntun leh i tu dinmun tamtak gen kha hi.

Nasim khak nakisik kei hial ding, nou sungkuan ading in khat ana lei inla simkhawm leuteh, tuailaite ading hiin, nupa kikal hitaleh, inkuan ah khantouhna neihpih ding na hi uh.

Hiai laibu amazon leh filpkart ah kizuak a, himahleh author pa kiang a (direct) order na bawlleh ama Author Discount zang in, kimanzaw in discount a hongpe thei ding ahi. Alaibu tawh kisai ka hamphatpihnate k'on hilh nuam a, nang leng ana lei inla, na simzoh chiang in hunlem masa ah kimu in kikum ni aw...

Na lawm it,